犯罪心理学

（第二版）

熊云武 编著

Criminal Psychology

北京大学出版社
PEKING UNIVERSITY PRESS

图书在版编目(CIP)数据

犯罪心理学/熊云武编著. —2 版. —北京:北京大学出版社,2012.8
 (法学精品课程系列教材)
 ISBN 978-7-301-21117-5

Ⅰ.①犯… Ⅱ.①熊… Ⅲ.①犯罪心理学-高等学校-教材 Ⅳ.①D917.2

中国版本图书馆 CIP 数据核字(2012)第 189539 号

书　　　　名:	犯罪心理学(第二版)
著作责任者:	熊云武　编著
责　任　编　辑:	邓丽华　王　晶
标　准　书　号:	ISBN 978-7-301-21117-5/D · 3159
出　版　发　行:	北京大学出版社
地　　　　址:	北京市海淀区成府路 205 号　100871
网　　　　址:	http://www.pup.cn　电子信箱:law@pup.pku.edu.cn
电　　　　话:	邮购部 62752015　发行部 62750672　编辑部 62752027
	出版部 62754962
印　　刷　　者:	三河市北燕印装有限公司
经　　销　　者:	新华书店
	730 毫米×980 毫米　16 开本　22.25 印张　423 千字
	2007 年 8 月第 1 版
	2012 年 8 月第 2 版　2025 年 4 月第 6 次印刷
定　　　　价:	35.00 元

未经许可,不得以任何方式复制或抄袭本书之部分或全部内容。
版权所有,侵权必究
举报电话:010-62752024　电子信箱:fd@pup.pku.edu.cn

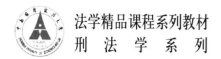

吴汉东 总主编

《法学精品课程系列教材》编委会名单

总主编 吴汉东

编委会（以姓氏拼音为序）

蔡　虹	曹新明	陈景良	陈小君	樊启荣
范忠信	方世荣	韩　轶	雷兴虎	李汉昌
李希慧	刘大洪	刘茂林	刘仁山	刘嗣元
刘　笋	刘　焯	吕忠梅	麻昌华	齐文远
乔新生	覃有土	石佑启	王广辉	吴汉东
吴志忠	夏　勇	徐涤宇	姚　莉	张德淼
张桂红	张继成	赵家仪	郑祝君	朱雪忠

总　　序

　　法学教育的目标和任务在于培养法律人才。提高培养质量,造就社会需要的高素质法律职业人才是法学教育的生命线。根据教育部关于高等学校教学质量与教学改革工程精品课程建设的精神和要求,结合中南财经政法大学精品课程建设的总体规划,在全面总结我国法学教育经验和分析法律人才社会需求的基础上,我校确立了以培养高素质法律人才为目的,以教材建设为核心,强化理论教学与实践教学的融会,稳步推进法学精品课程建设的方案。两年来,我校法学精品课程建设取得了阶段性的成果,已有民法、知识产权法等十余门课程被确定为国家、省、校三级精品课程,并在此基础上推出了《法学精品课程系列教材》。

　　《法学精品课程系列教材》是一套法学专业本科教材及其配套用书,涵盖了我校法学本科全程培养方案所列全部课程,由教材、案(事)例演习和教学参考资料三个层次的教材和教学用书构成,分为法理学、法律史学、宪法与行政法学、刑法学、民商法学、诉讼法学、经济法学、环境与资源法学、国际法学和法律职业实训等十个系列。

　　《法学精品课程系列教材》由我校一批具有良好学术素养和丰富教学经验的教授、副教授担纲撰写,同时根据需要约请法学界和实务部门的知名学者和专家加盟,主要以独著、合著的形式完成。《法学精品课程系列教材》遵循理论与实际相结合的原则,以法学理论的前沿性、法律知识的系统性、法律制度的针对性、法律运作的可操作性为编撰宗旨,以先进的教学内容和科学的课程体系的统一为追求,融法学教育的新理论、新方法和新手段于一体。我们力图将它打造成一套优秀的法学精品课程系列化教材。

　　《法学精品课程系列教材》是我校在推进法学教育创新,深化法学教学改革,加强教材建设方面的一次尝试,也是对以"一流教师队伍、一流教学内容、一流教学方法、一流教材、一流教学管理"等为特点的法学精品课程在教材建设方面的探索。

我相信《法学精品课程系列教材》的出版,能为广大读者研习法学理论、提高法学素养、掌握法律技能提供有效的帮助。同时,我衷心希望学界同仁和读者提出宝贵的批评和建议,以便这套教材不断修订完善,成为真正的法学精品课程教材!

是为序。

2005年3月

目 录

- **第一章 绪论** (1)
  - 第一节 犯罪心理学的研究对象和性质 (1)
  - 第二节 犯罪心理学研究的原则和方法 (5)
  - 第三节 犯罪心理学研究的任务 (10)
- **第二章 犯罪心理学简史** (15)
  - 第一节 西方国家犯罪心理学的诞生与发展 (15)
  - 第二节 我国犯罪心理学发展的历史回顾 (31)
- **第三章 犯罪心理结构** (42)
  - 第一节 犯罪心理结构概述 (42)
  - 第二节 犯罪心理结构的要素 (47)
  - 第三节 犯罪心理结构的模式及犯罪心理结构的形成 (51)
- **第四章 犯罪心理机制** (59)
  - 第一节 犯罪心理形成的机制 (59)
  - 第二节 犯罪行为的发生机制 (69)
- **第五章 社会环境与犯罪** (78)
  - 第一节 影响犯罪心理形成的社会宏观环境 (78)
  - 第二节 影响犯罪心理形成的社会微观环境 (83)
  - 第三节 影响犯罪心理形成的自然环境因素 (90)
  - 第四节 影响犯罪心理形成的情境因素 (94)
- **第六章 人格与犯罪** (100)
  - 第一节 人格概述 (100)
  - 第二节 犯罪人格 (109)
- **第七章 犯罪动机** (122)
  - 第一节 需要与动机 (122)
  - 第二节 犯罪动机 (130)
- **第八章 犯罪心理情境** (147)
  - 第一节 犯罪人在犯罪不同阶段的心理特点 (147)
  - 第二节 犯罪心理的良性、恶性转化 (152)

第九章 不同类型的犯罪心理分析(上) (158)
- 第一节 财产犯罪心理 (158)
- 第二节 暴力犯罪心理 (172)
- 第三节 性欲型犯罪心理 (184)
- 第四节 恐怖主义犯罪心理 (190)

第十章 不同类型的犯罪心理分析(下) (201)
- 第一节 毒品犯罪心理 (201)
- 第二节 网络犯罪心理 (211)
- 第三节 青少年犯罪心理 (218)
- 第四节 女性犯罪心理 (229)
- 第五节 流动人口犯罪心理 (235)

第十一章 故意犯罪心理与过失犯罪心理 (251)
- 第一节 故意犯罪心理 (251)
- 第二节 过失犯罪心理 (257)

第十二章 群体犯罪心理 (268)
- 第一节 群体犯罪心理概述 (268)
- 第二节 各类群体犯罪的心理分析 (272)

第十三章 变态心理犯罪 (285)
- 第一节 变态心理犯罪概述 (285)
- 第二节 变态心理的犯罪类型 (290)
- 第三节 变态心理犯罪的预防与治疗 (297)

第十四章 被害人及被害人心理 (303)
- 第一节 被害人及被害人心理概述 (303)
- 第二节 被害过程的心理规律 (309)

第十五章 犯罪心理的预测和预防 (321)
- 第一节 犯罪心理预测 (321)
- 第二节 犯罪心理预防 (325)

第十六章 犯罪心理的矫正 (332)
- 第一节 犯罪心理矫正概述 (332)
- 第二节 犯罪心理诊断 (334)
- 第三节 犯罪心理矫治 (336)

主要参考书目 (346)

后记 (350)

第一章 绪 论

内容提要

犯罪心理学是犯罪学科的一个分支学科,它从心理学的角度研究犯罪人形成犯罪心理和发生犯罪行为的原因、过程和规律,剖析不同类型犯罪人的心理特点和行为特征,阐明犯罪心理学在刑事司法实践以及预防犯罪、矫治犯罪工作中的实际运用,其目的在于为司法机关揭露和惩治犯罪以及预防犯罪、矫治犯罪提供心理学依据和方法。作为一门独立的学科,犯罪心理学有其特定的学科性质、理论体系、研究对象和研究方法。

关键词

犯罪心理学 研究对象 学科性质 研究方法 研究任务

第一节 犯罪心理学的研究对象和性质

一、犯罪心理学的研究对象

一种学问要成为一门独立的学科,前提条件是必须具有独立的研究对象,以此来揭示特定领域中的事物或现象本身所固有的规律性,犯罪心理学也不例外。那么,犯罪心理学作为一门独立的学科,其研究对象是什么呢?

在阐述犯罪心理学的研究对象之前,我们应首先弄清楚与之相关的一个概念,即什么是犯罪心理学。关于犯罪心理学的定义有狭义和广义两种说法。狭义的犯罪心理学,是指运用心理学的基本原理研究犯罪主体的心理和行为的一门学科。广义的犯罪心理学,是指运用心理学的基本原理,研究犯罪主体的心理和行为以及犯罪对策中的心理学问题的一门学科。

犯罪心理学研究什么? 这实质上是犯罪心理学研究对象的问题。犯罪心理学有狭义和广义之说,犯罪心理学的研究对象亦有狭义和广义之分。狭义的犯罪心理学的研究对象是犯罪人即犯罪主体的心理和行为,就是说犯罪心理和犯罪行为是其研究对象。犯罪主体的心理包括其心理过程和个性心理、犯罪心理结构形成的原因和过程、犯罪心理外化为犯罪行为的机理、犯罪过程中的心理活动、犯罪心理发展变化的规律以及怎样对犯罪心理结构施加影响和加以教育改造,等等。简单地说,它只研究犯罪人的个性缺陷及有关的心理学问题。广义的犯罪心理学的研究对象,除包括狭义的犯罪心理学的研究对象之外,还包括犯罪对策中的心理学问题,如预防犯罪、惩治犯罪以及教育改造罪犯的心理学问题;还包括有犯罪倾向(即尚未实施犯罪行为)的人的心理和刑满释放人员的心理;还包括被害者心理、证人心理、侦查心理、审讯心理、审判心理以及犯罪心理预测,等等。简单地说,广义的犯罪心理学既研究犯罪人的心理和行为,又研究与犯罪作斗争的对策心理学部分,即被认为是司法心理学的有关内容。

广义的犯罪心理学研究范围颇广,可以从两个方面来加以确定:(1)把什么人的心理和行为作为研究对象。具体说来,包括以下几种人的心理和行为:① 犯罪人,这是犯罪心理学研究的主要对象;② 一般违法人,指实施了违反刑法,但情节显著轻微,危害不大,不认为是犯罪的行为和违反治安法规的行为而又为治安部门所处理的人;③ 刑满释放人员和解除劳动教养人员;④ 揭露与惩罚犯罪的有关人员,主要是指公安、司法部门的工作人员,这方面的研究目的是为了提高办案质量;⑤ 监管、矫治罪犯的人员和监狱的工作人员,他们的心理素质如何,直接影响着罪犯犯罪心理矫治的成效。(2)研究哪些课题。犯罪心理学(广义)的研究课题十分广泛,主要有:犯罪心理结构、犯罪心理结构成因、犯罪心理形成和犯罪行为发生的机制、犯罪心理结构的发展变化、不同类型犯罪人的心理特点和行为特征、犯罪对策的心理学问题(如个体犯罪的心理预防、犯罪侦查心理和审讯、审判心理以及罪犯矫治等问题)以及其他有关课题。

二、犯罪心理学的学科性质

(一) 犯罪心理学是犯罪学与心理学的交叉学科

犯罪心理学在形成和发展过程中,受到了大量的其他学科的影响,但是对它影响最大的学科是心理学和犯罪学。它既是心理学科体系的一个分支学科,又是犯罪学科体系的一个分支学科,是这两门学科之间的交叉学科。在心理学科体系中,犯罪心理学是应用心理学领域——法律心理学的一个分支学科;在犯罪学科体系中,广义犯罪心理既涉及犯罪原因学领域,又涉及刑事司法学领域,还涉及犯罪防治学领域。但是,犯罪心理学并不是犯罪学科的部分领域与心理学科的部分领域的简单拼凑,而是采用了大量的心理学研究方法,并利用了心理学的研究成果,研究犯罪学的基本对象——犯罪人。所以说,这门学科的主体内容是心理学与犯罪学的彼此结合、渗透和交叉。

(二) 犯罪心理学是一门偏重于社会科学的综合性学科

犯罪心理学的理论学说和研究方法,既涉及自然科学,又涉及社会科学。因为犯罪是阶级社会中的一种社会现象,是一定社会历史条件下阶级矛盾和社会其他各种矛盾的综合反映。人作为社会的人,之所以犯罪,社会因素往往起着主要作用。犯罪人的犯罪心理是客观现实的反映,其犯罪行为总是危害社会的行为,因此,把犯罪人作为基本研究对象的犯罪心理学必然具有明显的社会科学的性质。同时,也必须看到,犯罪人具有生物属性的一面,无论是犯罪心理的形成还是犯罪行为的发生,都离不开一定的生理机制的作用。因此,研究犯罪人实施犯罪行为的心理形成、发展和变化规律的犯罪心理学,又不能不具有一定的自然科学的性质。因而,犯罪心理学融合了多门社会科学和自然科学的学科内涵,但更偏重于社会科学。

(三) 犯罪心理学是一门兼有理论性和实践性特点的学科

在犯罪学科体系中,犯罪心理学与犯罪人类学、犯罪生物学、犯罪精神病理学共同组成犯罪学科中的犯罪原因学。它从心理学的角度研究犯罪原因,为预防犯罪、揭露和惩治犯罪以及矫正犯罪提供理论依据。因而,犯罪心理学在犯罪学科中处于理论学科的地位。但是,犯罪心理学又是一门具有很强实践性和应用性的学科,研究犯罪心理学主要是为了解决实践中产生的与犯罪行为有关的问题。在心理学科体系中,它处于应用心理学的地位,它应用心理学科的理论和方法研究犯罪心理形成和犯罪行为发生的特殊规律,为人类揭露与扼制犯罪提供了思想武器。

(四) 犯罪心理学是一门或然性学科

许多科学研究的结论只具有相对性,它只告诉人们在某种特定条件下其或然性有多大,绝对准确的预测是难以做到的。影响犯罪人犯罪心理形成和犯罪行为发生的因素很多,相互作用和变化的机制极其复杂,因此,它得出的各种结论并不完全适用于任何犯罪人和任何犯罪情景。它只能告诉人们"可能会"怎么样,而不是"必定会"怎么样。使用根据犯罪心理学研究结果提出的干预方案并不能保证绝对奏效,因此,犯罪心理学的研究结论具有或然性的特点。但是,这绝不是说犯罪心理学的研究成果不准确,或者无价值,它揭示的犯罪规律,提供的犯罪概率,是有助于犯罪预防和犯罪控制的。进一步提高研究结论的可靠性,降低研究结论的或然性,是摆在犯罪心理学研究者面前的极具挑战性的任务。

(五) 犯罪心理学是一门发展的学科

学科的发展一般要经历潜学科、发展学科和发达学科三个阶段。发展学科即新兴的、还在成长的、还很不成熟的学科。犯罪心理学作为一门独立学科问世迄今还不到百年历史,是一门十分年轻的发展学科。

三、犯罪心理学与其他学科的关系

（一）犯罪心理学与犯罪学

犯罪学是一种知识体系，即关于犯罪现象、犯罪原因和犯罪预防的系统性的知识，由一系列特有的基本范畴所组成的内在联系紧密的知识整体。[①] 犯罪学是从宏观的角度透视犯罪这一社会现象，综合研究犯罪的原因，并提出犯罪预防的对策。总体上来说，犯罪学是对犯罪现象的宏观把握，是研究犯罪现象的综合性学科。犯罪心理学主要研究的是实施犯罪行为的主体——犯罪人心理的形成、变化的规律，因此，它与从不同角度研究犯罪现象的犯罪人类学、犯罪社会学处于同一学科层次，同属于犯罪学的一个组成部分。现代犯罪学十分重视对犯罪成因论中的个体因素的探讨，犯罪心理学的研究不仅可为其提供丰富的资料，而且还可提供不同于其他研究的手段和方法，使我们对犯罪现象的探讨更有深度，提出的犯罪对策更有针对性。

（二）犯罪心理学与刑法学

犯罪心理学和刑法学都要研究犯罪问题。刑法学是研究犯罪及其刑事责任的学科，其中包括犯罪及其构成要件、犯罪形态、刑事责任、刑罚及其种类、刑罚的具体适用以及各种具体犯罪的定罪量刑问题。犯罪心理学所研究的犯罪，是以刑法中有关犯罪的规定作为依据之一，从这种意义上说，犯罪心理学研究的内容，在一定程度上受到刑法学的制约；反之，犯罪心理学对犯罪人犯罪心理的形成、发展和变化规律的研究成果，又为刑法学研究犯罪提供了理论基础，丰富和完善了刑法学的学科研究。

（三）犯罪心理学与普通心理学

普通心理学与犯罪心理学的关系是理论与实践的关系。普通心理学是研究人的心理活动规律的学科，是心理学中的基础理论学科。犯罪心理学是一门应用学科，它要应用普通心理学的基本理论和方法研究特殊的群体——犯罪人的心理活动的规律和特点，从而解决具体问题。普通心理学中关于人的心理实质、各种心理活动的基本规律、人的心理的发生发展变化规律，以及心理学研究的各种方法等都要在犯罪心理学的研究中得到应用；反之，犯罪心理学的研究成果又可以丰富和发展普通心理学的理论。

（四）犯罪心理学与社会心理学

社会心理学是系统研究社会心理与社会行为的学科。犯罪行为是一种反社会行为，犯罪心理是一种特殊的反社会心理现象，因此，犯罪心理学可以看成是社会心理学的一个分支。社会心理学研究中揭示的社会心理和社会行为的基本

[①] 许章润主编：《犯罪学》，法律出版社2004年版，第6页。

规律,为犯罪心理学提供了理论依据和方法,社会心理学中关于人的社会化、群体心理、领导心理、从众心理、人际交往心理等理论都要在犯罪心理学中得到具体应用;同样,犯罪心理学的研究成果也可以丰富和发展社会心理学的内容和理论。

(五) 犯罪心理学与教育心理学

为了提高对罪犯的教育矫正的质量和效果,需要应用教育心理学的基本理论,遵循教育心理学的基本原则。不仅如此,对公民的法制教育、普法宣传也要应用教育心理学的基本理论和方法。因此,犯罪心理学要借用教育心理学的研究成果来丰富和发展自己的内容。

第二节 犯罪心理学研究的原则和方法

一、犯罪心理学研究的原则

对犯罪心理学的研究,应以马列主义、毛泽东思想为总的指导思想。在具体操作上,应以党和政府的方针、政策为指导,根据犯罪心理形成和发展的规律,遵循以下几个方法论原则:

(一) 主客观统一原则

主客观统一原则,即是说在分析犯罪人犯罪心理时,既要看到犯罪心理是客观存在的不良因素在犯罪人头脑中的反映,又要看到这些不良因素之所以被犯罪人选择吸收并内化为犯罪心理,是犯罪人主观上的原因造成的,外因只有通过内因才能起作用。我们在进行犯罪心理的研究中一定要坚持将内因(主观因素)与外因(客观因素)统一起来考察的原则。心理现象同其他任何现象一样,都具有规律性、必然性和因果制约性。心理现象的产生和发展,是在先天遗传素质的基础上,通过人与社会的不断交往作用而形成的。在大致相同的社会生活条件下或在某种情景中,为什么有的人犯罪,有的人不犯罪,原因在此。在犯罪心理形成过程中,先前形成的不良心理品质决定着对社会不良因素有倾向性和选择性。因此,我们在研究犯罪心理时,不仅要探讨罪犯自身的心理发展状况,而且要探讨其所处的社会生活环境,以及教育对其的影响。同时,在矫正犯罪行为时,除了对罪犯本身进行正确的教育改造外,还应改善社会生活环境,如净化社会风气,开展丰富健康的社会文化生活,加强法制建设和法制宣传教育,加强思想政治工作和品德教育等。[1]

(二) 系统性原则

在犯罪心理学研究中贯彻系统性原则,就是用系统的方法来考察犯罪现象,

---

[1] 参见肖兴政、郝志伦主编:《犯罪心理学》,四川大学出版社2004年版,第17页。

把人的心理作为一个开放的、动态的、整体的系统来加以研究。所谓系统性是指由一定数量的相互联系、相互作用、相互矛盾、相互制约的因素所组成的具有一定结构和机能的有机整体。系统论要求我们从整体系统的动态变化中综合地考察研究对象,获得最正确的认识和处理方法。在犯罪心理学研究中具体贯彻系统性原则应注意以下几点:

1. 要树立整体观念

人的心理现象是具有各种机能的有机整体。在具体的个人身上,各种心理现象总是相互联系、相互制约而成为一个统一的整体。离开了人的心理的整体性,各种心理现象的特征及其相互作用便无法理解。因此,孤立地研究犯罪心理现象的任何一种关系,都只能认识到犯罪心理现象的某一个方面,要科学全面地认识犯罪人的犯罪心理现象,必须进行多方面的综合研究。

2. 要在发展中研究犯罪心理学

犯罪心理现象具有动态性,应在联系和发展中研究犯罪心理现象。人的心理是活动的,任何心理活动都有一个发展变化的过程,并总是呈现出一种相对的稳定状态和绝对的动态形式。犯罪心理现象也是这样,它会随着客观刺激的变化而变化,并受各种输入信息的影响。因此,我们在研究犯罪心理学时,就必须考察具体的情景、场合和具体的事件,而不能孤立静止地、形而上学地进行研究。

3. 要注意研究犯罪心理学与周围环境,特别是与社会环境的关系

犯罪心理现象具有环境适应性,要注意研究犯罪心理学与周围环境,特别是与社会环境的关系。人总是处在一定的环境之中,受环境的影响,同时对环境又表现出一定的适应性。因此,对犯罪心理和行为的研究只描述机体本身是不够的,还必须研究它与周围环境的关系,要把犯罪心理和行为与当时的环境影响结合起来进行考察。[1]

(三)个性观原则

虽然犯罪心理存在一些普遍规律和共性,但是由于犯罪行为的多样性,以及影响犯罪心理形成的主客观因素的差异性,决定了犯罪心理的复杂性。人们的犯罪心理带有明显的个性特征,它与一个人的年龄、性别、生活经历、家庭环境、社会交往等因素有关。个性观原则,即是说在进行犯罪心理学的研究过程中,要将犯罪人视为具有独特背景和个性的对象来加以考察的原则。我们在研究犯罪心理时,必须从客观实际出发,坚持具体问题具体分析的原则,切忌主观臆断,要将心理学和法学的知识与具体的犯罪行为结合起来。不同类型的犯罪行为,支配它的犯罪心理往往不同;即使同一类型的犯罪行为,在不同的人身上所表现的犯罪心理也往往有差异。不同年龄、性别、不同经历的犯罪人,由于他们的个性

---

[1] 参见梅传强主编:《犯罪心理学》,法律出版社2003年版,第17页。

不同,导致他们在作案、审讯、改造期内的心理和行为都有差异。因此,我们在研究犯罪心理时,必须考虑研究对象的个性特点和实际情况,只有这样,才能逐步弄清各种类型的犯罪心理和行为的发生原因与特征,才能对具体犯罪行为采取有针对性的措施,以此取得更大的成效。

(四) 生物性与社会性相统一的原则

生物性与社会性相统一的原则,即指在犯罪心理学研究中要将犯罪人的生物性与社会性统一起来综合考察的原则。科学的心理观认为,人的心理是在先天遗传素质的基础上发生发展起来的,具有生物性;同时,人的心理发展更多地是受后天的社会生活环境和条件制约的,具有社会性。正因为如此,不同时代、社会、阶级、民族和具有不同实践活动的人,其心理有所差异。人的心理既具有生物性,又具有社会性,是两者的有机统一。犯罪心理也不例外。在犯罪学和犯罪心理学的研究史中,曾经出现过片面强调犯罪的生物性的"犯罪生物学派"和片面强调犯罪的社会性的"犯罪社会学派"。在我国极"左"路线猖獗时期,也曾流行过所谓的"本性论"(认为一切犯罪都是反动阶级的本性)和"血统论"(认为出身不好的人必然要犯罪)等观点,这些论断都是极其武断和片面的。因此,我们在研究犯罪心理时,必须将生物性与社会性统一起来考虑,既要考虑犯罪心理形成的社会因素;同时,又要考虑犯罪心理形成的生物因素。一般来说,社会性起主导作用,生物性则起次要作用。这一原则,对于我们研究、预测与防范犯罪以及教育改造罪犯都有指导意义。

(五) 坚持理论联系实践的原则

犯罪心理学是一门来源于实践,又服务于实践的学科。因此,在研究中既要注意基础理论研究,又要注意应用研究,在实际应用中使理论得到进一步的充实和提高,以便对实践产生更大的指导作用和积极影响。运用这一原则,要求在研究中,坚持理论研究和应用研究的有机结合;专业理论工作者与公安司法部门的实际工作者密切配合,携手合作;具体问题具体分析;从实践中来,到实践中去。

(六) 伦理性原则

在犯罪心理学的研究过程中,经常要采用一些控制情境或被试的手段来搜集资料,这时就应特别注意在创设情境时切忌采取违背伦理性原则的方法,如欺骗被试、隐蔽研究目的、威胁恫吓及其他可能造成研究对象身心损伤的方法。在犯罪心理学的研究和模拟实验的设计过程中、在主试与被试的直接访谈中及对犯罪人进行心理测验时,都要考虑研究可能给被试者心理造成的负面影响及伤害,尽可能地予以避免和消除。

二、犯罪心理学的研究方法

(一) 心理分析法

心理分析法就是依据心理与其外部行为之间的必然联系,通过犯罪行为的外部表现和客观后果,去分析犯罪人的犯罪心理活动及其规律。由于犯罪心理的隐蔽性、研究的间接性和现场研究的困难性等特点,决定了犯罪心理研究中必须广泛使用心理分析法,这也是犯罪心理学研究方法的特点之一。进行心理分析,要求研究者具有较高的心理素养、丰富的实践经验,并且详细占有第一手材料。心理分析的准确性,在很大程度上取决于研究者的能力、方法、经验及掌握材料的数量和质量。

(二) 调查法

调查法是通过各种途径,广泛收集有关犯罪人的资料,研究犯罪心理特点和规律的方法。调查是为了获取有关资料,然后进行分析研究,概括出带有规律性的东西。调查的方式多种多样,最常用的调查法有开座谈会、访谈、查阅文件资料和案卷材料,找违法犯罪人直接面谈等。使用调查法时,事先应有明确的调查目的和计划;调查进行时做到全面客观地掌握第一手资料;调查结束后应对调查材料进行分析、整理,写出客观的调查分析报告。调查法的主要优点在于:使用方便、简洁,内容客观,调查结果便于量化。此方法的缺点是:调查结果受调查对象的理解能力、情感、价值取向以及样本大小等因素的影响较大,调查结果的真实性较差。为了弥补调查法的缺陷,一般采用匿名调查法。[①]

(三) 观察法

观察法是指有计划、有目的地通过观察可能犯罪人或犯罪人的言语、表情、动作和行为等外部表现去了解他们心理活动的一种方法。观察法也是由许多更为具体的方法技术所组成的一个方法体系。观察法的依据是人的心理活动必然与人的行为相联系。犯罪人的心理尽管隐蔽,但总要通过其语言、表情(面部表情、肢体表情、言语表情等)以及行为动作表现出来,我们通过观察可以收集到大量的材料,对这些材料进行分析,就可以了解犯罪人的心理特点。例如,战国时期《周礼》中记载的"五听"方法就是中国古代的官吏在审理案件时观察当事人心理活动的5种方法。五听是辞听、色听、气听、耳听、目听的简称。这种方法始于西周,对后世影响较大。其中,辞听是"观其出言,不直则烦",即观察当事人的语言表达,理屈者则语无伦次;色听是"察其颜色,不直则赧然",即观察当事人的面部表情,理屈者则面红耳赤;气听是"观其气息,不直则喘",即观察当事人陈述时的呼吸,理亏则气喘;耳听是"观其聆听,不直则惑",即观察当事人的听觉反应,

---

[①] 梅传强主编:《犯罪心理学》,法律出版社2010年版,第17页。

理亏则听觉失灵;目听是"观其眸子视,不直则眊然",即观察当事人的视觉和眼睛,理亏则不敢正视。"五听"实际上是通过观察被讯问者感官反应而确定其陈述之真假,虽然近于主观,但比起夏商"神判"显然已进了一大步,说明在我国西周时期就已经注意到运用司法心理分析问题,并将其推广到司法实践之中。

观察法分为客观观察法和自我观察法两种。客观观察法包括直接观察与间接观察两种方法。直接观察,一是指对可能犯罪人或已然犯罪人在学习、劳动、交往活动过程中的观察,或对有精神疾病的违法犯罪者在临床中的观察。这种观察不易被研究对象所察觉,比较自然,所得材料比较真实。二是个案法,指通过了解某个违法犯罪者生活史或对未来的生活历程进行追踪观察了解,以研究其心理形成和发展变化过程的方法。间接观察法有问卷法、谈话法、活动产品分析法等。

自我观察法,也叫内省法、主观法。它是通过研究对象自己的评述来研究其心理活动的一种方法。自我观察法也可分为直接观察和间接观察两种方法。分析研究对象的口头或书面陈述属于直接观察,分析研究对象的书信、日记、自传、回忆录等属于间接观察。

观察法的优点是能对被观察者在自然条件下的行为进行直接的了解,获得的材料真实可靠。在研究对象不配合的情况下,开座谈会法、面谈法等方法的实施有很大困难时,可采用观察法收集资料。

观察法的局限在于:

(1) 研究者处于被动地位,只能被动地等待所需对象的出现,因此在观察时可能出现不需要研究的对象,而需要研究的对象却没有出现。

(2) 在自然情境中,影响某种心理活动的因素是多方面的,因此用观察法得到的结果,不易作量化处理,难以进行精确的分析。

(3) 观察者本人的能力水平、知识经验、兴趣、愿望以及观察技能对观察资料的质量有很大的影响。在同样的条件下,不同的观察者所收集到的资料可能差别很大。

(四) 案例分析法

案例分析法就是选择有代表性的犯罪主体或案例,在一定时间内,对其心理、行为进行了解分析,以获得犯罪心理活动的发展变化规律。这是一种从具体到抽象、从分析到综合、从特殊到一般的研究方法,它对于了解和描述犯罪心理的形成、发展、变化过程,具有很大的帮助。但是这种方法所得结论的概括性、适用性往往受到限制。而且,要完成对一个案例的全面研究,需要花费很大的人力、物力和财力,需要较长的时间,加上其变量不易控制,这就要求研究人员在运用这种方法时要注意精心选择有代表性的以及一定数量的案例,只有这样才能作出有价值的推论或提出假说。

(五) 比较研究法

比较研究法是指对两个或两个以上的事物进行比较，找出它们之间的异同点，以便更加深入地探讨彼此的特点和规律。在犯罪心理学的研究中，比较研究法使用很广。例如，把犯罪青少年的心理特点与一般青少年的心理特点进行比较；把不同类型的犯罪心理进行比较；把团伙犯罪心理与单个犯罪心理进行比较；还可以选择各种犯罪的类型、手段、数量、原因等进行比较；甚至可以选择不同地区、时间、环境等进行比较研究。

(六) 实验法

实验法是指有目的地控制或创设一定的条件来引起研究对象的心理活动，以便进行研究的方法。犯罪心理学研究应重视实验法。实验法分为实验室实验和自然实验。

实验室实验是指在实验室，借助实验设备，在对实验条件严加控制的情况下进行心理学研究的方法。在犯罪心理学研究中，由于研究对象的特殊性，应有选择地慎重使用这种方法。如，可以设计一些实验条件研究犯罪人的性格特点或在特定情境中的感知能力、思维活动、意志活动的变化，或借助一些仪器测定犯罪人的言行和他们的情绪与生理反应之间的关系。例如，在审讯中进行的测谎实验。

自然实验，也叫现场实验，是指在日常生活、工作条件下，对少数案件作必要的控制和安排的实验方法。在案件侦查及改造罪犯过程中，常使用这种方法。如在案件侦查中，采用侦查实验，为查明案情，将案件发生的情况加以模拟、表演，也即用模拟方法来研究证实在现场某一条件下案件是否能发生。

第三节 犯罪心理学研究的任务

任何一门学科，都有它的研究任务。犯罪心理学研究的基本任务，就是运用心理学的基本理论与方法，探索犯罪心理形成和变化发展的原因、过程，阐明与犯罪有关的心理活动规律，为预防犯罪、揭露和惩治犯罪，以及教育和改造犯罪提供科学的心理学依据；并在此基础上制定出符合心理规律的工作方法和措施，为治理日益严重的犯罪问题服务，以达到维护社会治安，稳定社会秩序，使社会主义现代化建设得以顺利进行的目的。从具体操作上来讲，犯罪心理学的研究担负着理论和实践两方面的任务，具有理论和实践双重意义的目的。

一、理论方面的任务

1. 建立自身的理论体系

犯罪心理学是一门年轻学科，它本身的理论基础和学科体系正在形成中，面临着提高自身理论水平，建立具有我国特色的、具有坚实理论基础的犯罪心理学的紧迫任务,这就要求我们在研究过程中,不断吸收心理学、自然科学等相关学科理论,借鉴前人和国外学者对犯罪心理学研究的成果,结合我国的具体情况,探讨犯罪心理形成、发展、变化的规律,以丰富和发展我国犯罪心理学的理论研究水平,逐步建立自己的学科体系,使之成为一门既有独立理论,又有实践价值的新学科。

2. 吸收相邻学科的研究成果,推动自身学科的发展

随着犯罪心理学研究的不断深入、发展,必须汲取相邻学科的研究成果,以丰富自身的研究内容,推动其不断发展。

首先,犯罪心理学作为一门应用心理学科,它必须运用普通心理学的原理和方法,汲取吸收普通心理学研究成果,来分析犯罪心理与行为;否则,犯罪心理学就会成为无本之木、无源之水。在教育和改造罪犯的研究中,需要借鉴普通心理学、教育心理学的原则和方法,提高教育改造的质量与效果。同样,犯罪心理学的研究,在某些方面,可以丰富和完善普通心理学的内容,推动普通心理学向更加全面和现实的方向发展。

其次,犯罪心理学要研究犯罪心理,需要以一定的法律法规为准绳。因此,犯罪心理学要借助犯罪学和刑法学的研究成果,以对犯罪作出确切的界定,增强其针对性;从另一方面来说,犯罪心理学的研究也可以为犯罪学和刑法学的研究提供理论依据,推动犯罪学和刑法学更加客观地为现实生活服务。

最后,犯罪心理学以犯罪这一危害社会的现象作为自己的研究对象,需要研究社会生活环境中的各种现象,如社会风气、社会价值观、社会文化、社会生产力发展状况等对犯罪心理形成和发展的影响,它还要探讨家庭对犯罪心理形成和发展的影响,以及伦理、道德、风俗、习惯等对犯罪心理形成和发展的影响;与此同时,其研究成果将为社会学、伦理学、教育学的研究提出新问题,促进各个学科的共同发展。

3. 促进研究方法的创新

犯罪心理学是一门交叉学科,与很多学科都具有十分紧密的关系,因此,犯罪心理学不仅是理论本身要与其他学科形成互动关系,在研究方法上也要注重与其他学科的交融,促进研究方法的创新。一方面,犯罪心理学要积极借鉴其他学科的研究方法,为丰富和完善自己的理论提供支持;另一方面,犯罪心理学具有自身的特殊性,在研究方法上能够有所创新并体现出特色,这会影响其他学科的方法更新,促进整个理论研究水平的提升。[①]

---

① 梅传强主编:《犯罪心理学》,法律出版社 2010 年版,第 11 页。

二、实践方面的任务

犯罪心理学是一门在打击、预防犯罪的实践中产生和发展起来的学科,它的根本任务和最终目的是为社会实践服务。

1. 犯罪心理学通过对犯罪心理形成和发展变化规律的研究,可以为家庭、学校、社会提供一些犯罪心理学的科学知识,及时发现家庭教育、学校教育和社会教育中所存在的问题,使上述各种教育更有针对性,提高其教育效果,并为青少年健康成长创造一个良好的社会环境,促进青少年健康成长,有效地预防、控制和减少犯罪,发挥"综合治理"的最大效应。

2. 犯罪心理学通过对犯罪人在不同情境中的心理状态和不同类型犯罪人心理的研究,提高公安司法部门的工作人员对犯罪心理和犯罪行为规律的认识,为他们揭露和惩治犯罪,以及矫正犯罪提供心理依据和方法,增强他们的业务能力,提高立案、侦查、起诉、审判以及监狱改造等环节的工作效率。

3. 通过对犯罪的预测与预防研究,可以调动社会各方面的力量,提高整个社会的防范意识,减少和控制犯罪的几率,为社会治安综合治理提供理论依据。刑事司法政策是根据社会治安中出现的犯罪特点、趋势,为有效地预防、打击犯罪并维护社会治安稳定而制定的。犯罪心理学的研究认为,犯罪心理的形成和犯罪行为的发生,是由多种因素共同作用的结果。为了达到社会的稳定和安宁,就必须通过多种途径和方法来预测犯罪动向,及时掌握犯罪发展趋势,消除犯罪诱发因素。这些研究对于刑事司法政策的制定,社会综合治理的落实无疑会产生积极的作用。

一、本章需要继续探讨的问题

(一)什么是犯罪?

我国现行《刑法》第13条规定了犯罪的定义:一切危害国家主权、领土完整和安全,分裂国家、颠覆人民民主专政的政权和推翻社会主义制度,破坏社会秩序和经济秩序,侵犯国有财产或者劳动群众集体所有的财产,侵犯公民私人所有的财产,侵犯公民的人身权利、民主权利和其他权利,以及其他危害社会的行为,依照法律应当受刑罚处罚的,都是犯罪,但是情节显著轻微危害不大的,不认为是犯罪。

犯罪有三个基本特征:社会危害性、刑事违法性和应受惩罚性。

1. 社会危害性

社会危害性是犯罪的最基本特征。所谓社会危害性,是指行为对刑法所保护的法益造成或可能造成这样或那样的危害的特性。行为没有社会危害性,就不是犯罪;社会危害性也只有达到相当的程度,才可能构成犯罪。

2. 刑事违法性

刑事违法性,是指行为的社会危害性超出了一般程度,已触犯了刑法,由刑法规定禁止实施,它是犯罪行为的社会危害性在法律上的具体体现。刑事违法性是犯罪不可缺少的法律特征,确认某个行为成立犯罪,除具有社会危害性外,还要求刑法对该行为作出明确的规定,才能认定是犯罪。刑事违法性表现为两种情况:一是直接违反刑法规范;二是违反其他法律规范情节严重进而违反了刑法规范。故单纯违反其他法律而没有违反刑法的行为,不具有刑事违法性。

3. 应受惩罚性

任何违法行为,都要承担相应的法律后果,民事违法行为要承担相应的民事后果,行政违法行为要受行政处罚。违反刑法的犯罪行为,则要承担由刑罚来处罚的后果。

(二)犯罪心理和犯罪行为

犯罪心理是指影响和支配犯罪人实施犯罪行为的各种心理因素的总称,包括认识、情感、意志、能力、气质、性格、兴趣、需要、动机、理想、信念、世界观、价值观及心理状态。

犯罪行为是指犯罪人在一定的犯罪心理影响和支配下所实施的危害社会的、触犯刑事法律的、应受刑罚处罚的各种行为的总称。

犯罪心理与犯罪行为既有区别,又有密切的联系,两者的区别如下:

1. 犯罪心理具有内隐性特征,而犯罪行为则具有外显性特征。犯罪心理是犯罪人大脑的活动,在没有以言语或动作的形式表现出来,即没有发生犯罪行为之前,是看不见、摸不着的。而犯罪行为则总是犯罪心理以言语或动作的形式表现出来的外部活动。

2. 犯罪心理具有相对的独立性,而犯罪行为则具有依存性。在犯罪人犯罪行为发生前,犯罪心理就已独立存在;犯罪行为结束后,犯罪心理也不一定立即结束,它可以继续独立存在于犯罪人的头脑之中。犯罪行为总是依存犯罪心理的存在而发生。

3. 犯罪心理形成在先,犯罪行为发生在后。犯罪心理总是在犯罪行为发生前就已形成,而犯罪行为总是在犯罪心理形成之后才可能发生。

犯罪心理与犯罪行为的密切联系性主要表现如下:

1. 先有犯罪心理,才有犯罪行为。犯罪行为总是在一定的犯罪心理的影响和支配下发生的,没有犯罪心理就没有犯罪行为。

2. 要剖析犯罪心理,必须先了解犯罪行为。只有犯罪人的犯罪行为发生之后,才能从行为表现入手,对影响和支配犯罪人实施犯罪行为的心理作归因分析。没有犯罪心理的外部表现——犯罪行为,就无从了解犯罪人的犯罪心理。

3. 犯罪行为的性质往往由犯罪心理状况而定。刑法中故意犯罪和过失犯罪即是依犯罪心理状况而区分。明知自己的行为会发生危害社会的结果,并且希望或者放任这种结果的发生,进而构成犯罪的,是故意犯罪。应当预见自己的行为可能发生危害社会的结果,因为疏忽大意而没有预见,或者已经预见而轻信能够避免,以致发生这种结果的,是过失犯罪。这个界定表明犯罪人的犯罪行为性质是由犯罪心理的不同状况所决定的。[①]

(三) 犯罪心理测试技术

犯罪心理测试技术俗称"测谎",其是依据普通心理学、实验心理学、犯罪心理学三大学科基础以及神经心理学、生物电子学、计算机应用、侦查学、物证技术学等学科知识,在正确分析案情和案犯心理活动的基础上,运用认知综合测试法编制测试题,通过专用心理测试系统,实时同步记录被测人对主试言语问题的多项心理生物反应变化,进而评判心理痕迹对应相关度,以甄别判断被测人与案件关系及案件有关情况的犯罪心理鉴定技术。该技术主要包括:(1) 犯罪心理动态分析技术;(2) 认知综合测试法编题技术;(3) 测前访谈技术;(4) 实测操作、观察和同步评图技术;(5) 图谱综合评判技术;(6) 测后谈话和讯问技术。

二、思考题

1. 犯罪心理学研究的任务是什么?
2. 简述犯罪心理学与相邻学科的关系。
3. 简述犯罪心理学的研究方法。
4. 论述犯罪心理学的学科性质。

[①] 参见罗大华、何为民:《犯罪心理学》,浙江教育出版社2002年版,第4—5页。

第二章　犯罪心理学简史

> **内容提要**

要对一门学科进行全面、系统的研究,就必须了解和研究它的历史与现状。了解犯罪心理学的产生及演变过程,把握其发展变化的特点与规律,有助于加深对犯罪心理学学科性质的理解,更好地把握犯罪心理学未来的发展趋势。

> **关键词**

早期犯罪心理学思想　现代犯罪心理学的诞生与发展　犯罪原因理论　当代研究概况

第一节　西方国家犯罪心理学的诞生与发展

一、早期西方的犯罪心理学思想

早在古代,随着犯罪现象的产生,人们就开始了对犯罪心理的探讨。在现代犯罪心理学产生之前,就有人对犯罪心理相关的问题进行了力所能及的研究,这些早期的研究着重反映在犯罪心理哲学、精神病学、人类学三个范畴中,并由其构建出一种犯罪心理的文化背景。西方这些早期的犯罪心理学思想对于后续的研究产生过较大的积极影响。

(一)哲学的犯罪心理学观点

在18世纪以前,人们用思辨哲学的观点和方法探讨犯罪心理。在古代西方,一些哲学家论述了犯罪的原因。如古希腊哲学家德谟克利特认为:人之所以作出违法的行为,是由于"贪得无厌"。苏格拉底曾根据人的面色、头形的不同,来推断一个人将会为恶或者作恶。到中世纪,颅相学盛行,颅相学家用人的颅骨的形状来解释人们的行为以及犯罪问题。这些学说中包含着一定的心理学思想。柏拉图认为:人的灵魂里有一个比较好的成分和一个比较坏的成分,好的成分控制坏的成分时,他就不去作恶;否则,他就会作恶。亚里士多德认为:许多犯罪的原因就在于人类邪恶的本性。英国思想家霍布斯提出了著名的性恶论学说。他认为人生来就自私自利、残暴好斗;人是作为个人主义者和利己主义者出生于世界的;造成人们争斗的主要原因是人类具有的竞争、猜疑和荣誉三种天性;犯罪、战争都是在人的本性推动下产生的。

进入18世纪后,启蒙思想家的犯罪学思想中也有大量的犯罪心理学成分,特别是在有关犯罪的原因和刑罚的威慑论的论述中,他们提出了许多常识性的犯罪心理学观点,这些观点对古典犯罪学派的犯罪学家们产生了重要的影响,其中一些观点经过古典犯罪学派的犯罪学家们的进一步完善和论述,一直流传到今天。

到19世纪以后,人们从众多角度论述了犯罪心理学方面的内容。如德国社会学家迪尔凯姆认为:自杀、犯罪等异常行为,都是社会中缺乏规范和正常的秩序,个人的需要失去控制,行为缺乏标准和方向的结果。

(二) 精神病学的犯罪心理学观点

在古希腊和古罗马时期以后,开始有学者和医生对精神异常者进行专门研究。其代表人物是古希腊的著名医师希波克拉底。希波克拉底提出了著名的"体液学说",认为人体由血液、粘液、黄胆和黑胆四种体液组成,这四种体液的不同配合使人们有不同的体质。他把疾病看作是发展着的现象,认为医师所应医治的不仅仅是疾病,还包括病人,从而改变了当时医学中以巫术和宗教为根据的观念。希波克拉底主张在治疗上注意病人的个性特征、环境因素和生活方式对患病的影响,重视卫生饮食疗法,但也不忽视药物治疗,尤其注意对症治疗和预防。

大约在18世纪后半期,随着医学,特别是法医学、精神病学的发展,许多专家不断总结自己参与办案过程中的经验,分析自己办案过程中遇到的犯罪人的心理,积累了大量的犯罪个案材料,出版了很多犯罪心理学方面的书籍,推动了犯罪心理学的发展,使人们对犯罪心理的认识有了更进一步的提高。

从现有的资料来看,"犯罪心理学"一词最早于1790年出现在德文中,即"kriminalpsychologie"一词。1790年,明希(Munch)在纽伦堡出版了《犯罪心理学在刑法制度中的影响》一书。此后,"犯罪心理学"一词逐步流传开来,以犯罪心理学为名的论著也相继出版。1791年,埃卡特绍森(Eckartshausen)出版了《认识心理学在鉴别犯罪人中的重要性》一书,论述了犯罪心理学知识在司法实践中的应用问题。1792年,绍曼(Schumann)在德国哈勒出版了《犯罪心理学论》一书。

进入19世纪后,以"犯罪心理学"或"犯罪人心理学"为名的著作逐渐多了起来,而且也出版了一些法律心理学著作。1803年,梅茨格(J. Metzger)在柯尼斯堡发表了题目为《法医学论文》的论著,从法医学的角度论述了犯罪人的心理。

受当时犯罪心理学研究方法的影响,德国刑法学家费尔巴哈(Feuerbach)也在19世纪上半期出版了两部涉及犯罪心理的著作《奇特的犯罪案件》和《离奇犯罪的档案记述》。在这两部著作中,费尔巴哈汇集了情节奇特的犯罪案件,对犯罪人的犯罪动机作了思辩、推测性的分析,认为抢劫杀人犯是出于虚荣心,或者是为摆脱自己造成的困境而犯罪;青少年进行抢劫杀人可能是为了游戏取乐;老年人抢劫杀人可能是由于头脑不清;纵火犯的犯罪动机是轻率冲动;杀害少女的犯罪主要是基于报复心理而进行的。尽管费尔巴哈对案件中的犯罪动机作了看似合理的解释,但是他实际上并没有亲自接触过犯罪人,因此他对犯罪心理的分析完全是以推测为基础的。[①] 1823年,豪夫鲍尔(J. C. Hoffbauer)出版了《心理学在司法实践中的主要应用》一书;1833年,约翰·海因罗特(Johann Heinroth)出版了《犯罪心理学回忆录》一书。这些著作进一步发展了犯罪心理学,推动了犯罪心理学在司法实践中的应用。

19世纪60年代以后,犯罪心理学与精神病学进一步结合,精神病学家为犯罪心理学的发展作出了重要贡献。1867年,英国精神病学家莫慈利(Henry Maudsley)出版了《生理心理学和心理病理学》和《精神疾病的责任》,对精神错乱与犯罪的关系进行了深入的探讨,产生了很大的影响。1872年理查德·克拉夫特—埃宾(Richard Freiherr von Krafft-Ebing)出版了《基于德国和奥地利刑事立法的犯罪心理学的基本特征:供法学家使用》(也称《犯罪心理学纲要》)一书。有人把该书的出版看做是犯罪心理学出现的标志。

(三) 人类学的犯罪心理学思想

19世纪70年代,随着意大利精神病学家龙勃罗梭(Cesare Lombaoso)的《犯罪人论》一书于1876年出版,犯罪人类学的影响日益强大,自此,犯罪心理学的发展进入了人类学的犯罪心理学阶段。龙勃罗梭提出了"天生犯罪人"的观点,创建了"犯罪人类学"理论,被后人称为"实证犯罪学之父"、"古典犯罪心理学派的奠基人"。他细致地观察和描述了生来犯罪人的心理特征,包括其道德特征、智力特征等,并且将犯罪心理方面的研究应用于对犯罪人的矫正与改造,提出了"应当对生来犯罪人进行治疗,不应当仅对其进行严厉惩罚,因为严惩只能激怒他们"的观点。

在龙勃罗梭的影响下,人类学的犯罪心理学的研究不断发展,涌现了大量的研究成果,并在19世纪80至90年代形成了高潮。龙勃罗梭的学生菲利(Ferri)对犯罪心理学的创建有着重要的贡献。1884年出版了他的代表作《犯罪社会学》,提出:"在研究及了解犯罪之前,首先要研究罪犯是怎样犯罪的,犯罪必然在他的心理活动支配下进行,因为犯罪是一种有意识的活动。所以,研究犯罪的最

[①] 参见高锋:《犯罪心理学》,中国人民公安大学出版社2004年版,第39—41页。

终途径必然要研究犯罪人的犯罪心理,因而,研究犯罪也就要研究罪犯的犯罪心理。应该指出,这一研究无疑是为犯罪活动的研究开辟了一条新的道路。"这一论述,既指出了犯罪与心理活动的密切关系,又强调了研究犯罪心理学的重要性。[①] 1884年,克劳斯(A. Krauss)出版了《犯罪心理学》。他将犯罪人分为三类,每种类型中又包括三种亚类型,即(1)"精力旺盛"的犯罪人,包括穷凶极恶的犯罪人、易怒的犯罪人、激情犯罪人;(2)"邪恶"的犯罪人,包括着魔的犯罪人、阴谋犯罪人和骗子;(3)"软弱"的犯罪人,包括卑鄙者、小偷、狂热者。1884年,纳克(P. Nacke)出版了《犯罪行为与妇女的精神错乱》,探讨了精神异常的妇女犯罪人心理问题。德国的犯罪学家科雷(A. Corre)在1884年出版了《犯罪人》,分析了犯罪人的相貌特征与心理特征,认为一些人虽然仪表堂堂,但却阴险狠毒,会实施犯罪行为;相反,另一些人虽相貌丑陋,但是品行善良,是守法的典型。因此,他认为不能完全以人的相貌特征来推测其犯罪倾向。[②]

早期哲人和学者从不同的角度对犯罪心理的探讨和大量开拓性的研究,极大地丰富了犯罪心理学的思想内容,为现代犯罪心理学的诞生奠定了基础。

二、现代犯罪心理学的诞生与发展

19世纪后期,欧洲主要资本主义国家的产业革命已经完成,生产力得到极大解放,自然科学和社会科学发展迅速,特别是心理学的兴起与发展,为犯罪心理学诞生奠定了理论基础。同时,犯罪日益增多,迫切需要进一步研究犯罪原因、犯罪生理和心理机制,寻找预防和控制犯罪的新途径。于是一些精神病学家和法学家开始总结以往的犯罪心理学思想,借鉴现代科学知识,结合自己的研究把犯罪心理学思想系统化,著书立说,创立犯罪心理学。

在这期间,先后出版了许多以"犯罪心理学"命名的著作。如1872年德国精神病学家埃宾的《犯罪心理学纲要》;1889年奥地利的预审官、检察官格罗斯的《犯罪心理学》;1902年沃尔夫的《犯罪心理学》;1904年萨默的《犯罪心理学》等。这些书的出版曾被认为是这一学科诞生的标志。实际上它们虽以"心理学"命名,但却多半是从精神病学角度或刑法学的角度来进行研究的。严格地来说,这些著作至多不过是司法学、精神病学和犯罪心理学的掺杂体。从本质上来说,仍只是这一学科诞生的先声。

20世纪初以来,随着心理学、犯罪学的迅猛发展,心理学家、犯罪学家、法学家以及社会学家也投入到犯罪心理的研究,大大扩充了犯罪心理学的研究队伍,出现了一大批的高质量的犯罪心理学研究成果,有力地推动了犯罪心理学的发

---

① 参见宋小明:《犯罪心理学教程》,警官教育出版社2004年版,第26—27页。
② 同上书,第27页。

展。有研究学者指出,可以把现代心理学的研究划分为四个主要的方向。

1. 精神分析学理论

精神分析学派是由奥地利精神病学家西格蒙特·弗洛伊德在19世纪末20世纪初创立的一个影响很大的心理学派。弗洛伊德本人也曾对心理学的产生进行过分析,但更多的是一批犯罪学家、心理学家,如希霍恩、威廉·希利、约翰·鲍尔比、弗里茨·雷德尔以及戴维·亚伯拉罕森等人运用精神分析学的概念、理论和方法,研究犯罪心理问题,提出了很多富有启发性的观点,形成了现代犯罪心理学一个重要的研究领域,并且曾在一个时期成为现代犯罪心理学的主流。

2. 精神病学理论

犯罪心理学最早、最直接是来自精神病学的研究。进入20世纪后,这种传统仍在继续。精神病学家对犯罪人的精神病态、反社会人格的探讨似乎从来没有停止过。库尔特·施奈德、麦科恩夫妇、欧文·弗雷以及图里奥等人在这个领域的研究中作出过重大贡献。

3. 正常个性心理学理论

绝大多数犯罪人是在心理正常的情况下实施犯罪行为的,因此有众多的犯罪心理学研究是以精神正常的犯罪人作为对象的,如对犯罪人思维模式的研究,对犯罪人道德认知发展水平的研究,等等。这一研究领域的主要代表人物有霍尔、约翰·多拉德、科尔伯格以及霍根等人。

4. 社会心理学理论

这一领域包括了一组以强调犯罪人之间以及犯罪人与环境之间的相互作用为特色的犯罪心理学理论,主要代表人物有萨瑟兰、伯吉斯、塞克斯以及班杜拉等人。[1]

总之,在整个20世纪,研究者不仅对犯罪人的生理因素、心理因素和环境因素进行了综合性理论研究,而且还扩展至犯罪对策心理的研究,如供述心理、审判心理、矫治心理等方面的研究成果十分丰富,对司法实践产生了巨大影响。犯罪心理学学科体系逐渐形成,日益走向成熟。

三、西方学者的犯罪原因理论

(一)生物—生理因素与犯罪

不能否认19世纪末20世纪初流行的犯罪行为的生物学原因决定论观点,对西方犯罪心理学的重要影响。这方面的理论和研究层出不穷,主要的研究有:

1. 身体特征与犯罪

持这种观点的人,从人体结构和生理特征是人的行为的生物基础这一原理

---

[1] 参见刘邦惠主编:《犯罪心理学》,科学出版社2004年版,第21页。

出发,认为犯罪人的犯罪行为和种类,都应从其身体形态或生理特征中去寻求原因。这方面的著名代表人物如德国的精神病学家 E.克雷奇米尔。他根据体型的特点将人分为三种类型:肥胖型,是外向、温和、善于交际的人,他们较少犯罪;瘦长型,是性急、多疑、善思、敏感的人,易成为偷窃或诈骗犯,也可能成为杀人犯;健壮型,是粗暴、易激动、残酷、自负的人,最易产生犯罪,特别是暴力犯罪。美国医生谢尔顿进一步以胚胎发育特点和气质类型扩充了"体型论"。他根据胚胎发育也将人分为三种类型:内胚叶发达型,属循环性气质的人,较少犯罪;中胚叶发达型,为粘着性气质的人,犯罪较多;外胚叶发达型,为分裂性气质的人,也常有犯罪。

格卢克夫妇认为,违法行为并不全由体型特征决定,体型不同,只能使犯罪者对环境的反应方式有所不同。奥地利心理学家阿德勒曾提出身体器官的某些缺陷会造成人的自卑感,并使人希求以"补偿行为"去追求补偿和优越的理论。他指出这种补偿行为既可导致积极有益的结果,也可能导致消极的或犯罪的行为。这表明没有足够的证据使人信服身体特征能单独构成犯罪行为的原因。[①]

2. 孪生子与犯罪

孪生子分为同卵孪生子与异卵孪生子两种。前者的遗传几乎是同一的,而后者在遗传方面的同一性相对较低。大多数孪生子生活在同一个家庭,生活的外在环境相对同一。正是因为具有这种明显的可比性,使得研究者开始着手以这两种孪生子作为对照组,力求从中确证遗传对于个体的心理和行为的影响。

孪生子与犯罪的关联研究始于德国精神病学家 J. 蓝格。蓝格通过对 13 组犯罪的孪生子进行观测,于 1928 年发表了《命定的犯罪》一书。他在书中指出,双方都涉足犯罪的同卵双生子,在其犯罪种类、犯罪次数、犯罪样式、行刑中的状况等细微之处都有惊人的相似,而这说明遗传对于犯罪行为的影响是巨大的。在随后的研究中,丹麦的一项大规模调查收集了 7172 份孪生子资料,也显示出类似的结果。从学者们的研究结果来看,孪生子之间有着一定的相似之处,这也正是他们在分析报告中着重阐述的。不出所料,所有的同卵孪生子的犯罪一致性都高于异卵孪生子的犯罪一致性,有的甚至高出 100%,最少的也高出近 10%。由此,研究者认为犯罪行为受遗传因素的影响极大。不过同卵孪生子的犯罪一致性并非高达 100%,而异卵孪生子的犯罪一致性也并非为零。由此,研究者们同时认识到,不可否认先天遗传因素的影响,但是犯罪行为的发生与否并非绝对受制于先天遗传因素,事实上,后天环境对于行为人的影响同样不可忽视。

---

① 参见高汉声主编:《犯罪心理学》,南京大学出版社 1993 年版,第 61 页。

3. 染色体变异与犯罪

现代人体科学的发展,揭示出人体细胞内通常都有 23 对染色体。它由 22 对常染色体和一对性染色体组成。性染色体有 X、Y 两种,男性的为 XY,女性的为 XX。1942 年有人发现了 XXY 的男性,1961 年又发现了 XYY 的男性,这是染色体畸变的男性。20 世纪 60 年代以后,美、英、澳大利亚等国先后在犯罪人中发现并研究染色体的变异。专门的研究报告说:XYY 型是超男性的,这种人身体修长,具有攻击性,会多次进行杀人和性犯罪,难以自制。还有报告说,这种人智力偏低,缺乏温柔,行为粗暴,且难以矫正。于是有人认为染色体异常是染色体变异这种犯罪的主要原因,并提出了这种人是否具有犯罪的责任能力问题。

进一步的调查研究发现:有的人虽有变异的染色体,但并没有犯罪。以研究犯罪问题为中心的美国国立心理健康研究所于 1970 年曾公布一份报告指出:他们在西方八个国家的各个改造机构中对 5342 名罪犯进行调查,并且从中挑选一批侵犯性强的高个子犯罪人做检查,发现染色体变异者仅占总人数的 2%,而在其他任何身高的罪犯中也占 0.7%。该报告还指出:没有事实能肯定"有染色体异常 XYY 的人侵犯性比染色体正常的罪犯更大";"违法或犯罪……主要是同附加染色体 Y 有直接的联系,这是不可信的"。[①] 事实表明,在那些追究责任的国家中,比不追究责任或从轻处理的国家中,XYY 型染色体的人的犯罪率低得多。

4. 性激素与犯罪

性激素是由性腺分泌的能够影响生物体性特征和性功能的活性物质,分为雄性激素和雌性激素,其中雄性激素的重要作用是引起性冲动和性行为,刺激雄性的性器官和第二性征的发育,它使男人比女人更具进攻性。

在性激素与犯罪关系的研究中,一些学者探讨了雄性激素与犯罪的关系,并且普遍认为,雄性激素的分泌情况与人的敌意、攻击行为和暴力行为有密切的关系,具有长时间的、明显的暴力行为历史的人往往表现出较高的雄性激素水平。如果雄性激素水平表现出病理性改变(包括继发性改变和遗传性改变),或激素水平产生感应性改变,雄性激素与暴力行为之间的联系则更加明显。循环的雄激素大量降低,则会减少男性中的一些行为特征,包括攻击性和性欲。因此,使用雄性激素可以治疗性腺发育不足的病人,使病人长成男性化的身体,增强性方面的兴趣。相反,使用抗雄激素则可以降低暴力型犯罪人,特别是性暴力犯罪人的攻击性行为。20 世纪 70 年代和 80 年代,人们进行了大量类似的尝试,一般都获得了令人满意的结果。使用抗雄激素药物治疗暴力型犯罪人取代了过去使

---

① 参见高汉声主编:《犯罪心理学》,南京大学出版社 1993 年版,第 62 页。

用的外科阉割方法,成为一种更加文明人道的降低循环的雄激素的治疗方法。它可以使暴力性的犯罪人的雄性激素水平降低到性腺发育不足者的雄性激素水平,从而可以消除过盛的性欲和过于强烈的攻击性行为。①

5. 智力与犯罪

20世纪初,随着智力测验的风靡,越来越多的学者将它用来测量违法者和犯罪者,试图用这种"科学方法"来证明智力低下和犯罪之间存在着因果关系。如亨利·H.格达德就在著作中估计,50%以上的罪犯的智力是低下的,"再也不能否认,违法犯罪最重要的和唯一的原因是由于低等的智力状况。多数犯罪的原因都是由于智力低下"②。

但是随着智力测量技术的成熟以及大量统计数据的问世,上述结论受到越来越多的质疑和批评。生活中出现的种种现象推翻了过去的结论,即犯罪是智力低下所导致的行为失范。许多案例的反证使人们无法简单地认为智力低就容易犯罪,特别是现代社会出现了许多需要具备高等智商才能实施的犯罪行为,不仅弱智者无法胜任,就是正常智力水平的人也得具有一定的本领才可得手。因此,尽管这并不意味着否定了对于特定的个体来说,可能会因为智力的原因而实施某种犯罪,但是,不少学者最终还是认为智力与犯罪成负相关。③

正是在此背景下,人们相信教育可以改变人的智力。研究者们于是开始以行为人的受教育程度作为变量来分析其与犯罪的关系,尝试从受教育程度这个角度寻找出个体智力与犯罪之间的联系。事实上,龙勃罗梭当年就已经对受教育程度这个变量进行过实证研究,通过对文盲犯罪人和文化犯罪人的犯罪状况和犯罪类型进行分析和研究,他得出的结论是教育助长了某些类型的犯罪,减少另一些类型的犯罪。

综上所述,智力也许并非绝对是能够触引或者促发犯罪的因素,但该因素对于个体如何实施犯罪行为,以及实施怎样的犯罪行为肯定是有影响的。

(二) 社会对犯罪行为影响的研究

这方面的研究是前一时期对犯罪的社会学观点的继续和发展。研究者大多认为犯罪人犯罪行为的原因在于社会环境的缺陷,而不是个人造成的。早期的一些社会学家,如德国的李斯特、法国里昂学派的代表人物拉卡萨尼等,都曾指出社会的经济贫困和失业是造成犯罪的主要原因。后来随着对犯罪行为的社会影响作了多方面的考察,出现了各种不同的理论观点。

---

① 吴宗宪:《西方犯罪学》,法律出版社1999年版,第276—278页。
② 参见〔美〕理查德·昆尼等著:《新犯罪学》,陈兴良译,中国国际广播出版社1988年版,第59页。
③ 刘强:《美国犯罪学研究概要》,中国人民公安大学出版社2002年版,第111页。

1. 社区环境理论

美国芝加哥学派对城市社区环境与犯罪的关系进行了研究，提出"少年犯罪地带的理论"，认为城市的工业区、商业区等中心地带是犯罪的多发地带；而离城市中心较近的贫民居住区则是少年犯密集的地区。后来有学者进一步发展了犯罪区域论，强调社区的生态环境，指出犯罪多发地区是经济发达地区，而犯罪集中地带则有人口过分集中、经济贫困、工作无保障、家庭混乱、自杀、斗殴、不断增长的不安和紧张情绪缺乏必要的组织和管理等特点，青少年在这种环境中，犯罪率不断增长。克利福德·肖研究了1900—1927年间在芝加哥报案的青少年犯罪率，结果发现青少年犯5500余人是住在该市的某些地区，如有26.8%的男性青少年犯都住在某个区内，而另一区则简直没有对少年犯的报案。根据一些资料的统计表明，在某一犯罪率高的地区，经过30年后，尽管其居民的结构已发生了变化，但未成年人的犯罪率却依然如旧。

芝加哥学派对资本主义社会犯罪现象的原因有一定的揭露，但由于它只机械地强调区域环境，而未触及其根本原因，所以并未能说明形成这些地带的社会根源。不过有一点是可以肯定的，即犯罪地带的生态环境虽不一定会制造犯罪，但它对具有潜在犯罪倾向的人和这种犯罪倾向则有较大的诱发作用，会促进其犯罪行为。

2. 紧张理论

这一理论认为，犯罪是行为人不能通过合法手段取得社会地位和物质财富而产生的沮丧和气愤的产物。它认为大多数人最初都持有基本的价值观念和生活目标，但是取得这一目标的能力对每一个人来说并非一致，而是依每个人的社会地位和经济条件的不同而不同。这一理论的主要代表人物为美国犯罪学家罗伯特·默顿。默顿认为：在一个强调"获得成功"为主要行为目标的社会，其社会成员又很难、甚至不能获得那种作为成功标志的物质财富或社会地位，在这里发生反常行为的可能性就最大。默顿进一步指出，并不是所有不能通过合法手段取得成功的人都会借助于犯罪等非法手段去实现自己的目标，最终犯罪与否还得取决于个人对社会目标和合法手段的态度。人们如果对社会紧张状态采取放弃目标的适应方式，则不会犯罪；如果采取变革的适应方式，即用非法手段争取社会目标的实现，则会实施盗窃、抢劫之类的犯罪行为；如果采取退却的适应方式，则其中许多人会变成精神紊乱者、隐士和流浪汉，而另一些人则会变成吸毒者、酒精中毒者等与法律发生冲突的人；如果采取造反的适应方式，如试图变革社会制度，推翻现存政府，则通常会发生政治犯罪。

3. 社会解体理论

这是托马斯提出的理论。他认为当社会关系发生崩溃性变化，社会各种要素机能失调时，社会就失去对个人的控制，导致一些人犯罪。社会解体的标志是：形式主义泛滥，规范作用削弱，社会成员机能关系失调，各顾自己的利益，不能完成集体的目标，互不信任，等等。这一理论主要还是从宏观社会的变化来解释犯罪现象。西方学者认为，社会解体理论对一个社会由农业社会向工业化、都市化迅速过渡的阶段所出现的犯罪现象能给予较好的解释，而对以后阶段的犯罪率上升则较难说明。

4. 亚文化理论

这一理论的主要代表人物是美国学者艾伯特·科恩、理查德·克罗沃德和劳埃德·奥林等人。亚文化理论认为，在西方社会下层社会成员中存在着许多不同的亚文化群。亚文化群的成员由于没有社会地位，被以中等阶层为代表的西方社会所排斥。于是，持有相同思想和价值观念而又处境相同的亚文化群成员便聚集在一起，力图相互支持、相互保护以及相互满足其他各种需要，寻求一种与社会正统价值观不同的但能够使自己感到有价值的生活方式，这种方式包括参加犯罪团伙和从事犯罪行为。在亚文化群中，犯罪是可以接受的，甚至是值得赞赏的。

根据克罗沃德和奥林的观点，亚文化群可以分为三种类型：

（1）犯罪团伙

其成员学习犯罪的知识和技巧，学习尊重老犯人，学习用怀疑的眼光去认识世界。这种团伙组织结构严密，其成员在首领的领导下主要从事有组织、有预谋的财产犯罪和经济犯罪活动。

（2）殴斗团伙

一般由一些狂妄自大的青年人组成，专门从事伤害人身或破坏财产的犯罪活动。其目的不在于获取经济利益而在于获取"名声"。这类团伙是由于其成员既没有合法又没有非法获取财物的机会而形成的。

（3）颓废团伙

一般远离正常社会，专门从事酗酒、吸毒和异常性行为。这类团伙成员不求获得社会地位而只求获得团伙内其他成员的认可与尊敬。

5. 文化冲突理论

这一理论的主要代表人物是美国犯罪学家索斯坦·塞林。塞林在1939年出版的《文化冲突与犯罪》一书中，对文化冲突理论作了比较系统的论述。他指出：社会存在着两种文化冲突，一种是随着社会的发展变化而导致的不同时期的文化冲突，另一种是同一时期两种对立文化产生的文化冲突。文化冲突必然导致行为规范的冲突，而行为规范的冲突就可能导致犯罪。

塞林指出，以下几种具体情况容易导致文化冲突：

（1）当某个文化集团的文化法律规范被扩展到另一个文化集团的领域时容易发生冲突。

（2）当某个文化集团的成员迁移到另一个不同文化集团的区域时，由于不了解这一文化集团的文化法律规范容易产生冲突。

（3）在相邻的两种文化领域的边界接合处，不同文化的行为规范之间的矛盾，容易发生激烈的冲突。

（4）当社会结构由简单趋向复杂化、分层化，当文化价值规范由单一状况发展为多元化，同一区域或同一集团内部也会发生文化冲突。而且变化过程中产生出新的不同的文化集团，或者是原来的文化集团分化。这些新产生的或新分化而成的文化集团以及原来的文化集团，都有其特定的文化准则和价值标准并且相互冲突。

6. 标签理论

这一理论的主要代表人物有美国犯罪学家莱默特、贝克等人。作为"标签理论"的积极倡导者，莱默特、贝克认为，单单根据越轨者的行为或社会结构是无法理解越轨的，只有认识到越轨行为也像其他行为一样涉及互动关系，我们才能用社会学的方法对它加以分析。如此，在他们眼中，越轨既非与生俱来的品质，也非后天教化的产物，而是社会反应、他人定义的结果。根据这种观点，越轨的根据不是人们行动的性质，而是一些人将那些规则和制裁方法应用于圈外人的结果。越轨者是那些被成功地贴上了越轨标签的人，而越轨行为则是被人们贴上了这种标签的行为。

标签理论从对行为的社会解释角度来认识犯罪，认为人的行为并不取决于事物的内在性质，而是取决于社会解释方式，即它们被称作什么，以及由其名称所引起的含义。任何行为本身都不是有罪的，而是社会把某些行为确定为犯罪行为，并给他们贴上犯罪的标签。一个人变成罪犯，最初是因为他们的父母、学校教师、警察机关、司法机关以及犯罪矫治机构在处理违法行为时，给其贴上了坏的标签，如"坏孩子"、"坏人"、"犯罪者"等。

标签理论认为，贴标签是违法犯罪的催化剂。一个人在初次实施违法犯罪行为后，如果被有权界定标签的机构贴上不道德或犯罪人的标签，就留下了一个污点，使行为人处处受到这种污点的影响，在家庭为父母或其他家庭成员所讨厌，在学校被老师和同学歧视，在社会上找不到理想的职业。长期下去，被贴标签者便会认可这种标签，进而实施更加严重的违法犯罪行为，最终成为职业犯。

一些标签理论还用"初级理论"向"次级理论"的转化来说明标签化对犯罪形成过程的影响。初级越轨的特点是行为人已经实施了一定不良行为，但还未被固定地看作越轨者，行为人也未形成越轨者的自我概念。次级越轨的特点是行为人已经实施了一系列的违法犯罪行为，并已被固定地当作越轨者看待，行为人已形成了越轨者的自我概念。从初级越轨向次级越轨的转化，不是突然实现的，而是逐渐地、交替地进行的。在标签论者看来，这种转化就是贴标签的结果。

7. 社会学习理论

社会学习理论认为,犯罪是行为人学习与犯罪有关的准则、价值观念和行为的结果。社会学习理论源于法国著名犯罪学家加布里埃尔·塔尔德的模仿理论。塔尔德认为,个人的行为是通过模仿而习得的。在模仿过程中,关系越密切,相互影响就越大。下层人物模仿上层人物,低劣者模仿优越者,农民模仿贵族,小城镇和农村模仿城市。

美国犯罪学家埃德温·萨瑟兰在 1939 年出版的代表作《犯罪学原理》一书中,提出了著名的"不同接触"理论。这一理论的主要内容包括:

(1) 犯罪行为是通过学习得来的。反过来说,就是这种行为不是遗传而来的。

(2) 犯罪行为是在与别人交际过程中相互影响学会的。

(3) 犯罪行为最主要的部分学习发生在有密切的个人关系的群体之中。反之,那些不具有个人特色的传播媒介(如电影和报纸)对犯罪行为的形成只起相对次要的作用。

(4) 犯罪行为学习包括学习犯罪技巧,这种技巧有时相当复杂,有时却相当简单;此外,还包括犯罪动机、欲望和心态等心理方面的内容。

(5) 犯罪动机和态度的习得与人们对法律正反两方面的解释有关。在一些群体中,人们一致地把法律解释为必须遵守的规范;而在另一些群体中,人们对法律予以否定评价。个人与后一群体交往就会习得犯罪动机和态度。

(6) 如果助长犯罪的解释压倒抵制犯罪的行为模式,个人就会犯罪。这是因为他们与犯罪的行为模式相接触,而与抵制犯罪的行为模式相隔绝。

(7) 不同接触的效果因频率、持续时间、先后顺序和强度不同而有所差异。持续时间长的交往对个人的影响最大,接触频繁的交往比偶有接触的交往影响大。如果儿童接触犯罪观念时的年龄较小,所受的影响就较大;如果一个人是从颇有尊严的人或影响较大的团体那里学习到了犯罪观念,那么影响就较大。

(8) 学习犯罪行为的过程包括了在任何一种学习过程中都起作用的全部机制,而不是简单的模仿过程。

(9) 尽管犯罪行为是一般的需求和价值的反映,却不能用这种一般需求和价值来解释犯罪行为,因为非犯罪行为也是这些需求和价值的反映。因为取得财富既可以是犯罪的动机,也可以是努力工作的动机,因此动机本身不能成为犯罪的原因。犯罪行为只有在行为人通过与有犯罪观念的人交往习得犯罪观念后才会发生。

萨瑟兰的学生唐纳德·克雷西根据不同接触理论提出的犯罪对策结论是:必须根本改变家庭、学校、职业和业余活动群体中的教育方式,把犯罪分子集体关押在监狱的做法是错误的。他们在犯罪心态和技巧方面,学习那些直至那时还不了解的东西。如果想改变犯罪分子,就必须使他们适应守法行为的群体,并使其与追求犯罪目的的群体相疏远。

8. 社会控制理论

社会控制理论认为,社会中所有的人都有犯罪的可能,现代社会也为人们提供了许多犯罪的机会。因此,犯罪学没有必要研究人们为什么会犯罪,而应当研究人们为什么不犯罪。通过回答后一个问题就可以回答前一个问题。这一理论的代表人物为美国犯罪学家特拉维希·赫希。

赫希在1969年出版的代表作《少年犯罪原因》一书中,将犯罪行为的发生与各种社会控制的减弱联系起来。他指出,社会中每一个人都有犯罪的可能,都是潜在的犯罪者。由于犯罪行为可能会给本人与朋友、家庭、邻居、学校和工作单位等重要群体的关系造成不可弥补的损失,一般人都担心这种损失而不得不遵守法律。一个人如果没有这种约束,又不关心他人和社会的利益,便会去实施违法犯罪行为。赫希将各种社会控制因素分为四种:依恋、奉献、参与和信念,指出各种社会因素之间的相互作用影响个人犯罪与否的抉择。如果一个人对父母和朋友都感到很亲切,往往会注意他们的希望,他就更有可能选择并努力实现一些合法的目标。反之,如果一个人无视上述各种社会关系,就可能缺乏对常规目标的奉献,进而实施犯罪行为。

(三) 对犯罪行为的心理学因素的研究

前两方面多为非心理学者的研究。但在犯罪心理的发展中,不可忽视传统心理学者们的贡献。

1. 精神分析理论

由西格蒙特·弗洛伊德所创立的精神分析理论是在世界范围内颇有影响的理论之一。它是作为一种理解人类的动机和人格的理论体系发展起来的,也是作为一种治疗精神疾病的方法而发展的。弗洛伊德精神分析理论的主要内容有:

(1) 潜意识理论

根据弗洛伊德的观点,人的意识分为意识和潜意识。意识是人直接感知到的心理部分,潜意识是人无法直接感知到的心理部分,它包括个人的原始冲动和本能欲望以及出生后产生的有关欲望。这些潜意识中的本能和欲望按照快乐原则行事,即只进行能够获得快乐的活动,而不管活动是否符合社会要求,婴儿的生活与行为就是这样。随着年龄的增长,教育和习惯的影响,人们逐步了解了规范和禁忌,明白这些冲动和欲望是社会风俗、习惯、法律、道德所禁止的,只有对本能冲动和欲望进行一些克制,才能适应社会生活,否则不但得不到快乐,反而会得到痛苦的结果。这些本能冲动和欲望被压抑或排挤在意识阈之下,个人通常无法感知它的存在,但它并没有消失,而是潜伏在人的内心深处,通过神经症、梦、过失等形式表现出来,并且会寻求机会,不自觉地追求满足。当这些欲望得不到满足时,就会导致个性心理的变化,进而实施违法犯罪行为。因此,精神分析理论认为,压抑是神经症、精神病产生的重要原因。分析和解释人的梦境,是了解潜意识内容的重要手段。潜意识概念是弗洛伊德精神分析学说的核心,是其所有理论观点的基础。

(2) 人格结构理论

在意识与潜意识理论的基础上,弗洛伊德发展了新的人格结构或人格心理学说。他认为人的整个精神生活和人格结构可分为三个层次。处于最低层次的是本我(id),它是人格中最原始最深层的部分,充满本能的欲望冲动,完全处于潜意识之中。本我遵循快乐原则,要求满足基本的生活需要,寻找肉体快乐,这是本能和无意识的盲目冲动,并成为人的行为的基本动力。其次是自我(ego),它由本我分化形成,帮助本我在现实生活中实现某些欲求,调整本我需要和外界现实要求之间的关系,并使个人与社会现实相适应,它必须约束本我并按"现实原则"活动。处于最高层次的是超我(superego),这是通过儿童与父母及一定历史条件下的社会规范的要求相互作用而逐渐形成的。它以良心、理想、信念等形式起作用,对自我进行监督,督促自我防止本我的盲目冲动和本能泛滥,它按"至善原则"活动。

弗洛伊德的潜意识和人格结构理论,对西方心理学和犯罪学的发展起到了重要的推动作用。

2. 挫折—攻击理论

攻击理论认为,人的犯罪行为源于人的攻击性心理本能。所有的动物与外界接触都表现出攻击性本能。人是由动物演化而来的,这就决定了人类永远都具有动物攻击性的本能。人类在长期进化过程中,这种攻击性虽然会逐步减弱,但不可能完全消失。由于受到社会规范的约束和监督,在正常状态下,这种攻击性只能以潜在的形式存在。而一旦发生斗争或遭受挫折,这种攻击性就会不自觉地流露出来,进而导致犯罪的发生。所以人的犯罪行为,都是人从动物状态时保留下来的攻击性本能的反映,是动物的攻击性在人类社会生活中的表现。

美国耶鲁大学心理学家约翰·多拉德等人进一步发展了该理论。在其合著的《挫折与攻击》一书中,多拉德等人对挫折与攻击之间的关系进行了系统而深入的研究,提出了关于挫折与攻击关系的两条基本假设:(1) 攻击发生经常预想挫折的存在;(2) 挫折的存在经常导致某种方式的攻击。随后的研究证明,第二条假设并没有充分的证据。于是,多拉德等人对此作了重要修改,将其改为:"挫折产生一些不同模式的行为反应,其中之一是某种方式的攻击。"多拉德等人认为,挫折是否引起攻击,取决于下列因素:(1) 受挫折时产生的驱力的强弱;(2) 受挫折时引起的驱力的范围;(3) 以前所遭受的挫折的频率;(4) 随着攻击反应产生而可能受到的惩罚的程度。多拉德等人关于挫折与攻击关系的理论，为人们了解攻击行为产生的机制提供了有益的启示，从而也为解释攻击性犯罪行为的产生以及预防攻击习惯犯罪行为提供了理论依据。修改后的假设表明，虽然挫折在许多情况下都能引起攻击行为，但挫折与攻击之间并没有必然的因果联系，攻击只是个人在遭受挫折时的反应形式之一，而并非唯一的表现形式。该观点修正了人们对攻击与挫折关系的经验性看法，也提出了进一步研究攻击与挫折之间关系的任务。[1]

四、当代西方犯罪心理学研究概况

近些年来，西方犯罪心理学主要研究以下的相关问题：

（一）犯罪原因

这方面研究的显著特征是，将人格心理学、学习心理学、发展心理学、社会心理学等理论和方法应用于犯罪心理的研究之中。如意大利著名学者汉尼拔提出了如下犯罪心理学见解：(1) 犯罪尤其是青少年犯罪的基本心理原因是心理不成熟。攻击性、自我为中心、反复无常、不稳定性、逆反心理等人格特质是心理不成熟的表现，并会引起累犯倾向。(2) 为了理解犯罪人的发展，应当认识不成熟引起挫折、挫折引起反社会行为的机制。(3) 必须用动力学的观点来看待这些人格特质，它们不是个人遗传而来的稳定的素质，而是来自特殊的人际作用。犯罪原因方面的研究还包括情境与犯罪的关系，用混沌理论解释情感性生活，生活水平的降低对人们心理与行为的影响作用，人类的攻击性与暴力犯罪行为，母爱的剥夺与犯罪行为，智力的缺陷与犯罪，认知、道德发展与犯罪，人格与犯罪，社会学习与犯罪等。[2]

（二）犯罪动机

犯罪动机，是指刺激、促使犯罪人实施犯罪行为的内心起因或思想活动，它回答犯罪人基于何种心理原因实施犯罪行为，说明实施犯罪行为对行为人的心理愿望具有什么意义。犯罪动机无论其本身的社会性质如何，在它推动下产生的行为都是危害社会的行为。因此，把犯罪动机与其所导致的犯罪行为联系起来，就会看出犯罪动机具有反社会性。正像犯罪学家塔拉鲁欣所指出的："绝大多数诱发犯罪的动机都是反社会的或非公益的"。班克斯等在研究中发现，所调查的大多数人认为，犯罪动机包括：可以不劳而获；迅速致富；犯罪不受惩罚；父母对儿童没有权威。少数人认为，犯罪动机包括：人们缺乏信仰；战争的效果；前途未卜。青少年犯罪常见的犯罪动机是获利动机；在破坏财物和偷开汽车案件

---

[1] 吴宗宪：《西方犯罪学》，法律出版社 1999 年版，第 387 页。
[2] 罗大华、何为民主编：《犯罪心理学》，中国政法大学出版社 2007 年版，第 11—12 页。

中,犯罪动机是享乐或追求刺激。同时还发现,犯罪人在法庭上陈述犯罪动机,常常具有最大限度地减轻其罪责的倾向。

（三）犯罪决策

意大利学者萨维尼认为:"越轨行为并不仅仅是一定的社会心理条件和原因的简单的、自动的副产品,它也表现了个人的一种选择,个人根据一定的目标计划自己的行动,确定情境,给自己找理由和将自己的行为合理化。"科尼什和克拉克提出了一种理性选择,他们以赌博和自杀行为为例,认为犯罪是犯罪人经过理智选择之后进行的行为。在犯罪决策过程中,犯罪人主要考虑犯罪的机会、从犯罪中可以获得的奖赏、进行犯罪行为所要付出的代价三种因素;在实施犯罪行为的过程中遇到障碍时,如果不会冒另外的风险或者要付出另外的努力,犯罪人就会选择能够满足同样需要的另一种犯罪行为,这种情况称为"犯罪置换"。卡罗尔的模拟研究表明,决定实施犯罪的过程,是一个对制止犯罪的犯罪机会进行评价的过程;人们在进行这项评价时,常常只考虑某一种因素;不同人所考虑的因素是不同的。卡罗尔认为犯罪决策包括两个阶段:(1) 从四个维度(获益的必然性、获益的数量、惩罚的必然性、惩罚的严厉性)对犯罪动机的评价;(2) 综合四个维度形成对犯罪机会的愿望的判断。70%以上的被试者在决策时,只考虑其中一个维度。根据所考虑的维度的频率,获益的数量是犯罪决策中最重要的因素。

（四）犯罪预测

犯罪预测,是指运用科学方法,依据现有的犯罪数据和资料以及对可能影响犯罪的各种相关因素的分析、研究,对在未来特定时空范围内可能出现的犯罪现象的状况、结构、发展趋势等所作的判断,是制定犯罪预防战略和战术措施的重要科学依据。

有的学者通过对大量的犯罪预测研究,归纳出六类各种研究中提出的最有效的预测因素:(1) 早年的吵闹行为、不诚实行为、攻击行为或反社会行为;(2) 有害的子女教养方式,如残忍、消极的态度或放任不管,严厉的或无规律的惩戒、疏于监督;(3) 犯罪的父母或犯罪的兄弟姐妹;(4) 破裂家庭和由父母离婚或父母冲突引起的分离;(5) 社会剥夺;(6) 学习失败,表现为智力低、成绩差及逃学。当代的犯罪预测主要以青少年犯罪为对象,但呈现出长期追踪观察的趋势。有的追踪研究,从被试者8—9岁开始,一直持续到被试者32岁。此外,青少年犯罪及其心理预防、矫治仍然是西方犯罪心理学研究的热门话题。[①]

犯罪预测已被公认为是犯罪学理论体系中重要的组成部分,是犯罪预防必不可少的前提条件。犯罪预测的主要功能,已由初期的以特殊预防为宗旨,发展

---

① 参见罗大华、何为民主编:《犯罪心理学》,浙江教育出版社 2002 年版,第 40—41 页。

到对犯罪现象的超前性研究和以一般预防为目的的社会犯罪预防战略的制定和实施的研究。目前,世界各国都不同程度地重视犯罪预测工作,有的国家还建立了专门的犯罪预测机构。

(五) 少年犯罪心理学

20世纪60年代以来,少年犯罪成为犯罪学研究最多、发展最快的领域之一,并且在研究中广泛使用心理学的理论和方法,提出了很多综合性的少年犯罪研究理论。如赫希的社会控制理论,弗里戴和哈格的社会整合理论以及达斯奇的情境因素整合理论等。

晚近以来,少年犯罪心理学研究继续发展。意大利的班丁和盖蒂研究了家庭动力学与少年犯罪的关系,对少年犯罪进行了社会心理学的解释。他们一方面分析了家庭成员(特别是父母)对儿童的态度与少年犯罪之间的关系,考察了家庭成员利用其态度引导儿童的社会化,并揭示了偏袒儿童在社会化中的失败而最终导致儿童的越轨行为的过程;另一方面强调了标定观点,认为社会的消极标定和烙印现象促进了青少年对"消极同一性"的内化,这反过来又迫使青少年把违法犯罪行为当成一种持久的生活方式。

(六) 犯罪精神病理学

20世纪70年代以来,随着现代医学的发展,犯罪精神病理学的研究再次得到重视,出版了若干犯罪精神病理学方面的著作。如梅德尼克和克里斯琴森合编的《犯罪行为的生物社会学基础》,尤得尔的《攻击的神经心理学》,雷恩的《犯罪精神病理学:作为一种临床障碍的犯罪行为》等。这些著作探讨了遗传因素、脑损伤、孕期和出生并发症、饮食、铅、激素、认知缺陷、家庭影响与犯罪行为的关系。

第二节 我国犯罪心理学发展的历史回顾

一、我国古代的犯罪心理学思想

我国古代的思想宝库中蕴藏着丰富的心理学及犯罪心理学思想,对世界产生了深远的影响。中国的犯罪心理学思想的萌芽可以追溯到三千多年前的殷商时期,春秋战国是中国古代犯罪心理学思想的奠基和形成时期。我国古代思想家有关犯罪心理、犯罪行为及对策的论述,有很多值得现代犯罪心理学研究和借鉴。

(一) 注重从人性的角度探讨犯罪心理的成因

先秦诸子关于怎样看待人性的探讨,构成了我国古代犯罪心理学思想的一项重要内容。许多思想家从人的心理本性去挖掘和探讨犯罪原因。

自春秋时期伟大的思想家和教育家孔子提出"性相近之,习相远之"的命题后,历代思想家对人性的问题一直争论不休、众说纷纭。其中的"性善论"、"性恶论"、"性三品论"等重要的理论观点与探讨犯罪心理的成因关系密切。孟子是"性善论"的典型代表人物。他认为,凡人都具有"恻隐之心"、"羞恶之心"、"恭敬之心"、"是非之心"等天赋心理本性,只要扩而充之,就会形成仁、义、礼、智的道德品质。荀子则主张性恶论,他认为"人之性恶,其善者伪也",人生而就有"好利"、"嫉恶"、"好色"等本性,如果任其发展,就会产生"斗殴"、"淫乱"等犯罪行为。因此,人民应该得到教化,以使之走上正道,即遵守"礼仪法度"。东晋道学理论家葛洪承袭了荀子的性恶论,他认为:凡人生而具有厚己自私的本性,犯罪心理是与生俱来的。西汉的大思想家董仲舒提出了"性三品"说。他认为"君子"和"斗筲"是上下两极端的人,为数极少,大多数都是"中人"。中人之性是"仁贪之性",既有仁,又贪利,所以既要教化,又要刑罚。

(二)注重从社会政治、经济方面分析犯罪心理

从现有文献资料来看,先秦诸子十分重视从社会经济角度分析产生犯罪心理的原因。如早期的管仲即曾提出"仓廪实则知礼仪,衣食足则知荣辱";韩非也提出"人民众而货财寡,事历劳而供养薄,故民争",都是认为首先要解决人民的基本生活,才能使他们接受道德教化;否则,只会引起纷争。他们认为先古有德之君才能以"德治天下",而纷争的诸侯是办不到的;同时他们认为先古之民"纯朴",当代之民"巧也伪",故主张"严刑罚"。著名思想家孔子认为,造成百姓贫困的一个重要原因是为政者的重赋厚敛。他提出"贫而无怨难"的观点,意即由于为政者的盘剥使百姓贫困生怨进而犯罪。孟子也有相似的见解,他认为:如果富裕到"菽粟如水火,而民焉有不仁者"。

春秋时期的另一位思想家老子也是从社会政治经济的角度来论述犯罪心理的,不过他的主张却与管仲、孔子及孟子相反,他认为犯罪是由于法令完善、经济发展、物资丰富引起的,只要"常使民无知无欲",即会避免犯罪,就会天下安宁。汉代的董仲舒提出,过度的贫穷和富裕都会引起犯罪心理和导致犯罪行为,他指出:"大富则骄,大贫则忧。忧则为盗,骄则为暴,此众人之情也。"

(三)强调后天环境与犯罪心理形成的关系

我们知道"性善论"、"性恶论"和"性三品"都是从人的先天遗传来研究犯罪心理形成的原因,偏重于自然的生物因素,而忽略了社会环境的影响。大多数心理学家都主张产生犯罪心理的原因不是人的天性,而是后天的习俗即环境的影响使然。孔子就明确提出"性相近也,习相远也"。孟子说:"富岁,子弟多懒;凶岁,子弟多暴。"荀子认为"著错习俗,所以化性也……习俗移志,安久移质"。董仲舒也指出:"积习渐靡,物之微者也。其人人不知,习忘乃为,常然若性。"东汉思想家王允认为对绝大多数"中人"而言,是"习善为善,习恶为恶"。西晋思想家傅

玄等更为精辟地指出"近朱者赤,近墨者黑"。清代思想家王夫之从"习性说"出发,提出"性日生日成"的命题,认为早期的教育和环境是决定人心理的关键所在。他主张:"习与性成,成性而严师益友不能劝勉,浓赏重罚不能匡正矣。"这一见解,对预防和矫治犯罪具有重要意义。

（四）强调运用综合控制的方法预防犯罪心理形成

中国古代思想家大多数主张采取综合治理的手段防止犯罪心理的形成。孔子最早明确提出这一主张。之后,孟子发展了孔子的思想。他们在"仁政"、"德治"这一核心思想指导下,提出了一套防范犯罪心理产生的办法,对后世产生了巨大的影响。例如,孔子说:"导之以政,齐之以刑,民免而无耻;导之以德,齐之以礼,有耻且格。"孟子认为:"以力服人者,非心服也,力不赡也;以德服人者,中心悦而诚服也。"又说:"善政,民畏之;善教,民爱之,善政得民财,善教得民心。"意思是说,政和刑虽然都是控制犯罪的一种方法,但却是一种下等的消极的方法。因为刑罚能使人畏惧而免罪过,却不会使人产生廉耻之心;而用道德礼教教化引导人民,人们就会有廉耻之心,不仅可以不去犯罪,而且心悦诚服地服从统治。

总而言之,我国古代丰富的犯罪心理学思想是我们研究犯罪心理学,尤其是建立具有自身特色的犯罪心理学极为宝贵的财富,具有很重要的价值。

二、我国现代犯罪心理学的发展

20世纪初,随着西学东渐,心理科学也被介绍到我国。在20世纪20年代至1949年中华人民共和国成立这段时期里,主要是以翻译介绍国外的著作为主。当时发行最多、流传最广的是日本人寺田精一著的《犯罪心理学》,它有两个译本,一是张廷健译,作为"百科小丛书"于1927年由上海商务印书馆出版;另一是吴景鸿译,作为"法学丛书"于1932年由上海法学编辑社出版发行。当时作为大学用书出版的,首推德国人柏替著、王书林译的《法律心理学》,于1939年在长沙商务印书馆发行。

在这期间,我国学者也做过一些犯罪心理学方面的研究,发表了少量的论文和著作。有的学者在我国早期创办的心理学杂志上对外国犯罪心理学的研究方法、理论观点进行介绍和评价。肖孝嵘等人做过"犯罪情绪态度和个性倾向"的实验研究;国人光晟应当时司法行政部门培训法官的实际需要编著了《犯罪心理学》一书。1939年由世界书局出版的由孙雄编著的《变态行为》实际上也是一本犯罪心理学的专著。孙雄在书中提出,变态行为不一定是犯罪行为,但犯罪行为必包括在变态行为的范围内。他对变态行为与精神病患者的犯罪行为、犯罪心理学的含义、犯罪心理与环境的关系等重要问题进行了探讨,并且还对一般犯罪心理和各种变态犯罪心理进行了更加详细的研究,此书是新中国成立以前我国犯罪心理学领域一本出色的专著。

新中国成立以后,知识分子面临学术思想观点的改造,犯罪心理学又属社会性、阶级性较强的学科,它涉及社会制度、政治和法律等多种复杂因素,以致难以建立新的体系,而在较长时期处于停滞状态。从20世纪80年代初开始,我国犯罪心理学科迅速恢复并蓬勃发展。由于当时经济建设的迅速发展,要求健全法制,综合治理社会治安,培养各种法制人才,所有这些都迫切地需要建立和发展各相关学科,犯罪心理学正是在这种大好形势下,经过学者和司法实际部门的工作者共同努力而重新建立。在一些政法院校首先设置了这门课程,并为学科的完善开展了研究,取得了可喜的成绩,主要表现在以下几个方面:

首先,出版了大量的犯罪心理学研究成果,广泛普及和宣传了犯罪心理学知识,为犯罪心理学的教学和科研奠定了基础。从20世纪80年代到现在,经过全国犯罪心理学研究者的共同努力,在各类有关刊物上发表了数以千计的论文,出版了数十种版本的教材、专著、译著、科普读物、工具书和资料汇编,使犯罪心理学在众多的司法人员、政府部门的工作人员、其他学科的研究人员乃至社会公众中产生了广泛的影响,也为本学科的进一步深入研究奠定了雄厚的基础。

其次,建立了一支犯罪心理学的教学和研究队伍。这支队伍主要通过犯罪心理学的教学和学术交流活动建立起来。目前,几乎在国内所有的高等政法院校、核心大学的法律系、公安院校以及司法院校中,都开设了犯罪心理学课程,有的高校还培养了犯罪心理学专业的硕士研究生和博士研究生。通过专业课程的教学和科研,不仅提高了犯罪心理学教学人员的科研水平,而且还培养了一大批新生力量,使犯罪心理学的研究得以延续,充满活力。

1984年,中国心理学会法制心理专业委员会成立。该专业委员会从成立至今,已组织了多次学术交流会议,专业领域内的学术交流不仅使本专业教学科研人员学术水平得以提高,而且还带动了一大批司法实践部门人员对犯罪心理的研究热情,激发了他们的研究兴趣,使犯罪心理学理论更快更好地应用于司法实践,从而推动了理论研究的深入发展。

再次,对犯罪心理学的基本理论形成了一些比较有代表性的观点,通过20年来的研究,我国学者对犯罪心理的概念、成因、机制以及犯罪心理发展变化规律等理论问题,形成了一些较有代表性的观点,如"犯罪心理结构论"、"犯罪综合动因论"、"聚合效应论"、"犯罪心理内外化机制",等等。

最后,犯罪心理学理论知识应用于刑事司法实践,取得了令人瞩目的成绩。在这方面最为突出的是犯罪心理测试技术应用于刑事侦查活动和在监狱、劳教系统广泛开展犯罪心理矫治,等等。[①]

[①] 参见刘邦惠主编:《犯罪心理学》,科学出版社2004年版,第25—27页。

附录

一、本章需要继续探讨的问题

（一）颅相学

颅相学,是一种认为人的心理与特质能够根据头颅形状确定的心理学假说。目前这种假说已被证实是伪科学。德国解剖学家弗朗兹·约瑟夫·加尔于 1796 年提出了颅相学,之后在 19 世纪此学说曾风靡一时。1843 年,弗朗西斯·马戎第将颅相学称作"当代的伪科学"。但不可否认的是,颅相学影响了 19 世纪精神病学与现代神经科学的发展。颅相学家们认为大脑是心灵的器官,而心灵则由一系列不同的官能构成,其中每一官能便对应了大脑某一特定的区域。这些区域被认为按一定比例构成了人的特性。同时,颅相学家们还相信,颅骨的形状是与大脑内这些区域的形状相关的,因此通过测量人的头颅便能够判断每个人不同的人格。

颅相学的价值在于：第一,它指出大脑是"心灵的器官",确立了生理心理学的基础,这对于心理学的独立是非常重要的观点；第二,它提倡的大脑机能定位思想,是近代脑生理心理研究的基础。第三,颅相学使得人们第一次广泛地宣传和应用与此有关的理论和方法(虽然不够科学)。

（二）希波克拉底的体液学说

希波克拉底(约公元前 460 年—公元前 377 年),古希腊著名医生,被西方尊为"医学之父"。他的医学观点对后来西方医学的发展有巨大影响。

希波克拉底出生于小亚细亚科斯岛的一个医生世家,父亲赫拉克莱提斯是医神阿斯克雷庇亚斯的后代,母亲费娜雷蒂是显贵家族的女儿。在古希腊,医生的职业是父子相传的,所以希波克拉底从小就跟随父亲学医。数年后,独立行医已不成问题,父亲治病的 260 多种药方,他已经能运用自如。父母去世后,他一面游历,一面行医。为了丰富医学知识,获取众家之长,希波克拉底拜许多当地的名医为师,在治病过程中,他结识了许多著名的哲学家,这些哲学家的独到见解对希波克拉底深有启发。

为了抵制"神赐疾病"的谬说,希波克拉底积极探索人的肌体特征和疾病的成因,提出了著名的"体液学说"。四体液理论不仅是一种病理学说,而且是最早的气质与体质理论。他认为复杂的人体是由血液、粘液、黄胆、黑胆这四种体液组成的,四种体液在人体内的比例不同,形成了人的不同气质：性情急躁、动作迅猛的胆汁质；性情活跃、动作灵敏的多血质；性情沉静、动作迟缓的粘液质；性情脆弱、动作迟钝的抑郁质。每一个人,生理特点以哪一种体液为主,就对应哪一种气质。先天性格表现,会随着后天的客观环境变化而发生调整,性格也会随之发生变化,这为后世的医学心理疗法提供了一定的指导。人之所以会得病,就是由于四种体液不平衡造成的。而体液失调又是外界因素影响的结果。所以他认为一个医生进入某个城市首先要注意这个城市的方向、土壤、气候、风向、水源、水、饮食习惯、生活方式等与人的健康和疾病有密切关系的自然环境。

现在看来,希波克拉底对人的气质成因的解释并不正确,但他提出的气质类型的名称及划分,却一直沿用至今。

(三)切萨雷·龙勃罗梭的犯罪原因思想

切萨雷·龙勃罗梭是意大利犯罪学家、精神病学家,刑事人类学派的创始人。他1859年任军医,1862至1867年任帕维亚大学精神病学教授,以后长期任都灵大学教授和精神病院院长。龙勃罗梭的犯罪原因思想,经历了一个由单一到复杂的发展过程。在早期的著述中,龙勃罗梭主要注意遗传等先天因素对犯罪的影响。作为一名监狱医生,他对几千名犯人作了人类学的调查,并进行了大量的尸体解剖。1870年12月,在意大利帕维亚监狱,龙勃罗梭打开了意大利著名的土匪头子维莱拉尸体的头颅,发现其头颅枕骨部位有一个明显的凹陷处,它的位置如同低等动物一样。他得出结论:这种情况属于真正的蚓突(vermis)肥大,可以说是真正的正中小脑。这一发现触发了他的灵感,由此他认为,犯罪者与犯罪真相的神秘帷幕终于被揭开了,原因就在于原始人和低等动物的特征必然要在我们当代重新繁衍,从而提出了天生犯罪人理论。天生犯罪人成为龙勃罗梭早期著作中的一个核心命题。

龙勃罗梭的天生犯罪人理论包括四个方面的主要内容:(1)犯罪者通过许多体格和心理的异常现象区别于非犯罪人。(2)犯罪人是人的变种,一种人类学类型,一种退化现象。(3)犯罪人是一种返祖现象,是蜕变到低级的原始人类型。(4)犯罪行为有遗传性,它从犯罪天赋中产生。天生犯罪人是龙勃罗梭早期犯罪原因思想的一个核心命题。龙勃罗梭对天生犯罪人的特征作了如下的描述:(1)生理特征:扁平的额头,头脑突出,眉骨隆起,眼窝深陷,巨大的颌骨,颊骨同耸;齿列不齐,非常大或非常小的耳朵,头骨及脸左右不均,斜眼,指头多畸形,体毛不足等。(2)精神特征:痛觉缺失,视觉敏锐;性别特征不明显;极度懒惰,没有羞耻感和怜悯心,病态的虚荣心和易被激怒;迷信,喜欢纹身,惯于用手势表达意思等。

作为犯罪原因先天因素,龙勃罗梭从种族和遗传这两方面展开。关于种族和犯罪之间的关系的论述,是建立在对一些犯罪现象直观的认识基础上的,没有直接的科学依据。龙勃罗梭侧重研究了遗传因素对犯罪的影响,从调查个案入手肯定了隔世遗传规律,还提出了天然类聚说,认为两个犯罪家庭联姻后,遗传的影响更大。龙勃罗梭在1876年《犯罪人论》一书中推出天生犯罪人论的时候,认为通过对成千上万的罪犯进行观察获得的第一手资料是可信的,自称是"基因的奴隶",认为有些基因即使当时看起来是无足轻重的,而以后也可能发展成为一个普遍适用的理论。

龙勃罗梭的天生犯罪人理论一经传播,马上遭到来自各方面的抨击。在这种情况下,龙勃罗梭在后期的著作中也修正了自己的观点,从只注重犯罪的遗传等先天因素,到把犯罪原因扩大到堕落等后天因素的影响,而这种堕落是与一定地理环境与社会环境分不开的,因此,龙勃罗梭分别研究了地理与社会因素对犯罪的影响,强调智力、情感、本能、习惯、下意识反应、语言、模仿力等心理因素与政治、经济、人口、文化、教育、宗教、环境等社会因素和自然因素的作用,天生犯罪人在罪犯总数中的比例也一再降低。在1893年出版的《犯罪:原因和救治》一书中,天生犯罪人占33%,由此形成综合的犯罪原因论。他在《犯罪:原因和救治》一书中指出:"导致犯罪发生的原因是很多的,并且往往缠结纠纷。如果不逐一加以研究,就不能对犯罪原因遽下定论。犯罪原因的这种复杂状况,是人类社会所常有的,绝不能认为原因与原因之间毫无关系,更不能以其中一个原因代替所有原因。"对于什么是真正的犯罪原因,他说:"实言之,每一现象中的真正特殊原因何在,即使是善于观察的人,亦不能下一断语。"①

(四)恩里科·菲利的犯罪原因论

恩里科·菲利是意大利著名的犯罪学家。他与龙勃罗梭、加罗法洛被誉为"犯罪学三圣",是刑事社会学派的主要代表人物。菲利的主要著作有《实证派刑法学》、《实证派犯罪学》、《犯罪社会学》等。

菲利以实证主义哲学为基础,坚持犯罪现象的决定论,不承认古典学派信奉的"自由意志论",基于有效的社会防卫目的,致力于"对罪犯的犯罪行为和社会两方面"的研究。菲利在"犯罪社会学"这一概念下,将刑事科学组合成一个体系,对犯罪问题进行了广泛的探讨,构建了自己的犯罪学思想体系。

菲利的犯罪原因三元论,独立于刑事人类学派的犯罪原因一元论,区别于李斯特的犯罪原因二元论。他认为犯罪是由人类学因素、自然因素和社会因素引起的。这一学说是他在认识到龙勃罗梭的研究大多局限于习惯性犯罪人和精神病犯罪人,只能说明很小一部分犯罪的问题的基础上,通过收集法国的大量刑事司法统计资料进行深入分析后,得出与龙勃罗梭的天生犯罪人理论不同的犯罪原因理论。他的犯罪原因三元论扩大了有关犯罪的研究范围,将研究的领域从人类学因素扩展到自然和社会,把犯罪看成是一种自然和社会因素与个人因素相互作用的产物,这是他对犯罪学研究的最重要的贡献之一。菲利在化学饱和定律的启发下,根据对犯罪统计资料的研究提出了著名的犯罪饱和法则。他在《犯罪社会学》中对这一原则是这样论述的:"无论是自然犯罪还是法定犯罪,在

---

① 陈兴良著:《刑法的启蒙》,法律出版社2003年版,第177—178页。

总量上都是继续增加的,但每年的变化有时增多,有时减少,这些变化在一个较长的时间内,会积累成为一系列真正的犯罪浪潮。由此可见,它与某些化学定律的法则相一致,我称之为犯罪饱和法则。就像一定量的水在一定的温度下会溶解一定量的化学物质,而且不多也不少那样,在有一定的个人和自然条件的特定社会环境中,也会发生一定量的犯罪,不多也不少。"这一法则的典型表现是犯罪的周期性波动和犯罪的周期性增长。

在众多的早期犯罪学家中,菲利是一位备受西方尤其是欧洲大陆国家推崇的犯罪学家。他的学说和思想对当时犯罪学的发展作出了巨大的贡献。同时,他的学说和思想对现代犯罪学也有很大的借鉴价值。菲利第一次较严密地论证了犯罪行为并不是一种源于犯罪人单方面的现象,而是一系列因素相互作用的结果。由此,奠定了为后世所承袭的"犯罪多因理论"。[①]

(五)典型案例

案例 1

2006年,哈尔滨双城地区连续发生了多起系列入室盗窃抢劫强奸案,警方费尽周折最终抓获了犯罪嫌疑人。但警方没有想到,嫌疑人抓获以后,他们面临的是一个更大的难题,这究竟是什么原因呢?

5月8日,双城警方在哈尔滨市的一家小旅社内抓获了一名犯罪嫌疑人。根据事先掌握的线索,该男子很可能就是双城地区系列入室盗窃抢劫强奸案的作案者。

犯罪嫌疑人范业和,男,27岁,哈尔滨市双城人。受害人小芳,女,28岁,双城"5·08"案件的受害者。2006年5月8日早晨,一名陌生男子闯进她的家中抢走了部分财物,并对她实施了性侵害。受害人小玲,女,18岁,双城"4·11"案件的受害者。2006年4月11日,她在租房过程中遭到了一名男子的抢劫和性侵害。两名受害人都先后指认侵害他们的就是这个名叫范业和的男子。为了慎重起见,警方随后提取了现场的痕迹物证,进行DNA比对鉴定。经鉴定,被害人身上所提取的犯罪嫌疑人所遗留下来的生物检材和范业和DNA检测是完全吻合的。经过审讯,范业和交代在双城地区作案9起,其中4起抢劫强奸,5起盗窃和抢劫。不过范业和交代的9起案件中并不包括小芳反映的这起案件,这让警方有些意外。

警方了解到,5月8日家在双城的小芳的报案时间是早晨的八点四十。两个小时后也就是十点半左右,范业和在哈尔滨落网。双城距离哈尔滨约四十公里,乘坐普通的交通工具通常需要一小时。双城市公安局侦查员认为:从理论上

[①] 参见赵瑞罡、王艳:《菲利的犯罪原因三元论》,载青少年犯罪预防网,http://www.fzyf.com.cn/dangxiao/list.asp?Unid=575。

来说他在双城8点作完案,而在10点钟之前完全可以潜回哈尔滨。明明是自己干的,为什么面对这些铁证还要百般抵赖呢?范业和向警方陈述的理由是自己被捕当天一直在哈尔滨,没有作案时间。为了击破范业和的谎言,警方决定赶赴哈尔滨排查范业和被捕前后的活动时间。

在哈尔滨的一组民警来到范业和最后落网的小旅社,调查结果让民警的心情异常沉重。侦查员首先找到他在哈市住的那个旅店,并且询问了旅店老板,老板说他当时几乎没有离开过那个旅店,离开时间也很短暂,也就30分钟左右。双城县公安局侦查员赵晓良分析:最快的速度打车也得一个小时到一个半小时。他不可能分身去做这个案子。他(范业和)说的时间和旅店老板说的时间是一致的。他没有时间从哈市来到双城作案,再返回到哈市。这样的结果让所有的民警都陷入一种前所未有的困惑当中,此时在专案组内部也出现了不同的声音。难道是犯罪嫌疑人分身有术,还是DNA比对真的出现了问题?围绕在警方面前的是一个个悬而未解的谜。为了破解迷局,警方决定重新加大审讯力度,同时再次送检DNA。

哈尔滨市公安局主任法医师孙永奇和七个工作人员一起做DNA比对,一道道程序的检验,包括由专门人员审核复核,他们分别去做,做完的结果还是一致的,所以这证明他们以前所做的结果都是正确的。每个人的DNA图谱就如同自己的身份证号码,是终身不变永远固定的,DNA数据比对形成的证据,可以在法庭上作为有力物证,对犯罪分子进行宣判。孙永奇最后得出结论:这是一个人的图谱,所有的结果都证实肯定是一个人的图谱。是利用现有的证据对范业和进行零口供定案,还是另外寻找突破口呢?案件到了这里走到了山穷水尽的地步。DNA认定、受害人指认,这些铁证在范业和面前竟然都失去了证明力,难道范业和背后真的还隐藏着一个与他长相类似甚至连DNA都一样的人吗?这样的猜测连警方都觉得不可思议。

双城市公安局侦查员何学在对范业和再次进行调查时,范业和交代他有个同胞的弟弟,他们是双胞胎。"双胞胎"——范业和的交代让警方大吃一惊。在调阅范业和的家庭信息时警方发现,范业和果然有一个双胞胎弟弟,名叫范业东,这个范业东与案件究竟有没有关联呢?双城警方再次来到哈尔滨市公安局DNA鉴定室寻求帮助。法医的一席话让困扰了许久的双城警方豁然开朗。因为从医学上来讲,就有这种情况,DNA的检验对某一个单一个体来讲是一样的,但是对于同卵双生的兄弟来讲,其DNA应该是一致的。警方决定立即抓捕范业和的双胞胎弟弟范业东。2006年7月8日,已经逃窜到外地的范业东落网。

双城县公安局侦查员抓到范业东以后,发现他跟范业和长得一模一样,除了他的家人能分辨出来,别人辨认都是一个人。DNA比对的结果显示,范业东的DNA图谱与哥哥范业和一模一样。审讯中,范业东交代自己前后共作案16

起,其中就包括范业和始终拒绝承认的小芳案件。至此困扰了警方许久的谜案终于真相大白。警方在调查中还发现了一个令人费解的现象,兄弟俩的作案方式和作案手段几乎一模一样,而现实中两人各自独立生活,作案前并没有商量。①

案例 2

21 岁的小施家在河南。在他很小的时候父母就出去打工,十几年了就回过一次家。小施和弟弟从小跟着爷爷奶奶生活。2009 年,他来到了天津。小施说,他最初出来打工的目的就是希望赚了钱孝敬爷爷奶奶,同时让自己过上好生活。到了天津以后,他才发现,这里跟他想象的完全不一样,陌生的城市和环境让他无所适从。加上没什么朋友,缺乏沟通让他感到孤独寂寞。而且来了两三个月也找不到一个称心的工作,文化程度不高,只能干些卖苦力的活儿,让小施对好生活的憧憬变得很渺茫。寂寞无聊的时候,小施进入了网吧,很短的时间内就沉迷其中。后来他在网吧结交了一些朋友,这些人大多是和他一样的打工者或农民工二代,他们请他吃饭,送他上网卡。这让内心孤独的小施很感"温暖"。后来这些人劝他:"别再打那些卖苦力不赚钱的工了,跟着我们干吧。"此时的小施虽然心里害怕,但还是跟着"朋友"一起去偷了景观灯的电容器。有了第一次、第二次,小施的胆子渐渐大了起来。辞掉了工作的小施常常在网吧一玩就是几天几夜,饿了叫盒饭,困了就趴在电脑前睡一会儿。这样的生活他不敢让父母知道,于是索性搬出来和几个"朋友"租房住到了一起,一直到出事被逮捕。

老家山东的小望,也是随父母来天津打工的。他说:吃苦我不怕,对农村人来说,在城市打工再苦也比在农村种地轻松。让他受不了的是被城市人歧视、排斥、欺负。小望所在的企业,打工的大多数是女孩子。于是,渴望被认同的小望总是想办法接近、讨好城里的同龄人,但是城里人常常用"这个你不懂","看什么,看了你也买不起"之类的话刺激他。这还不算,他们工作上也总是和他过不去。有了矛盾,不好意思直接道歉的小望也曾主动向城里人示好,但总是被当众嘲笑,这让小望内心很苦闷,于是闲时就到网吧聊天、玩游戏解闷,在网吧他认识了同乡。老乡说:电子厂的塑料颗粒可以卖钱,我有朋友可以带咱们一起干。小望跟着去了,第一次虽然分到的钱不多,但足够买游戏装备和交上网费。第二次他分到了四千多元,充了游戏点卡后,半年多没往家里交工资的他,把其余的钱全交给了父母。看着父母拿到钱高兴的样子,小望的心里也美滋滋的,从没想过自己的行为触犯了法律会被制裁。②

---

① 资料来源:门神网,http://www.yrgod.com/3.aspx? id=1073。
② 姜明:《工人日报》2011 年 9 月 27 日。

案例 3

2010 年 3 月 23 日早上 7 点 20 分,福建省南平市发生了一宗杀人及伤人案,共造成 8 死 5 伤,受害者皆为小学生。凶手作案动机为工作矛盾与感情失败。凶案发生时正值学生上学时间。事发学校规定该校在早上 7 点 30 分后方开放校门,因此当日早上 7 点 20 左右校门前已聚集了数十名学生等待进入学校。此时一名中年男子持刀冲向人群,开始袭击校门外的学生。多名学生被刺中颈部、胸部以及腰部等要害部位。之后一名环卫工人及一名教师试图保护学生并与该男子对峙。最后该男子被该校教师、门卫以及附近路人合力制服。事件中 3 名学生当场被杀,5 名学生送院后证实死亡。另有 5 名学生被砍至重伤。

该案凶手郑民生是南平人,曾是一名社区诊所医生。2009 年郑民生从曾任职的诊所辞职,之后一直处于失业状态。邻居称其性格内向并偏激。2010 年 4 月 8 日,南平市中级人民法院以"故意杀人罪"判处郑民生死刑并剥夺政治权利终身。2010 年 4 月 28 日,郑民生被执行枪决。在凶案发生后约一个月内,中国多个地方持续发生同类严重校园伤害事件,其中包括广西合浦、广东雷州、江苏泰兴等。

二、思考题

1. 简述西方犯罪心理学的发展历史。
2. 简述中国犯罪心理学的发展历史。
3. 简述西方有关犯罪原因的理论。
4. 论述当代西方犯罪心理学研究概况。

第三章 犯罪心理结构

内容提要

犯罪心理学所要研究的基本问题是犯罪人的犯罪心理。作为发动犯罪行为内在原因的犯罪心理,并不是单一的心理因素起作用,而是受多种不良心理因素所驱动。正是因为它是多种不良心理因素有机而稳定的结合,所以把它称作犯罪心理结构。

关键词

心理结构　犯罪心理结构　犯罪心理结构要素　犯罪心理结构的模式

第一节　犯罪心理结构概述

一、心理结构的概念

心理结构是指人的心理现象结构与心理现象系统以及子系统(或亚结构)的统称,包括人的个性结构、性格结构、认知结构以及我们将要谈到的犯罪心理结构等等,是指运用系统理解与科学的结构观,来看待人的各种心理现象,把它放在人的整体心理系统中来认识。要看到在各种心理现象中,各亚系统互相联系、互相制约,形成一个多功能、多层次、多水平的纵横交叉的立体网状结构。

心理结构不是僵死的,而是可变化的。亚结构的改变会引起整体系统的变化。而亚结构的变化又必然发生在整体系统之中,受整体的影响。例如儿童认知结构的发展,必然会引起儿童情感、意志和整个心理结构的变化与发展,而认知结构的发展又要受到整体心理结构系统的制约。再比如,作为亚结构的犯罪心理结构的发展变化,将引起犯罪人认知、情感、意志和整个人格结构的畸变;而犯罪心理结构的变化,又必然受到其整体人格水平的制约。

二、犯罪心理结构的内涵

关于什么是犯罪心理结构,不同学者对它作出了不同的定义和表述,主要观点有以下几种：

其一，研究犯罪心理结构，主要是指揭示犯罪者内部心理结构各成分之间的各种关系及其矛盾运动规律。

其二，所谓犯罪心理结构是指犯罪者的心理现象，犯罪心理活动过程，犯罪心理的特殊状态，犯罪者畸形异常的个性品质的形成、发展变化规律及其特点。[①]

其三，把影响和支配一个人发生犯罪行为的种种心理因素和成分的有机而相对稳定的结合称为犯罪心理结构。[②]

其四，犯罪心理结构，是指犯罪主体在某种状态下或从事某项犯罪活动中，各心理成分之间错综复杂的、多水平多层次的一种构成方式。[③]

其五，犯罪心理结构是指在犯罪行为实施前已潜伏在犯罪者的心理事实中，在犯罪行为实施时发生作用、导引其走向犯罪的多个畸变心理的综合。[④]

其六，犯罪心理结构，就是驱使个体产生犯罪行为的多种心理因素的异常情况及其组合方式的综合表现。

其七，犯罪心理结构是指以偏常认知指导、控制下的若干犯罪心理因素相互联系的整合体。[⑤]

综合以上各种学说及相关评价，我们认为，犯罪心理结构，是指支配犯罪者实施犯罪行为的各种畸变心理因素有机而相对稳定的组合。它是犯罪者社会心理缺陷的综合，是其发动犯罪行为的内在心理原因和根据，在实施犯罪行为前已经形成。

三、犯罪心理结构的特征

（一）犯罪心理结构是一个多层互动、分级转换的心理结构

犯罪心理结构不存在一个简单划一、呆板不变的模式，事实上依据犯罪行为及行为主体的不同，犯罪心理结构也在发展水平、层次和级别上演变出极其复杂的变化。虽然它们都能导致犯罪行为，但其心理发展水平和结构构成都存在着差异性和一定的异质性。一般认为，导致犯罪行为产生的犯罪心理结构，实际上是由三级水平演化而成的，即消极心理结构、不良心理结构和犯罪心理结构。其中，每一级水平的心理结构都可演变为犯罪心理结构，诱发犯罪行为。

---

① 人民警察学校统编试用教材：《犯罪心理学》，群众出版社1986年版，第82页。
② 方强：《法制心理学概论》，群众出版社1986年版，第94页。
③ 朱智贤主编：《心理学大词典》，北京师范大学出版社1987年版，第178页。
④ 陈传焕：《子母球模式论——对犯罪心理结构的思考》，载《社会公共安全研究》1990年第3期。
⑤ 朱伟：《犯罪心理结构的本质和作用》，载《犯罪心理学学术论文集》，中国人民公安大学出版社1987年版，第83—92页。

我们以消极心理结构为例加以说明。所谓消极心理结构,是指犯罪人通常并无主观恶性和明显不良品质,常常只是在心理活动的某一侧面或水平上存在一些缺陷和不足,但正是由于这一心理活动存在着消极性,才使主体在一定的特殊环境的刺激和诱惑下而演化为犯罪心理结构。当然,这种消极心理结构与犯罪行为,一般来说并无直接的必然联系。而且对导致犯罪发生的条件和诱因有较大的特殊和严格的规定,因此,相比之下较难演化为犯罪心理结构。

随着犯罪者消极心理结构向不良心理结构和犯罪心理结构的转化,犯罪人的主观恶性程度不断增加,犯罪主体的自觉能动性日渐增强和活跃,其对导致犯罪的条件和诱因的要求和限制越来越低,到了犯罪心理结构阶段,犯罪人完全可以根据其主观需要和欲求,主动选择和能动地创造作案条件和机遇。因此犯罪心理结构是一个多层级的心理结构。另一方面,犯罪心理结构这三级发展水平又是可以相互转换的。消极心理结构可以随着主体不良实践活动的增加和丰富,转化为不良心理结构,不良心理结构可以因个体违法犯罪行为的多次反馈强化而演变为犯罪心理结构。但同时也不能排除犯罪心理逆向转化的可能性,即向好的方向转化的可能性,直至由消极心理结构转化为正常心理结构。这是我们教育、改造和感化犯罪人的理论基础。

(二) 犯罪心理结构是一个不断演变和建构的过程

犯罪心理结构不是一个静止的、即成不变的结构,而是一个不断生成、建构的动态演变过程。这一特点将贯穿于我们整个犯罪心理结构理论的始终,体现在我们对犯罪心理结构分析的各个环节上。

(三) 犯罪心理结构是一个开放性的自组织结构

首先,犯罪心理结构,是一个具有自组织功能的结构。所谓结构的自组织功能,是指没有外部指令,系统内各子系统(要素)之间能自行按照某种规则形成一定的结构功能。这里所谓心理的自组织能力,是指行为主体在特定的认知水平、价值观念、情感、意向等因素的基础上所形成的对外界作出各种反应的能力。在强调犯罪心理结构的自组织作用的同时,必须重视犯罪心理结构的开放性。自组织性只反映了系统间要素的相关互动和内部生成转化,但是犯罪心理结构绝不是一个自我封闭的系统。它的形成和发展变化,时刻都与外界保持着密切的联系和积极能动的反馈和互动。正是由于结构的开放性,才保证了犯罪心理结构与外界环境的一致性,才使心理自组织系统的功能得到有效的发挥;离开了结构的开放性,犯罪心理结构就失去了生成和发展的客观依据,成为无本之木,无源之水。

(四) 犯罪心理结构是一个具有定形结构和功能结构的统一体

犯罪心理结构的一个重要特征就是强调"结构"与"功能"的相互对应与相互协调的密切联系。任何形式的结构必有与这一结构相对应的功能,结构越完善,功能也就越完善。结构的变化,必然会导致功能产生相应的变化,不存在纯"结构"、纯形式上的"结构"。结构的意义和作用就在于其功能。同理,犯罪主体依据一定的内外刺激,以自组织性所建立起来的动态的、综合的心理结构,总是要对犯罪主体产生某些实际作用的,确切地说,犯罪心理结构的形成和发展必然要对犯罪主体的行为起推动和指导作用,以解决犯罪者当时所面临的具体环境和目的任务。犯罪心理结构,就是犯罪主体在具体环境和任务下各种心理活动的整合反应。了解这一点,对于我们正确认识"犯罪心理结构"具有至关重要的作用。

(五)犯罪心理结构是稳固性与可变性相统一的动态结构

犯罪心理结构作为主体各心理成分相互作用所组成的动态心理系统既是稳定的,又是可变的。说它是稳定的,一方面是由其功能所决定。犯罪心理结构作为一个犯罪行为的动力和调节机制,必将伴随着整个犯罪行为发生发展变化的始终。另一方面是由其结构内容所决定的。犯罪心理结构赖以存在的基础源于个体人格所潜伏的特殊人格倾向。这种人格倾向能以其自身为核心整合为犯罪心理结构。而且这一犯罪心理结构还将会因犯罪行为的强化而渐趋稳固。因而也决定了犯罪心理结构的顽固性和稳定性。说犯罪心理结构又是可变的,一方面是由犯罪心理结构的功能所决定的。前面说过,犯罪心理结构是以其对具体犯罪行为的调节作用而存在的。随着犯罪主体所面临的具体环境的改变和具体目的与任务的实现,犯罪行为最终必将终结和完成,而与具体行为和环境紧密相关的犯罪心理结构也必将因之而发生变化,其中犯罪心理结构的一些表层结构会暂时解体。而内核结构(即人格倾向)则重新"蛰伏"起来,待机而动,犯罪心理结构的可变性还在于犯罪心理结构对来自主体内外环境和刺激的依赖性和应答性。犯罪心理结构必须保持与主体环境的一致性、统一性,环境一旦发生变化,犯罪心理结构就必须作出相应调整,而且随着环境和刺激信息正负双向矛盾冲突与斗争,犯罪心理结构也会随之巩固或削弱。[1]

四、犯罪心理结构与个性心理结构的区别

犯罪心理结构并非独立于个性心理结构之外的某种东西,它实际上是行为人个性心理结构的一种特殊表现形式,或是个性心理结构的一个侧面。如果说个性是一个完整的系统,那么,就犯罪人来说,犯罪心理结构则是其个性中处于横断面的子系统,是个性心理结构中具有道德和法律属性的多种心理因素的总和。犯罪心理学研究犯罪心理结构的形成过程和机制,并不是要离开个性心理结构来探讨这个问题,而是要从个体经常地、固有地表现出来的个性倾向和个性

---

[1] 参见栗克元、刘建勋:《犯罪心理结构新论》,载《青少年犯罪研究》1994 年第 5 期。

特点的形成和发展中,研究其中具有品德属性和刑事法律评价意义的那一部分心理结构的形成和发展规律。可以说,它是研究推动犯罪行为发生的个性心理缺陷总和的心理学。

关于犯罪心理结构与个性心理结构的一致性及其关系,我们可以从以下两个方面分析:

(一) 从因素分析的角度看

我们知道,犯罪者的犯罪心理并不是某种单一的心理因素,而是人的个性心理结构中多种畸变心理因素的总和。犯罪心理所具有的成分和因素,同时也是个性心理结构的组成成分和因素。它既包含特定的个性倾向性,也包含着具有个性特点的个性心理特征;它既通过人的心理过程形成,又在心理过程中表现出来;在实施犯罪行为的过程中,又呈现出某种特殊的心理状态。

犯罪心理结构同个性倾向性的关系最为密切。个性倾向构成犯罪心理的动力结构。个性倾向中的世界观与信念的错误,决定着个体的犯罪行为倾向及其严重程度。极度膨胀的私欲是发动犯罪行为的原动力。而犯罪动机是最活跃的因素,直接推动着犯罪行为的发生。

一定的犯罪行为反映各不相同的个性特征。个性心理特征构成犯罪心理特征结构。即使是同一类型的犯罪行为,也因个体气质、性格的不同,显示出行为方式的个别性差异,并且因能力的不同,具有不同的犯罪能量。自我意识以及道德意识、法律意识等,是构成犯罪心理的调节结构,它对犯罪行为起调节与控制、发动与中止、加强与削弱的作用。由此可见,个性心理的多种成分,一旦发生畸变,同时也成为犯罪心理结构的构成要素,两者密不可分。

(二) 从个体社会化角度来看

就大多数犯罪人来说,他们的犯罪心理结构和不良个性的形成,都与个体社会化过程中的缺陷相联系。一个人在经历社会化的过程中,通过主体和社会环境、教育的相互作用,既塑造了各具特点的独立个性,同时也形成了一定的品德。那些社会化程度不完全和经历了逆向社会化的人,必然形成不健全的个性或反社会个性。他们从品德不良堕落成犯罪者,同其整个个性状况的恶化几乎是同步进行的。当然,犯罪心理只是其个性的一部分,主要反映出个性的社会心理缺陷。与此同时,许多犯罪者依然保留着一定的常态心理活动。但是,那些具有稳定的犯罪心理结构的惯犯、累犯和职业犯罪者,其犯罪心理的加深与发展,必然导致个性的犯罪化,形成"犯罪个性",即那种由犯罪心理吞噬了个性的大部以至全部的特殊个性。由此可知,犯罪心理结构与个性的整体效应是紧密联系在一起的。[1]

---

[1] 参见罗大华主编:《犯罪心理学》,中国政法大学出版社2003年版,第37—38页。

第二节 犯罪心理结构的要素

犯罪心理结构具体由哪些畸变的心理要素组成？许多学者对此问题进行了探讨，提出了各种各样的划分方法和模式。一般认为，一个完整、典型的犯罪心理结构是由下列因素所组成的系统。

一、认知结构要素

所谓认知，是指人对客观世界的信息进行接纳、辨认的心理活动。认知结构是人对客观事物进行察觉，形成内部观念的系统。认知心理学家们认为，认知是人认识和理解世界的首要和基础的心理活动。个体在生存活动中逐渐形成了特定的认知结构，并以此为基础来理解、看待世间万物，判断、评价自己与世间万物的关系，决定自己的行为。

人的认知结构处于一种不断变化、发展的状态，在动态中又不断积淀出静态的、相对稳定的成分，包括人的世界观、人生观、道德观等等。犯罪主体的认知结构亦包含着这些成分，只是其性质发生了畸变。具体包括：

（一）阴暗的世界观

世界观，是人对客观世界的总体看法和根本观点。世界观是人的认知结构的核心，也是个体心理结构的主导力量。犯罪主体的世界观最突出的特点是：只看到社会中的消极、负面现象，造成对社会现实的严重否定和对立。例如，许多刑事犯罪者把社会阴暗面视为社会生活的主流，认为"这个社会就是人吃人、人坑人的社会"，从而为自己的反社会行为找到榜样和借口。阴暗的世界观构成犯罪心理结构的核心和基础。

（二）病变的人生观

人生观，是指对人生的价值、意义、目的和生活准则的总体看法和根本观点。人生观决定着人对人生的态度和行为方式，也决定着人生活动的性质和方向。

犯罪主体的人生观最突出的特点是：极端的唯我化和病态化。例如，许多犯罪者信奉"人不为己，天诛地灭"这种极端的利己主义的信条；许多物欲型犯罪者欣赏"人为财死，鸟为食亡"的享乐主义人生观；腐败分子把"在位不捞，过期作废"作为人生哲理；暴力团伙成员叫嚣"谁挡我的道，我就杀了谁"的人生信条等等，就是这种人生观的体现。病变的人生观驱使人选择病变的人生态度和行为方式。

（三）扭曲的道德观

道德观，指人对社会生活中人与人之间道德关系的总体看法和根本观点。道德观具体表现为人对社会生活中是非善恶的理解与评价。一定的道德观使人产生"良心"体验,从内心约束人的行为。

犯罪主体的道德观最突出的特点是:是非善恶评价混乱、颠倒以及缺乏或丧失"良心"体验。这种道德观使得许多犯罪者在实施违背道德、伤害他人及社会的恶行时缺乏或没有内疚感。扭曲的道德观必然导致人性的扭曲与泯灭。

(四)淡薄的法纪观

法纪观,指人对社会法律以及各种规章、制度、纪律观念的总和。正确的法纪观能够使人自觉地遵从社会法纪的约束,从而保证社会健康有序地发展。

犯罪主体的法纪观突出表现为对社会法纪的无知、漠视和敌视。"无知者"一般是文化层次低下者或不学法纪的法盲,由于对法纪的无知而无畏地去犯罪。"漠视者"是知晓法纪但轻视或蔑视法纪,对其不屑一顾,造成知法犯法。"敌视者"则是具有严重的反社会心理,对法纪心怀仇恨,有意要与之对抗,犯罪心理结构达到不可逆转程度的犯罪者一般属于此种类型。淡薄的法纪观使人有恃无恐,铤而走险。

二、动力结构要素

所谓动力结构,是指驱动人产生心理和行为积极性的心理因素系统。广义的动力结构是指人的个性倾向性;狭义的动力结构则仅指人个性倾向性中的需要、动机与兴趣。动力结构构成驱使人们作出行动的内部动力,是人的个性中最为积极、活跃的因素。犯罪心理的动力结构包括:

(一)反社会意识

所谓反社会意识,就是与现行的国家制度、思想体系相背离,与正常的社会生活相对立,以损害公众利益满足一己私利的价值取向为核心的各种错误观念的总称。具体表现为错误的社会态度、社会动机和对社会秩序、社会规范的否定与蔑视,它是个体实施犯罪行为的精神支柱。反社会意识对个体不良欲求起着定向作用,对犯罪动机起着促进和加固作用,对犯罪行为起着支配作用。

(二)强烈的畸变需要

需要,是指人对客观事物的内在欲求。需要是形成动机的内在动力,是人的个性中最积极最活跃的因素,是人的积极性的源泉,亦是人的行为的原始动力。

犯罪主体的需要的最突出的特点是:需要的内容反常理、反社会性以及动能的高强度。许多犯罪者的需要是违反人之常情和社会规范的,如强烈的物质占有欲和挥霍享受欲、畸变的性欲、报复社会的需要、错误的精神需要等等。另外,犯罪主体的犯罪需要必须达到很强烈的程度,集聚足够的动能,才有可能实施犯罪。强烈的畸变需要是构成犯罪行为的强大的动力源。

(三)犯罪动机

犯罪动机是驱使犯罪人实施犯罪行为的内心起因,它是在外界诱因的刺激下和主体不能以社会规范调节其强烈、畸变需要的基础上产生的。如非法的物质需要引起的财产犯罪动机,淫乐需要引起的性犯罪动机等。犯罪动机是动力结构中最活跃的因素,是犯罪行为的直接动力。

(四)不良兴趣

兴趣,是指人的认识需要的情绪表现,即人力求参与并探究某种事物的心理指向。兴趣能够将人的精神朝向并集中于特定事物,对之产生肯定、接纳的态度,并调动出追究事物内在的奥秘的热情和行为的积极性。

犯罪主体的不良兴趣,是在其不良需要的基础上逐渐形成和发展起来的。主要特点是:偏于感官的兴趣,缺少高尚兴趣;多为追求新奇与富于刺激性的生活的直接兴趣,缺少对未来结果向往的间接兴趣;兴趣的理智水平低而且不稳定。

三、自我调节的要素

所谓自我调节,又称"自我意识结构"、"自我控制",是指以自我意识为核心的,人对自己的心理与行为进行自我调节与控制的内在功能系统。健全有力的自我调节结构能有效地约束人的各个心理要素和行为,使之健康并符合社会规范的要求;反之,不良的自我调节结构使人处于放纵状态,心理和行为走向恶性发展。这一结构包括自我认识、自我体验与自我调控等要素。

犯罪主体的自我调节结构表现在以下几个方面:

(一)不成熟或歪曲的自我意识

自我意识是人对自身及主客体关系的意识,是调节结构中最重要的部分。不成熟或歪曲的自我意识,是犯罪人个性社会化缺陷的突出表现。由于自我意识的不成熟,存在着自我认识、自我评价的幼稚性、歪曲性、盲目性。这种自我意识水平,不仅不能正确地认识、评价、控制、调节自己的心理活动,而且表现为个性的主观、片面、固执、狭隘、放纵,从而推动犯罪行为的发生。尤其明显的是,有些人不善于控制、调节自己的情绪,导致激情犯罪,这也表明自我调节机制的缺乏。

(二)低层次或病态的自我体验

自我体验,指人对自己内心喜怒哀乐的情绪情感体验。健康的自我体验有助于人调控自己的情绪情感,发展积极的情绪情感,抑制消极的情绪情感。

犯罪主体的自我体验的突出特点是:低层次和病态化。其表现为容易沉浸在生理的、物质的需要得以满足的愉悦心理体验中,对庸俗、低级、丑陋或病态的精神生活津津乐道。

(三)失效或反向的自我调控

自我调控,指人对自己意志的控制。良好的自我调控能有效地调节人的不良心态,约束人的不良行为,支持人的健康心理和理智行为。

犯罪主体的自我调控突出特点是调控无效或反向化。调控无效即犯罪主体没有或几乎没有形成意志品质,因此完全不能控制自己。反向化即指犯罪主体具有意志品质,甚至具有坚强的意志,但其意志品质的价值取向是在人的内心抑善扬恶,支持人去实施违反社会规范的行为。

四、个性心理特征结构的要素

个性心理特征是指个性心理的特征结构,包括气质、性格、能力三种心理成分。如果说,动力结构是个性心理的深层结构,特征结构则属于个性心理的表层结构,表现出个性心理活动的稳定性的特点和独特的行为方式。犯罪心理的特征结构,显示出犯罪行为的特点和区别于他人的某种特征。

犯罪主体的这一结构表现为以下方面:

(一) 特定的气质

心理学中所说的气质是指个体心理活动的动力特征,具有天赋性。不同的气质会影响人心理活动发生时力量的强弱、变化的快慢、心态的均衡程度以及心理活动的指向性。

特定的气质为犯罪者的犯罪行为抹上了特殊的动力色彩。例如,暴力犯罪中,胆汁质的人较多;诈骗犯罪中,多血质的人较多;贪污犯罪中,粘液质的人较多;危害国家安全犯罪中胆汁质、粘液质混合型的人较多。

(二) 消极的性格特征

性格是个体在先天气质的基础上,经过后天的社会影响形成的对现实稳定的态度和与之相适应的习惯化的行为方式。性格决定着个体人生活动的现实性。消极的性格特征是个性社会化缺陷的突出表现。犯罪主体消极的性格特征主要表现在以下几个方面:

1. 性格的道德特征

犯罪者缺乏对社会、集体、他人的责任感、义务感、同情感,好逸恶劳,贪婪自私,甚至虚伪狡诈,这在各类罪犯身上均有不同程度的表现,尤其物欲型罪犯较为突出。

2. 性格的情绪特征

犯罪者容易冲动,理智性差,行为经常受情绪左右;心胸狭窄、虚荣、嫉妒、报复、仇恨等消极体验突出;遭遇到挫折和外界刺激时容易引发消极情绪,导致攻击性行为。这在伤害、杀人、爆炸等暴力犯罪者身上表现得尤为突出。

3. 性格的意志特征

普遍的情况是犯罪者意志薄弱、自制力差,冒险、侥幸心理突出。某些犯罪者具有坚强的犯罪意志,如信仰犯、职业犯罪者以及群体犯罪中的头目和骨干分子。其坚强的意志与反社会的价值观融合,社会危害性更大。

4. 性格的理智特征

不少犯罪者缺乏理智,思维狭窄偏执,头脑简单肤浅,不能对自己的行为和社会现象作出理性的评判。这在低文化层次和低智商犯罪者中表现尤为突出;高文化层次犯罪者也时常为低下的需要和情绪所困扰,丧失或暂时丧失理智。

第三节　犯罪心理结构的模式及犯罪心理结构的形成

一、犯罪心理结构的模式

所谓模式,是指事物所呈现的、相对稳定的结构类型。由于犯罪行为的复杂性,作为驱动力的犯罪心理结构也呈现多样性。虽然犯罪心理结构有着共同性的一面,但也存在着类型差异和个别差异,可以按不同的标准作不同的类型划分。例如,以有无犯罪动机作为标准,可划分为故意犯罪心理结构和过失犯罪心理结构;以其犯罪经历的长短、犯罪恶习的深浅为标准,可以划分为偶犯、初犯、累犯、惯犯、职业犯心理结构;以其结构组成要素的多寡作为标准,可以划分为完全的犯罪心理结构和不完全的犯罪心理结构;以发动犯罪行为的动机为标准,可划分为需要型犯罪心理结构和情绪型犯罪心理结构,等等。

我国著名的犯罪心理学家罗大华教授,对上述种种类型进行综合概括,将犯罪心理结构模式划分为一般模式与特殊模式两大类。[①]

（一）一般模式

一般模式即常见模式、典型模式,它泛指隐藏在大多数犯罪者头脑中与常见犯罪行为背后的内在心理驱动力的构成状况。具体来说,它表现为以下几种犯罪心理结构:

1. 故意犯罪心理结构

故意犯罪心理结构是指有意识支配的、动机清晰、目的明确的犯罪心理结构。这是犯罪心理结构中最常见的类型。我们通常所说的犯罪心理结构,一般是指故意犯罪心理结构。这一模式以强烈的畸变需要为核心和动力源,以反社会意识为支撑,以不良的自我意识作调节,以特定的气质和消极的性格为特色,以不良行为习惯为基础,在特定诱因刺激下萌发出清晰的犯罪动机,并以与犯罪活动相适应的智能作为实现犯罪行为的条件。上述各个心理要素之间,均建立了双向联系,既有输出,又有反馈,互为影响,相互作用。

[①] 参见罗大华主编:《犯罪心理学》,中国政法大学出版社2003年版,第49页。

2. 稳固的、完全的犯罪心理结构

这是指结构稳定、坚固、要素齐备的犯罪心理结构。在故意犯罪心理结构中,累犯、惯犯的心理结构属于稳固的犯罪心理结构。这种犯罪心理结构,其发动犯罪的各因素之间联系紧密,呈胶着状态,不易被分解;自组织作用增强,能自动支配驱动;由于不良行为习惯和犯罪方式的自动化,有时犯罪行为能在缺少动机斗争的状态下发生;应变能力强,能适应各种环境,找到犯罪机遇;有的职业犯罪人的犯罪心理已经个性化,矫正、改造十分不容易。

3. 需要型犯罪心理结构

需要型犯罪心理结构是最常见的犯罪心理结构。它从犯罪动力上显示其典型性和普遍性。又可分为两类:一类以生理的、物质的畸变需求作为内驱力,包括性欲型犯罪和物欲型犯罪;另一类以反常的精神需求作为内驱力,包括权力欲、支配欲、虚荣心、团伙意识、行帮意识,因亲情、友情而不顾国法包庇、纵容犯罪,以及意识形态偏颇、封建迷信所造成的犯罪等。无论是生理的、物质的需求,还是精神的、社会的需求,犯罪人通过犯罪行为,都是为了谋取某种利益,寻求某种满足。这在所有案件中,占了很大的比例。

(二) 特殊模式

所谓特殊模式,是指不常见的、非典型的、少数犯罪者所具有的犯罪心理模式。这类模式的主要特点是:犯罪者缺少或没有故意犯罪的动机;犯罪心理不稳定,要素不齐备,结构不完整;犯罪目的不明确或非功利,等等。这类模式表现为以下几种类型:

1. 过失犯罪心理结构

犯罪心理结构有着故意犯罪心理结构与过失犯罪心理结构之分。故意犯罪者和过失犯罪者都存在着犯罪心理结构。过失犯罪心理结构是指无故意犯罪意识和动机支配的犯罪心理结构。具有这种结构的主体虽然没有故意犯罪的内在动因,但其心理具有品质和成熟水平上的缺陷,如认知狭窄或浅薄,情绪消极或高昂,自我调控无力,应急能力低下,有不良的行为习惯,潜意识能量超常等等,最终构成潜在的不良心理结构,在特定情景下酿成过失犯罪。

2. 不稳定的、不完全的犯罪心理结构

在故意犯罪结构中,该模式是指结构不稳定、不牢固、要素不齐备的犯罪心理结构,是偶犯、初犯所具有的心理结构。这种犯罪心理结构,其发动犯罪行为的各心理成分间结构松散,且不够协调;内心矛盾冲突多,经常出现动机斗争;犯罪决意形成晚,在犯罪机遇出现时犹豫不决;犯罪心理尚未形成完整的个性,矫正、改造比较容易。但是,随着犯罪次数的增加和条件的变化,不稳固的犯罪心理结构也可能向稳固的方向发展变化。

不完全的犯罪心理结构,是指按照犯罪心理结构的一般模式,缺少其中某些重要的心理成分,但仍然驱动发生了犯罪行为。如有的犯罪人无不良行为习惯,属偶然失足;有的犯罪人缺乏犯罪技能和体能,如低能儿、老年人犯罪;有的犯罪人并无稳定的反社会意识,只因一时一事不满、情绪冲动而犯罪,等等。

3. 宣泄型犯罪心理结构

宣泄型的犯罪心理结构是指那些无功利性目的,仅为发泄不良情绪冲动而导致犯罪的犯罪心理结构。这种犯罪心理结构的特殊性在于:个体发动犯罪行为,不是为了获取什么直接利益,而只是为了宣泄消极的情绪,恢复内在心理平衡。其特点是情绪在整个心理结构中居于优势,理智与意志相对薄弱,在特定刺激下犯罪者的消极情绪高涨,缺乏权衡利弊得失的思维能力和对事物的认知、判断能力。这些特点决定此类犯罪多系突发,很少预谋。由此可知,其犯罪心理结构同一般需要型犯罪心理结构有所不同。

二、犯罪心理结构的形成

根据心理、意识支配行为的原理,犯罪心理结构应当是在犯罪行为发生前形成的。从犯罪心理结构的形成,到犯罪行为的实施和犯罪活动结束,犯罪心理结构经历了潜伏、恶变、衰落三个阶段,呈现出三种形态变化。

(一) 潜伏阶段

这是个体的犯罪心理结构尚未形成,正在进行量的积累,在混沌中酝酿萌发阶段。潜伏的犯罪心理结构,已经具有有序结构的雏形。其不良心理因素进行了初步的整合,但其结构不够稳定,各因素之间尚未形成有组织的力量。这期间人的内心经常发生不良心理因素与常态心理因素之间的矛盾冲突,使人体验到不良需要得不到满足的不平衡感,但人的常态心理在力量对比上尚处于优势,犯罪意向尚处于朦胧状态或只有偶尔躁动,使个体的不良行为具有偶发性和不确定性。

(二) 恶变阶段

在这个阶段,个体的犯罪心理结构完成了量的积累,出现了质的飞跃,在混沌中形成,并指导行为人实施犯罪行为。此时,个体从外界吸收到的不良因素逐渐达到暂时的饱和状态,不良人格倾向逐渐上升为犯罪者人格,不良心理因素与常态心理因素在力量对比上逐渐由劣势变为优势,居于主导地位,并最终发生整体的恶变,变异为犯罪心理结构。

(三) 衰落阶段

当犯罪行为经过实施,其犯罪欲求得到满足,或者因犯罪行为受到遏止其恐惧感增强,离开了特定的犯罪环境,与其犯罪相适应的心理状态也随之消失。这时,个体的常态心理重新恢复,内心矛盾再度产生。实施了犯罪行为的人,由于担心行为暴露和受到处罚,他们有可能出现一定程度的后悔、自责或惊恐不安;

未实施犯罪行为的,遗憾、懊悔、后怕、庆幸等心理体验此起彼伏。在矛盾冲突逐渐平静后,一般会有一个犯罪心理结构处于"休眠"状态、常态心理支配着个体行为方式的时期,个体过着常人一样的生活,与周围人相安无事。由于增加了犯罪活动的体验,强化了犯罪心理,为再次恶变准备了更充分的条件。虽然处于衰落阶段,但今后实施犯罪活动的可能性、发生频率及其主观恶性程度,较之犯罪前增加了。

一、本章需要继续探讨的问题

(一)弗洛伊德精神分析理论

西格蒙德·弗洛伊德是20世纪西方最著名的心理学家、精神分析学说的创始人。其创立的精神分析学说对人们的精神生活产生了巨大而深远的影响。由于他对人类心灵的深刻洞察和精辟阐述,曾被称为"我们这一代人的导师"(爱因斯坦语)。其精神分析理论早已走出心理学的学科领域,而对整个人类文化研究产生了重要影响。

弗洛伊德的精神分析理论包罗万象,具有丰富的内容,主要可归纳为以下三个方面的思想:

1. 潜意识与心理结构学说

弗洛伊德通过自己的研究,把人的心理结构划分为意识、前意识和潜意识(或称无意识、下意识)三个层面。弗洛伊德认为心理学的研究对象主要是潜意识。"潜意识"一词并非弗洛伊德首创。在他之前,许多诗人和哲学家都曾提到过潜意识。弗洛伊德与前人的不同之处在于,他把潜意识看得比意识更为重要,认为心理或精神过程主要是潜意识的,至于意识的心理过程则仅仅是整个心灵的分离的部分和动作。他认为"潜意识乃是真正的精神现实",并且运用一套独特的方法对潜意识作了新的解释。

弗洛伊德认为,"意识"即"自觉",凡是自己能察觉的心理活动是意识,它属于人的心理结构的表层,它感知着外界现实环境和刺激,用语言来反映和概括事物的理性内容。"前意识"则是调节意识和无意识的中介机制。前意识是一种可以被回忆起来的、能被召唤到清醒意识中的无意识,因此,它既联系着意识,又联系着无意识,使无意识向意识转化成为可能。但是,它的作用更体现在阻止无意识进入意识,它起着"检查"作用,绝大部分充满本能冲动的无意识被它控制,不可能变成前意识,更不可能进入意识。"潜意识"则是在意识和前意识之下受到压抑的没有被意识到的心理活动,代表着人类更深层、更隐秘、更原始、更根本的心理能量。"潜意识"是人类一切行为的内驱力,它包括人的原始冲动和各种本能(主要是性本能)以及同本能有关的各种欲望。由于"潜意识"具有原始性、动物性和野蛮性,不易容于社会理性,所以被压抑在意识阈下,但并未被消灭。它无时不在暗中活动,要求直接或间接的满足。正是这些东西从深层支配着人的整个心理和行为,成为人的一切动机和意图的源泉。因此"潜意识"在人的整个心理结构中是起决定作用的,是人的心灵的核心。所以,精神分析心理学被称为"深蕴心理学"或"深度心理学"。

1923年,弗洛伊德发表《自我与本我》一书,进一步完善了他的潜意识理论,早期的"意识"、"前意识"、"潜意识"的心理结构被表述为"本我"(id)、"自我"(ego)、"超我"(superego)组成的人格结构。

2. 泛性欲说

弗洛伊德精神分析理论的另一个重要基石是他的泛性欲说。弗洛伊德把无意识主要归结为性本能。性本能被压抑、包裹在潜意识或本我之中,成为决定人的行为的巨大的心理能源或能量,即"力比多",它是人类一切活动的真正原动力或内驱力。弗洛伊德把"性"或"性欲"解释成一个内容极为宽泛的概念,不仅包括生殖行为,而且包括一切器官的决意,甚至包括一切欲望冲动。这种性的本能冲动无时无刻不在起作用。一个人从出生到衰老,一切行为无不带有性的色彩。在弗洛伊德看来,"力比多"倾向于维持在一种令人舒适的紧张水平,"力比多"或"性的能量"的增加会导致难以忍受的紧张和焦虑,故需要运用各种方式表现出来。由于意识或"自我"和"超我"的作用,人们常常倾向于以一种社会可以接受的目标来替代性欲的直接满足。

弗洛伊德认为,人格的发展过程其实就是性心理的发展过程。他强调,孩子一降临到世上就有性的冲动和行为,而要通过许多重要的阶段发展才能成为所谓成年人正常的性欲。弗洛伊德还认为,人在儿童时期稍懂事起,便因社会的压力,力比多冲动不能得到随时满足,常常被压抑,在无意识中形成"情结"。这是一种带有情感力量的无意识集结。所有的男孩都有恋母嫉父、弑父娶母的心理倾向,即具有"俄狄浦斯情结",又称"恋母情结";而所有的女孩具有"埃勒克特情结",又称"恋父情结"。由于"俄狄浦斯情结"等对每一个人都有极重要的作用,社会因而制定了禁忌、法律、道德等对它们加以规范。除了"俄狄浦斯情结"之外,每一个儿童都有程度不同的"自恋"倾向,即对自身的爱恋,他成为他自己的第一个与最后一个爱的对象。这是因为,儿童与生俱来的"力比多",需要在机体外部找到一个出口,由于最初找不到这个出口,以致被迫滞留在内部,形成"自恋"。俄狄浦斯情结和自恋倾向得不到合理解决,常常会导致心理失常或精神疾病。

"力比多"为了找到一个更好的宣泄途径,常常转移到其他各种活动上,如做梦、失言、笔误、开玩笑等,更会升华到各种物质和文化的创造活动中去。例如,幽默、风趣、机智的言谈或玩笑即是以一种社会可以认可的方式使"力比多"突然释放。

3. 梦的学说

弗洛伊德对梦的分析是建立在他的无意识论和泛性论基础上的。他认为，凡梦都是欲望的满足。梦是一种（被压抑、被压制的）欲望（以伪装形式出现的）满足。这种欲望大都与性有关。人在清醒时往往因为这些欲望与道德习俗所不容而将其压抑在无意识。当人们进入睡眠状态，这些欲望就趁前意识检查作用不严，戴起各种离奇古怪的假面具，偷偷地溜进意识领域，这就成了人们常说的梦。人不仅夜间会做梦，白天精神疲倦，注意力涣散时，一些幻想也会涌现于脑际，这种幻想与夜梦没有本质区别，故称之为"白日梦"。

弗洛伊德认为，成人的梦大多是象征的、经过化装的。象征的用意在于逃避检查。我们梦中的所见所闻都是梦的化装，而不是梦的真面目。梦的化装称为"梦的显相"；而潜藏在梦的意象、情景后面的真实欲望则是"梦的隐义"。把梦的隐义化装成梦的显相是"梦的工作"，而从梦的显相中寻找出梦的隐义则是"梦的解析"。

梦的工作方式主要有四种，即凝缩（condensation）、移置（displacement）、意象化或象征化（symbolization）和二级加工（secondary elaboration）。凝缩即多种隐义通过一种象征暗示出来，这样梦中的意象比较简单，好像是隐义的一种压缩体似的。移置是指通过意象材料的删略、变更或重新组合，用无关的或不重要的情景替代隐义。感官意象是指把抽象的观念和欲望敷衍成具体可见的视觉形象。二级加工则是指通过修饰、润色，使混乱的、不够一致的材料进一步条理化，其结果是梦的显相发展成为某种统一的、近于连贯的情节，梦境变得更加完整生动，而梦的隐义则更加隐蔽。因此，必须剥去梦的各种伪装形式，挖掘梦的深层的象征隐义，才能真正洞悉人的心灵世界。弗洛伊德以梦的工作方式来解释文艺创作过程，用梦的解析方法来破译文本形式背后的深层意蕴，分析其中隐藏的艺术家的无意识动机。

(二) 经典案例

案例 1

原任兰州大学第二医院基建工程部部长的袁某，自 2004 年 7 月至 2006 年 4 月，利用职务之便，为他人谋取利益，先后四次非法收受贿赂款人民币 630 万元。2004 年，兰大二院开始建设翠英花园住宅大楼，该座大楼建筑面积为 8 万平方米，投资概算 1.4 亿元。工程开工后不久，施工方第一次送给袁某 50 万元人民币。当时，他思想上非常矛盾。几次想把这笔钱退回去，做个清清白白的人，堂堂正正的国家干部，平平安安过一辈子，可是后来又想，社会上的人会怎么看他呢？肯定会认为他拿了也是拿了，没拿也是拿了，与其这样，又为什么不拿呢？在一番思想斗争后,贪欲之心占了上风,他收下了这不该得的第一笔钱。袁某收了巨额贿赂后,一度不觉得是犯罪,反认为是自己付出才智应得的回报。设想如果自己在做工程代建公司,或者做房地产项目,完成这样的工程项目,付出的智慧和辛劳获得的利润要远大于这些。袁某没意识到是自己思想出现异常,偏离了人生的轨迹并越滑越远,而是为自己的罪行大加粉饰,在思想上大开绿灯,其结果是掩耳盗铃,自欺欺人,犯了重罪。

案例2

2006年11月20日早晨,一位老太太在南京市水西门广场一公交站台等83路车。人来人往中,老太太被撞倒摔成了骨折,鉴定后构成8级伤残,医药费花了不少。老太太指撞人者是刚下车的小伙子彭宇,把他告到法院索赔13万多元。彭宇表示无辜。他说,当天早晨3辆公交车同时靠站,老太太要去赶第3辆车,而自己从第2辆车的后门下来。"一下车,我就看到一位老太太跌倒在地,赶忙去扶她了,不一会儿,另一位中年男子也看到了,也主动过来扶老太太。老太太不停地说谢谢,后来大家一起将她送到医院。"彭宇继续说,接下来,事情就来了个180度大转弯,老太太及其家属一口就咬定自己是"肇事者"。2007年9月4日下午4点半,鼓楼区法院一审宣判。法院认为本次事故双方均无过错。按照公平的原则,当事人对受害人的损失应当给予适当补偿。因此,判决彭宇给付受害人损失的40%,共45876.6元。

案例3

2011年9月,家住湖北省武汉市88岁的李爹爹在离家不到100米的菜场门口摔倒后,围观者无人敢上前扶他一把,一个半小时后才被送医院救治,李爹爹终因鼻血堵塞呼吸道窒息死亡。整个事发经过是:李爹爹是清晨7点半左右在菜场门口跌倒的,面朝下摔在地上,他想站起来,但力气不够。附近的摊贩称,李爹爹躺在地上1个小时,围观的人越来越多,但是没人敢上前扶一把。直到李爹爹的老伴和儿子赶来扶起他,并送往汉阳医院。经过医护人员的全力抢救,依然没能挽回李爹爹的性命。护着老伴遗体的周婆婆泪流满面。她称,家就在离菜场不到100米的地方,眼看着就要到家了,他却没能回来。"如果当时有人扶他一把,或者帮他转个身,让鼻血流出来,或许他就不会走……"①

二、思考题

1. 简述犯罪心理结构的概念。
2. 简述犯罪心理结构与人格结构的关系。

---

① 《楚天都市报》,2011年9月3日。

3. 简述犯罪心理结构在犯罪心理学理论体系中的地位及研究意义。
4. 简述犯罪心理结构的类型、构成要素。
5. 论述犯罪心理结构模式。
6. 论述犯罪心理结构与犯罪行为的关系。

第四章 犯罪心理机制

内容提要

犯罪原因和犯罪结构之间存在着引起和被引起、决定和被决定的关系。可以说,个体犯罪原因决定着犯罪行为的发生。但是,在犯罪原因和犯罪结果之间,并非是立刻引爆瞬间发生的,而是经历了在行为人头脑中演化和发展的过程。犯罪心理机制就是研究犯罪原因在行为人头脑中演化为犯罪动机直至犯罪行为发生的一般规律。

关键词

犯罪心理机制　犯罪心理形成过程　犯罪心理形成模式　犯罪行为发生机制

第一节 犯罪心理形成的机制

一、犯罪心理机制概述

机制是当代许多学科中广泛使用的概念。其含义大体有三种:一是指机器的构造和工作原理;二是用来表示有机体的构造、功能和相互关系;三是泛指一个复杂的工作系统和某些自然现象的物理、化学规律。

在心理学的研究中,也经常使用"机制"的概念。美国心理学家武德沃斯将机制界定为一种有目的的反应方式,认为人的活动包括驱力和机制。驱力发动机制,机制可以转化为驱力。精神分析学派则认为机制代表由压抑而产生的无意识的行为动因。在心理学界,一般是将产生心理或行为的生理—化学过程统称为机制。[①] 关于犯罪心理机制,国外的学者早已使用过这一概念,或论述过这方面的问题。不过,他们一般认为犯罪心理机制是指与犯罪有关的防卫机制。日本学者森武夫认为:虽然犯罪有着复杂的原因,但首先要解决的问题是行为人

---

① 参见罗大华、何为民:《犯罪心理学》,浙江教育出版社2002年版,第99页。

内心的矛盾和冲突,一般来说,在发生冲突或挫折而不能合理解决的情况下,残留于后的紧张会以行为的方式发泄,或者寻求不合理的解决。后者出现的一种情况即所谓防卫机制。①

犯罪心理机制就是犯罪心理的形成机制与犯罪行为的发生机制,它是犯罪心理特别是犯罪动机引起犯罪行为的工作方式与过程的总称,也就是要从犯罪人的心理方面揭示犯罪行为发生的机理。

二、犯罪心理机制的主要理论②

(一) 本质相异论

研究犯罪心理机制,必然涉及对犯罪人的看法问题。较为古老的一种看法是:犯罪人在生理上、心理上同守法的公民相比较,是本质上完全不同的人,此即本质相异论。

1. 生理上的异质论

以龙勃罗梭为代表的犯罪人类学派把犯罪人看成是由遗传决定的生理结构上异质的人。近些年,关于犯罪者的相关研究,如血型、染色体、内分泌、脑电波等与正常人有何不同的研究,都在一定程度上强调生理上的异质或部分异质与违法犯罪的因果关系。显然是说,生理上的异质或部分异质是发动犯罪行为的驱力和机制。

2. 心理上的异质论

20世纪初,美国犯罪学家戈达德和格卢克夫妇进行了违法犯罪行为与智力落后关系的研究,认为违法犯罪者智力水平低。有些临床心理学家认为,违法犯罪者具有人格障碍的特征。其典型症状是:攻击性、破坏性、低度的忧虑感、行为盲动、情感冷漠、责任感缺失,不善于吸取教训,也不因受到惩罚而悔悟。有的犯罪心理学家和精神医学家还企图找到某种犯罪人格,作为发动犯罪行为的心理动力和机制。华盛顿特区伊丽莎白精神病院的两位医生(Yochelson & Samenou)宣称他们发现了"犯罪人格"③,其特征是:有犯罪意念,经常寻找违反法律的兴奋,怨恨生活安定、富裕条件下的人,与犯罪集团有密切交往,利用一切机会为自己谋利,表现出不正常的和自私的工作态度。两位医生还宣称,他们发现的"犯罪人思想模式"是:生活在一种没有信任与忠诚的世界里;可以不依靠他人而活,却要求别人为自己提供一切;认为"温厚"是软弱,对他人冷酷无情,常有愤怒反应,等等。这显然是说,心理上、精神状态和人格上的异质是产生犯罪行为的

---

① 〔日〕森武夫:《犯罪心理学入门》,邵道生等译,知识出版社1988年版,第120—123页。
② 参见罗大华、何为民:《犯罪心理学》,浙江教育出版社2002年版,第100—106页。
③ 许春金:《犯罪学导论》,台北"中央"警官学校犯罪防治学系1987年编印,第159—161页。

驱力和机制。

（二）犯罪倾向论

犯罪倾向论和本质相异论的观点是截然相反的,一些研究者认为,正常人与犯罪者都存在侵害他人利益以满足自己欲望的犯罪心理倾向。两种人之间,只有倾向程度的不同,并不存在生理上或心理上本质的区别。在情景诱惑下,"好人"也会犯罪。

英国的梅思在其所著《我们是否都是犯罪者》一书中认为,罪犯无论在心理方面,还是在社会关系方面,都处于"常态",与一般人是"同质的"。"无论是犯罪者,还是一般人,都是一样的","他是人,我也是人"[①]。日本学者平尾靖认为："在任何优秀的人物中,都存在着犯罪的倾向"；"某人变成犯罪者时的过程的性质,与没有越轨的个人进行正直行为时的过程的性质基本上是相同的"。[②] 这就是说,犯罪行为与正常行为有着相同的机制。一个人会向着哪个方向发展,在很大程度上受到情境的左右,故又可称作与本质相异论相对立的本质相同论。

（三）欲求不满论

在认为人都有犯罪倾向的基础上,为进一步解释犯罪行为发生的机制,最常见的便是欲求不满论。这种理论来源于精神分析学派,反映了弗洛伊德的人格理论和犯罪观。弗洛伊德在阐述人格结构时分为本我、自我、超我三个部分,与他在1911年提出的快乐原则、现实原则以及至善原则相结合,形成了对应关系。人格健全的人,三者处于平衡状态,使"本我"在获得一定程度"快乐"的同时,受到"自我"和"超我"的适当调控和限制,不至于产生越轨行为。但"自我"、"超我"过强,"本我"受到过多的压抑、处于欲求不满状态时,便会在一定条件下产生越轨行为和违法犯罪行为。事业成功、欲求得到较多满足、人格结构健全的人不易发生犯罪行为；事业失败、欲求不满、人格结构不健全的人容易发生犯罪行为。

弗洛伊德还认为,人类社会中之所以有犯罪,究其根源全在于人类的本性。他在"欲求不满"产生犯罪这一基本判断的基础上,进一步提出了自己的犯罪观。他认为人天生而具有的犯罪倾向表现于两个方面,即攻击与破坏的倾向和强大的性本能作用。以上两种本能相互融合,特别是在"本我"实现"快乐"原则受到挫折时,便会产生挫折—攻击行为。[③]

（四）刺激反应论

如果说欲求不满论是从行为人的内部动力上寻求犯罪行为发生的机制,那么刺激反应论则力求从外部刺激力上找到犯罪的机制,把犯罪行为看作是对刺

---

① 吴宗宪主编：《法律心理学大词典》,警官教育出版社1994年版,第202页。
② 〔日〕平尾靖：《违法犯罪的心理》,金鞍译,群众出版社1984年版,第15—16页。
③ 车文博主编：《弗洛伊德主义评析》,吉林教育出版社1992年版,第427—433页。

激的应答。

从华生到斯金纳等新旧行为主义学派的代表人物，都认为一切行为都包含有刺激与反应的对应关系，称为刺激反应法则。故犯罪行为，也必定同某种刺激有关。

我国台湾地区学者蔡墩铭认为，刺激应该包括社会刺激与生理刺激、平常刺激与异常刺激、愉快刺激与不愉快刺激、自然刺激与人为刺激，均会引起行为人的某种反应。就犯罪行为发生的机制来说，财物刺激、被害人刺激、性刺激、共同犯罪者的行为特征刺激、实施犯罪时的反馈刺激等，都与犯罪行为的实施及动机转换，有着密切的联系。当然，所有刺激引起的反应，常常和主体的需求状况、精神状态以及心智操作有关，即通过行为人的意识作用，才会有可能产生不同程度和不同种类的犯罪行为反应，或由于抑制作用，而作出不犯罪的克制反应。[①]

（五）心理冲突论

在现实生活中，人们企图的目标不能达到或不可能全部达到，所引起的动机不能实现或不可能全部实现，有时会出现两种或两种以上不同方向的目标与行为方式的选择，就会形成心理冲突的状态，这种冲突如果长期没有得到缓解，必然引起紧张和焦虑的情绪障碍进而导致心理疾病。在心理严重不平衡的压力之下，迫使个体在各种不同的心理冲突中，作出目标和行为方式的选择。若最终选择了犯罪的目标和行为方式，便会成为犯罪者。

与这种心理冲突导致犯罪的理论相联系的是紧张犯罪论。这一理论的最早提出者默顿认为，美国社会过度强调成就和名利，把物质财富和社会地位作为实现目标的象征，但并不是所有的人都能平等地得到实现目标的机会。处在下层社会的阶级缺乏获得成功的机会，就会产生心理紧张和心理冲突状态，于是成为较易使用不合法手段获取金钱的一群人。默顿认为，人们对于社会紧张状态的反应方式具有可选择性。第一种是顺从，就是坚持按社会公认的准则，以正常手段达到目标。第二种是放弃目标的保守主义，按原有方式生活。这两种原则都与犯罪无关。第三种是变革，指的是放弃社会公认的准则，运用非法手段达到目标，比如偷窃、抢劫。第四种是退缩主义，隐世遁居，成为隐士、流浪汉和醉鬼，其中吸毒者与酒精中毒者会与法律发生冲突。第五种是反叛，会形成政治犯罪。

（六）动机作用论

一些犯罪学家认为，需要和目的之间存在着动机，动机是决定行为的关键性因素。大多数需要和目的往往是中性的、无可非议的，如果动机不具有反社会性，就不会造成犯罪行为，此即为动机作用论。例如，人都具有物质需要和发财致富的目的，只要他勤奋工作、合法经营，就是正常行为。如果他产生了损人利

[①] 蔡墩铭：《犯罪心理学》，台北黎明文化事业公司1979年版，第257—291页。

己的贪婪动机,采取了触犯法律的越轨行为,便会造成违法犯罪。所以,动机在犯罪行为发生过程中的作用不能忽视。

在对动机进行犯罪学分析和分类中,原苏联犯罪学家库德里亚夫采夫综合一些俄罗斯犯罪学家的意见,认为未成年人的犯罪动机主要有:威望动机、模仿动机、贪利动机、屈辱和报复动机、不确定动机。成年人的犯罪动机主要有:政治性动机、贪利性动机、暴力和自私动机、无政府主义和个人主义动机、任性和不负责任动机、怯懦和心胸狭窄性动机。

在"需要—动机—行为"的链条中,动机更接近于行为,因此,犯罪动机是产生犯罪行为的直接动力源泉,在犯罪行为的发生中,起到决定性的推动作用。一个人具有什么样的动机,同他的整个心理素质密切相关。

(七)防卫机制论

防卫机制一词出自精神分析学派,是指人在潜意识中自动地进行克服本我、自我和超我冲突时所产生的焦虑,以保护自我的方法。具体说,它是在缓和失败带来的痛苦,减少认知的不协调,平复心理上的创伤时,为度过心理危机,安抚自我而欺骗自己、歪曲现实,为维持心理平衡而自动地、无意识地起作用的一种心理机能。

这一理论认为,犯罪行为和防卫机制的关系是很密切的,主要表现在:一是行为人为压抑罪责感和内疚而侵犯他人与社会利益的行为作出合理化的解释,由此使自己"心安理得"地滋生犯罪动机和实施犯罪行为;二是自我防卫而进行过度攻击,造成犯罪;三是变态的宣泄行为,为克服内心的自卑感、嫉妒心而加害于人。

(八)犯罪亚文化论

一般来说,犯罪亚文化论的理论根基应追溯至法国社会学家塔尔德的犯罪模仿论。塔尔德的犯罪模仿论的三大法则和萨瑟兰的不同接触论都强调亚文化对犯罪的影响。

犯罪亚文化论并不认为犯罪行为发生的机制是由心理异常或生理异常引起,而强调与社会主流文化相对应的亚文化因素是促成犯罪的动因和机制。米勒认为犯罪是低阶层文化对环境自然反应的结果。他认为,低阶层文化本身就包含有犯罪的因素,犯罪行为也是低阶层文化价值观和态度的具体表现。米勒的观点和塞林的犯罪文化冲突论不同,他并不认为低阶层文化是对中产阶级文化的反抗,或者因观念规范不同引起文化冲突,而认为低阶层文化本身存在着一系列适应贫民生活的焦点关心,易于使人犯罪。这些主要的焦点关心是:

1. 麻烦

是否经常惹麻烦(包括打架、酗酒、不正常的性行为),在低阶层文化区域里,是用来衡量一个人有无能力的标准之一。

2. 强硬

在贫民区,强调身体强壮、有打架能力和运动技巧。

3. 聪明

对低阶层者来说,耍小聪明是一种求生的技能,如赌博、欺诈和钻法律的漏洞等。

4. 兴奋

为了寻找兴奋和刺激的动机,导致赌博、打架、酗酒和性的侵扰等。

5. 自主

认为受制于权威(警察、教师、父母等)是一种软弱,主张凭自己的意愿行事。

低阶层者如果遵从上述亚文化的"焦点关心",便会经常触犯法律。因此,在米勒看来,犯罪行为发生的机制是顺应低层文化的结果。

上述八种理论,从不同侧面阐述了犯罪行为发生机制。它们并非处于同一层次,有些理论仅能解释某一类型的犯罪行为或犯罪行为的某些方面,有些理论显然有漏洞。上述理论大多是出自欧美社会文化背景所导引出来的学理或假设,不会完全符合我国社会犯罪的实际情况。但是,这些理论依然有一定的科学价值,可供研究犯罪问题和了解、掌握本书所论述的基本观点时借鉴、参考。[①]

三、犯罪心理形成的一般过程

如前所述,犯罪心理机制包括犯罪心理的形成机制和犯罪行为的发生机制,这是两个相互衔接与彼此渗透的过程。

就大多数犯罪人来说,犯罪心理的形成,是一个渐进的、自觉的过程。他们的犯罪行为是有意识的行为。我们把这个渐进的、自觉的演化过程和有意识的犯罪行为,作为犯罪心理形成的一般过程来研究。

关于犯罪心理形成过程的机制问题,理论界做过许多研究,提出过许多观点。其中比较有代表性的是内外化机制理论。内外化机制理论认为,从主体吸收客观外界的消极影响到形成犯罪心理的过程和规律,是犯罪心理的内化机制;从犯罪心理的整合到发动犯罪行为的过程和规律,是犯罪心理的外化机制。内外化两个阶段不能截然分开,是互相衔接、渗透和互相作用的。

下面就对犯罪心理形成的内化机制作重点介绍。所谓内化,就是个体经过言语、模仿、学习、实践等中介,将客观现实转化为主观映象,逐渐形成思想意识的过程。个体犯罪心理的内化一般要经历下列阶段:

(一) 不良交往与模仿

在犯罪者特别是青少年犯罪者中,绝大多数人之所以走上犯罪道路,都是从

---

① 参见罗大华、何为民主编:《犯罪心理学》,中国政法大学出版社 2003 年版,第 100—106 页。

不良的交往和模仿开始的,这是犯罪心理形成的基础。

法国犯罪学家埃尔·塔尔德提出了著名的"犯罪模仿理论"。他指出个人的行为是通过模仿而习得,而犯罪行为也是通过学习得来的。不同的接触的效果因频率、持续时间、先后顺序和强度的不同有所差异。持续时间长的接触对个人的影响大,频繁接触比偶有接触对个人的影响大。比如最近引起人们普遍关注的青少年沉迷网络而诱发的诸多犯罪问题就很有说服力。在现实生活中,我们身边通宵达旦地泡在网吧玩游戏的青少年数不胜数。网络游戏中大量充斥着的暴力、血腥内容无形中起到了诱发青少年违法犯罪的作用。据一则新闻报道:一天早上,某市晨练的居民发现街道上出现了几个头戴面罩,身着迷彩服,手持冲锋枪的恐怖分子正在向繁华的大街上逼进,惊恐不安的群众立即向公安机关报案。三十多位全副武装的警察集体出动,最后发现这只是一幕让人啼笑皆非的闹剧,其实是几个青少年在模仿网络游戏"反恐精英"进行战斗。他们的行为无疑给社会带来不安定因素,扰乱了人们的正常生活秩序;与此同时大量的警力被浪费,一旦出现别的重大案情,其后果不堪设想。更有甚者,某市14岁的少年模仿游戏中的暴力情节绑架了邻居家6岁的男孩,并给孩子的父母写恐吓信,索要巨款。当抓获后问其绑架的原因,他说只是想模仿游戏中的英雄而大显身手。

调查统计表明,在不良少年的周围,大多有一个不良环境,在这个环境中,往往有一个或几个坏的榜样,通过密切的接触和交往、观察与模仿,对不良少年产生消极的影响。在不良交往和模仿过程中,榜样的"威信"、可接近性、吸引力与感染力十分重要,同时也和模仿者本人的愿望、观念及实际利益有关。

(二)个体对消极社会信息的选择

一个人在社会生活中,会面临大量的社会信息,这些社会信息中既有积极的,也有消极的。一个人怎样选择,是选择积极的正面信息还是选择消极的负面信息,这与个人原有的知识结构和心理品质有关。社会上绝大多数人都是在积极吸收和选择那些有利于个人成长和社会发展的积极信息,从而顺利实现社会化过程;那些具有个性缺陷和不良心理品质的人,则对于社会环境中的消极信息具有高度的敏感性和选择性。消极的社会信息与个体原有的不良心理相吻合,产生共鸣,被主体优先感知、记忆,并引起联想和思维加工,从而使原来的不良心理进一步恶化,甚至演变成犯罪心理,导致犯罪行为的产生。

个体消极不良的心理品质不仅影响对外界信息的选择,而且也影响对外界信息的加工方式。具有错误认知模式和价值体系的人,对外界信息的加工方式也与众不同。他们甚至可以把黑的当成白的,把不合理的说成合理的,从而心安理得地去实施违法行为。

(三)品德缺陷与抑制力的缺乏

在社会心理学中,一般将全体社会成员划分为健全人格与不健全人格两类。

健全人格就是社会化程度较高或基本达到社会化要求的人格,它能较好地适应社会生活,行为方式与社会规范相一致。不健全人格,又称人格缺陷,是在个体社会化过程中因出现失误而形成的社会化程度不足和偏离社会规范的个性。它是产生违法犯罪行为的社会心理基础。这种人格缺陷与健全人格相比,具有以下特征:

(1) 认识水平低下,缺乏辨别、判断是非的能力;

(2) 需求欲望强烈,内心经常出现矛盾、冲突、紧张、焦虑和挫折感,难以自控调节;

(3) 接受非主流文化和反社会道德标准的影响,意识状态偏离常规;

(4) 法律知识欠缺,对法律持蔑视态度;

(5) 以自我利益为核心,采取一厢情愿、脱离现实的思维方式,认为无论采取何种手段都能使自我利益获得满足;

(6) 冷酷无情,粗野肆虐,富于攻击性的性格;

(7) 正确意志薄弱,不能抑制消极情绪的滋生蔓延,对错误行为的产生采取放任态度;

(8) 缺少道德感、理智感、美感等社会性情感;

(9) 价值取向偏于错误和违法,以错误的价值观作为人生向导;

(10) 具有进行违法活动的智力和特殊能力。

反社会人格是不健全人格的极端表现,是指一部分人在犯罪集团或其他腐败思想、不良文化的影响下,完全接受了与社会规范背道而驰的反社会观念,养成了恶劣的生活习惯,与正常的社会生活格格不入。

品德是人格结构的重要组成部分。品德的主要内涵是"克己"和"利他",即按照"克己"和"利他"的标准、方向来塑造人的心理品质,建立自我调控的机制。这是人区别于动物的一个标志。当人的品德由于社会化程度不足或经历了错误的社会化而产生缺陷时,就意味着自我调控机制的缺乏。在私欲膨胀时,其抑制力十分薄弱,甚至无力抑制自己的欲求冲动。在这种情况下,就很容易产生违法犯罪意向。

(四) 违法尝试获得体验

在个体犯罪心理的形成过程中,通过初步尝试违法犯罪行为,获得成功体验,是十分关键的一个阶段。个体在接受了消极的社会影响之后,在不良团伙内部,由于团伙成员之间的心理互动,相互感染,往往就会尝试违法犯罪行为,并获得犯罪体验。可以说,个体一旦作了违法尝试,获得犯罪体验,强化了犯罪需求,进入"欲罢不能"的状态,便由一般的品德不良向犯罪心理的发展跨出了决定性的一步。

从心理学意义上讲,个体的违法尝试获得体验,之所以促成犯罪心理的形成,就是一种自我强化过程。自我强化,是指个体对自己的思想或行为持肯定的态度与评价,从而使这种思想或行为得到加强。在个体犯罪心理的形成过程中,自我强化起着非常重要的作用。个体对自己的初次违法犯罪行为,不仅没有罪恶感,反而持赞赏肯定的态度,有一种愉悦的体验,增强了自我效能感,这无疑会巩固和加强其不良心理,并迅速地向形成犯罪心理的方向迈进。

(五)犯罪意向萌发

犯罪意向萌发,是一个人由不健全人格,经过违法尝试,转而形成犯罪心理的标志。在心理学上,意向是人的活动动机的最初阶段,是一种未被明确意识的活动动机。在意识状态下,行为人常感到一种莫名的力量在吸引他,躁动不安,但动机模糊、目的不明。犯罪意向就是由不良需要引起的违法犯罪的冲动、意图或行为倾向。在犯罪意向状态下,行为人只有某种犯罪意图或冲动,尚未形成明确的犯罪动机,也缺少行动计划,时常发生一些违反道德准则的行为和轻微违法行为。但是,只要产生了犯罪意向,就表明个体心理发生了质的变化,行为人已不再是被动地对他人进行学习和模仿,而是要独立地登上犯罪活动的舞台。他们由自发的偶尔发生不良行为的模糊状态,进入了自觉的违法行为倾向状态,也就是实施犯罪行为前的准备状态。正是在这种意义上,一般认为,犯罪意向的萌发,是犯罪心理形成的标志。

在犯罪心理的内外化机制理论中,犯罪意向是内化过程的结束,标志着犯罪心理的形成;同时又是外化过程的开始,它在一定的诱因刺激下,很快转变为犯罪动机,进而推动犯罪行为的发生。[1]

四、犯罪心理形成的模式

上面讲的犯罪心理形成的一般过程,仅是适合于大多数犯罪人的渐进的、自觉的过程和模式。在实际发生的案例中,往往呈现出复杂的情况。大体上可以分为常见模式和特殊模式两种类型。[2]

(一)常见模式

所谓常见模式,是指其犯罪心理的形成和犯罪行为的发生,符合或基本符合犯罪心理形成的一般过程,实施犯罪行为比较自觉。这是一种在犯罪案件中较为常见的情形,又可分为以下几种类型:

1. 渐变型

这是一种典型的犯罪模式,适合大多案例。其特点是:由量的积累到质的飞跃,具有渐进性;由部分质变到整体质变,具有渗透性;由朦胧意向到犯罪心理,

---

[1] 参见刘邦惠主编:《犯罪心理学》,科学出版社2004年版,第82—85页。
[2] 参见罗大华、何为民主编:《犯罪心理学》,中国政法大学出版社2003年版,第96—98页。

具有自觉性；从产生需求到犯罪决意，具有预谋性。它包含两种类型：

(1) 原发型

原发型是指从少年起，通过不良交往和违法尝试，逐渐发展成为犯罪心理的类型。这类人社会化不完全或经历了错误的社会化，始犯年龄早，犯罪恶习深，矫治难度大。

(2) 继发型

这类人早期无劣迹，社会化过程无明显缺陷，已经被视为合格的社会成员，甚至被信任重用。但在其生活经历的某一阶段，由于经不起不良因素的诱惑，渐渐腐化堕落而走上犯罪道路。在其渐变过程中，原有的隐而不现的心理品质缺陷成为渐变的突破口，暴露出社会化过程的不完全，埋下日后堕落的祸根。继发型渐变模式，由于始犯年龄晚、恶习浅，矫治的成功率可能要高一些。但其中一部分人演变为惯犯、累犯或罪行十分严重者，改造也很困难。

2. 突变型

突变型的犯罪模式，是指行为人事先并无劣迹和预谋，因突然发生对个人至关重要的情况或受环境、气氛的刺激而卷入犯罪。其特点是：由产生犯罪意向到发生犯罪行为，时间短、过程迅速，带有突发性；行为人一般无预谋，并对事变的发生缺乏预见性；犯罪多与突然发生的情况有关，具有情境性；行为人不能适应情况变化，认知范围狭窄，意志薄弱，不能自控，具有明显的情绪性特征。突发型犯罪虽有一定的偶然性，但和行为人心里品质方面的缺陷有一定联系。主要是，个人社会化水平低，不足以应付某种突发情况。因此，内部心理原因依然是突变型发生的根据。当然，如果不遇到此种突发情况，也可能不至于发生犯罪。具体可以分为由人际冲突引起的突变型、由回避危险引起的突变型和由特定气氛引起的突变型三种类型。

3. 机遇型

机遇型的犯罪模式，是指行为人在接触有利于实施犯罪之机遇前并无犯罪意图，接触此种机遇后，或渐次产生犯罪心理，或突然起意而犯罪。犯罪机遇的出现，对于推动行为人产生犯罪动机，起了关键性作用。至于早有犯罪意向趁机实施犯罪者，不应列入机遇型的犯罪模式。此种犯罪模式，又可分为两种类型：

(1) 机会型

犯罪机会对行为人具有强烈的诱惑与刺激性。譬如，金钱外露，是抢夺的机会；室外放物或室内无人，是盗窃的机会；财会制度不严，是贪污的机会；单身妇女路过偏僻昏暗处，是强奸的机会。机会犯事前虽无犯意，但多系品德不良者，在遇到犯罪机会时经不起诱惑而起意犯罪。

(2) 境遇型

境遇型，是指出现了诱发犯罪行为的环境和气氛，并具有行为人预料不到的偶然性、突发性与巧合性,而引发了犯罪行为。故境遇的作用不可忽视。换言之,若无这种境遇,则有可能不至于发生犯罪。它又可分为以下三种类型:一是刺激型,在发生口角和争执后,被害人出言不逊,行为人又不堪忍受而施以暴力攻击;二是胁迫型,行为人受人威胁利诱,或处于从属关系不得不参与犯罪;三是从众型,行为人因偶然机会参与一群人或团伙的活动,事先并无犯意,在他人的威胁或从众气氛感染下,参与犯罪。

(二)特殊模式

所谓特殊模式,是指犯罪心理的形成有别于上述的一般过程和模式,或者在实施犯罪行为时意识状态比较模糊。这是一种在犯罪案件中所占比例较小的犯罪心理形成模式。具体可分为以下几种类型:

1. 习惯型

所谓习惯,是一个人在一定的情况下,自动地去进行某些动作的特殊倾向。习惯有时会在潜意识状态下进行,行为人对自身的动作没有清晰的认识。犯罪习惯是犯罪者多次作案而形成的一种特殊形态的熟练,由于反复的强化,它便成为犯罪者的自动化行为,有时可能下意识去做。当然,习惯型犯罪者的犯罪行为还是受到他的整个意识水平支配的,不等于完全的无意识。

2. 朦胧型

事实上,并非所有犯罪行为的发生,都经过犯罪意向、犯罪动机、犯罪决意这样三个清晰的动机发展阶段,有些犯罪行为是犯罪意向直接引起的行为,其意识状态比较模糊,未能被主体清晰地意识到。

3. 变态型

有些犯罪行为是由变态心理引起的。变态心理中的偏执型变态人格、冲动型变态人格、恋物癖变态人格以及其他性心理障碍者,易于引起违法犯罪行为。如偏执型变态人格者坚信受他人迫害而无休止地缠讼,辱骂并袭击"迫害者";恋物癖者实施偷盗他人衣物的行为。他们明知此类行为有可能违法,也常下决心停止这样做,但受变态心理驱使,情不自禁地重复同类行为而触犯法律。

第二节 犯罪行为的发生机制

在上一节的内容中,我们详细讨论了犯罪心理的形成机制,本节需要我们研究的是:在犯罪心理形成之后,犯罪行为又是如何发生的?

一、内外化机制

内外化机制是犯罪行为发生的心理机制中最重要的机制,它反映了犯罪心理形成和犯罪行为发生的基本过程和规律。

内化在皮亚杰的发生论中有所运用,它是指感觉运动性动作向内部思维运算的过渡。社会心理学中的内化,是指通过社会学习将社会文化、规范、价值转化为稳定的心理素质的过程[①]。通过内化,个体获得知识与经验,使社会规范与价值观念转化为个体的信念、价值观与态度。从这个意义上讲,内化实质上就是个体的社会化。社会化在于促使个体对社会规范的积极认同,能够将社会规范纳入其心理结构之中,成为指导个体行为的内在标准,从而与社会要求保持协调一致。社会化在于将每个社会成员培养成为适合社会需要的人。社会化了的个人是精神健康的个体,他不仅获得了能够适应外界环境的各种行为方式,有统一稳定的人格,而且能够积极地支配环境。但并非所有个体的社会化都能够沿着正确健康的方向顺利发展。对于社会规范的认同,由于个体心理因素的不同而存在着极大的差异,由此而导致不同的社会化结果。

健康的社会化会使个体成长为合格的社会成员,而有缺陷的社会化会使个体心理的发展沿着偏离甚至相反的方向进行。社会化缺陷包括两种不同的情形,即不完全的社会化和错误的社会化,表现为个体对社会规范的不完全、不充分甚至完全相反的认同,其所确立的自我标准与社会规范不相符合或者完全相悖。这种自我标准的确立,决定了个体的认识和行为的基本趋向。因此,不完全的社会化和错误的社会化极可能导致个体违法犯罪心理的产生。与内化相对应,外化是指主观的、内部的心理活动向外部活动形式的转化。这种外部活动形式既可以表现为语言也可以表现为某种行为,也就是说个体的言行是个体心理外化的具体表现形式。个体的言行是我们探索其心理奥秘的桥梁。

犯罪心理内外化的基本含义是:从吸收客观外界的消极因素到形成主体犯罪心理的过程和规律,是犯罪心理的内化机制;由犯罪心理的整合到发动犯罪行为的过程和规律,是犯罪心理的外化机制。但是,这种内外化机制不是截然分开的,而是互相衔接、渗透,相互作用的。在内化过程中包含有若干消极行为和活动,这是不良心理的外化。外化过程中的犯罪行为是对犯罪心理的反馈,又是再一次内化。如此循环往复,周而复始形成犯罪心理内化外化的整个过程。这个过程具有渐进性。考察大多数犯罪个体的犯罪过程基本上都经历了不良心理——违法心理——犯罪心理的变化过程。由于其社会化的缺陷,导致内在标准的反社会性,从而与消极的社会存在结下不解之缘,并一步步坠入犯罪境地。这是比较普遍的犯罪心理演化过程,也称为显性演化过程。除此之外,还有另外一种表现形式,即个体的心理同样经历了渐进的从不良心理、违法心理到犯罪心理的演化过程,但在外部表现形式上却给人以不显著的运动状态。这一类人平素极少有不良行为或违法行为发生,而直接发展到犯罪行为,被称为隐性演化过

[①] 孙非:《社会心理学词典》,农村读物出版社 1988 年版,第 41 页。

程。这一类个体的犯罪往往出乎周围其他人的预料,因为这种人平素表现良好,甚至给人以思想端正、积极上进的印象。但是,这种表现仅仅是假象而已,在其内心世界中依然存在着某种社会化的缺陷,当这种缺陷与犯罪机遇相吻合时,个体的犯罪行为势必发生。[①]

二、刺激反应与反馈机制

新行为主义心理学的主要代表人物托尔曼在对行为发生机制的研究过程中主张对行为进行心理分析,在华生"刺激—反应"(S-R)模式的基础上,首创了"中介变量"的概念,用"S-O-R"表示,试图想象出由情景引起反应的内部心理活动过程。我国台湾学者张春兴提出引发一切犯罪行为的三项基本心理法则[②]:

1. 刺激—反应(S-R)法则,指刺激(stimulus,用 S 代表)是构成行为反应(response)的一种原因。在这里,刺激主要指可以引发个体反应的一切情景(situation)或事件(event)。反应是对作用于有机体的刺激的回答。

2. 个体—反应(O-R)法则,是指个体自身生理和心理条件及其变化(O)是构成行为变化(R)的内在原因。在这里,有机体(organism,用 O 代表)的内部状况是指有机体自身的特征,包括种属特征与个体特征、生理特征与心理特征。

3. 前后—反应(R-R)法则,是指两种行为之间(自身的前一种行为对后一种行为,他人行为对本人行为的影响)存在着因果关系,某一行为变化引起另一种行为的变化。

这三种法则均可视为"刺激—反应机制",其中"R-R 法则"亦可看作行为反馈机制。

于义池把这三项基本法则用于犯罪心理研究,提出以下理论见解[③]:(1)影响犯罪行为发生的基本变量系统包含三种基本变量:一是外在不良情境因素(S);二是主体内在不良因素(O);三是各种违法行为因素的总和(R)。任何犯罪行为,均可视为外界刺激诱因(S)与内在刺激动因(O)"合一"的结果,而他人或自身的犯罪行为(R)亦可构成对犯罪行为(或下一次犯罪行为)的刺激与反馈。(2)提出内外化机制的三种形态:① S-R 形态,指某种刺激情境(S)是构成犯罪行为反应或犯罪行为变化(R)的原因;② O-R 形态,指个体自身存在的不良倾向(O)是构成犯罪行为产生或行为变化(R)的内在原因;③ R-R 形态,指两种行为之间存在着因果关系。即他人犯罪行为的示范,自身对犯罪行为的体验,构成对后一种犯罪行为的刺激。

---

① 参见栗克元:《犯罪心理机制论》,载《河南大学学报》1999 年第 1 期。
② 张春兴、杨国枢:《心理学》,台北三民书局 1969 年版,第 1 章。
③ 于义池:《试论形成犯罪心理的基本变量及其交互关系》,载罗大华、何为民等编:《犯罪心理学教学参考资料》(上册),群众出版社 1997 年版,第 171—184 页。

三、挫折反应机制

当个人在某种动机的推动下进行有目的的行为时,往往会受到主客观条件的限制而无法顺利地实现行为目的,这时就会产生挫折。挫折是妨碍个人进行动机性行为的客观情境和随之产生的主观情绪状态。挫折的产生往往会引起个人行为与心理的变化,产生两类反应:一类是受挫折后直接、迅速地表现出来的行为反应;另一类是遭受挫折后间接、缓慢地表现出来的心理反应,这是挫折引起的久远影响,通常称为防御机制。① 这两种反应都会引起犯罪行为,因此,一些犯罪心理学家用它们来解释犯罪行为所产生的心理过程,甚至把防御机制引起犯罪行为的心理模式称为犯罪的心理机制。② 美国耶鲁大学心理学家多拉德(J. Dallard)、米勒(N. E. Mille)等人提出了"挫折—攻击假说"③。这一假说的基本观点是:当个人遭受挫折时,常常引起愤怒的情绪,因而会导致攻击行为的发生。他们还认为,挫折是否引起攻击行为,取决于下列因素:(1)受挫折时个人所体验到的挫折的强度。(2)攻击行为可能引起的惩罚的程度。(3)一般来说,如果挫折的强度是一定的,那么,对攻击行为所预期的惩罚越大,攻击行为越难产生;如果预期的惩罚是一定的,那么,所体验到的挫折的强度越大,攻击行为就越容易产生。由于挫折会引起攻击行为,因此,挫折引起攻击(犯罪)行为,就成为犯罪行为产生的一种心理机制。④

四、量变质变机制

从人的社会化过程与品德发展心理的角度看,在犯罪行为发生机制中,存在着量变质变机制。在犯罪心理学研究中,必须划清守法心理与犯罪心理之间的界限,明确量变与质变之间的关系。

质是指一事物区别于其他事物的特殊的内在规定性。量是标志质的范围和等级的范畴。在质和量之间存在着一定的度,它是指事物能保持特定的质的量的界限。当事物的量变达到一定的度,其质的稳定性便开始发生变化,呈现出显著的变动状态,并产生新的质的结构时,称为质变。

人的心理的发展变化也存在着量变质变机制。就大多数犯罪人而言,犯罪心理与守法心理之间质的区别,不在于个体躯体组织、生理机制的不同,也不在于智力水平、精神状态意义上的不同,而在于个体社会态度及其行为社会评价意义上的质的区别。就是说,犯罪人在需求结构、动力体系、自我意识、法律意识、

---

① 张春兴、杨国枢:《心理学》,台湾三民出版社1980年版,第450页。
② 〔日〕森武夫:《犯罪心理学入门》,邵道生等译,知识出版社1988年版,第120—123页。
③ 〔日〕山根清道:《犯罪心理学》,张增杰等译,群众出版社1984年版,第33—34页。
④ 栗克元:《犯罪心理机制论》,载《河南大学学报》1999年第1期。

品德发展等综合品格方面,同守法公民有着质的区别。一般的品德不良,是量变;进入到产生犯罪心理阶段,是质变。这一量变到质变的度,就是看主体是否萌生了犯罪意向。只要主体有了犯罪意向,就可视为由量的积累发展到心理总体发展趋向上的质变。

天生的犯罪人是没有的。一个人之所以走向犯罪,主要是由于社会化过程中的缺陷。由于社会化过程的不足(不完全的社会化),如知识经验与技能方面的不完全社会化、社会规范方面的不完全社会化、家庭与人际关系方面的不完全社会化、特定年龄阶段的不完全社会化以及文化冲突方面造成的不完全社会化;或是经历了错误的社会化(逆向社会化)的过程,以至于由量的变化发展到质的变化。

由社会化的不完全和错误的社会化,进而发展到违法犯罪,是一个人由正常人演变为犯罪人的量变、质变的基本过程。不管这种演变是渐变还是突变,它的发展机制同前面所讲的犯罪心理内外化机制基本上是相同的。一般来说,这种由量变到质变的主要心理机制是:由模仿到认知选择;由主观认同到角色化扮演;由错误的自我评价和行为反馈到犯罪意向的萌发,从而完成由量变到质变的飞跃。

五、过度补偿

过度补偿概念在心理学中的广泛应用,主要应归功于奥地利心理学家阿德勒的大力倡导和研究。根据阿德勒本人和其他人的研究及犯罪行为的实际情况可以看出,许多犯罪行为是由于过度补偿引起的,因此,过度补偿也是犯罪行为的一种心理机制。在现实生活中,一方面由于客观存在着多种不利于个人生存和发展的情况,例如身体缺陷、社会经济条件差、受教育程度低等,限制了个人在社会生活中的工作、交往以及其他活动,阻碍了个人的进步和发展,并使个人不断受到别人的轻视、冷遇等不良对待,这种状况容易使个人在与其他人的比较中,产生自己不如他人的自卑感;另一方面,尽管在客观上并不存在自己低于别人的情况,但是个人在心理上也有可能妄自菲薄,把自己想象得过于无能,以致产生自己比别人低劣的无能感和不安心理,总是担心自己比别人差,因此也会产生自卑感。正像阿德勒所说的,所有的人在生活的早年都对自己的低劣有一定觉察,认为任何别的人都比自己强大,都比自己有能力。如果说在前一种情况下,个人心理上的自卑感有所节制,产生自卑感的主体范围也会有所限制的话,那么在后一种情况下,个人心理上的自卑感是没有节制的,人人都有可能因为把自己想象得过于低劣而产生自卑感。当产生自卑感时,个人为了获得社会文化所要求的成就和成功,为了使自己内心产生一种良好的自我评价,为了使别人对自己有一个良好的印象,往往会形成过度补偿的心理机制。这是因为个人不仅有克服自卑感的需要,并在这种需要的推动下进行适度补偿,而且有一种追求优越的"向上意志",在这种意志的支配下,个人总想征服别人,要求高人一等,在多方面超过别人,从而产生过度补偿现象。

因此,所谓的过度补偿,就是指个人不但要克服自卑而达到普通人所具有的水平,实现正常的补偿,而且要使自己的补偿结果超过普通人的心理倾向和行为。在社会生活中,过度补偿可能是无意识地起作用,也可能是有意识地起作用。当过度补偿机制使用得当时,会产生为社会所接受的行为和结果。但是,当过度补偿机制使用不当时,则会导致危害社会的行为和结果,构成犯罪。例如,女性气质明显的男性,为了显示自己的男子汉气概,就会在过度补偿机制的作用下,表现得比一般男性更为粗暴、勇敢和更富于攻击性,因而更有可能进行暴力犯罪;受人歧视的少女往往用滥交朋友、卖淫等方式获得所谓欲望的满足,从而在同伴中炫耀自己,等等。由此可见,实际存在的缺陷和内心中想象的无能,都会使人产生自卑感,并在追求优越地位心理的支配下,而进行不适当的过度补偿,从而导致犯罪行为。[①]

六、防御机制

防御机制是指人在无意识中,用于消除心理冲突或挫折所引起的焦虑,维持和恢复心理平衡的一种自我保护的方法。有些防御机制可能导致犯罪。我们主要从以下几个方面理解:

1. 合理化作用

个人用似是而非的理由为自己的非法行动辩解,从而心安理得地去实施犯罪行为的一种防御机制,实质上是用来免除自我谴责和抵御他人谴责,以维护个人自尊的一种防御机制。一般来说,合理化的作用适用于两种情况:第一种是在实施犯罪的过程中,犯罪人编造一些"理由"使其非法行为在自己心理上变得合理起来,以免除良心的谴责,将犯罪行为进行下去;第二种是在犯罪行为完成或遭到失败后运用合理化作用,以摆脱自己的罪责感,回避内心矛盾冲突,抵御刑罚惩罚所引起的焦虑和不安。

2. 投射作用

个人将自己具有的不良性格、观念、欲望、态度等转移到别人身上,认为别人同样具有这些特征的一种防御机制,即"别人和我一样"的观念。通常应用于三种情况:犯罪人利用投射打消对被害人的同情和怜悯,认为对方也像自己一样卑鄙、虚伪、邪恶,具有和自己同样的愿望,从而继续犯罪;犯罪人利用投射构成攻击被害人的理由,认为对方歧视、贬低或怨恨自己,自己的攻击是合理的;犯罪人

[①] 参见栗克元:《犯罪心理机制论》,载《河南大学学报》1999年第1期。

利用投射转移责任,坚定犯罪决心或减轻罪责感。

3. 认同作用

个人出于某种动机,把自己看成是现实生活中存在的或想象中的某个人,力图模仿这个人的言行举止的一种防御机制。当个人在现实生活中无法获得成功或愿望得不到满足时,有可能将自己当成或想象成某个已经取得成功的人,从而减少挫折感,引发犯罪。

4. 反向作用

当个人产生某些不能被社会或他人接受的欲望或冲动时,为了避免引起对自己不利的后果而故意作出的相反的举动,以减轻焦虑感与罪恶感,一般情况下该种机制不会导致犯罪,但当个人以违反社会规范的形式使用这种机制时,则可能实施犯罪行为。

七、变态心理机制

在有些情况下,犯罪行为并不是按正常的心理机制产生的,由此,又可以归纳出变态心理引起犯罪行为的又一心理机制。这种机制导致犯罪行为的过程有以下几个特点:

第一,这种机制引起犯罪行为的过程,往往是一种有意识的过程。除了极少数"自动"发生的毁物、伤人行为缺乏明显的意识性之外,许多变态心理特别是比较严重的意识变态心理——精神病引起犯罪行为的过程,都是一种有意识的过程。不过,这里所说的"意识",是一种虚幻的或歪曲的意识,是个人对现实的不真实的反映。这种"意识"的内容主要表现为两类情况:(1)虚幻的命令、强迫。在这种情况下,个人感觉到根本不存在的事物或现象,这种感知往往会直接驱使个人进行危害行为。(2)歪曲的感知与思维。在这种情况下,个人对客观存在的事物或现象产生了不真实的反映,而且其内容往往具有危害性或恐怖性。

第二,变态心理引起的犯罪行为,是个人自卫动机的表现。具体来说:(1)当个人感觉到虚幻的命令、强迫时,为了求得心理平衡、摆脱不舒适的甚至是痛苦的因素的困扰,往往会按命令、强迫的内容进行造成严重后果的行为;(2)当个人感觉到有害的或恐怖性的内容时,通常会产生"攻击"和"逃避"两种反应。这两种反应都是其自卫动机的表现,都会导致危害后果。个人进行"攻击"行为,是为了保护自己不受"侵害",因而直接表现了自卫动机。个人采取"逃避"行为,同样也是为了保护自己,进行自我防御,用消极的方式曲折地、间接地表现了自卫动机。在这种情况下,由于个人的意识障碍,使得其逃避行为也会伤害他人或毁坏财物,造成危害社会的后果。

第三,这种机制导致犯罪行为的过程,常常是个人的辨认障碍和控制障碍相结合发生作用的过程。个人不仅由于精神病态导致对周围环境及自身状况的错误认识,同时也对自己的行为缺乏适当的控制能力,因而在错误认识的心理背景下,往往产生冲动性的、过度的行为反应。这不仅对周围的人或财物造成严重的、与行为诱因不相称的危害结果,而且在不少情况下,也会对自己造成危害。①

一、本章需要继续探讨的问题

犯罪心理生成机制的内容

个体犯罪心理的生成可分为四个层次:

1. 人格缺陷的形成

个体在先天遗传素质的基础上,通过与后天社会生活环境中的不良因素的相互作用,导致个体社会化过程出现某些缺陷,进而形成不健全的人格倾向(即人格缺陷)。由于个体人格决定着其对现实社会生活的态度和习惯化的行为方式,所以,一个人的人格不可避免地要受到社会生活准则和道德,甚至法律的评价。人格特征决定着一个人对现实的认知态度和情感倾向,决定着一个人用什么方式与现实社会环境发生作用,所以,它是心理活动和行为表现的基础;反过来,一个人的人格特征又总是通过他(她)的外在行为所反映和表现出来的。如果一个人在社会化过程中形成了不正确的社会态度,进而养成了不良的行为习惯,那么,这些人格缺陷就可能是生成犯罪心理的基础。人格缺陷是主观罪过的内在根据,主观罪过外化即生成犯罪行为;反过来,犯罪行为的严重性和危害性又直接反映了行为人主观上的恶性和人格缺陷的程度。可见,犯罪行为与犯罪行为人是统一的整体。

2. 犯罪意识的生成

在一定的社会条件的刺激下,需要结构的不合理膨胀,形成强烈的优势欲望(或者称为主导需要),使个体心理处于紧张的不平衡状态,激发个体通过一定的行为方式满足需要,以消除心理紧张状态,恢复心理平衡。由于人格缺陷的缘故,如果个体意欲使用社会不认可且不能容忍的方式去满足自己的需要,就会在需要的基础上形成犯罪动机;当犯罪动机与主体头脑中具体的满足需要的手段方式或对象相结合,就生成了犯罪目的或决意(统称为意识)。从犯罪心理的生成机制看,犯罪的实质就是行为人运用社会不认可的方式满足自己的需要时,造成了对法律所保护的主流价值的侵害。过失犯罪和间接故意犯罪在此阶段的心理活动机制主要表现为主导需要的形成及其所造成的主体心理的不平衡状态。故意犯罪的犯罪意识反映了犯罪主体对法律的敌视或蔑视态度(具体表现为对

---

① 参见栗克元:《犯罪心理机制论》,载《河南大学学报》1999年第1期。

合法权益的积极侵犯或不保护态度),过失犯罪的犯罪意识则反映了犯罪主体对法律的漠视或轻视态度(表现为对合法权益消极的不保护态度);行为人之所以有这样的态度,显然是与其人格缺陷密切相关的。

3. 罪过心理的生成

对故意犯罪而言,犯罪意识、犯罪动机与具体的满足需要的对象和方式相联系,在行为人头脑中形成满足需要对象(即侵害对象)的性质或状态的明确目标或意图,即形成犯罪目的;在犯罪目的的指引和激励之下,犯罪意识与犯罪意志相结合,通过行为人的意志努力意欲将犯罪意识变为现实,这就促成了罪过心理的生成。可见,罪过心理的基础要素是认识因素,实质要素是意志因素。罪过心理形成后,在犯罪意志的作用下,通过犯罪主体的一系列心理活动及其所外化的行为方式,将罪过心理得以在现实中展开,并生成犯罪行为直至完成犯罪行为。对过失犯罪而言,由于行为人满足主导需要的愿望非常强烈,以至于自己的心理活动都集中和指向于与满足主导需要有关的事物和活动上,而对其他事物漠不关心乃至忘记了自己应尽的注意义务;或者虽然已经预见到了自己满足主导需要的行为可能产生危害社会的结果,但由于人格缺陷的影响,使自己产生认识错误,意志运用不当,最终并未有效地防止危害结果的发生。

4. 犯罪心理的转化

在一定条件下,已经形成了的犯罪意识或者罪过心理都可能发生转化。犯罪心理的转化有两种情形:一是良性转化,主要表现为三种形式,即放弃犯罪、中止犯罪、不再犯罪。二是恶性转化,也有三种表现形式,即执意犯罪、加重犯罪、屡次犯罪。可见,无论是良性转化,还是恶性转化,其实质都是犯罪意志的转化。从这里也可以看出,犯罪意志是犯罪心理的实质和核心内容,也是罪过的实质要素。犯罪心理的转化虽然表现为犯罪意志的转变,但是,这种转变同样是各种主客观因素综合作用的结果。[①]

二、思考题

1. 简述犯罪心理机制的概念。
2. 论述犯罪心理形成的一般规律。
3. 分析犯罪心理形成的模式。
4. 运用犯罪行为发生的各种机制的理论,分析引发犯罪的具体运行规律。

[①] 参见梅传强:《犯罪心理生成机制》,中国检察出版社2004年版,第10—14页。

第五章　社会环境与犯罪

内容提要

人的犯罪行为不仅是由犯罪人自身的生理或心理缺陷造成的,而且是不良社会环境或个人境遇的产物。实际上,犯罪心理的形成就是犯罪人在原有生理因素与心理因素基础上,吸收外在环境因素并内化自己的反社会意识而最终形成的。影响犯罪心理形成的环境主要包括社会环境和自然环境。我们在这里主要从预防犯罪的需要出发,研究犯罪与社会环境的关系,从改善环境着手,制定有效的犯罪对策,从而更好地预防犯罪、减少犯罪。

关键词

社会经济因素　政治因素　法制因素　家庭环境因素　学校教育因素　就业因素　社区与犯罪　地理环境　季节与气候　时间　自然灾害因素　情境因素

第一节　影响犯罪心理形成的社会宏观环境

一、社会经济因素

经济分析法是马克思主义分析问题的基本方法。我们在这里所讲的社会经济因素,是指存在于一定社会的物质生产方式中,影响犯罪心理形成的负面因素。在这里我们主要介绍生产力水平、所有制形式、经济体制改革、商品经济的负效应以及分配制度等因素。

（一）生产力水平因素

由于我国目前生产力水平较低,大约有几千万贫困人口,他们连基本的生活需要都不能充分满足,在正常手段无法满足其生活需要的情况下,很容易走上犯罪道路。例如,目前中国社会中卖淫女大多来自贫困的农村或者是城市的无业人员,由于不能抵挡物质的诱惑,在连自身正常的需要都得不到满足而又面临外界强烈刺激的情况下极易走上犯罪的道路;另一方面,我国生产力发展不平衡,东西差距大,并且城乡差别显著,有关部门又疏于管理,致使人口盲目流动。许多农民工外出找不到工作,在为生活所迫且法制观念淡薄的情况下,极易铤而走险,走上犯罪道路。此外,这些人流落异乡,也可能成为犯罪分子侵犯的目标,引发一些犯罪,如抢劫、诈骗、拐卖人口等。从历史上看,巨大的社会游民阶层也是犯罪,尤其是有组织犯罪产生的温床。马斯洛曾经讲过,人的生存是第一需要。在极端贫困而社会贫富悬殊又大的情况下,很难说有什么治理犯罪的良方。正如德国著名刑法学家李斯特所说,"最好的社会政策就是最好的刑事政策"。目前要矫正犯罪人犯罪心理最有效的途径就是发展生产力,消灭绝对贫困和相对贫困。

(二) 所有制形式因素

我们目前正处于一个变动时期,各种所有制形式并存,形成了不同的利益集团,随着利益冲突复杂化,社会矛盾也大大增加。在这种社会状况支配下,极易诱发群体性的犯罪心理。司法实践中我们常常看到:国家普通公务员收入不高,一些人为了寻求某种心理补偿或者由于其他经济原因而实施职务犯罪;农民收入偏低,个别人对地方政府产生不满,进而采取一些过激行为;国有企业职工收入微薄,一些职工觉得主人翁地位动摇了,因而有的心怀不满,遇到纠纷,往往采取过激行为,以致触犯法律。另外,由于各种所有制形式并存,实行不同的分配制度,导致目前两极分化严重,收入差距拉大,社会心理失衡,在这种情况下容易滋生仇富心理。同时由于社会部分低收入群体的相对贫困,很容易产生各种心理障碍和情绪压抑,在一定情况下也容易转化成为犯罪心理。

(三) 商品经济的负效应

商品经济以利益为导向,崇尚竞争,易滋生拜金主义,并恶性刺激人们不当的消费心理,从而引起规范淡化,在追求利益的最大化动机下,实施违法犯罪行为;竞争激烈,失业人口增多,经济状况恶化,在精神和经济重压之下,很容易滋生犯罪心理;人、财、物的大流动进一步为犯罪活动尤其是流动犯罪提供了便利条件,在特定情况下,极易形成犯罪心理。商品经济的过度竞争,使得生活节奏明显加快,许多人无法适应过重的精神压力,导致现代社会出现一个怪现象:文明非但没把人们从束缚中解放出来,反而给人类套上更为沉重的枷锁。许多人由于压力过重,出现心理障碍乃至各种精神疾病,诱发了大量犯罪行为。

(四) 体制改革的负效应

目前正在进行的经济体制改革和政治体制改革,也是一场大的调整、变动。一方面,新旧体制转化下的权力真空和权力弊端为犯罪分子留下可趁之机,新的体制建设尚未成熟,旧的体制又被打乱,这就会激发部分人的投机心理和侥幸心理。另一方面,经济犯罪十分突出,利益调整力度大,社会矛盾激化,人们生活压力大,滋生了许多悲观失望情绪,导致各种封建迷信活动猖獗,一些邪教也乘机出现,诱发大量犯罪行为。

二、政治因素

政治的精髓在于权力,围绕权力的产生、分配、使用等形成了政治的基本构成。政治因素易引起犯罪心理形成,主要表现在两个方面。

(一)阶级分化和阶级斗争

马克思主义认为:生产资料是财富的源泉,统治阶级占有生产资料,对没有生产资料的无产阶级进行剥夺。阶级斗争是社会矛盾的极端反映。犯罪就是统治阶级确认的危害其利益的行为,它是孤立的个人反对统治阶级的斗争,是蔑视社会秩序的最明显最极端的表现。实际上,阶级之间利益的对立肯定会有冲突,只是在不同时期有不同表现。在我国现阶段,阶级斗争已不再是社会的主要矛盾,但在一定范围内还将长期存在。值得注意的是,我国阶级分化趋势明显,对此必须加以关注,否则社会矛盾很可能激发。

(二)政治体制的弊端

政治体制的核心就是界定权力的来源、分配和使用。国际上曾经出现的政体有民主政体、集权政体、独裁政体等,对之加以分析并对我国政体加以解说,有利于分析我国政治体制中存在的极易导致犯罪心理形成的负面因素。

1. 权力高度集中的危害

权力高度集中,可以增强社会控制,从而减少犯罪并抑制犯罪动机。但是权力高度集中也容易导致国家权力对社会干预过度,从而可能引起人们的反抗,激化矛盾,这在一定程度上又可能强化犯罪动机。权力高度集中会造成权力缺乏制约、干部终身制以及官僚主义等,从而容易滋生腐败,导致诸如贪污贿赂犯罪、渎职犯罪的大量增加,并可能引发社会心理失衡,恶化社会风气。

2. 权力的过分制约与收缩

权力尽管具有诸多恶性,但社会又离不开权力。缺乏权力的规制,同样容易滋生犯罪现象。权力过分收缩或权力管理不到位,会削弱社会控制,并导致非法权力——黑社会或者民间组织介入社会生活。同时,过分的权力制约会造成办事效率低下,难以树立规则的权威,并无法形成社会应有的某些禁忌意识,从而削弱社会控制力。

在我国现阶段,权力过分集中是主要问题,但也存在权力不到位的情况。例如,目前对农民工以及其他社会流动人口缺乏积极有效的管理。国家权力的不到位,一方面导致对农民工以及其他流动人口的合法权益无法进行有效的保护;另一方面又因为国家权威的削弱、法律意识的淡漠而无法对其形成有效规制,从而引发大量的犯罪现象。

三、法制因素

犯罪行为在社会学上被称作越轨行为,对越轨行为的控制有多种方式,但法律控制无疑是其中重要一环。

1. 立法时对法律预期目标的设置必须符合实际

在立法时对法律预期目标的设置必须符合实际,而不能超越现实;脱离实际的目标设置更可能引起原有规则化秩序的混乱。目前法律社会学界关于法律文化以及乡土社会等的探讨很能说明问题,在法律成本设置过高时,当事人总会按照自己的标准来选择对自己最有利的方法从而保护自己。法律不能只为理想目标而设置,而必须切合实际。

2. 法律运行过程中诸多因素对犯罪心理的形成也可能会有重要影响

执法不严、有法不依,都会造成民众对法律的信任被削弱的恶果,甚至冲破规则禁忌,削弱社会控制力。再加上一些地方司法和行政执法人员业务素质和道德素质不高,大大损害了民众对法律的信心,从而导致整体法律意识淡薄,难以形成有效的法律禁忌,滋生了大量犯罪现象。

3. 法律对社会生活的控制必须适度,既不能过宽也不能过严

例如,由于刑罚对犯罪人的"标签"效应,会产生一定的负面影响。刑罚不能轻易适用,因而在可能的情况下,应更多考虑以刑法之外甚至是法律之外的其他社会控制手段;但也不能失之过宽,对犯罪人的放纵不仅会强化其原有的犯罪心理,还可能引起其他具有犯罪倾向的人实施犯罪。法律并不是社会控制的唯一手段,必须综合运用各种合理的方法建立一套有机的社会控制体系,从而更大限度地抑制各种犯罪心理的形成。同时,必须注意法律体系内部设置的合理安排,需要保证法律体系内部形成一个严密体系,减少法律漏洞,使各个部门法之间相互配合,共同形成一道良好的社会犯罪防护网。

四、文化因素

文化是人类群体或社会所共有的产品,包括价值观、语言、知识和物质对象等。文化是人类通过社会互动而创造的,但人类互动又只能在文化范畴内确定其具体形式。可见,由于人们无不生活在文化之中,人不仅创造文化,也接受文化的塑造,因此文化中的消极因素对犯罪心理的形成有着重要的影响。

1. 现存文化中消极因素对犯罪心理形成的影响

一方面,中国传统文化中的封建意识、帮会意识、游民文化等都可能影响并强化犯罪心理的形成。另一方面,随着西方文化的传入,其中的拜金主义、利益至上、极端个人主义等也使得个人价值与社会价值的冲突加剧。同时,这些冲突不可避免地带来一些消极影响,冲击了集体主义观念,使人们过分注重个人目标

的追求;权利观念和价值判断的标准混乱,追求极端的民主自由,导致无政府主义思潮泛滥;生活观念发生变异,追求生活上的享受和超前消费,互相进行盲目的物质攀比,当不切实际的需要得不到满足时就产生对社会现实的不满,从而增强犯罪心理形成的可能。加之目前我国正处于改革进程中的大变动时期,社会主义市场经济初步建立,市场竞争和商品经济固有的追逐利润的本性,传统文化没落而新的良性文化体系尚未充分形成,各种文化观念处于整合期,文化固有的社会化功能遭到极大破坏,从而导致犯罪现象大量滋生。

2. 文化冲突的影响

美国学者塞林在《文化冲突与犯罪》一书中指出:现存社会中一般存在两种文化冲突,包括随着文明的发展而出现的不同时期的文化规范之间的冲突,即纵向的文化法律规范之间的冲突,以及同一时期内两种文化规范对立而衍生的法律规范之间的横向冲突。中国目前可以说是正处于强烈的文化冲突之中,如现代文化与传统文化之间的纵向冲突,不同民族、地区之间不同文化的横向冲突,以及从西方传入的文化与中国自身文化之间的冲突,等等。文化冲突源于多元文化并存的状态。这种激烈的文化冲突,一方面可使人们的社会化更加困难,多种不同的社会规范和价值观念向人们的判断力提出了挑战,在种种诱惑面前,他们需要有较强的自我控制能力。如果在激烈的文化冲突中,不能对青少年进行正确的引导和教育,就会使他们在思想和行为上脱离现行的社会规范和行为准则,甚至背离法律的要求。另一方面,这些消极因素也可能直接诱发犯罪行为。

3. 犯罪亚文化

在一个社会中,除了有为大多数社会成员及统治者所赞成、确认的占主导地位的主文化之外,还存在着为一些群体所持有的不同于主文化的各种亚文化。亚文化是指在特定社会结构中,由个体互动而产生的特定生活方式以及各种文化价值观念。它代表某一群体中不同于主文化的特定的文化价值观念和行为模式,如犯罪暗语、犯罪亚群体及其行为规则、纹身以及与犯罪有关的手势、图像等非语言符号。犯罪亚文化与犯罪同步产生和发展,同人类历史一样的悠久而古老,并因地域、民族和历史的差别具有不同的形式和特点,反映了犯罪亚群体自我认同的需要。犯罪亚文化主要存在于犯罪发生率较高的地区,尤其是青少年犯罪帮派中,更有一套完整的犯罪亚文化,其内容包括对犯罪的赞赏态度,将犯罪活动合理化的技术,进行违法犯罪活动所必需的知识和技能,处理赃物的方法,物色犯罪目标的能力,挑战司法机关侦查与惩罚的手段,寻找犯罪同伙的方法等。它们是导致违法犯罪行为的重要因素,特别是青少年走上违法犯罪道路的一个重要诱因。美国学者萨瑟兰认为:对于某些特定亚文化群体来说,少年犯罪行为是正常的,对于那些男性、下层阶级以及都市青少年文化群体来讲更是如此。科恩用亚文化的观念分析了美国的犯罪与亚文化之间的关系:工人阶级赞同及时享乐的价值观,不符合学校系统教授的"中产阶级测量标尺",因此工人阶级的青少年就会感到"地位忧虑"。这些青少年如果接受优势的价值观就能融入主流社会,但在学校失败的青少年就可能利用防卫性的反向作用否定这些价值观念,在少年犯罪中嘲笑这些价值观。其实,在目前中国的青少年犯罪,尤其是青少年犯罪团伙中就能非常明显地感受到与科恩的结论相类似的现象。亚文化尤其是犯罪群体的亚文化对犯罪心理的形成有着十分重要的影响,他们不仅会利用这些亚文化强化群体观念,合理化自身的犯罪行为,还可能用来创造特定的犯罪交流方式等。

犯罪亚文化对青少年行为的影响主要表现在以下几个方面:

(1) 强调犯罪亚群体的反社会性

与犯罪的反社会性一致,犯罪亚文化属于社会中的支流文化现象,是适应、满足犯罪及其主体的需要而产生、传承、流传并得以被信奉和遵循的;另一方面,犯罪和犯罪亚文化群体也是托庇于犯罪亚文化才得以实现和维系的。因此,就其基本价值倾向而言,犯罪亚文化始终偏离并根本对立于社会主文化。这一特点造就其鼓动、教唆犯罪亚群体背逆、对抗和否定社会文化所确定的社会共同价值和规则的反社会的作用。

(2) 维系犯罪亚群体和同化群体成员的作用

从心理学角度看,犯罪亚文化是犯罪的欲求、心态和本性的自然、真实流露,给罪犯的欲求、情感以寄托和补偿的可能。作为犯罪亚群体的"群体意识"或"同类意识",在给犯罪以集体认同感和心理归属感的满足并提供具有精神和物质后盾意义的支持力量的过程中,成为犯罪亚群体得以维系并团结一致对外的心理纽带和精神支柱。

(3) 提供心理支持的作用

犯罪亚文化常常反映了其成员的畸变、歪曲的心理要求,由于与主文化对立,就会在心理上产生不安与罪恶感。犯罪亚文化可以帮助他们避免因惩罚或舆论所可能造成的价值与信念冲突和人格分裂,在心理上赋予其"勇气",从而也就赋予其一种心理上的"安全感"。另一方面,诸如暗语等非语言符号、亚群体的结构与规则、犯罪技术以及禁忌、意识等亚文化因素,其实是犯罪适应环境、应对挑战、便利犯罪、逃避惩罚而有意建立或自然形成的自我约束手段,保证了犯罪亚群体的"安全感"。

第二节 影响犯罪心理形成的社会微观环境

犯罪人生活在社会上,在其犯罪心理的形成过程中,会吸收来自其所处环境的不良刺激,从而形成其个人独特的犯罪心理。影响犯罪心理形成的因素除了社会宏观环境外,还有犯罪人具体于其间的社会微观环境因素。

一、家庭环境因素

家庭是人们社会化的第一场所,个人与家庭发生联系最早,关系最紧密,家庭对个人的影响也最深。人的一生大部分时间都在家庭中度过,家庭是个人生活的最主要环境。从人的社会化过程来看,其基础是在家庭中奠定的。因此,家庭的人际关系气氛、组成状况、社会经济地位等都会对子女的人格发展起着至关重要的作用。一个人走上犯罪道路,特别是青少年犯罪,与其家庭的不良影响关系很大。家庭因素对犯罪的影响主要通过以下几个方面发生作用:

(一)缺损家庭

缺损家庭是指家庭出现夫妻双亡或一方亡故、分居、离婚、再婚、在押等情况,家庭结构破裂趋于小型化,传统家庭的帮助、保护和监督功能正在弱化。缺损家庭对青少年造成重大的不良影响,他们无法享受正常家庭的温暖和关心,过早地失去了父母的关爱,有的甚至失去了经济上的依靠,这一切都严重阻碍了其健康成长,诱发青少年的违法犯罪。青少年如果缺少了父辈的关爱与教育,就不易形成健康的人格。

(二)贫困家庭

在有些经济贫困的家庭,由于父母无稳定的收入,又无挣钱致富的技能,谋生艰难。这主要是城市下岗职工和经济落后农村尚未脱贫的家庭,无暇教育子女。这些家庭中小孩中途辍学的较多,若是家中还有病人则更是雪上加霜,债务累累。这类家庭中的青少年很容易过早地涉足社会,外出打工。由于缺乏正常的家庭生活和文化教育,他们中的很多人误入犯罪群体中,男性青少年多以偷盗、诈骗为生,女性青少年则以卖淫为业,而且违法犯罪的意识很明确,难于改造。但不容忽视的是,相关资料也表明,过于富裕的家庭也容导致青少年的违法犯罪行为。现实生活中,一些"富二代"违法犯罪的案例多发不止并且呈现出低龄化的趋势。"富二代"犯罪事件频发的根本原因是由于他们长期生活在优越的环境里,更易于产生骄狂心理,遇事焦躁,发泄狂野心态,寻找爆发性刺激,最终引发违法犯罪。

(三)家庭暴力

家庭暴力是指夫妻之间、父母与子女之间、家庭及其成员之间的暴力。作为青少年的榜样,如果家庭成员整天争斗不休,习惯用暴力来解决问题,那么无疑会使青少年形成一种用暴力来处理问题的思维定势,使他们习惯于暴力攻击行为,更为严重的是,由于很多父母习惯采用粗暴野蛮的教育方式,会形成孩子与父母的尖锐对立。生活在习惯于通过暴力解决问题的家庭中的青少年,形成了其固有的性格特征,在心理上鲁莽凶暴、易于冲动、控制力差、胆大妄为与不计后果,这些青少年一旦形成了犯罪心理,遇上了犯罪诱因,就会发生暴力型犯罪,且多属于攻击性行为。

(四) 不正当的家庭教育方式

1. 过分溺爱子女

这种家庭的家长对子女娇生惯养、百依百顺,甚至袒护包庇。随着计划生育政策的实施,独生子女越来越多,这种教育方式也显得越来越普遍。在这种教育环境下长大的孩子或者性格脆弱,无法接受任何挫折;或者任性、自私、以自我为中心;或者好逸恶劳、贪图享受。他们无法形成社会所希望的性格取向,因此他们无法适应竞争化的社会,反而在欲望无法满足的情况下,实施违法犯罪行为。

2. 对子女放任不管

这主要表现为父母忙于自身的工作、应酬等,无暇顾及子女,放任自流。这种教育环境下长大的孩子任性、孤僻冷漠,他们在父母身上感受不到亲情的温暖,造成子女和父母缺少情感沟通,子女心理上的迷惘和疑惑得不到父母的及时指点,内心的欲望和需求得不到满足,心理上得不到慰藉,久而久之,心理问题积重难返,进而形成抑郁、敏感多疑、易怒、冷漠、孤僻、缺乏责任感和同情心等心理障碍和人格缺陷,由于他们自我控制能力不足,在外界不良因素的刺激下,很容易实施暴力犯罪。

3. 简单粗暴的教育方式

这是指用暴力高压的手段制服不听话的子女,动辄拳脚相加。这种教育方式会产生很多恶性后果。首先,它会使青少年学会用暴力解决问题,还会产生与父母的尖锐对立,甚至会有极端之举。其次,在这种家庭成长的青少年,常常会感到家庭冷酷无情,于是选择离家出走,流落到社会去找小兄弟取得"同情"、"温暖",有的青少年在别有用心的人的引诱、威胁下,堕落成罪犯。

4. 互相矛盾的教育

这是指家长在对子女的教育上出现矛盾,或者是父母之间,或者父辈与祖辈之间,在教育子女的问题上产生分歧,有的纵容,有的批评;对其行为,有的肯定,有的否定,这种教育会使青少年无所适从。

5. 期望过高

很多家庭都是独生子女,家长对孩子倾注了全部的爱,同时也对子女的学习成绩提出更高的要求,而子女尽最大的努力也难以达到家长的要求,这时孩子就易产生极大的心理压力,产生逃避和逆反心理。当这些压力超过了他们的承受能力时,可能会离家出走,甚至误入歧途。

(五) 父母越轨

一般来说,犯罪人有犯罪父母的可能性要大于守法者。人们对此提出了几种可能的解释:一种解释认为,这种联系反映了父母和子女之间固有的遗传因素,但这种解释似乎更加适合于持续性犯罪行为,而不太适合短暂性少年犯罪。第二种解释认为,这种联系涉及父母对子女的反社会行为的塑造。无论怎样,父母对子女的模范和暗示作用是非常明显的。最为重要的是,越轨父母不能为子女提供规范行为和社会榜样,从而使其子女不能获得正常的社会化过程,并因此进一步形成犯罪心理。

二、学校教育因素

学校对于学生的主要作用就是把社会规范、道德观、价值观以及前人所积累下来的知识、技能传授给学生。正确的教育不仅可增进人的知识和能力,使人获得谋生技能,而且还可以提高人格修养,培养高尚情操、良好品性。对青少年来说,学校是除家庭之外的花费时间最多的地方,是第二个主要的社会化机构,也是青少年社会化的重要场所。学校教育的核心是培养全面合格的人才。学校教育一旦出现缺陷,就会影响学生健康发展,形成不良的世界观和人生观,成为导致犯罪的因素。在我国现在的学校教育中,存在着较多不利于青少年成长的因素,容易导致教育失败,甚至成为引发青少年犯罪的潜在因素。

(一)学校教育内容的不完善

1. 学生对学校的疏离感剧增

学校是相当重要的社会化机构,它为年轻的一代提供一个成长的环境。然而,当前学校存在的一些问题,直接冲击着年轻的一代,往往导致青少年不喜欢学校,成群结队往学校以外的地方活动。正如我们所了解的,青春期的青少年正值"狂飙期",容易迷失在自我的追寻中,师生关系趋淡,学生对学校的疏离感与日俱增。一些探讨学生疏离感的研究发现,老师们滥用学校权威,老师的冷漠、不公平,学校规章和管训太过于严格、苛刻,功课太艰涩而且太繁重是学生感到疏离的重要原因。

2. 重智轻德,片面追求升学率

学校把成绩好坏看得高于一切,为了追求升学率,偏重智育,轻视德育,使教育陷于片面。所谓"万般皆下品,唯有读书高",青少年在学校里,所接受的是一种沉重的负担。渐渐地,那些学业无法取得好成绩者,似乎都成为应试教育的"边缘人"。挫折、疏离、升学压力,是今日青少年在应试教育体制中所获得的"无法承受之重"。许多学校把学生分成快慢班,给予不同的待遇,使得快班某些学生心理产生不当的优越感;而慢班的学生则较易产生自卑感,对自己失去信心,甚至破罐子破摔,开始逃学。逃学是少年犯中一个特别严重的问题。由于逃学,少年罪犯中有50%在学校留过级,而相对的年龄组的少年在学校留级的只占10%—20%。少年犯中有很大一部分比他们应达到的年级低三年或三年以上。青少年罪犯也更可能中途退学,在他们当中20%—25%在最低离校年龄以前就离开学校。① 而学校在对这部分"问题学生"的教育管理上,不是耐心地做思想工作,而是采取劝退、开除、停课、体罚或者放任等办法,无形中过早地将他们推入社会。由此观之,不难发现只偏重学业成绩的学校教育,对于青少年偏差行为日益严重的情形,不但有某种程度的影响,而且应担负起一定的责任。学校教育要从"应试教育"转到"素质教育"的轨道上来,建立合理的育人机制,更好地发挥"教书育人"的作用。

3. 法制教育、心理教育的相对滞后

法制教育,要未雨绸缪,学校应该采用多种多样、生动有效的方式把法制观念植根于处在萌动期的孩子心中。可现实情形是至今仍有不少学校对学生的思想品德教育、法制教育流于形式,空洞说教,毫无说服力和吸引力;工作方法简单,单纯说教,缺乏针对性、灵活性,导致不少学生是非观念模糊,法律意识极为淡薄和贫乏,就容易产生越轨行为。其次是心理健康教育的缺乏,目前我国大部分中、小学校的心理健康咨询是一片空白。据卫生部 2002 年儿童、青少年健康问题座谈会公布的调查统计数据显示,我国儿童、青少年行为问题的检出率为 12.97%,有焦虑不安、恐怖和抑郁情绪等问题的大学生占学生总数的 16% 以上,而世界卫生组织的调查显示,只有不足 1/5 的患者得到了适宜的治疗。据北京大学精神研究所研究员王玉凤介绍,我国 17 岁以下未成年人约 3.4 亿,保守估计,有各类学习、情绪、行为障碍者 3000 万人,其中,中小学生心理障碍患病率为 21.6% 至 32%。② 因此,学校应该根据学生的心理特点,大力普及心理卫生知识,开展心理咨询,进行个别指导,以增强他们自我认识、自我排解、自我调节的能力,帮助其克服和纠正心理缺陷和心理障碍,防止不良行为的发生,培养其自信自强、热爱生活、乐观处世、积极向上的健康心理。

(二) 学校同辈群体的影响

除了学校教育内容的不完善外,同伴支持是青少年犯罪的一项重要决定因素。大量的研究发现,预测青少年犯罪最有力的因素之一,就是亲密朋友的少年犯罪率。少年犯罪行为大多都是群体性的。美国犯罪学家萨瑟兰于 1939 年正式提出了差别交往理论,认为在社会化生活中,人均受遵从和越轨的双重影响,这一影响在个人的思想上开展斗争,哪方面占了上风,就会引导人的行为。如果越轨的社会强度超过了遵从化程度,就会实施越轨行为。一个人学会犯罪行为并不是因为有特殊的犯罪天性,而是因为犯罪榜样经常出现在他的面前,他们同这些人建立很密切的关系,他们从这些人那里可以模仿易产生犯罪的观点和本领。不同的各种社会关系决定着教育孩子的方向:假如他与令人敬重的人进行

---

① 〔美〕路易丝·谢利:《犯罪与现代化》,何秉松译,中信出版社 2002 年版,第 192 页。
② 参见华东政法学院主办的《青少年犯罪问题》2003 年第 5 期相关文章。

社会交往,那他就能掌握服从法律的行为标准;假如他同犯罪者建立联系,那么他就学会相应的思维和行为标准。① 青少年所特有的好奇、冲动和不够成熟的反叛精神与社会生活的纷繁复杂形成巨大的矛盾。一方面,自制能力和社会认识不成熟的青少年人有着强烈的求知欲,但又缺乏一定的辨别是非曲直的能力;另一方面,社会生活纷繁复杂,酗酒、赌博、卖淫等丑恶现象大量存在,严重地影响着青少年的判断力和认知力。他们盲目、简单地认同和学习自己喜好的事物并加以模仿,而缺乏必要指导的盲目、偏激的模仿很容易使他们误入歧途。科恩强调青少年违法犯罪与成年人犯罪不同,他们形成了自己的"文化",一种与主导文化相脱离的独立的亚文化。该理论揭示了青少年团伙犯罪的基本类型,表明了青少年在犯罪形式和犯罪动机上有别于成人犯罪的特点。②

(三) 黑社会的入侵

当今学校治安面临的一个突出问题就是社会黑势力入侵校园,一方面,他们利用在校青少年实施犯罪行为,另一方面,又以在校青少年学生为犯罪侵害对象。上述两种情况都导致学校学生急剧分化,一部分远离是非,只问读书,而另一部分不是走向犯罪道路就是沦为被害人。例如,长沙市马坡岭某职业技术学校初一学生刘某,因无钱交"保护费",多次惨遭毒打,刘某为逃避"老大",而离开学校多日,藏身于汽车东站一小旅社内。这些不良社会现象容易使学生人格发育不健全,滋生畸形心理,从而在处理问题时容易使用极端手段,形成严重的反社会型人格,极易走上犯罪道路。

三、就业因素

当成年人进入社会后,他们虽然离开学校这个组织的约束与规范,但大多数又走上了工作岗位。由于一天有较长时间呆在工作单位,因此工作环境与同事关系对成年人的继续社会化有着重要影响。

(一) 就业与失业

随着经济结构的调整和快速发展,近年来企业下岗人员激增,还有大量农村富余劳动力和进入社会需要就业的人员,这三方面的人员加起来形成一个庞大的群体。这一部分人如不能得到很好的就业,就等于这部分资源处于闲置状态,这不仅造成了人力资源的浪费,而且是社会不稳定的因素。社会进步和发展的有关资料显示,失业率增长直接导致犯罪率的增长,失业率增长1%,犯罪率将增长5%。因此,从犯罪学来看,失业与犯罪是有着密切联系的,失业率高,社会问题包括刑事案件就会多,这是所有现代国家都面临的难题。

---

① 〔俄〕阿·伊·道尔戈娃:《犯罪学》,赵可等译,群众出版社2001年版,第393页。
② 张远煌:《犯罪学原理》,法律出版社2001年版,第69页。

目前中国成年犯罪人(主要指暴力犯罪等传统类型犯罪)大部分都是社会闲散人员。农民工离开农村,进城又找不到工作,很容易因为经济原因而走上犯罪道路;而城市无业人员或下岗工人也容易因为经济压力或填补无所事事的空虚感而形成犯罪群体。无业游民是滋生犯罪最肥沃的土壤,有组织犯罪的社会基础就是这些游民阶层,城市卖淫现象的暴增也与此有关。

(二)工作环境与工作性质

工作环境与工作性质对犯罪心理形成的影响也是显而易见的。当前,在改革开放过程中,有相当数量的干部利用手中的权力贪污受贿,走上犯罪道路。究其原因,除了主观上自己放松学习和对自身的要求,经不住改革开放的考验所致以外,其周围环境中的消极因素对个体心理素质发展和个人行为方式的影响,也是诱发其违法犯罪的一个不可忽视的客观因素。首先,工作性质同某些特殊的犯罪种类紧密相连。例如,贪污贿赂罪通常是由国家机关工作人员而且主要是某些担任重要职务的人实施的。其次,工作环境与犯罪率高低也有重要关系。例如,内部纪律严明、管理机构健全的单位犯罪率要低于纪律松弛、管理涣散的单位,人际关系和谐的单位工作人员的犯罪率要远远低于人际关系冷漠或者过分复杂的单位,等等。

四、社区与犯罪

社区是一个社会性概念,通常解释为是在一定地理区域生活的具有同质性的社会群体。其含义是指以地区为范围,人们在地缘基础上结成的互助合作的群体,用以区别在血缘基础上形成的互助合作的亲属体。社区大致可以分为居民社区、工业社区、商业社区等,但通常我们仅指狭义上的社区。社区与犯罪心理的形成主要包括以下几种情况[①]:

(一)城市社区

城市社区的犯罪率要显著高于农村,而且一些重大、恶性案件的犯罪率更高。城市社区有以下因素特别容易滋生犯罪心理。

1. 人口多、地域小

城市人口密度大、地域小,而且人们各自的家庭背景、文化背景等情况差别很大,异质性明显,相互适应困难,这种现象一方面使人们容易发生摩擦、矛盾和冲突,可能引发犯罪行为;另一方面又使人们难以形成良好的人际关系,相互隔阂、冷漠,不易建立良好的社区犯罪防控体系,易使犯罪分子有机可乘。

2. 人口流动快

流动人口和暂住人口猛增,而我国目前严重滞后的管理制度无法应对,若单

---

① 参见莫洪宪:《犯罪学概论》,中国检察出版社1999年版,第196—200页。

纯采取消极应付而不能实施主动、积极有效的管理,将造成城市社区人口分布复杂、交通拥挤,极易发生治安、交通、消防、卫生等事故。而且对外来人口和暂住人口缺乏有效管理,对他们的社会控制力量弱,也是滋生大量犯罪的重要原因。

3. 生活节奏快,竞争激烈

现代生活节奏加快,社会分工明显,社会竞争日趋激烈,社会分层现象凸显,因而引起城市社区居民心理严重失衡,社会不公正感上升,相对剥夺感明显,从而滋生各种畸形犯罪心理。

4. 居住环境"孤立化"

城市空间环境狭小,单居化、杂住化、高层化,使得电梯、楼道等闭塞空间和其他偏僻之处大量存在。人们视野受阻,交往隔绝,往往为犯罪分子隐蔽和犯罪行为实施提供了机会和条件,从而强化了犯罪分子的作案动机,所以盗窃、抢劫等犯罪在城市社区极为严重。

(二) 农村社区

农村社区是相对于传统行政村和现代城市社区而言的,是指聚居在一定地域范围内的农村居民在农业生产方式基础上所组成的社会生活共同体。农村社区是一个比自然村落、社队村组体制更具有弹性的制度平台。农村社区的主要犯罪类型是财产性犯罪和拐卖人口犯罪,人身伤害案件也时有发生。农村社区犯罪率低的主要原因在于:属于熟人社会,相互若干代累世居住,彼此十分了解,道德的力量强大,且人际关系相对和谐,因而很少发生变态或畸形心理,而且人们也容易团结起来对付犯罪分子。但是,由于近年城乡差距拉大,农民收入偏低,也诱发了不少社会问题。

第三节 影响犯罪心理形成的自然环境因素

犯罪行为总是发生在一定的自然环境之中,犯罪人产生犯罪动机、形成犯罪决意以及在实施犯罪过程中心理的变化都必然受到特定自然环境因素的影响和制约。因此,特定的自然环境会对犯罪人犯罪心理的具体形成过程产生重要的影响。

一、地理环境

地理环境主要包括地理位置、地形、地带、地区居住环境等。前面曾经提到过的社区与犯罪的关系,主要是从大的社会文化环境来谈的。社区与犯罪的关系还有重要的一点就是居住环境与犯罪的关系。例如,农村的抢劫犯罪要比城市低得多,原因在于农村人际关系简单,村民之间关系密切,因而犯罪一旦发生,村民可能会自发地对被害人进行援助;城市里人口众多,相互之间可能并不认识，因而援助被害人的可能性就要小得多，故城市里的抢劫犯罪率要显著高于农村。

（一）城市死角

所谓城市死角，特指都市始终具有触引、便利或者隐匿犯罪的有利地理环境、社会控制力所不及的空间，如地下通道、地铁、电梯间、窄小的胡同或者里弄，以及贫民窟、流动人口聚集地，等等。这些特殊的地理环境，不仅有利于作案，而且为社会力量难以控制，遂常常沦为案件多发地带。西方国家的经验表明，地铁常常是贩毒、卖淫者理想的交易场所，也是不良少年寻衅滋事之地。至于无人值班的自动电梯间，亦常常会发生抢劫、绑架和谋杀案件。

（二）城乡结合部和社会控制真空地带

城乡结合部，是指兼具城市和乡村的土地利用性质的城市与乡村地区的过渡地带，又称城市边缘地区。城乡结合部由于其优越的区位、廉价的出租屋，加上管理较薄弱，导致大量外来人口或流动人口在此集聚。这虽然给这一过渡地带的经济发展增添了活力，但同时也带来环卫、治安、计划生育等许多社会问题，更是流窜作案的罪犯和逃犯聚居、藏身、销赃的理想场所。据《中国新闻周刊》对20起性工作者被杀的案例统计，绝大多数发生在城乡结合部等缺乏监管的地区，其中70%以上的案件发生在城乡结合部的出租房里。[①] 至于地处几国夹缝间或者省境之间，却并无特别固定的紧密行政控制的特殊地带，亦即所谓的"三不管"地带，如国际著名的毒品产地"金三角"，更是犯罪者聚居、隐匿和窝赃、销赃的乐园。

（三）独居住宅

独居住宅包括单身一人居住的独居室和远离住宅群的独立住户。这类居住形式者不仅易遭罪犯的袭击，其本身亦为居住者提供了社会无法控制的便利作案场所。据中国某市对478名独居青少年的调查，其中有81名具有犯罪活动，比非独居青少年的犯罪率高16%。此外，在现代城市，由于成年男女上班，家中无人值守，或者仅有孤身老人所形成的间隔性独居，亦易招致犯罪的袭击。2010年，上海宝山区就发生过一起独居老人住宅两次被侵终遭毒手的恶性案件。犯罪嫌疑人武某来上海打工，却不想做辛苦活，便以拾荒及"顺手牵羊"为生。在这期间，他发现陆老太独居于家中，没有人陪伴，于是动了盗窃的念头。11月15日，他偷了陆老太放在丈夫骨灰盒里的一些现金。11月23日14时许，他又来到陆老太住处，用砖块将她打死后抛尸后院井中，盗窃钱财后离开。[②]

（四）流动空间

商店、市场、旅馆、车站、码头、体育场馆、影剧院等商业发达、人员流动频繁

[①] http://news.ifeng.com/opinion/special/sexworkers/detail_2011_09/25/9460206_0.shtml.
[②] http://newspaper.jfdaily.com/jfrb/html/2010-11/30/content_463980.htm.

的空间,飞机、火车和城市公共汽车等交通工具内,亦常发生盗窃、抢劫、流氓滋事等越轨行为,出现"车匪路霸"型犯罪活动。随着高速公路的快速发展而来的长途公共汽运的普遍使用,导致长途汽车成为进行抢劫、猥亵、强奸、伤害、杀人等犯罪活动多发空间。[①]

二、气候与季节

西方犯罪学家很早就注意到了气候与季节对犯罪心理的重要影响。法国著名哲学、思想家孟德斯鸠在《论法的精神》一书中就谈到这一点。他认为气候影响人们的性格、体格和道德风尚,进而影响人们的犯罪心理。意大利犯罪学家菲利指出:气候、自然环境等因素通过神经系统对人的身体运动产生很大影响。譬如,刮风时人们变得暴躁、容易争吵;气候炎热刺激人的中枢神经,使人们容易激动,因而暴力犯罪增加;炎热季节的违法事件显著增多。与此同时,犯罪人进行违法犯罪活动,常常会选择有利的气候条件。有的犯罪人总结偷盗要"盗雨不盗雪,偷风不偷月"。一些文学作品中也有"风高放火时,月黑杀人夜"等语。

在一年四季中,随着气候的变化,犯罪也呈现出一些规律性。大体而言,针对财产方面的犯罪,如盗窃、抢劫等犯罪,其发案率的高峰时期往往在秋季至冬季之间;而针对人身的犯罪,如杀人、伤害等暴力犯罪,以及强奸等性犯罪,则在春季至夏季间最多。为什么夏季侵犯人身权利的犯罪多,而冬季侵犯财产的犯罪多呢?西方学者和我国台湾地区的学者往往是从直接原因的角度进行分析解释的。如伤害、侮辱等暴力犯罪的高峰期常出现在七、八、九月,而在一、二、三月犯罪率低,学者们认为主要是以下原因所致:

(1)夏天气温高,人的情绪易受刺激,兴奋激动而实施暴力行为;

(2)夏天天气热,人与人在户外接触的机会多,故纠纷也增加;

(3)夏季比冬季必需费用少,工作易找,赚钱较容易,花钱娱乐或饮酒的机会多,因酗酒而滋事的机会也增加。

冬季侵犯财产的犯罪较多,如诈骗、盗窃、抢劫等侵财犯罪,其发案率高峰在十一、十二月,一、二月次之,其主要原因是:

(1)冬季气候寒冷,人们在衣食住行方面的需求增加,但在外劳动谋生的机会减少,会增加为生活所迫而进行的财产犯罪;

(2)从过年、过节来看,大的节日往往在冬季,金钱及物质的需要大,易使无能力满足需要者陷入犯罪;

(3)冬天较夏天夜间更长,长时间的黑暗,给盗窃活动提供了方便。

强奸、猥亵等性犯罪,其发案率高峰在六、七月,八月后开始显著下降,十一

[①] 参见许章润主编:《犯罪学》,法律出版社2004年版,第188—189页。

月至次年的二月为低潮期,三月后又开始激增。学者们认为主要有以下原因:

(1) 春天至夏季之间因气温上升,人的性欲容易冲动;

(2) 春、夏季人们的服饰简化,身体暴露的部分较多,易刺激人的性欲;

(3) 与人的节律纪律有关。[①]

虽然,在现代化社会里,经济的发展与社会的繁荣,使社会生活环境日趋复杂,犯罪诱因增多,将使犯罪现象受季节、气候等因素的影响逐渐变小,但在未来一段时间里,这种影响不会马上消失。所以研究气候与季节对犯罪心理的影响,有着重要价值,可以为防范犯罪提供实证依据。

三、时间

人类如同生物一样,随昼夜的交替而归出作息,作为人类的社会性行为的犯罪,也就无意识地循沿或者有意识地利用昼夜的循环复始而消长涨落,从而表现出自己的昼夜周期曲线。我国台湾地区学者调查显示,一半犯罪多发在晚上十九时到二十四时之间。原因在于:就犯罪与犯罪者而言,夜幕为屏,激发和怂恿了其内在的侵害冲突与犯罪胆量,并在客观上形成了使犯罪得以掩护的外在条件;就被害与被害人而言,由于夜间处于休息或者疲惫状态,警觉松弛,注意力疲怠,抵抗力减弱,而常常陷于疏于、怠于防备或者无法防备的被害情境,而为犯罪人提供了乘虚而入的机会;就社会环境而言,此时亦属防备力量与外在制约因素减弱或者中止状态。因此,盗窃、强奸,乃至伤害、杀人等暴力犯罪,夜晚的发案率要明显高于白天。

但某些犯罪白天的发案率却高于夜晚。如扒窃行为,几乎全发生在白天,特别是城市上、下班高峰期。日本的一项统计材料说明,9时至18时是扒窃行为的高峰期,18时至22时次之,零时以后最少。这再次说明,扒窃行为在时间上的自然分布,导源于为其提供作案机会的社会性接触机会的繁多与这种接触高峰期只存在于白天这一时间背景的契合。[②]

四、自然灾害因素

自然灾害发生后,群众的生命财产遭受到巨大损失,衣、食、住、行、用等方面变得困难无序,群众中普遍存在不安、惊慌恐怖、焦虑忧伤的情绪,很难对周围已经发生或即将发生的事件作出正确的判断和预防。在这种情况下,某些品行不端的人很容易乘人之危,图谋不轨,产生盗窃、抢劫、强奸等犯罪动机,乱上添乱,实施犯罪。2008年"5·12"汶川地震发生以后,全国人民都投入到抗震救灾的

---

① 参见梅传强主编:《犯罪心理学》,法律出版社2003年版,第74—75页。
② 参见许章润主编:《犯罪学》,法律出版社2004年版,第180—181页。

过程中,但也有少数不法分子趁乱作案。在地震不久,有些人趁混乱之际,冒充志愿者协助救灾,暗地里却在北川地区进行盗窃活动,他们假装搜救被埋灾民,实际上却是翻找被掩埋的财物。这伙人不仅是有难不救,反而使受损严重的灾区人民雪上加霜,遭受更加严重的损失。还有一部分人瞄上捐款人群,灾区有难,大家纷纷慷慨解囊之时,却有人恶意篡改红十字会账户,有人在网上冒充灾民索取救灾款,进行诈骗活动。还有一部分人利用自然灾害发生,灾区物资供应紧张或匮乏之际,无视国家价格干预政策,囤积居奇、强买强卖、欺行霸市、哄抬物价以及通过生产、销售伪劣商品等方式扰乱市场经济秩序,严重损害了灾区人民的利益。

第四节 影响犯罪心理形成的情境因素

情境因素是直接影响犯罪人形成某种犯罪行为动机的客观环境因素,与犯罪人实施某种犯罪行为动机的形成和犯罪决意的确立密切相关。

一、侵害对象因素

侵害对象因素与犯罪人犯罪动机的形成并无必然的联系,但却是一个重要的相关因素,往往起着诱发、触发和强化犯罪动机的作用。诱发作用是指侵害对象的某些特点成为一种诱饵,使有犯罪倾向的人萌生了犯罪动机;触发作用是指在被害人言行的强烈刺激下,犯罪人处于激情状态而迅速形成激情犯罪动机;强化作用是指在犯罪人实施某种犯罪行为的过程中,被害人的某种特点促使其犯罪动机增强,迅速组合成犯罪动机体系,复杂多变,使犯罪行为难以预料。

二、现场其他因素

这是指除了犯罪人和被害人之外的其他人,如同案犯罪目击者。在共同犯罪中,由于责任扩散,以及从众、竞争等群体心理效应,犯罪人心理压力极易减轻,促使犯罪动机增强。在公共场所发生的案件中,如果目击者对犯罪怀有恐惧心理,不敢制止犯罪人实施的犯罪行为,则犯罪人的犯罪动机被强化,犯罪行为继续;反之,则犯罪动机被抑制,犯罪行为减弱或终止。

三、现场条件和气氛

现场条件是犯罪现场的物质环境,影响着犯罪人实施犯罪行为地点的选择,如夜深人静,或偏僻无人。气氛则是犯罪现场的精神环境,影响着犯罪人是否存在心理压力及其压力程度,它可能促进也可能抑制犯罪动机。犯罪人可能利用现场周围的气氛作案,如利用鞭炮声实施枪杀、持枪抢劫犯罪;犯罪人也可能制造紧张恐怖的气氛来增强犯罪动机。此外,在特定环境中,群体成员之间的情绪感染也是一种气氛,如"球迷暴力"事件。

四、机遇因素

机遇因素是影响犯罪人形成犯罪心理的偶然出现的客观因素,可以迅速诱发犯罪人的犯罪心理;也可以促使主体不良心理恶性发展为犯罪心理;还可能使有过犯罪经历的人再次产生犯罪心理。机遇的出现只是一种外在条件,人人都可能遇到,是否由此产生犯罪心理,则取决于个人的态度。

一、本章需要继续探讨的问题

(一)破窗理论

美国斯坦福大学心理学家菲利普·辛巴杜(Philip Zimbardo)于1969年进行了一项实验,他找来两辆一模一样的汽车,把其中的一辆停在加州帕洛阿尔托的中产阶级社区,而另一辆停在相对杂乱的纽约布朗克斯区。停在布朗克斯的那辆,他把车牌摘掉,把顶棚打开,结果当天就被偷走了。而放在帕洛阿尔托的那一辆,一个星期也无人理睬。后来,辛巴杜用锤子把那辆车的玻璃敲了个大洞,结果仅仅过了几个小时,它就不见了。以这项实验为基础,政治学家威尔逊和犯罪学家凯琳提出了一个"破窗效应"理论,认为:如果有人打坏了一幢建筑物的窗户玻璃,而这扇窗户又得不到及时的维修,别人就可能受到某些示范性的纵容去打烂更多的窗户。久而久之,这些破窗户就给人造成一种无序的感觉,结果在这种公众麻木不仁的氛围中,犯罪就会滋生、猖獗。

20世纪70、80年代纽约以脏乱差闻名,环境恶劣,同时犯罪猖獗,地铁的情况尤为严重,是罪恶的滋生地,平均每7个逃票的人中就有一个通缉犯,每20个逃票的人中就有一个携带武器者。1994年,新任警察局长布拉顿开始治理纽约。他从地铁的车厢开始治理:车厢干净了,站台跟着也变干净了,站台干净了,阶梯也随之整洁了,随后街道也干净了,然后旁边的街道也干净了,后来整个社区干净了,最后整个纽约变了样,变整洁漂亮了。现在纽约是全美国治理最出色的都市之一,这件事也被称为"纽约引爆点"。

从"破窗效应"中,我们可以明白这样一个道理:任何一种不良现象的存在,都在传递着一种信息,这种信息会导致不良现象的无限扩展,同时必须高度警觉那些看起来是偶然的、个别的、轻微的"过错",如果对这种行为不闻不问、熟视无睹、反应迟钝或纠正不力,就会纵容更多的人"去打烂更多的窗户玻璃",就极有可能演变成"千里之堤,溃于蚁穴"的恶果。

（二）典型案例

案例 1

刘某，17岁，因犯盗窃罪、抢劫罪和伤害罪被判处有期徒刑。刘某小的时候，父亲很疼爱他，随着刘某的长大，父亲对他的爱就越来越少，甚至讨厌他。只要刘某稍不听话，父亲就打他、骂他。上初中以后，父亲打得越来越凶，常常把他打得浑身青一块、紫一块的。每想到要挨打，刘某就不敢回家，只好在大街上游荡，肚子饿了就去食品店里偷。这样，渐渐认识了社会上一些不良青年，跟着他们到公共汽车上扒窃、去居民区里撬门拧锁、在学校门口拦路抢劫，以至多次被警察抓进派出所进行教育。每次父亲从派出所将他领回家后，对他是又踢又打。父亲打得越厉害，刘某越不敢回家，作案的次数也就越来越多。最重一次是父亲用铁链子把他锁住，下班回来就打他。一次，父亲用细铁条狠狠地打他时，不论他怎么求饶，父亲都不肯放手，他突然发现身边有一个小方凳，就提起来朝父亲砸去，正好砸在父亲的额头上，加之用力过猛，致使父亲昏倒在地，经检查，为严重脑外伤，至今还留有严重的后遗症。案发后，刘某说："当初父亲如果能好好地教育我，不要动不动就打就骂，更不要把我往死里打，也许就不会有今天的悲剧。"

案例 2

陈某，17岁，因故意杀人罪被判有期徒刑。陈某因怀疑同学张某在背后说自己的坏话，还向老师告"黑状"，便趁张某值日时，拿刀朝张某乱戳，致使张某死亡。案发后，陈某很后悔，说自己犯罪的原因最重要的一条就是从小被父亲母亲宠爱过度。由于从小被娇宠惯了，陈某一直唯我独尊，无论是在学校里还是在社会上，都吃不得半点亏、受不得半点气，动不动就跟同学吵架打架。父母还经常教他：谁欺负你了你就和他拼，拼不赢有我们呢！于是，陈某慢慢在学校里成了出名的打架大王，还与校内外的一些人结成团伙，只要觉得看谁不顺眼，就借端生事找他的麻烦，然后狠狠地收拾他一顿。陈某说：如果从小父母不是这样娇惯溺爱他，他也许就不会有今天的下场。

案例 3

张某，16岁，因盗窃罪被判有期徒刑。张某在上小学的时候，父亲经常从工厂里偷偷往家里拿些东西，还常常把张某叫到工厂，把一些东西悄悄装在他的书包里让他带回家。慢慢地，受父亲的影响，张某养成了一个坏习惯，经常把别人的东西"拣"回家。父母总是夸奖他有本事，"顾家"。上初中以后，张某迷上了上网，为了有钱进网吧，张某把"拣"到的东西拿去卖，后来又伙同网友去盗窃，把盗窃来的钱拿去上网、大吃大喝、进高档舞厅。渐渐地，胆子越来越大，仅两年时间，就和同伙作案共二十多次，盗窃过的东西有钱包、手机、自行车和摩托车，价值二万七千多元,最终被追究刑事责任。①

案例 4

2005年4月1日下午4时许,崇州市白头镇一间出租房房顶上钻出一个少女,其衣服凌乱、披头散发,大声向路人呼救。目击者立即拨打110报警。获救后,这个名叫杨某的18岁少女哭诉了自己在过去4天遭遇的悲惨经历:3月29日,一名叫徐某的女孩约她去邛崃玩,她答应了。当日下午,徐的男朋友何某驾驶一辆奥拓车,载着三名男子到邛崃。晚上8时许,与杨某一同逛街的徐某以上厕所为由溜了,何某四人突然出现在她面前,将她强行拖上车,当晚挟持到大邑县安仁镇。30日凌晨,几人胁迫杨某去洗头房陪客人,杨某誓死不从,几人随后将她交给了何某联系来的男子李某,李毒打并对她实施了强奸。随后几天几人分别对杨某毒打并强奸。饱受摧残的杨某趁几人不备爬上房顶呼救,终于逃出了魔爪。警方对何某等进行突审,几人中有的仍在读高中和初中,很快交代了全部犯罪事实,而在这之前几人刻意模仿香港电影中的情节,用同样的手法,要挟2名少女卖淫并实施了性侵害。②

案例 5

据《江门日报》报道,被告人李某伙同被告人张某经密谋抢劫后,于2005年5月中旬,先后4次窜到司前镇独居老人关某甲、关某乙、谭某、陈某的住宅内,采取捆绑、持刀架颈、搜身等手段实施抢劫,抢得黄金耳环3对,玉镯5只和银戒指、黄金戒指、玉石戒指、铜戒指各1枚及人民币207元,港币2元,抢劫财物总价值人民币2250多元。③

案例 6

2006年12月19日,新疆乌鲁木齐市中级人民法院对乌鲁木齐市房产管理局拆迁建设处原处长董金生利用职务便利,伙同他人共同及单独侵吞国有资产、授受贿赂一案作出宣判,董金生因犯贪污罪和受贿罪,被判处无期徒刑,剥夺政治权利终身,并处没收个人全部财产。

原乌鲁木齐城市房屋拆迁建设处的"身份"相当特殊:它是乌市房产局下属的国有企业。1999年底,国家要求建设部门将拆迁的管理与实施分离。乌市房产局随即从该局房屋拆迁管理办公室调整部分人员,成立了拆迁建设处。

当时,该处是乌市唯一一家拆迁单位,主要负责全市城市建设和道路改造的拆迁、拆除工作。工作方式有两种:一种是用地单位半委托,拆迁建设处只收取

---

① 资料来源于中国青少年法律网:http://www.666law.com/case/List.asp?SelectId=365&ClassID=27。
② 资料来源于中华普生健康网:http://www.puson.com/event/200509/5496_100591.aspx。
③ 资料来源于新华网:http://www.gd.xinhuanet.com/newscenter/2006-02/14/content_6236734.htm。

拆迁劳务费；另一种是全权委托，由拆迁建设处代收代付安置补偿，结余部分作为单位利润。因"独家经营，别无分店"，拆迁建设处的经济效益非常好。

2000年7月，新疆维吾尔自治区建设厅在对企业进行年审时，认为乌鲁木齐城市房屋拆迁建设处的名称不符合企业性质，决定不再给其核发拆迁资格证。怎么办？该处负责人灵机一动，想出了"变通"的法子——由拆迁建设处出资30万元，成立了乌市金峰房屋拆迁公司（系私营有限责任公司，以下简称金峰公司），拆迁建设处处长董金生摇身一变成了公司法人代表。

你有政府部门的"金字招牌"，我有拆迁资质，从此，拆迁建设处与金峰公司各取所需，"合作"愉快。拆迁建设处在与被拆迁人签订协议时，既盖建设处的公章，也盖金峰公司的印章。这种"合作"一直持续到2004年3月，乌市房产局正式撤销拆迁建设处，禁止金峰公司再使用拆迁建设处的名称。

2004年年底，乌鲁木齐市头屯河区人民检察院在办理一受贿案时，发现涉案的乌市城市房屋拆迁建设处拆迁二科科长查军涉嫌利用职务便利侵吞国有资产。2005年2月，查军被检察机关批准逮捕。后经查实，查军在担任乌鲁木齐火车北站公路改扩建拆迁项目负责人期间，虚构了17个假的居民补偿协议，将房屋拆迁补偿费以及拆迁补偿差价共计218万余元，从单位财务上以现金方式提取，揣进了自己的腰包。

一波未平，一波又起。就在查军被立案调查后不久，查军的上司，原拆迁建设处处长董金生却突然"不辞而别"。检察机关决定，立即对拆迁建设处成立以来接手的所有拆迁项目进行核查。随着调查的深入，一个又一个空挂户（查无此人）浮出水面、一笔又一笔虚增的补偿款清理了出来，包括董金生在内的一名又一名犯罪分子被揪了出来。一个巨大的拆迁"黑洞"渐露端倪……

董金生等人是怎样一次次侵吞拆迁补偿费的呢？"空手套白狼"是他们屡试不爽的把戏。

2002年3月，新疆维吾尔自治区高等公路建设指挥部项目执行办公室与拆迁建设处签订了《奎屯至赛里木湖高等级公路委托拆迁高泉街区段房屋及地面附着物拆迁协议》，该拆迁项目由时任拆迁建设处处长的董金生具体负责。

董金生把这个项目当作"赚钱平台"，开始大施拳脚。他"举贤不避亲"，把自己的一些亲朋好友偷偷拉入了伙。在这个项目上，董金生利用职务之便，伙同其弟弟董慧生（在逃）采取伪造拆迁补偿协议的手段，将拆迁补偿费余款156万余元占为己有。

董金生除了请亲戚"帮忙"，还经常找同事"合作"。2000年7月，董金生与时任拆迁科长的丛峰松、拆迁科干部马晓明在经办自治区高等级公路管理局委托的乌市机场路拆迁项目后，经过预谋，由董金生策划，马晓明虚构4户拆迁补偿协议书及房屋拆迁补偿表，虚列房屋拆迁补偿费共164万余元。经董金生签字同意财务支付后,马晓明和丛峰松将钱从银行提出,交到新疆康普建设投资集团公司藏匿,被该公司原法定代表人王某某以个人投资款名义存入公司账户。

2000年8月29日,董金生指使丛峰松从康普公司提出40万元现金,用于支付董以个人名义购买的房产。后来,丛峰松又从康普公司提出145万元借给妹夫陈某某使用至案发。2001年下半年,丛峰松又利用负责结算拆迁处预付康普公司安置房购房款的职务便利,将多取的20万余元中的20万元核销并占为己有。

案发之后,尽管董金生等人辩解,所套取的拆迁费大部分都用于给单位搞福利、公务支出或拆迁项目的生活费用、业务接待费用等,但因其拿不出有力证据,且财务账目也没有反映,辩解未被法院认可。2006年12月19日,乌鲁木齐市中级人民法院一审认定,董金生单独或伙同他人套取拆迁补偿费379万余元,个人受贿15万元。犯贪污罪、受贿罪,数罪并罚,判处其无期徒刑,剥夺政治权利终身,并处没收个人全部财产。

本案案发至今,除董金生的弟弟董慧生在逃外,拆迁建设处其他涉案犯罪嫌疑人均悉数落网,分别受到了法律的制裁。此案中1500余万元国有资产被侵吞,最终追回现金400多万元,加上所追回的实物,共挽回损失折合人民币近900万元。①

二、思考题

1. 简述影响犯罪心理形成的社会宏观因素。
2. 简述文化因素对犯罪心理形成的影响。
3. 简述犯罪心理形成的社会微观因素。
4. 论述社区与犯罪的关系。
5. 论述地理环境与犯罪心理形成的关系。
6. 论述气候和季节与犯罪心理形成的关系。

---

① 资料来源于《法制日报》,2007年1月25日。

第六章 人格与犯罪

人格为何物,如何认识和把握人格?因为人格的物质载体——人本身是极其复杂的,所以确立人格的内涵也是颇费周折的。"人格"似乎是一个很学术的名词,但实际上,在现实生活中,大多数人对人格一词是非常熟悉并且热衷于谈论的。如果对人格略有所知的话,我们就能在日常生活中观察到"人格"。一个人乐观自信,不怕失败,活跃而有创造力,我们会说:"这个人具有健康人格。"若一个人没有安全感,常常自卑,或常主动攻击他人,我们会说:"这个人可能有人格障碍。"但是想要准确地给人格作一个定义其实又是很难的一件事。稍加浏览关于人格的著作便会发现,人们对人格的定义是通过各种不同方式进行的。这是因为,几乎每个研究者都是从各自关注的角度,从自己最擅长的方面,从自己认为最重要的现象入手,所以呈现在大家面前的实际上就是强调个体差异的人格定义。

人格 人格特征 人格特质 人格障碍 犯罪人格

第一节 人格概述

一、人格的含义

人格(personality)也叫个性,这个概念源于拉丁语 Persona,当时是指演员在舞台上戴的面具,与我们今天戏剧舞台上不同角色的脸谱相类似。后来心理学借用这个术语,用来说明每个人在人生舞台上各自扮演的角色及其不同于他人的精神面貌。

究竟什么是人格?人格心理学家阿尔波特认为:人格乃是个人适应环境的独特的身心体系;艾森克认为:人格乃是决定个人适应环境的个人性格、气质、能力和生理特征;卡特尔认为:人格乃是可以用来预测个人在一定情况下所作行为反应的特质。马克思认为：人的本质并不是单个人所固有的抽象物,实际上,它是一切社会关系的总和。从这种意义上说,人格的本质就是人的社会性。人若脱离了社会,不与他人交往,也就谈不到个性,初生婴儿只能算是个体,还没有个性;个性乃是个体社会化的结果,人际关系的结晶。所以,人的个性就是具有不同素质基础的人,在不尽相同的社会环境中所形成的意识倾向性和比较稳定的个性心理特征的总和。个性是社会学、人类学、教育学等诸多学科研究的对象,心理学只是从意识倾向和个性心理特殊方面去研究它。

在我国,对人格以及人格心理现象、人格特点的记载是非常久远的。先秦时荀况的"性恶"、孟轲的"性善"之争;孔子的"性相近也,习相远也",肯定个体之间由于环境与教养所导致的差异是以先天的素质为基础的。

我国现在的许多心理学教材把人格定义为:一个人的整体精神面貌,即具有一定倾向性的心理特征的总和。人格的结构是多层次、多方面的,由复杂的心理特征的独特结合构成的整体。目前我国的心理学教材中对人格的定义有一种综合的倾向,既注意人格的综合机能,又注意其独特性,如"人格是构成一个人的思想、情感及行为的特有综合模式,这个独特模式包含了一个人区别于他人的稳定而统一的心理品质"。①

二、人格的特征

人格概念的内涵非常广泛,但也有其特殊性,人格与其他心理现象的不同之处,主要在于它的整体性、独特性、稳定性和社会性。

（一）人格的整体性

人格是一个统一的整体结构,是人的整个心理面貌。人格的整体性是指组成人格的多种成分或特征不是孤立存在的,而是错综复杂地相互联系、相互作用而形成的一个有机整体。在心理学史上,有些心理学家如沃伦和弗林斯等人在人格定义中罗列了许多特征,把人格看作个人许多特征的简单总和。德国心理学家斯腾强调研究整体的人,他认为,人身体上集中了各种心理机能,心理学研究的对象应该是整体的人,而不是各种单项的心理机能。美国著名心理学家奥尔波特指出,人格是一种有组织的整合体。在这个整合体中各个成分相互作用、相互影响、相互依存,如果其中一部分发生变化,其他部分也将发生变化。后来,在人格研究中引进了结构的概念和系统的观点,把人格看成完整的构成物,人格具有整体性。综上所述,我们认为正常的人格具有内在统一性,他的认知、情感、动机和行为之间是和谐一致的,如果失去了这种内在的一致性,人格就会出现异常。

---

① 参见刘邦惠主编:《犯罪心理学》,科学出版社2004年版,第127页。

(二) 人格的独特性和共性

人格的独特性是指人与人之间的心理和行为是各不相同的。人与人之间没有完全相同的心理面貌。俗话说："人心不同，各如其面。"许多心理学家也都强调了人格的独特性。每一个人的个性都由独特的个性倾向和独特的个性心理特征所组成。即使是同卵双生子，他们的心理面貌也不会完全相同。因为人格是在遗传、环境、成熟和学习等诸多因素影响下发展起来的，这些因素之间的相互关系都不可能是完全相同的。例如：人们的兴趣、爱好是多种多样的：有人喜欢音乐，有人喜爱体育，有人喜欢美术，有人对文学作品情有独钟。人们的能力也各不相同：有人语言表达能力强，善于演讲；有人擅长于做群众工作，组织能力强；有人想象丰富，富于独创性。人们在气质和性格的表现上更是多种多样：有的人脾气暴躁，有的人性格温和；有的人热情坦诚，有的人虚情假意；有的人助人为乐，有的人狭隘自私。由此可见，人格的千差万别。人格的独特性并不是说人与人之间在个性上毫无共同之处。人格是指一个人的整个心理面貌，它既包括人与人之间在心理面貌上的相同方面（共同性），也包括人与人之间在心理面貌上的不同方面（差异性）。个性中既包含有人类共同的心理特点、民族共同的心理特点、阶级和集团共同心理特点，又包括每个人与其他人不同的心理特点。

人的个性既有独特性又有共性，但是这并不意味着人们的个性中孤立地存在不同的和相同的两个部分。人格的独特性和共性的关系是指共性寓于独特性之中，每一个具体人的独特性是一般人的人格的具体表现。只有通过研究具体人的人格，通过归纳、概括找出共同的、本质的东西，借以发现规律，再把这些规律运用到具体人身上，才可以看出人格现象的本质特点。

(三) 人格的稳定性和可塑性

人格具有稳定性。人在行为中的偶然表现不能表征他的人格，只有在行为中比较稳定、经常表现出来的心理倾向和心理特征才能表征他的人格。例如，一个处事稳重的人，偶然表现出轻率的举动，不能由此说他具有轻率的性格特征。人格具有经常性、稳定性，所谓"江山易改，禀性难移"就形象地说明了个性的稳定性。潘菽教授指出："心理过程是指心理的一时动态表现；……个性指的是一个人（或每个人）所有心理静态稳定的状况的全部内容。忽视了这一点，个性心理问题无论如何都说不清楚。"然而，人格的稳定性只是相对的，并不是一成不变的，人格具有可塑性。稳定性不是指一成不变的东西，而是指较持久的一面出现的定型化的东西。人格特征是在一定的社会历史条件下，在一个人的长期生活经历中逐渐形成起来的，一经形成就比较稳固。但是，现实生活是十分复杂的，人们的生活环境和人际关系也是纷繁多变的，因此作为人生活历程反映的个性特征，也必然会随着现实的多样性和多变性而发生着或多或少的变化。

人格的变化有两种情况：第一，在人格中具有核心意义的东西，如理想、信念和世界观,在生活过程中不断巩固,逐渐形成个人的典型的特征。这些特征随着生产关系、社会制度的变化而逐渐变化。例如,随着社会主义革命的胜利和发展,人们逐步形成共产主义世界观和劳动态度、爱国主义精神和民族的自豪感和自信心。第二,人的人格表现受多种因素的影响而发展变化。首先,它随着人们所处的环境和在人际交往中受到的影响而改变。尽管一个人始终表现出其个性特征,但在不同场合也会产生差别。例如,一个懒散的学生,在娇惯他的人面前这种弱点表现较多,在老师面前则表现较少。一个勤快的学生,在他感到老师和同学们信任他时,则表现得更加勤快。其次,由于一时的心理状态影响也会给个性打上烙印。例如,逆境可以使人消沉,但通过自我调节人也可以使自己变得坚强。再次,人的身体自然特点,特别是神经系统的特点,既影响人的人格的表现,也影响人格特征的形成。如神经系统的平衡性或不平衡性,强或弱,灵活性或惰性,都会给人的人格特征涂上一定色彩。

(四) 人格的社会性和生物性

人既具有生物属性,又具有社会属性,同样人的个性也具有生物性和社会性。人的人格不仅受生物因素的制约,而且受社会因素的制约。在人格形成的发展过程中,既有生物因素的作用,也有社会因素的作用。不能将人格的形成和发展原因归结为一种因素,也不能将这两种因素的作用等量齐观。生物因素只给人格发展提供可能性,社会因素才使这种可能性转化为现实。每一个人作为社会的一员,总是处在各种各样的社会关系之中,他们既受物质财富生产和消费过程中所形成的关系的影响,也受政治生活的影响,社会上存在的意识形态也通过各种手段影响人。人们在一定的社会关系中生活着、活动着,逐渐掌握一定的社会风俗习惯和道德标准,形成他们的世界观、人生观,从而成为复杂的社会关系的体现者,也就成为具有人格的人。如果离开了人类的社会生活,人的正常心理就无法形成和发展。人在社会交往中,逐渐形成和发展自己的人格。对人格形成和发展起决定作用的是社会生活条件。

三、人格特质

心理学家奥尔波特以个别的人格特质为单位,用逻辑与语义的分析方法,把特质界定为个性的"心理结构",是个人所具有的神经特性,具有支配个人行为的能力,使个人在变化的环境中给以步调一致的反应。由于有特质,使人在不同情况下的适应行为和表现行为具有一致性。与此同时,具有不同特质的人,即使对同一个刺激物,反应也会不同。例如,一个具有友好特质的人和一个具有怀疑特质的人对陌生人的反应是很不同的。

奥尔波特认为,特质是概括的,它不只是和少数的刺激或反应相联系。一个特质联结着许许多多的刺激和反应,使个体行为产生广泛的一致性,使行为具有跨情境性和持久性。但是，特质又具有焦点性，即它与现实的某些特殊场合联系着，只有在特殊的场合和人群中才会表现出来。

人格特质(Personality Traits)是人格构成的基本单位。人格是由个人各方面多种特质构成的。"特质"一词大体上可以作为"特性"的同义词。人格究竟由哪些特质所构成？这里，就人格中最重要的几项特质列举于下，并略加说明。

1. 生理特质

个人的体格与生理特性，无疑是构成个人人格的一面。例如，个人的身材(高矮、胖瘦等)、身体的强弱、容貌，甚至生理缺陷等不但影响别人对自己的反映或评价，同时也是构成自我意识的重要因素。

2. 气质

气质这一要素与我们平常所说的"秉性"、"脾气"相近似。这里主要指心理过程的强度(例如，情绪体验的强度，意志努力的程度)，心理过程的速度和稳定性(例如，有人倾向于外部事物，从外界获得新印象，有人倾向于内心世界，经常体验自己的情绪，分析自己的思想和印象)等特点及其在外部行为上的表现。气质使一个人的整个心理活动及其行为表现带上个人独特的色彩，影响个体活动的一切方面。它不以个人活动的动机、目的和内容为转移。具有某些气质特点的人，常常在不同的活动中显示出同样性质的动力特点。

气质受个体生理组织特点的制约，比其他心理特点更具有先天倾向，所以一个人的气质具有极大的稳定性，俗语说："江山易改，禀性难移。"但是，气质并不是完全不变的。在生活条件和教育的影响下，它可以被掩盖并且缓慢地发生变化，使之符合社会实践的要求。所以，气质也有一定的可塑性。

3. 能力

能力是人成功地完成某种活动所必需的人格特质。它有两种含义：其一是指个人"所能为者"，即个人到现在为止所表现出的实际能力。通常我们评论别人能力的强弱，即以其能做的事情或具有某种专门知识、技能为根据。由于实际能力须依赖知识与技能以表现，而知识、技能又都是学习或训练后的结果或成就，因此"成就"一词常用来代替实际能力。其二是指个人"可能为者"，即个人的潜在能力。它不是指已经表现出来的能力有多少，而是指可能展现的能力的最大量。此种潜在能力，若是符合多种活动共同要求，称之为普通能力或智力；若是为某项专门活动所必需，则称为特殊能力或个人的特殊倾向。潜在能力是实际能力形成的基础与条件，实际能力是潜在能力的展现。从理论上讲，个人的成就不能高于潜在能力。能力不仅是构成人格的特质之一，而且是一个最重要同时又最明显(在个体差异上)的人格特质。

个体的能力是由先天因素(包括遗传基因和胎儿期因母体内外环境所造成的个体特征)和后天环境(包括家庭影响、学校教育和社会历史文化的作用等)两大因素交互作用的结果。近年来,许多学者更强调后天环境的作用,同时一些学者又认为环境的作用是在社会实践中,通过人的主观努力(如勤奋、坚强的毅力等)而发生的。

4. 性格

性格是指人对现实的态度和行为方式中比较稳定的心理特征的总和。例如,谦虚或骄傲、诚实或虚伪、勤劳或懒惰、勇敢或怯懦、果断或优柔寡断等都有可能成为人的比较稳定的心理特征,即性格特征。每一个人都有这样或那样的性格特征。一个人的各种性格特征交织在一起构成他的性格。因为性格表现在一个人对现实的态度和在一定场合下采取的行为方式中,它总是和意识倾向相联系,和个人的价值观相联系,体现了一个人的本质属性,所以它是具有核心意义的人格特质。人与人之间在人格特质方面的个别差异表现在性格上。

性格与气质是有区别的。性格主要是在后天因素影响下形成,变化比较容易、比较快,主要指向行为的内容;气质受先天因素影响大,变化比较难、比较慢,是行为的动力特质。

5. 兴趣、动机和价值观

兴趣是个体积极探究某种事物或进行某种活动的倾向,它以需要为基础。需要的对象也就是兴趣的对象,正是由于人们对某些事物产生了需要,才会对这些事物发生兴趣。瑞士心理学家J.皮亚杰指出:"兴趣,实际上就是需要的延伸,它表现出对象与需要之间的关系,因为我们之所以对于一个对象发生兴趣,是由于它能满足我们的需要。"兴趣并不是对事物的表面关心,任何一种兴趣都是由于获得了某一知识或参与了某一活动而使人体验到情绪上的满足才产生的。所以,它是推动人们去寻求知识和从事活动的重要的心理因素。人的兴趣是多方面的,按其内容可分为物质的和精神的兴趣,按其目的可分为直接兴趣(由对事物或活动本身感到需要而产生的兴趣)和间接兴趣(由对活动的结果感到需要而产生的兴趣)。兴趣存在社会制约性,人所处的历史条件不同,社会环境不同,其兴趣就会有不同的特点。

人的一切活动都是在某种内部力量推动下进行的。这种促动人活动及引导活动朝某方向进行的内在力量,称为动机。动机的基础是人的各种需要和兴趣。

价值观是一种渗透于人格中并支配着人对事物作出好与坏、对与错的评价的心理倾向性。个人对于事物的价值观,与事物本身的客观价值,没有必然的关系。例如,同是一块面包,饥饿者与饱足者对之有不同的价值观。价值观的基础也是人的各种需要和兴趣,但它又制约着人的需要、兴趣和动机等。一个人的愿望、目标、理想、信念等,都是由这个人的价值观所支配的。相对地说,兴趣、动机和价值观是在后天的社会化过程中形成的,较少受生理素质的影响。

6. 自我

自我是人格中最深层的、核心的特质。从其形式上看,自我表现为具有认识的、情绪的、意志的三种形式。属于认识的有:自我观察、自我概念、自我认定、自我评价等,统称为自我认识。它主要涉及"我是一个什么样的人"、"我为什么是这样的一个人"等问题。属于情绪的有:自我感受、自爱、自尊、自恃、自卑、责任感、优越感等,统称为自我体验。这主要涉及"我是否满意自己"、"我能否悦纳自己"等问题。属于意志的有:自立、自主、自制、自卫、自信、自律等,统称为自我控制。它表现为个人对自己行为活动的调节、自己对待他人和自己态度的调节等,主要涉及问题如:"我怎样节制自己"、"我如何改变自己的现状,使我成为自己理想中那样的人"等。自我在儿童期就产生了。

人格中的诸种特质由自我调节而成为一个有组织的稳定的整体。如果失去了自我对人格诸种特质的控制,就会造成人格的分裂,产生双重人格。

以上是多数学者认为可以代表个人人格的几种特质。因此,一般研究人格问题的心理学者们,也多以此类特质为研究对象。

四、人格障碍

人格障碍是指人格特征明显偏离正常,使人形成了一贯的、反映个人生活风格和人际关系的异常行为模式。这种模式极端或明显偏离特定文化背景、一般认知方式(尤其在对待他人方面),对社会环境适应不良,明显影响其社会功能与职业功能。人格障碍是一种心理上的变异,既不属于精神疾病,也没有智力缺损,但他们的行为表现不能为大多数人所接受。常见的人格障碍有:

1. 偏执型人格障碍

偏执型人格又叫妄想型人格,是指以极其顽固的固执己见为典型特征的一类变态人格,表现为对自己过分关心,自我评价过高,常把挫折的原因归咎于他人或客观因素。

偏执型人格的行为特点常常表现为:极度的感觉过敏,对侮辱和伤害耿耿于怀;思想行为固执死板,敏感多疑、心胸狭隘;爱嫉妒,对别人获得成就或荣誉感到紧张不安,妒火中烧,不是寻衅争吵,就是在背后说风凉话,或公开抱怨和指责别人;自以为是,自命不凡,对自己的能力估计过高,惯于把失败和责任归咎于他人,在工作和学习上往往言过其实;同时又很自卑,总是过多过高地要求别人,但从来不轻易信任别人的动机和愿望,认为别人存心不良;不能正确、客观地分析形势,有问题易从个人感情出发,主观片面性大;如果建立家庭,常怀疑自己的配偶不忠等等。持这种人格的人在家不能和家人和睦相处,在外不能与朋友、同事相处融洽,别人只好对他敬而远之。

这类人总是将周围环境中与己无关的现象或事件都看成与自己关系重大,

是冲着自己来的，甚至还将报刊、广播、电视中的内容跟自己对号入座。尽管这种多疑与客观事实不符，与生活实际严重脱离，虽经他人反复解释也无法改变这种想法，甚至对被怀疑对象有过强烈的冲动和过激的攻击行为，从一般的心理障碍演绎成精神性疾病。

2. 分裂型人格障碍

分裂型人格障碍是一种以观念、外貌和行为奇特以及人际关系有明显缺陷，且情感冷淡为主要特点的人格障碍。这类人一般较孤独、沉默、隐匿，不爱人际交往，不合群。既无什么朋友，也很少参加社会活动，显得与世隔绝。他们常做白日梦，沉溺于幻想之中。这类人对人少的工作环境尚可适应，但对人数众多的单位和环境及需要交际往来的工作就很难适应了。分裂型人格障碍的特点表现为：非社交性、异常安静，谨慎保守、严肃、不懂幽默、古怪等等。在此基础上，一端表现为臆病、过分害羞、过度敏感、小肚鸡肠、神经质、容易冲动、靠欣赏自然与书籍等消磨时光，孤僻、难以接近；另一端表现为柔顺、人品好、正直、感觉迟钝、唠叨等精神活动低下，即以自发性功能减退为特点。

3. 表演型人格障碍

表演型人格障碍，又称癔症型或寻求注意型人格障碍，是一种以过分感情用事或夸张言行以吸引他人注意为主要特点的人格障碍。具有表演型人格障碍的人在行为举止上常带有挑逗性并十分关注自己的外表。这类人情绪外露，表情丰富，喜怒哀乐皆形于色，矫揉造作，易发脾气，喜欢获得别人同情和怜悯，情绪多变且易受暗示。以自我为中心，好交际和自我表现。对别人要求多，不考虑别人的利益。思维肤浅，不习惯于逻辑思维，显得天真幼稚。

具有表演型人格障碍的人，其行为反应模式有下述特点：（1）活泼好动，性格外向，不甘寂寞。例如，在人多的场合，愿意成为大家注意的中心。（2）与他人交往时感情用事，感情胜过理智。（3）这些人常常奇装异服，在服装上追时髦，"赶新潮"，目的是吸引别人对自己身体的注意。（4）这些人具有表演才能，他们平时与人接触交往，就像一位戏剧演员在舞台上演戏一样，表情丰富，谈话内容过分夸张。（5）以自我为中心，在人际交往中只考虑自己的需求，丝毫不考虑别人当时的实际情况，为此常常造成人际关系紧张。（6）对人际关系的亲密性看得超过实际情况。例如，主动透露自己有很多知心朋友，但实际情况并非如此，只能说这是他的一厢情愿而已。（7）在人际关系受挫折或应激情况下，较易产生自伤或自杀行为。其自伤行为一般程度较轻，常常只是表皮划伤等，较少伤及血管和神经，带有表演性。（8）暗示性增强，很容易接受他人或周围情境的影响，这与他们在日常生活中缺乏冷静分析的头脑有一定关系。

4. 反社会型人格障碍

反社会型人格障碍，亦称"悖德型"、"违纪型"、"无情型人格障碍"，属于人格障碍之一,多见于男性。1835年,德国皮沙尔特(Prichard)首先提出了"悖德狂"这一诊断名称。指出患者出现本能欲望、兴趣嗜好、性情脾气、道德修养方面的异常改变,但没有智能、认识或推理能力方面的障碍,亦无妄想或幻觉。后来"悖德狂"的名称逐渐被"反社会型人格"所代替,如今狭义的人格障碍,即指反社会型人格障碍。此种人格引起的违法犯罪行为最多,同一性质的屡次犯罪,罪行特别残酷或情节恶劣的犯人,其中1/3—2/3的人都属于此类型人格障碍。其共同心理特征是:情绪的暴发性,行为的冲动性,对社会对他人冷酷、仇视、缺乏好感和同情心,缺乏责任感,缺乏羞愧悔改之心,不顾社会道德法律准则和一般公认的行为规范,经常发生反社会言行;不能从挫折与惩罚中吸取教训,缺乏焦虑感和罪恶感。反社会型人格障碍在犯罪者中约占10%到50%。作出这一诊断时,患者至少需年满18岁,但在15岁以前即出现下列品行障碍:(1)经常逃学,闲荡;(2)因行为不端曾多次被学校开除或勒令退学;(3)曾被拘捕或送交少年法庭;(4)至少有两次离家出走,在外过夜;(5)经常撒谎(并非为逃避责罚);(6)过早发生性行为;(7)过早吸烟、饮酒,或吸毒;(8)经常偷窃;(9)不止一次故意破坏公共设施;(10)反复挑起斗殴;(11)经常违反家庭或学校规章制度(除逃学、出走外)。15岁后主要有下述表现:(1)不能坚持学习或工作,有学不上或有业不就达半年以上;(2)经常旷课旷工;(3)数次离开工作岗位并无就业打算;(4)不遵守社会规范和法律约束,实施违法行为(不论是否被捕),如破坏公物,骚扰他人,偷盗或从事其他非法活动;(5)易激惹或产生攻击行为,常斗殴或殴打妻儿;(6)不履行承诺或义务,欠债不还,不供养子女;(7)生活无计划,仅凭一时冲动,如无目的离家出走,无固定住址达一个月;(8)不可信赖,如用假名骗人;(9)行为鲁莽,不计后果;(10)忽视或虐待子女,不尽赡养人义务;(11)无法维持一夫一妻生活超过一年。

5. 焦虑型人格障碍

又称回避型人格障碍,此类人的特征是长期和全面地脱离社会关系。他们回避社交,特别是涉及较多人际交往的职业活动,害怕被取笑、嘲弄和羞辱。自感无能,过分焦虑和担心,怕在社交场合被批评或拒绝。

有回避型人格障碍的人被批评指责后,常常感到自尊心受到了伤害而陷于痛苦,且很难从中解脱出来。他们害怕参加社交活动,担心自己的言行不当而被人讥笑讽刺,因而,即使参加集体活动,也多是躲在一旁沉默寡言。在处理某个一般性问题时,他们往往也表现得瞻前顾后,左思右想,常常是等到下定决心,却又错过了解决问题的时机。在日常生活中,他们多安分守己,从不做那些冒险的事情,除了每天按部就班地工作、生活和学习外,很少去参加社交活动,因为他们觉得自己的精力不足。这些人在单位一般都被领导视为积极肯干、工作认真的好职员,因此,经常得到领导和同事的称赞,可是当领导委以重任时,他们却都想方设法推辞,从不接受过多的社会工作。

人格障碍患者对周围环境可带来不良的影响,特别是反社会人格障碍者易发生违反社会法纪行为。据对监狱和少教所的调查资料显示,青少年和成年人罪犯中,反社会人格各占半数左右。

人格障碍父母及其偏离行为必然对子女产生有害影响,但不同类型的人格障碍患者对子女的影响是不一致的。父母患表演型人格障碍者将在不同程度上影响孩子的适应。父母一方患强迫型人格障碍,其子女常表现有间歇性排便控制不良,反社会人格双亲的子女有较高的精神科转诊率。父母间感情不和及家庭暴力所致的有害作用已得到公认。反社会人格父母的男孩常有品行障碍和严重违纪犯罪行为;他们的女孩性方面不检点,过早成婚,对所生的孩子缺乏热情,表现焦虑,常责骂或殴打自己的孩子。精神上扰乱儿童的父母有焦虑者并不少见。如父母患有恐惧症,子女也可出现怕上街和夜惊。

人格障碍的治疗是困难的。他们较少主动求医,而且目前的治疗仅可改善一时性的精神病发作,减轻社会和情绪功能不良或为了适应社会需要对他们进行管理。药物治疗时,人格障碍的一些症状能得到有效控制,然而没有哪一种药物是普遍有用的。心理治疗必须个别化进行,而且不同类型人格障碍应采用不同种类的心理治疗。

第二节 犯罪人格

一、犯罪人格概述

最早将人格的概念引入犯罪学的是美国心理学家塞缪尔·约克尔森和斯塔顿·萨姆诺,他们认为精神病人具有不同于常人的思维方式和行为方式,特别容易从事反社会行为,由此揭开了利用人格概念进行犯罪学研究的新篇章。[①]

在实证犯罪学派之前的古典犯罪学派并不注重对犯罪人格的研究,而将研究的重点只局限于犯罪人所实施的客观行为。菲利对此批评道:古典学派把犯罪看成法律问题,集中注意犯罪的名称、定义以及进行法律分析,把罪犯在一定背景下形成的人格抛在一边。[②] 以龙勃罗梭为代表的刑事人类学派将对犯罪研究的重点放在了犯罪人上,因此对犯罪人格进行理论研究才成为可能,而弗洛伊德的心理冲突论、人格结构分析理论则为犯罪人格的研究奠定了实证基础。

那么,什么是犯罪人格?对此,学者观点尚不一致。我国有学者将犯罪人格

---

① 陈明华、卢建平等:《比较犯罪学》,中国人民公安大学出版社1992年版,第253页。
② 〔意〕菲利:《实证派犯罪学》,郭建安译,中国政法大学出版社1987年版,第26页。

定义为：犯罪人格是指犯罪人群所持有的稳定而独特的反社会心理特征的总称，它是一种反社会人格；或犯罪人格是指犯罪人内在的相对稳定的反社会行为倾向的特定身心组织。① 也有学者将犯罪人格定义为：犯罪人格是指直接导致犯罪行为生成的严重反社会且为刑事法律所否定的心理特征的总和。②

上述前两种观点都认为犯罪人格只有犯罪人才具有。我们分析发现，一些没有实施犯罪的人，同样具有与犯罪人一样的人格特征。如果说一个人是在实施犯罪后才具有犯罪人格，就好比说这种人格是在实施犯罪的那一刹那间最后形成了，此前的就不是犯罪人格，这显然是与人格具有相对稳定性存在一定矛盾的。我们认为，犯罪人格同样为潜在犯罪人所具有，这种人格的本质在于具有严重的反社会倾向并能导致犯罪行为的生成。

犯罪人格与变态人格(psychopathic personality)不是一回事。变态人格通常又叫人格障碍(personality disorder)，是指人格在发展上和结构上明显偏离正常，以致不能适应正常的社会生活的心理行为表现。对人格障碍的分类多种多样，争执不休。世界卫生组织(WHO)的《国际疾病分类》第九版，将其分为反社会型、偏执型、情感型、分裂样型、暴发型、强迫型、疾病型、无力型等。我们研究的犯罪人格是一种反社会型人格，只是变态人格的一种。德国的施奈德(K. Schneider)认为人之所以犯罪是由于犯罪人格障碍所致，这就是所谓的人格障碍犯罪说(theory of crime duemo personality disorder)。其实，把犯罪行为归结为人格障碍是有失偏颇的，犯罪者并非都有人格障碍，真正容易直接导致犯罪的是犯罪人格，即反社会人格。

二、犯罪人格的特征

1. 社会认知的偏执性

对于各种社会现象的认知，总是自觉、不自觉地受已经形成的各种错误观念、思维定势的影响，以偏概全，以自己的主观判断代替事物的本质，从而导致对社会客观现实的歪曲反映。

2. 情感的扭曲性

缺乏罪责感和自我否定的情感。往往把自己应负的罪责推诿于社会和他人，把自己看作是受害者，毫无自责和悔改之心。

3. 犯罪意志的顽固性

在进行犯罪活动中，很少有动机斗争，通常犯罪目标明确，行动果断，缺少恐惧与犹豫，具有坚持犯罪目的的畸形意志力。

---

① 张文、刘艳红：《犯罪人理论的反思与重构》，载《中外法学》2000年第4期，第385—406页。
② 陈仲庚、张雨新：《人格心理学》，辽宁人民出版社1986年版。

4. 对惩罚的耐受性

对于拘押、受审和刑罚的心理承受力强,一般的惩罚不易产生顺从行为。

5. 对教育改造的排斥性

对于司法机关的教育改造和说服教育不易产生认同感,或表面认同顺从,内心抵制排斥,阳奉阴违。由于以上的人格特征,必然导致个体对社会道德、法律规范和社会秩序的否定与蔑视。

三、影响犯罪人格形成的因素

人格的形成是先天的遗传因素和后天的环境、教育因素相互作用的结果。这种相互作用是从个人诞生开始,延续一生的发展过程。事实上,正常人格的形成过程就是一个人格社会化(socialization of personality)的过程。社会通过满足个体需要,使个人接受该社会存在所必需的行为模式。随着个体的成长,在思想、行为上逐渐接近成人,最后变成一个被家庭与社会所接受的社会成员。这种经由社会熏陶与学习训练而从自然人转变到社会人的过程,就叫做人格社会化过程。与社会化过程相伴随而生的,在个体身上发生着两个过程,即反射与内化。这两个过程的完成程度不同导致个体适应社会与反抗社会的程度也不同。新生婴儿生活在被人类所规定安排的社会环境中,随时随地都会受到周围环境的潜移默化作用,它会将所属团体特有的价值观念、态度体系和行为规范等"反射"到人格体系中,经过"内化"形成人格的重要组成部分。关于人格社会化的研究,西方具有代表性的学派有以埃里克森为代表的新精神分析理论、以班杜拉为代表的社会学习论和以柯尔柏格为代表的道德发展认知论等。

犯罪人格作为一种反社会人格,其形成实质上是一个人格非社会化或不完全社会化的过程。犯罪心理的产生与人格社会化程度有密切关系,人格的非社会化、不完全社会化和人格社会化的缺陷孕育着犯罪心理的基础。社会化人格和反社会人格的区别,是一般人与犯罪人之间的一个重要区别。犯罪心理学家B. A. 莫雷尔认为犯罪心理的产生始于对反社会心理的屈服,这是人格冲突的不良结局。他认为:在人格对反社会心理屈服之前,有一个等待与求助的时期,即主体在人格冲突时不甘心屈服,焦急地等待着援助和关心。可见反社会人格并不是突然形成的。

犯罪人格并非先天就有,那么,犯罪人格的形成中有哪些影响因素呢?或者说,主要是哪些因素导致人格异化成犯罪人格呢?

1. 父母对儿童的态度和教育方法

家庭的经济条件、社会地位、家庭成员之间的关系以及儿童在家庭中扮演的角色和地位都会对儿童的人格形成留下不可磨灭的印迹,其中最主要的是父母对儿童的态度和教育方法。父母积极的鼓励和民主的态度,以及使儿童体会到亲子之爱,有利于保持儿童稳定的情绪,形成儿童的自尊心、自信心和对人友好的态度。反之,则容易形成反社会人格。不可否认的是,儿童早期家庭关系中的情绪障碍是犯罪人格形成的重要原因。

2. 学校生活与学校教育能有效地影响人格的社会化程度

对学业的不适应和师生关系、同学关系障碍容易导致反社会人格的形成。如教师的教学热情和民主作风会鼓励学生学习的积极性和主动性,增强学生之间的友好关系;而专横或放任的态度,则会降低学生学习的自觉性,使学生产生逆反心理或者出现任性行为。

3. 特殊文化环境和文化冲突是犯罪人格形成的重要影响因素

特殊文化是与一般文化相对而言的。例如:在大城市的犯罪者密集区,在贫困和下层阶级的居住区,在边远地区与未开发地区等处可看到的特异习惯、风俗、价值观、行为方式等,就是所谓的特殊文化。在这种文化(亚文化)背景中成长的人,其所作所为往往容易具有与社会规范背道而驰的倾向。文化冲突的概念,最初是由塞林(T. sellin)提出的。他认为异质文化的冲突往往使人格社会化出现障碍,令人无所适从走上犯罪道路。

4. 人格社会化最终决定于个人的社会实践

任何人都生活在一定的社会历史条件下和一定的社会关系中,他的社会地位以及一定的社会意识决定着他的世界观、理想和信念,从而决定着他的行为和目的,影响着他的能力和性格。

影响犯罪人格形成的因素还有很多。怎样通过控制这些因素阻止犯罪人格的形成,从而减少稳定的犯罪人格倾向和犯罪仍然是一个值得深入探讨的理论和实际问题。

四、研究犯罪人格的意义

1. 研究犯罪人格的理论意义

(1) 对犯罪人格的研究可以使对犯罪原因的研究更加深入和全面

寻找犯罪赖以产生的原因和条件是犯罪学、犯罪心理学研究的核心内容。从古至今,学者们从不同的视角探讨犯罪的原因,并提出了各种学说。然而,因为阶级立场、世界观与方法论的限制,他们没有也不可能找出犯罪对象的总根源,而只是平铺直叙地排列一大串犯罪的个人因素与社会因素从而陷入泛泛的多因论而无法自拔。这样的原因论终究没有能够揭示出各种犯罪因素如何使一个人成为罪犯的作用机制。犯罪是由个人实施的行为,任何犯罪行为不可能离开人而发生。而最能代表个人的是其人格,人格是一个人自然的一面与社会的一面的统一。因此,只有研究犯罪人格的各方面构成,研究犯罪人格如何形成,研究犯罪人格怎样将个人因素与社会因素有机结合起来,才能发现犯罪行为发生的机制。

（2）犯罪人格的研究为预测、预防犯罪开辟了新的途径，为制定科学的刑事政策提供了参考

必须看到社会情势与个人情况之间对犯罪的不同影响与相互作用。如果把决定性作用赋予社会情势的直接影响，而不考虑给予社会情势以意义的人格特征，那么，很难预见一定的可能的情势会引起什么样的后果。只有承认在社会条件、犯罪行为体系中犯罪人格的意义，才能对犯罪作出比较科学、可靠的预测。预测最终是为了预防，同样，科学地、有根据地制定个别预防措施也要依据犯罪人的人格状况。犯罪是危害社会的行为，社会必定对犯罪作出反应。而对犯罪的各种社会反应措施通过犯罪行为的中介最终都落在犯罪人身上。为使这种社会反应措施协调、有效并发挥强有力的整体功能，就必须在科学地研究罪犯现象与犯罪人格的基础上制定科学的刑事政策，使各种社会反应措施尽可能地个别化，尽可能地适应每个犯罪人的情况。

（3）犯罪人格在非犯罪化、非刑罚化、非机构化中的意义

犯罪的实质应当是侵害或危害法益的行为。但是，从维持社会秩序的观点来看，没有必要将所有侵害法益的行为都作为犯罪，只需将从维持社会秩序的目的来看，把不能置之不理的行为作为犯罪处理便够了。然而一旦社会关系复杂化，便可看到作为社会控制手段而随便创设犯罪的倾向。对于这种过剩犯罪化应当慎之又慎。非犯罪化是指将迄今为止作为犯罪加以处刑罚的行为不作为犯罪，停止对其处罚。非犯罪化正是立足于刑法的谦抑性纠正基于国家之强烈处罚要求的过剩犯罪化倾向。而将犯罪人格状况作为考量因素，特别是那些行为有一定危害性，但并不体现其人格"恶"性，可能永远都不会再犯的人排除在刑法视野之外，不但有利于当事人将来的发展，也利于集中刑罚资源用于真正的严重危及社会秩序的犯罪人。

非刑罚化是指用刑罚以外的比较轻的制裁代替刑罚，或减轻、缓和刑罚以处罚罪犯。非刑罚化是建立在与非罪犯化共同的理念基础之上，回避或缓和刑事制裁的政策。因为刑罚不只是报应，更多是为了预防，那么犯罪人的人格状况就不能忽视。

非机构化则是着眼于自由刑的弊端而倡导的，只有立足于封闭、容易形成交叉感染的监狱环境与人格的社会化背道而驰这一点才能找到非机构化的内在根据。

2. 研究犯罪人格在犯罪人处遇实践中的意义

人们研究犯罪对象，探讨犯罪原因，最终都是为了更加有效地应对犯罪，而在组织对犯罪的反应中，对犯罪人的处遇是重要的一环。因为犯罪处遇针对的是具体的犯罪人，所以一个重要的原则是个别处遇原则。个别处遇原则是指，为

改造犯罪人,使其重返社会,必须实施对其改造和重返社会的合适的处遇方法。但这里的处遇不只是狭义的监狱内对犯人的改造,还包括司法处遇、设施内处遇和社会内处遇。

(1) 司法处遇

司法处遇,即在刑事司法程序中的警察、检察及裁判阶段的处遇。在司法处遇的警察、检察阶段考量犯罪人格的意义在于,在法律规定的范围内,裁量决定是否立案、起诉从而最大化地避免罪行轻微、无犯罪人格者进入刑事程序对其消极有害的影响。在裁判阶段,法官对犯罪人处遇的中心是量刑。法官在量刑时不仅要使刑罚与犯罪行为的严重程度相适应,也要使刑罚与犯罪人的人格"恶"性相适应,这也是犯罪人个别预防之需要。个别预防,关注的是犯罪人的再社会化,因为绝大多数犯罪人终究还是要回到社会中去的,所以要在照顾到报应与一般预防的同时在法律的规定内尽量考虑犯罪人的个人情况,视其犯罪危害性及再社会化的需要判定具体的刑罚,实现裁判上的个别化。为实现量刑的科学化、合理化以及犯罪人的处遇的个别化,一些国家在判决前有组织地调查、收集与犯罪有关的量刑资料,也即判决前调查制度,其合理之处值得借鉴。

(2) 设施内处遇

设施内处遇,主要指监狱内自由刑的执行。自由刑执行的主要目的,是在保证收容的同时,实现犯罪人的改造自新。而对犯罪人的改造,主要是对犯罪人格的改造。因为与犯罪思想和犯罪行为相比,犯罪人格是一个更为深刻、更为稳定而且具有总体性的犯罪主观原因。对于大多数罪犯来说,犯罪思想和犯罪行为未必是稳定的,而其人格缺陷则往往是一贯的,只有使罪犯的人格得到改善才能保证其不再犯罪,成为守法公民,这是降低再犯率、提高改造效果的根本所在。因此,监狱应以犯罪人格改造为主题。既然犯罪人格不是整齐划一的,那么就要根据犯罪人的具体人格情况施以相适宜的处遇措施,也即个别处遇。但个别处遇不等于单独处遇,分类是必要的前提。而罪犯的分类,从人格改造的角度看,主要包含两大层次。其一,根据犯罪人格稳定性程度的差异进行分类,以确定改造的可能性。这样将犯罪人格不太稳定和可塑性较大的罪犯与犯罪人格顽固或需要特殊矫正措施的反社会人格障碍者分别收容于不同的监狱。其二,在前一次分类的基础上,再根据需要得到何种内容的改造或处遇进行分类,在此基础上制定综合的、有针对性的处遇计划。犯罪分类以犯罪人格的调查结果为依据。当然人格调查与犯罪分类不是一下就完成了,一般入所时进行一次,中间可适时进行以确定处遇效果并及时修正处遇计划。

(3) 社会内处遇

社会内处遇是和设施内处遇相对的概念,它是指不将犯罪人收容于设施之内,而让其在社会上一边过一般生活,一边用指导、援助等使其改造自新的措施,包括假释、缓期执行、帮教、社会服务令等。在我国则主要指假释和缓期执行。假释和缓期执行是刑罚的变更或一种执行方式,其目的是尽量回避自由刑的弊害,更加有利于罪犯重返社会。这两项措施适用条件中的重要一项是"不致再危害社会",其实也就是没有再犯的可能性。而犯罪人格正是一种犯罪倾向性的表征,所以在决定适用缓期执行或予以假释时,除了其他法定条件外,犯罪人是否有犯罪人格及其严重程度是重要的考量内容。缓期执行在司法处遇阶段已有提及,应根据判决前的人格调查材料决定是否适用缓期。对于假释,预测其再犯的可能性时,不但要考虑入狱时人格状况,还要考虑经过一段时间改造对其人格的影响状况。如刑法规定"对累犯以及因杀人、爆炸、抢劫、强奸、绑架等暴力性犯罪被判处10年以上有期徒刑、无期徒刑的犯罪分子不得假释",就是考虑到这些犯罪一般犯罪人格都比较稳定,短时间内难以改造成为适应社会生活的新人,不适于放在社会内处遇。当然,也不应过于严格地限制缓刑、假释的运用,以至为了保险起见,只将完全不具备犯罪人格或改造后品行良好的受刑人予以假释,这样就违背了社会内处遇的初衷。社会内处遇正是为了避免自由刑的弊端,以更有利于其人格的再社会化。所以,对于犯罪人格比较轻微,主观恶性较浅的犯人也完全可以适用,但要同时加强对于受刑人的监督观察措施。①

一、本章需要继续探讨的问题

（一）马斯洛提出的人格特征

1. 了解并认识现实,持较为实际的人生观。
2. 悦纳自己、别人以及周围的世界。
3. 在情绪与思想表达上较为自然。
4. 有较广的视野,就事论事,较少考虑个人利害。
5. 能享受自己的私人生活。
6. 有独立自主的性格。
7. 对平凡事物不觉厌烦,对日常生活永感新鲜。
8. 在生命中曾有过引起心灵震动的高峰体验。
9. 爱人类并认同自己为全人类之一员。
10. 有至深的知交,有密切的家人。
11. 具民主风范,尊重别人的意见。
12. 有伦理观念,能区别手段与目的;绝不为达到目的而不择手段。

---

① 参见刘邦惠:《犯罪心理学》,科学出版社2004年版,第143—147页。

13. 带有哲学气质,有幽默感。
14. 有创见,不墨守成规。
15. 对世俗,和而不同。
16. 对生活的环境有时时改进的意愿与能力。

马斯洛对希望自己的人生臻于自我实现境界的人提出以下7项建议:

1. 把自己的感情出口放宽,莫使心胸像个瓶颈。
2. 在任何情境中,都尝试从积极乐观的角度看问题,从长远的利害作决定。
3. 对生活环境的一切,多欣赏,少抱怨;有不如意之处,设法改善;坐而空谈,不如起而实行。
4. 设定积极而有可行性的生活目标,然后全力以赴求其实现;但却不能期望未来的结果一定不会失败。
5. 对是非之争辩,只要自己认清真理正义之所在,纵使违反众议,也应挺身而出,站在正义之一边,坚持到底。
6. 莫使自己的生活僵化,为自己在思想与行动上留一点弹性;偶尔放松一下身心,将有助于自己潜力的发挥。
7. 与人坦率相处,让别人看到你的长处与缺点,也让别人分享你的快乐与痛苦。

(二) 卡特尔的人格特质理论

R.B.卡特尔认为,人格特质是在不同情境中表现出来的稳定而一致的行为倾向。人格特质是人格结构的基本单元,通过分析人格特质的特点,可揭示个体的人格结构。

卡特尔根据人格特质的独特性,将人格特质区分为独特特质和共同特质。前者是个体所特有的人格特质,后者是许多人(同一群体或阶级的人)所共有的人格特质。

卡特尔还根据人格特质的层次性,将人格特质区分为表面特质和根源特质。表面特质是能够从个体外部行为中直接观察到的特质,是个体的行为表现。根源特质是不能直接观察到,但对个体的行为起制约作用的特质。例如,聪慧性是一种根源特质,它是不能直接观察到,但我们可以根据其解决问题的正确性和速度间接地推测出来。这里,解决问题的正确性和速度就是表面特质。

卡特尔认为,每个人都具有16种根源特质:乐群性、聪慧性、情绪稳定性、恃强性、兴奋性、有恒性、敢为性、敏感性、怀疑性、幻想性、世故性、忧虑性、激进性、独立性、自律性、紧张性。但是,每个人的人格特质都存在一定的量的差异。正是由于这种量的差异,才使个体之间表现出人格结构上的差异。

(三) 有关气质的学说

1. 体液说

体液说是最早的气质学说。公元前5世纪,古希腊医生希波克拉底认为,人体有四种体液:血液、粘液、黄胆汁、黑胆汁。希波克拉底根据哪一种体液在人体中占优势来确定人的气质,他把气质分为四种:多血质、粘液质、胆汁质和抑郁质。多血质的人体液混合物比例中血液占优势;粘液质的人体内粘液占优势;胆汁质的人体内黄胆汁占优势;抑郁质的人体内的黑胆汁占优势。希波克拉底用体液多少来解释气质的类型,虽然缺乏科学根据,但人们在日常生活中确实能观察到这四种气质类型的典型代表。所以,这四种气质类型的名称,为许多学者所采用,一直沿用至今。

2. 体型说

体型说是由德国精神病学家克瑞奇米尔提出来的。他根据对精神病患者的临床观察,认为人的身体结构与气质特点有一定的关系,可以按照人的体型划分人的气质类型。他把人的气质分为肥胖型、瘦长型等类型。肥胖型的人情绪不稳定,时而激动,时而心情沮丧,易患躁狂抑郁症;瘦长型的人孤僻、多思、沉静,易患分裂型精神病。事实上,气质与体型并没有必然关系。

3. 血型说

血型说是日本学者古川竹二提出来的。他认为人的气质与血型有关。古川竹二根据人的血型将气质分为A型、B型、AB型、O型四种类型。他认为,A型的人温和、稳重、顺从;B型的人感觉灵敏、善于社交;AB型兼有A型和B型的特点;O型的人志向高远、好胜心强,比较霸道。事实上,并没有证据证明气质与血型有必然的联系。

4. 激素说

气质的激素说是由英国心理学家L.柏尔曼提出来的。柏尔曼认为,人的气质是由甲状腺、肾上腺、脑垂体、副甲状腺和性腺等内分泌腺的活动水平决定的。例如,甲状腺型的人甲状腺分泌多,精神饱满、意志坚强、任性急躁;甲状腺分泌少,则精神易疲劳、反应迟钝。研究表明,内分泌腺的活动对人的心理和行为有重要调节作用,因而对人的气质有一定的影响。但内分泌腺的活动受神经系统的调节,因此,不能孤立讨论内分泌腺对气质的影响。

5. 高级神经活动类型说

高级神经活动类型说是原苏联生理学家巴甫洛夫提出的。人的气质是由人的高级神经活动类型决定的。巴甫洛夫发现,大脑皮层的基本神经过程有强度、均衡性和灵活性三种基本特性。根据这三种特性可以将个体的神经活动分为不同的神经活动类型。神经过程的强度是指神经系统兴奋与抑制的能力,兴奋与抑制能力强,其神经活动就是强型,兴奋与抑制能力弱,其神经活动就是弱型。

均衡性是指兴奋与抑制能力的相对强弱。根据神经活动的均衡性,可以将强型又分为两类:如果兴奋与抑制的能力基本接近,就是平衡型;兴奋能力明显高于抑制能力,就是不平衡型。灵活性是指兴奋与抑制之间相互转换的速度。根据神经活动的灵活性,可以将平衡型分为两类:抑制与兴奋转换迅速的,叫灵活型;抑制与兴奋转换慢的,叫不灵活型。

(四)气质的心理特征

1. 气质的心理特征

气质的心理特征就是区分气质类型的心理指标。通常,心理学用以区分气质类型的心理指标有六项:感受性、耐受性、反应的敏捷性、可塑性、情绪的兴奋性、外倾性与内倾性。

感受性是指个体对外界刺激的感觉能力,它可以用人产生某种感觉所需要的最小刺激量来衡量。感受性是心理活动强度的重要指标。耐受性是指个体耐受刺激作用的能力,它可以从个体耐受刺激的强度或作用时间两方面进行衡量。耐受性也是心理活动的强度的重要指标,反应的敏捷性是指心理活动的灵活性。它一方面表现为在不随意活动中,能否迅速指向一定的对象;另一方面表现为随意性心理活动的速度或不同活动相互转换的速度。可塑性是指个体根据外界事物的变化情况而改变自己适应性行为的可塑程度。可塑性强的人较容易对自己的思想、态度、行为进行改变,而较少出现不愉快的情绪反应;可塑性弱的人较难改变自己的思想、态度、行为,在改变时经常出现不愉快的情绪反应。情绪的兴奋性是指在行为中表现出来的情绪兴奋程度。情绪的兴奋性不仅反映个体的神经活动的强弱,还反映出个体兴奋与抑制的平衡性。例如,神经活动强的人,如果兴奋与抑制平衡,其强烈情绪就不表现出来;如果抑制水平低,其强烈情绪就会表现出来。而外倾性与内倾性,前者是情绪兴奋性强的体现,其心理活动和行为反应都倾向表现于外;后者是情绪的抑制过程强占优势的反映,其心理活动和行为反应都不轻易表现出来。

2. 传统的气质类型相应的心理特征

气质类型是指一类人所共有的气质特征的有规律的结合。由于气质特征的种类很多,它们的组合形式是多种多样的,因而气质的类型很多。但较为代表性的气质类型有四种,即多血质、粘液质、胆汁质和抑郁质。每一种气质类型都具有独特的气质特征。

多血质的气质特征是感受性低而耐受性高;不随意反应性强,易受外界刺激的影响;具有较高的可塑性;情绪兴奋性高,反应迅速而灵活;外倾性明显。

粘液质的气质特征是感受性低而耐受性高;不随意反应性低,不易受外界刺激的影响;可塑性较差;情绪兴奋性低,反应速度慢,具有稳定性;内倾性明显,外部表现较少。

胆汁质的气质特征是感受性低而耐受性高；不随意反应性强，易受外界刺激的影响，反应迅速但不灵活；可塑性较低；情绪兴奋性高，抑制能力差；外倾性明显。

抑郁质的气质特征是感受性高而耐受性低；不随意反应性低，不易受外界刺激的影响；可塑性较差，具有刻板性，不灵活；情绪兴奋性高，情绪体验深刻，反应速度慢；具有严重的内倾性。

应当指出，实际上只有少数人是这四种气质类型的典型代表，多数人是介于各类之间的中间类型。

（五）性格与气质的关系

在日常生活中，人们对个体所表现出来的性格特征和气质特征很难区分，常常将两者混为一谈。其实，性格与气质是两种既相互联系，又有本质差别的个性心理特征。

1. 性格与气质的区别

性格与气质作为不同的个性心理特征，都有其自己的特点。

(1) 性格与气质虽然都与人的心理活动有关，并在人的活动中得到体现。但它们反映了心理活动的不同侧面。性格侧重反映与心理活动的动机和内容有关的方面，是个体对现实的态度及与之相适应的行为方式的总和。气质则侧重于反映与心理活动的动机和内容无关的动力特征，是个体心理活动在速度、强度、稳定性、指向性等方面的特点。

(2) 性格与气质的形成条件有很大区别。气质是以人的高级神经活动的类型为生理基础。后天的环境因素只能改变气质某些具体表现形式，但很难改变人的气质。而性格则以后天形成的暂时神经联系为生理基础。虽然这种暂时神经联系的形成是以先天的高级神经神经活动为前提，但个体的生活经验是起决定作用的。因此，气质具有明显的天赋性，而性格是后天获得的，具有明显的社会性。正是因为如此，从社会意义上讲，气质没有好坏之分，而性格则有好坏之分。

(3) 性格与气质的发生发展也是不同步的。气质是生下来就有的，并逐渐在个体的生活中表现出来，具有很强的稳定性。而性格则是在个体的生活实践活动中，随着个体的自我意识的发生发展而发生发展的。相对于气质而言，性格较易发生改变。

(4) 性格与气质的区别还表现在，相同气质的人可以形成完全不同的性格，而不同气质的人也可以形成基本相同的性格。

2. 性格与气质的联系

性格与气质都与人的神经活动有关，因而两者之间具有紧密的联系。

(1) 由于神经活动的类型对暂时神经联系的形成有重要的影响，因而气质会影响性格的形成和具体表现。首先，一定的气质对形成某些性格特征有重要影响。例如,胆汁质的人,由于其神经过程的兴奋强于抑制,因而容易形成果断、勇敢的性格特点;但由于抑制过程过弱,因而较难形成细致、谨慎的性格特点。其次,气质会影响性格的具体特征的表现形式。例如,不同气质的人都能形成勤劳的性格特点,但他们的性格的具体表现则会因气质的不同而不同。胆汁质的人表现为急切或迅速地完成任务;多血质的人表现为充满热情,灵活地完成任务;粘液质的人表现为不动声色、长期坚持地完成任务;抑郁质的人则表现为周密、细致地完成任务。

(2) 由于已形成的暂时神经联系会改变神经活动类型的某些特征的具体表现,因而,性格对气质有一定的制约作用。例如,一个胆汁质的人,可能在生活中缺乏耐心,但如果她是一位非常热爱儿童的幼儿教师,就会对幼儿非常有耐心。性格对气质的制约作用在教育上有重要意义。胆汁质的人可以克制自己的急躁的弱点,多血质的人会改变自己不踏实的弱点,粘液质的会改变自己固执的弱点,抑郁质的人会克服自己情绪的波动。

(六) 经典案例分析

2004年2月23日,云南省昆明市云南大学6幢317号宿舍发现4具男性尸体,经查死者是该校生化学院生物技术专业2000级的4名学生:唐学礼、杨开红、邵瑞杰和龚博。云南省公安厅和昆明市公安局在之后的现场勘查和调查访问后认定,4人的同学马加爵有重大作案嫌疑。而此时马加爵已失踪数天。

马加爵1981年5月4日出生,作案时还不到23岁,杀人手段却极其残忍。警方发现尸体死亡原因都为脑部钝器击打所致。2月24日,公安部发出A级通缉令。3月1日又向社会公开发布了通缉令,悬赏20万元,查缉马加爵。据介绍,马加爵平时爱踢足球和打篮球。四个死者中,龚博住在另一幢楼,马加爵和唐学礼、杨开红同住第6宿舍楼317房间,邵瑞杰则住在隔壁的316室。五个人同级,常在一起打球。据同学说,马加爵生性比较粗暴。平时打球,只要有人踢不好或无意间踢到他身上,他便会动怒,有时甚至翻脸骂人。马加爵有几个广西老乡以前常来找他玩,后来渐渐不来了。还有同学回忆,马加爵以前经过316室,只要听到里面的音乐声大一点就会破口大骂。有一次同宿舍的一位同学动了马的东西,马发现后便一直记恨在心,从此不再理睬该同学。同学都说他性格孤僻,不太好处。[①]

二、思考题

1. 试述人格的含义。
2. 试述人格的特征。

---

① 资料来源于健康网:http://www.39.net/mentalworld/zw/35387.html。

3. 试述人格特质的含义。
4. 简述人格障碍的类型。
5. 简述犯罪人格的特征。
6. 论述犯罪人格与变态人格的关系。
7. 论述影响犯罪人格形成的因素。

第七章 犯罪动机

内容提要

动机是需要的产物,行为的直接动因。一切行为无不受动机的驱使,犯罪行为也不例外。犯罪动机是引发、维持和导引犯罪行为向犯罪目的进行的内在动力和内在历程。

关键词

需要 动机 犯罪动机 犯罪动机的分类 犯罪动机的形成 犯罪动机的转化

第一节 需要与动机

一、需要概述

（一）需要的含义

需要是指个体和社会生活所必需的因素在个体头脑中的反映。需要的产生是由于个体内部生理或心理存在着某种缺乏或不平衡状态。

人类在社会生活中,早期为维持生存和延续后代,形成了最初的需要。人为了生存就要满足他的生理的需要。例如,饿了就需要食物;冷了就需要衣服;累了就需要休息;为了传宗接代,就需要恋爱、婚姻。人为了生存和发展还必然产生社会需求。例如,通过劳动,创造财富,改善生存条件;通过人际交往,沟通信息,交流感情,相互协作。人的这些生理需求和社会需求反映在个体的头脑中,就形成了他的需要。随着人类社会生活的日益进步,为了提高物质文化水平,逐步形成了高级的物质需要和精神需要。人有生理需求和社会需求,即需要,就必然去追求、去争取、去努力。因此,需要是积极性的源泉,是人的思想活动的基本动力。

（二）需要的特点

需要的一般特点,具体表现在以下几个方面:

1. 任何需要都有明确的对象

或表现为追求某一种东西的意念,或表现为避开某一事物、停止某一活动的意念。

2. 需要有周期性

一般来说,需要都有周期性,周而复始;比较复杂的需要虽然没有周期性,但在条件适合时,也可能多次重新出现。

3. 需要随社会历史的进步而不断发展

需要一般由低级到高级、由简单到复杂、由物质到精神、由单样到多样。

人的需要又表现为以下特征:

1. 对象性

人的需要不是空洞的,而是有目的、有对象的,而且也随着满足需要的对象的扩大而发展。人的需要的对象既包括物质的东西,如衣、食、住、行,也包括精神的东西,如信仰、文化、艺术、体育;既包括个人生活和活动,例如,个人日常的物质和精神方面的活动,也包括参与社会生活和活动以及这些活动的结果,例如,通过相互协作,带来物质成果,通过人际交往,沟通感情,带来愉悦和充实;既包括想要追求某一事物或开始某一活动的意念,也表现为想要避开某一事物或停止某一活动的意念,这些意念的产生都是根据个人需要及其变化决定的。各种需要彼此之间的区别,就在于需要对象的不同。但无论是物质需要,还是精神需要,都必须有一定的外部物质条件才能满足。例如,居住需要房子,出门要有交通工具,娱乐要有场所,等等。

2. 阶段性

人的需要是随着年龄、时期的不同而发展变化的。也就是说个体在发展的不同时期,需要的特点也不同。

3. 社会制约性

人不仅有先天的生理需要,而且在社会实践中,在接受人类文化教育过程中,发展出许多社会性需要。这些社会需要受时代、历史的影响,又受阶级性的影响。在经济落后、生活水平低下时期,人们需要的是温饱;在经济发展、生活水平提高的时期,人们需要的不仅是丰裕的物质生活,同时也开始需要高雅的精神生活。具有不同的阶级属性的人的需要也不一样,资产阶级需要的是不劳而获、坐享其成;工人阶级需要的是自由、民主、温饱和消灭剥削。由此可见,人的需要又具有社会性和历史与阶级的制约性。

4. 独特性

人与人之间的需要既有共同性,又有独特性。由于生理、遗传因素、环境因素、条件因素不同,每个人的需要都有自己的独特性。年龄不同的人、身体条件不同的人、社会地位不同的人、经济条件不同的人,都会在物质和精神方面有不同的需要。

（三）需要的种类

人的需要是多种多样的，可以按照不同的标准对它们进行分类。最常见的是采用二分法把各种不同的需要归属于两大类。例如，需要可以分为生物性（生理性）需要与社会性需要，或原发性需要与继发性需要，或外部性需要与内部性需要，或物质性需要与心理性（精神性）需要，等等。最近几十年对西方和我国产生重要影响的，是美国著名心理学家马斯洛（Abraham h. maslow,1908—1970）提出的需要层次理论。

需要层次理论是研究人的需要结构的一种理论，是美国心理学家马斯洛所首创的一种理论。他在1943年发表的《人类动机的理论》(A Theory of Human Motivation Psychological Review)一书中提出了需要层次论。这种理论的构成根据3个基本假设：(1) 人要生存，他的需要能够影响他的行为。只有未满足的需要能够影响行为，满足了的需要不能充当激励工具；(2) 人的需要按重要性和层次性排成一定的次序，从基本的（如食物和住房）到复杂的（如自我实现）；(3) 当人的某一级的需要得到最低限度满足后，才会追求高一级的需要，如此逐级上升，成为推动继续努力的内在动力。马斯洛把人的需要归纳为五大类，由低到高分成五个阶层，即生理需要、安全需要、归属和爱的需要、尊重的需要、自我实现的需要。

1. 生理上的需要

生理上的需要是人们最原始、最基本的需要，如吃饭、穿衣、住宅、医疗等。若不满足，则有生命危险。这就是说，它是最强烈的不可避免的最底层需要，也是推动人们行动的强大动力。显然，这种生理需要具有自我和种族保护的意义，以饥渴为主，是人类个体为了生存而必不可少的需要。当一个人存在多种需要时，例如同时缺乏食物、安全和爱情，总是缺乏食物的饥饿需要占有最大的优势。

2. 安全的需要

安全的需要要求劳动安全、职业安全、生活稳定、希望免于灾难、希望未来有保障等，具体表现在：(1) 物质上的：如操作安全、劳动保护和保健待遇等；(2) 经济上的：如失业、意外事故、养老等；(3) 心理上的：希望解除严酷监督的威胁、希望免受不公正待遇，工作有应付能力和信心。安全需要比生理需要较高一级，当生理需要得到满足以后就要保障这种需要。每一个在现实中生活的人，都会产生安全感的欲望、自由的欲望、防御的实力的欲望。

3. 社交的需要

社交的需要也叫归属与爱的需要，是指个人渴望得到家庭、团体、朋友、同事的关怀爱护和理解，是对友情、信任、温暖、爱情的需要。社交的需要比生理和安全需要更细微、更难捉摸。它包括：(1) 社交欲，希望和同事保持友谊与忠诚的伙伴关系，希望得到互爱等；(2) 归属感，希望有所归属，成为团体的一员，在个人有困难时能互相帮助，希望有熟识的友人能倾吐心里话、说说意见，甚至发发牢骚。爱不单是指两性间的爱，它是广义的，体现在互相信任、深深理解和相互给予上，包括给予和接受爱。社交的需要与个人性格、经历、生活区域、民族、生活习惯、宗教信仰等都有关系，这种需要是难以察悟，无法度量的。

4. 尊重的需要

尊重的需要可分为自尊、他尊和权力欲三类，包括自我尊重、自我评价以及尊重别人。与自尊有关的，如自尊心、自信心，对独立、知识、成就、能力的需要等等。尊重的需要也可以如此划分：(1) 渴望实力、成就、适应性和面向世界的自信心，渴望独立与自由；(2) 渴望名誉与声望。声望是来自别人的尊重、受人赏识、注意或欣赏。满足自我尊重的需要导致自信、价值与能力体验、力量及适应性增强等多方面的感觉，而阻挠这些需要将产生自卑感、虚弱感和无能感。基于这种需要，愿意把工作做得更好，希望受到别人重视，借以自我炫耀，指望有成长的机会、有出头的可能。显然，尊重的需要很少能够得到完全的满足，但基本的满足就可产生推动力。这种需要一旦成为推动力，就将会令人具有持久的干劲。

5. 自我实现的需要

自我实现的需要是最高等级的需要。满足这种需要就要求完成与自己能力相称的工作，最充分地发挥自己的潜在能力，成为所期望的人物。这是一种创造的需要。有自我实现需要的人，似乎在竭尽所能，使自己趋于完美。自我实现意味着充分地、活跃地、忘我地、集中全力全神贯注地体验生活。成就感与成长欲不同，成就感追求一定的理想，往往废寝忘食地工作，把工作当是一种创作活动，希望为人们解决重大课题，从而完全实现自己的抱负。

在马斯洛看来，人类价值体系存在两类不同的需要：一类是沿生物谱系上升方向逐渐变弱的本能或冲动，称为低级需要或生理需要；一类是随生物进化而逐渐显现的潜能或需要，称为高级需要。

人都潜藏着这五种不同层次的需要，但在不同的时期表现出来的各种需要的迫切程度是不同的。人的最迫切的需要才是激励人行动的主要原因和动力。人的需要是从外部得来的满足逐渐向内在得到的满足转化。在高层次的需要充分出现之前，低层次的需要必须得到适当的满足。低层次的需要基本得到满足以后，它的激励作用就会降低，其优势地位将不再保持下去，高层次的需要会取代它成为推动行为的主要原因。有的需要一经满足，便不能成为激发人们行为的起因，于是被其他需要取而代之。这五种需要不可能完全满足，愈到上层，满足的百分比愈少。任何一种需要并不因为下一个高层次需要的发展而消失，各层次的需要相互依赖与重叠,高层次的需要发展后,低层次的需要仍然存在,只是对行为影响的比重减轻而已。

高层次的需要比低层次的需要具有更大的价值。热情是由高层次的需要激发的。人的最高需要即自我实现就是以最有效和最完整的方式表现他自己的潜力,唯有此才能使人得到高峰体验。

人的五种基本需要在一般人身上往往是无意识的。对于个体来说,无意识的动机比有意识的动机更重要。对于有丰富经验的人,通过适当的技巧,可以把无意识的需要转变为有意识的需要。

二、动机概述

(一)动机的概念

动机是为实现一定的目的激励人们行动的内在原因。人从事任何活动都有一定的原因,这个原因就是人的行为动机,动机可以是有意识的,也可能是无意识的。它能产生一股动力,引起人们的行动,维持这种行动朝向一定目标,并且能强化人的行动,因此在国外也被称为驱动力。比如说,工作动机是指人们从事工作的原因或力量,具体可能是挣钱、学技术、发挥才干、造福人类,等等。

(二)动机的形成

1. 需要是动机形成的基础

人的动机是在需要的基础上形成的。当人们感到生理上或心理上存在着某种缺失或不足时,就会产生需要。一旦有了需要,人们就会设法满足这个需要。只要外界环境中存在着能满足个体需要的对象,个体活动的动机就可能出现。例如,一个腹中空空行路的人,就会产生吃东西的需要。如果发现了食品店,其想吃东西的需要就会转化为购买食品的动机。

但是,并非任何需要都可以转化为动机。只有需要达到一定的强度后,才会转化为相应的动机。当需要的强度较弱时,人们只能模糊地意识到它的存在,这种需要叫意向。由于意向不能为人们清晰地意识到,因而难以推动人们的活动,形成活动的动机。当需要的强度达到一定的程度时,就能为人们清晰地意识到,这种需要叫愿望。只有当人们具有一定的愿望时,才能形成动机。当然,个体的愿望要转化为动机,还要有诱因的作用,否则,只能停留在大脑里。例如,一个人无论多么想读书,如果没有读书的必要条件,他读书的愿望就不能付诸行动,也就不能形成读书的动机了。

2. 诱因是动机形成的外部条件

诱因是指能满足个体需要的外部刺激物。想买衣服的人,看到商场陈列的服装,就可能产生购买的动机,商场里的服装就是购买活动的诱因。诱因使个体的需要指向具体的目标,从而引发个体的活动。因此,诱因是引起相应动机的外部条件。

诱因分为正诱因和负诱因。正诱因是指能使个体因趋近它而满足需要的刺激物。例如，儿童被同伴群体接纳，可以满足其归属与爱的需要。在这里，同伴群体的作用就是一种正诱因。负诱因是指能使个体因回避它而满足需要的刺激物。例如，考试对一个成绩不好的学生往往意味着自尊心的伤害，因此，他们往往采取种种方式逃避考试，以维护自己的自尊心。在这里，考试作用就成了负诱因。

已形成的动机推动了个体的活动，而活动的结果又反过来影响随后的动机。

（三）影响动机形成的因素

1. 价值观

价值观是由个体评价事物的价值标准所构成的观念系统。个体的兴趣、信念、理想是价值观的几种主要表现形式。

价值观是在个体需要的基础上形成的，是个体需要系统的反映。人们的需要是各种各样的，一方面，需要本身有强弱之分；另一方面，在社会生活中，只有一部分需要能够满足，有时，满足某种需要是以抑制其他需要为前提的。这样，个体就逐渐形成了各种需要按强弱的程度组成的一个需要系统。这个需要系统为个体所意识到，就成为一定的观念系统，即价值观。价值观从整体上控制着人们对事物价值的评价。

价值观一旦形成，就具有很大的稳定性。它对需要的作用具有重要调节作用。它可以抑制或延缓一些需要，同时激活或强化另一些需要，从而影响个体的动机。例如，在抗洪救灾的战斗中，人民解放军战士不顾个体安危，抢救人民生命财产，这就是个体抑制自己的安全需要，激活了奉献需要的结果。

2. 情绪

情绪是个体对需要是否满足而产生的愉快或不愉快的体验。当需要得到满足，个体就会出现高兴、快乐等积极情绪；如果需要得不到满足或需要的满足一再受到阻碍，就会产生悲痛、愤怒、恐惧等消极情绪。

情绪对已有的需要有放大的作用。愉快的情绪加强已有的需要，大大提高个体活动的积极性；而不愉快的情绪则削弱已有的需要，抑制个体活动的积极性，降低活动的效率。例如，婴儿在母亲身边时，由于其情绪较为愉快，表现出较多的探索活动；当母亲不在身边时，则产生不愉快的情绪，其探索活动明显减少。

3. 认知

一项活动是否值得做？成功的把握有多大？对这些问题的认知直接影响着个体的动机。因此，认知是影响个体动机的重要因素。心理学在这方面进行了大量的研究。

J. W. 阿特金森认为,诱因能否引起个体的行为动机,关键在于个体对行为的价值和成功的概率的估计。对行为价值的估计叫效价,对成功概率的估计叫期望。他提出:行为动机是效价与期望的乘积。这种估计是主观的,但个体对行为的效价和期望估计越高,其动机的强度就越大。

B. 韦纳认为,个体的期望大小是与个体对成败的归因有关。每个人都力求解释自己的行为,分析行为结果的原因,这种认知活动就是归因。个体对成败的归因直接影响行为动机的强度。如果将行为结果的成败归因于内部的、可以控制的因素(如努力程度、方法),则会增强相应的动机;如果将成败归因于外部的或不可控制的因素(如运气、难度等),则会削弱相应的动机。

A. 班杜拉提出,个体的期望大小与其自我效能感有关。自我效能感是个体根据以往的经验,对自己从事该活动的能力进行的估计,这种估计是主观的。自我效能感强的人喜欢富有挑战性的工作,遇到困难能坚持不懈,情绪饱满;自我效能感弱的人则相反。

4. 行为的结果

动机作用产生的行为,其结果对动机本身产生一定的影响。首先,行为结果的成败对动机有重要影响。成功的结果会增强自己的信心,提高自我效能感,从而加强已有的动机;相反,失败的结果则会削弱已有的动机。其次,行为结果的及时反馈对动机有重要影响。一般而言,及时知晓行为的结果既能使个体发现自己的成功和进步,增强活动的热情,又能发现自己的不足,以调整自己的行为。如果个体不能及时知晓行为的结果,则行为结果的反馈作用就会减弱或消失。再次,他人对行为结果的评价对动机有重要影响。表扬和奖励等正面评价对已有动机有强化作用,批评与惩罚则对已有动机有削弱作用。

(四) 动机的种类

动机对于活动的影响和作用有不同的方面,由此可对动机进行不同的分类。

1. 内在动机和外在动机

根据动机的引发原因,可将动机分为内在动机和外在动机。内在动机是由活动本身产生的快乐和满足所引起的,它不需要外在条件的参与。个体追逐的奖励来自活动的内部,即活动成功本身就是对个体最好的奖励。外在动机是由活动外部因素引起的,个体追逐的奖励来自动机活动的外部。内在动机的强度大,时间持续长;外在动机持续时间短,往往带有一定的强制性。事实上,这两种动机缺一不可,必须结合起来才能对个人行为产生更大的推动作用。

2. 主导性动机和辅助性动机

根据动机在活动中所起的作用不同,可将动机分为主导性动机与辅助性动机。主导性动机是指在活动中所起作用较为强烈、稳定、处于支配地位的动机。辅助性动机是指在活动中所起作用较弱、较不稳定、处于辅助性地位的动机。在人的成长过程中,活动的主导性动机是不断变化与发展的。事实表明,主导性动机与辅助性动机的关系较为一致时,活动动力就会加强;二者彼此冲突,活动动力就会减弱。

3. 生理性动机和社会性动机

根据动机的起源,可将动机分为生理性动机和社会性动机。生理性动机是与人的生理需要相联系的,具有先天性,人的生理性动机也受社会生活条件所制约。社会性动机是与人的社会性需要相联系的,是后天习得的,如交往动机、学习动机、成就动机等。

4. 近景动机和远景动机

根据动机行为与目标远近的关系,可将动机划分为近景动机和远景动机。近景动机是指与近期目标相联系的动机;远景动机是指与长远目标相联系的动机。如有的学生努力学习,其目标是为期末考试获得好成绩;而有的学生努力学习,其目标是为今后从事教育事业打基础。前者为近景动机,后者为远景动机。远景动机和近景动机具有相对性,在一定条件下,两者可以相互转化。远景目标可分解为许多近景目标,近景目标要服从远景目标,体现远景目标。"千里之行,始于足下",是对近景与远景动机辩证关系的描述。

(五)动机、需要与行为

需要和动机是有区别的。需要是人积极性的基础和根源,动机是推动人们活动的直接原因。人类的各种行为都是在动机的作用下,向着某一目标进行的。而人的动机又是由于某种欲求或需要引起的。但不是所有的需要都能转化为动机,需要转化为动机必须满足以下两个条件:

1. 需要必须有一定的强度

就是说,某种需要必须成为个体的强烈愿望,迫切要求得到满足。如果需要不迫切,则不足以促使人去行动以满足这个需要。

2. 需要转化为动机还要有适当的客观条件

即诱因的刺激,它既包括物质的刺激也包括社会性的刺激。有了客观的诱因才能促使人去追求它、得到它,以满足某种需要;相反,需要就无法转化为动机。例如,人处荒岛,很想与人交往,但荒岛缺乏交往的对象(诱因),这种需要就无法转化为动机。

可见,人的行为动机是由主观需要和客观条件共同制约决定的。按心理学所揭示的规律,欲求或需要引起动机,动机支配着人们的行为。当人们产生某种需要时,心理上就会产生不安与紧张的情绪,成为一种内在的驱动力,即动机,它驱使人选择目标,并进行实现目标的活动,以满足需要。需要满足后,人的心理紧张消除,然后又有新的需要产生,再引起新的行为,这样周而复始,循环往复。

(六) 动机的功能

动机是在需要的基础上产生的,它对人的行为活动具有如下三种功能:

1. 激活的功能

动机能激发一个人产生某种行为,对行为起着始动作用。例如,一个学生想要掌握电脑的操作技术,他就会在这个动机驱动下,产生相应的行为。

2. 指向的功能

动机不仅能唤起行为,而且能使行为具有稳固和完整的内容,使人趋向一定的志向。动机是引导行为的指示器,使个体行为具有明显的选择性。例如,一个学生确立了从事未来的实践活动的学习动机,在其头脑中所具有的这种表象可以使之力求注意他所学的东西,为完成他所确立的志向而不懈努力。

3. 维持和调整的功能

动机能使个体的行为维持一定的时间,对行为起着续动作用。当活动指向于个体所追求的目标时,相应的动机便获得强化,因而某种活动就会持续下去;相反,当活动背离个体所追求的目标时,就会降低活动的积极性或使活动完全停止下来。需强调的是,将活动的结果与个体原定的目标进行对照,是实现动机的维持和调整功能的重要条件。

由于动机具有这些作用,而且它直接影响活动的效果,因而研究和分析一个人的活动动机的性质、作用是非常重要的。

第二节 犯罪动机

一、犯罪动机

(一) 犯罪动机的内涵

犯罪动机是指推动个体实施犯罪行为的内心动因,是个体反社会需要(犯罪需要)的具体表现。反社会需要是一系列主客观犯罪原因因素相互作用的结果。反社会需要的产生也就是犯罪动机的形成。这种动机的存在,一旦遇到适宜的外部刺激,就会外化为犯罪行为。而犯罪行为得逞,又发生反馈作用,转过来又强化其反社会需要,从而进一步强化犯罪动机,促使犯罪行为在更高水平上重复进行。

(二) 犯罪动机的功能

从犯罪动机与犯罪行为的关系来看,犯罪动机有以下功能:

1. 始动功能

亦称激发犯罪的功能。始动功能是一切动机的首要职能。犯罪动机对犯罪行为首先起的是始动、起动的唤起作用。犯罪行为正是受犯罪动机的激发而产生。犯罪动机是犯罪人行动的内部原动力,是主观上的直接原因,犯罪行为是犯罪动机推动的结果。作为动力,就有强弱的不同。当犯罪动机初始萌芽,处于微弱状态时,还不足以引发和推动犯罪。如果发展到犯罪决意形成阶段,说明犯罪动机已发展到一定强烈程度,并确立与实现犯罪动机相应的犯罪目的、手段、方法和步骤。在一定的客观条件出现时即付诸实施,不论是预谋故意还是突然故意,都是由一定强度的犯罪动机所激发,所不同者,预谋故意的犯罪动机有一个由弱到强的渐进过程,而突然故意的犯罪动机是在情境的强烈刺激下一刹那间形成,几乎同时进入决意,立即引发犯罪行为。激情犯罪就属后者。犯罪行为危害后果的严重程度,除了取决于犯罪人的犯罪技能外,与犯罪动机的强度成正比。

2. 定向功能

犯罪动机在激发犯罪的同时也赋予这种心理活动以定向的功能。所谓定向就是确定行动方向。动机引发的行为不是盲目的,而是有一定的目标指向。从刑法意义上讲,动机按其推动行为朝向的方向,大体分为两种:一般行为动机和犯罪动机。如果动机引发的行为指向的不是刑法保护的、禁止侵害的社会关系时,这种动机就是一般行为动机。相反,如果指向刑法保护的、禁止侵害的社会关系时,因其具有刑事违法性而成为犯罪动机。

3. 维持功能

犯罪动机在犯罪行为的全过程中还起着维持行为继续进行的作用。不论是在预备、着手还是实行的过程中,犯罪行为都是在犯罪动机的维持下坚持进行。如果在这些过程中犯罪动机减弱或消失,就会出现犯罪意志的动摇或犯罪中止。因此,有人将犯罪动机比喻为犯罪行为的内在生命。关于动机的维持职能,心理学界曾做过许多实验,得出有力例证。原苏联著名心理学家马努依连科做过以下实验:学龄前儿童很难较长时间保持同一姿势而一点不动。如果根据某种对儿童有意义的动机提出要求,比如在节目中扮演某个角色,要求长时间保持不动的姿势,那么儿童就能耐心地坚持,比没有意义的动机的情况下长三至四倍。虽然这是对一般行为动机功能所做的实验,但犯罪动机毕竟也是人的行为动机,不同于一般行为动机之处是它带有社会危害性。动机的维持职能在犯罪动机中仍然明显存在并有重要作用。

4. 强化功能

犯罪动机的强化功能是指其在犯罪过程中强化犯罪意志的作用。在犯罪过程中,犯罪人可能因外部原因受阻甚至引起动摇。只要犯罪动机没有减弱或消失,只要犯罪人还意识到自己为什么而行动时,犯罪动机的激励和推动作用就会使犯罪意志得到强化,使犯罪人自觉调整行动,克服障碍,达到最终目的。

(三) 犯罪动机的分类

根据不同标准,对犯罪动机可以作不同的分类,常见的有:

(1) 以产生犯罪动机的不同需要为标准,可分为物质性的犯罪动机和精神性的犯罪动机,或者分为生物性的犯罪动机和社会性的犯罪动机;

(2) 以犯罪动机产生的过程长短为标准,可分为渐变犯罪动机和突发犯罪动机;

(3) 以犯罪动机被主体意识到的水平为标准,可分为意识到的犯罪动机和未被意识到的犯罪动机。

生活实践表明,人的行为动机绝大部分是意识到的动机,但也有一些是未被意识到的动机。未被意识到的动机是指个体对动机本身很模糊或者根本不清楚。这种动机在本质上与意识到的动机一样,也是需要的表现。它的特殊性在于是以情绪体验的心理反映方式表现出来的,而意识到的动机是以明确认识的心理反映方式表现出来的。司法实践表明,故意犯罪(个别间接故意犯罪除外)是以意识到的犯罪动机为内动力,过失犯罪(还有个别间接故意犯罪)从心理学上分析存在着未被意识到的犯罪动机。前者占绝对比例。

(四) 犯罪动机与犯罪目的的关系

犯罪目的是指犯罪人希望通过实施犯罪行为达到某种危害社会结果的心理态度,也就是犯罪结果在犯罪人主观上的表现。例如,某人在实施盗窃行为时,就有非法占有公私财物的目的;实施故意杀人行为时,就有非法剥夺他人生命的目的。出于直接故意犯罪的主观方面都包含犯罪目的的内容,因而法律对犯罪目的一般不作明文规定。

犯罪目的与犯罪动机二者既具有密切联系又有区别。它们的密切联系表现在:

(1) 二者都是犯罪人实施犯罪行为过程中存在的主观心理活动,它们的形成和作用都反映行为人的主观恶性程度及行为的社会危害性程度。

(2) 犯罪目的以犯罪动机为前提和基础,犯罪目的源于犯罪动机,犯罪动机促使犯罪目的的形成。

(3) 二者有时表现为直接的联系,即它们所反映的需要是一致的,如出于贪利动机实施以非法占有为目的的侵犯财产罪等。

犯罪目的与犯罪动机又是有区别,不容混淆的,这主要表现为:

(1) 从内容、性质和作用上看,犯罪动机是表现人为什么要犯罪的内心起因,比较抽象,起的是推动犯罪实施的作用;犯罪目的则是实施犯罪行为所追求的客观犯罪结果在主观上的反映,起的是为犯罪定向、确定目标和侵害程度的引导、指挥作用,它比较具体,已经指向具体犯罪对象和客体。

(2) 一种犯罪的犯罪目的相同,而且,除复杂客体犯罪以外,一般是一罪一个犯罪目的;同种犯罪的动机则往往因人、因具体情况而异,一罪可有不同的犯罪动机。例如,盗窃罪的目的都是希望非法占有公私财物结果发生的心理态度,但从犯罪动机上看,有的犯罪人是出于想追求腐化的生活,有的迫于一时的生活困难,有的是为了偿还赌债,有的甚至是出于报复的心理。

(3) 一种犯罪动机可以导致几个不同的犯罪目的。例如,出于报复的动机,可以导致行为人去追求伤害他人健康、剥夺他人生命或者毁坏他人财产等不同的犯罪目的;一种犯罪目的也可以同时为多种犯罪动机所推动,例如,故意杀人而追求剥夺他人生命的目的,可以是基于仇恨与图财两种犯罪动机的混合作用。

(4) 犯罪动机与犯罪目的在一些情况下所反映的需要并不一致。例如,实施从根本上危害国家安全的分裂国家犯罪行为,犯罪动机主要反映行为人物质的、经济的需要,而犯罪目的即分裂国家则主要反映了行为人精神的、政治的需要。

(5) 一般来说,二者在定罪量刑中的作用有所不同,犯罪目的的作用偏重于影响定罪,犯罪动机的作用偏重于影响量刑。

二、犯罪动机的形成

犯罪动机的形成是内外因相互作用的结果。但犯罪人的需要和外在犯罪诱因在各种动机的形成过程中所起的作用是不同的,因此犯罪动机的形成一般通过三种途径,即犯罪人的需要促使形成犯罪动机、犯罪诱因引起犯罪动机和需要与诱因共同作用形成犯罪动机。

(一) 一定的需要强度促使形成犯罪动机

在现实生活中,相当多的犯罪动机是犯罪人需要的直接体现,犯罪人的需要是引起这部分犯罪动机的直接原因。一般来说,犯罪人的需要可以表现为不同的强度水平。最初的、萌芽状态的需要,仅仅使犯罪人产生不安感,由于强度微弱,所表达的信息模糊,所以还不足以在犯罪人的意识中明显地反映出来。处于这种状态的没有分化的、不明显的犯罪人的需要,就称为犯罪意向。随着犯罪人的需要强度的增加,其需要的内容逐步被个人所意识到,这时犯罪意向转化为犯罪愿望(在这里犯罪愿望是被犯罪人明显意识到其内容并企图加以实现的需要),它总是指向于未来的能够满足犯罪人需要的对象。当犯罪愿望进一步加强,所指向的对象能够激起犯罪人的犯罪行为时,反映这种对象的形象或观念,就构成了犯罪活动的动机。因此,犯罪动机就是引起犯罪人进行某种犯罪活动、指引这种活动满足犯罪人需要的愿望。总之,犯罪者需要的愿望,若与不良刺激、目标或诱因相结合,或由于认识水平低下或认识错误,选择了不法手段去实现这些愿望,就会形成犯罪动机,进而实施犯罪行为。

(二) 外部诱因引起犯罪动机

尽管犯罪动机有相当大一部分是在犯罪人需要的基础上形成的,但还有一小部分犯罪动机的形成主要是由外部诱因引起的。有时,个人并无某种需要,但是由于外在的刺激或情境因素作用,也会引起犯罪动机,从而促成个人的犯罪活动。在这里犯罪动机是犯罪人对适合于进行犯罪行为的诱因所作出的心理反应。在司法实践中,个人因一定情境的刺激,可以即刻产生犯罪动机立即进行犯罪行为,激情犯罪大多属于这种情况。正如原苏联犯罪学家斯·塔拉鲁欣所说:"犯罪动机可以由形形色色的原因引起。一些动机是由个人以前的不良道德造成的,这首先取决于内在因素;另一些动机在相当大程度上是由客观形成的外在情况引起并具有景遇的性质。"[①]

（三）内在需要与外在诱因交互作用形成犯罪动机

犯罪人的需要产生有一个过程,在需要产生初期,需要本身并不强烈,犯罪人还不知道具体需要是什么和怎样才能满足需要,仅有一定的犯罪意向。而在此时环境中出现犯罪诱因,这一诱因就会对犯罪意向起到一种刺激作用,从而使犯罪意向变得明晰,进一步就会形成犯罪动机。这里犯罪动机的形成过程实际上是内部需要和外在诱因相互作用的结果。

一般来说,犯罪动机是在犯罪者的需要和外部刺激（目标或诱因）的基础上产生的。但在实际生活中,个体行为的动机常常不止一个,往往同时存在着各种不同动机。在各种动机之间,会产生一种心理冲突,这就是动机斗争。在个体身上,复杂和多样的动机,以一定的相互联系构成某种动机体系。各种不同的动机所具有的地位和作用往往是不一样的。一些动机比较强烈和稳定,另一些动机则比较微弱而不稳定。我们通常把个体身上最强烈、最稳定的动机,称作主动机或优势动机;较微弱而不稳定的动机,称作辅助动机或非主导动机。显然,主导动机对个体行为具有更大的刺激作用。在其他因素大致相同的条件下,个体往往采取与主导动机相吻合的意志行动。

主导动机和非主导动机是相对的,表现在个体身上,不是固定不变的,而是随着个体所处情境的变化而变化,主导动机和非主导动机是可以改变和转化的。

犯罪动机的最终形成,就是主导动机和非主导动机冲突、斗争的结果。这种动机冲突或动机斗争,既表现在犯罪预备过程中,也表现在犯罪实施的过程中,以及在犯罪结束以后。非主导动机,又称为反对动机,犯罪者往往慑于法律的威严、道德的谴责,或恐名誉地位的丧失及对被害人的同情等,会产生强度不一的反对动机。一般来说,在初犯中,这种动机斗争尤为强烈。违法犯罪者的动机斗争结果,取决于两种动机的强弱程度,如果反对动机成为主导动机,则犯罪动机就会受到抑制趋于消失,而当主导动机是不良的反社会动机时,个人欲求十分强

[①] 〔苏〕斯·塔拉鲁欣:《犯罪行为的社会心理特征》,公人、志疆译,国际文化出版公司1987年版,第44页。

烈,犯罪动机就会逐渐形成或加强。

在司法实践中,常见的影响犯罪的动机冲突的因素主要有两方面:

1. 外部情境的刺激

如当有外部情境因素与犯罪人原来的观察、设想不一致,或者突然产生意想不到的变化时,就会导致犯罪动机之间的冲突。

2. 行为人的内部情绪变化

例如,被害人的正义表现使犯罪人良心发现时,就会产生内心冲突。犯罪动机冲突的模式,也与一般心理冲突模式相同。主要有三种:(1)双趋式冲突,即在两种犯罪利益不能同时获取时产生的冲突。例如,既想从事盗窃活动,又想从事诈骗活动,但无法同时进行两种活动时,犯罪人就会产生动机冲突。只能选择其中之一加以实施。一般来说,这种动机冲突较少发生。(2)双避式冲突,即在两种活动都很难避免时发生的动机冲突。例如,犯罪人既不想去杀害威胁他的人,又不堪忍受对方的欺负、折磨,在这种情况下,就会产生动机冲突。(3)趋避式冲突,即在想犯罪又怕犯罪不顺利或犯罪后受惩罚时产生的动机冲突,这是最为常见的犯罪人的动机冲突形式。

三、犯罪动机的转化

(一)犯罪动机转化的类型

犯罪动机的转化是指在准备、实施犯罪行为以及犯罪后的过程中,犯罪动机在不同方面发生的变化。犯罪动机的转化主要表现为以下两种类型:

1. 表现在不同时间阶段的动机转化

在准备、实施同一犯罪行为直至犯罪行为结束的不同时间阶段,都可以发生犯罪动机的转化。在犯罪动机的形成阶段有一个动机斗争过程,有的犯罪者在犯罪实施以前还要进行计划准备活动,在这个过程中,由于内外因素的影响,使犯罪者在确定主导犯罪动机以及是否实施犯罪等方面产生激烈的内心冲突,可能使犯罪动机转化。在犯罪实施过程中,由于犯罪情境各因素的变化,也会引起犯罪人的动机冲突,特别是在继续进行犯罪与放弃犯罪实施,继续原来的犯罪与进行新的犯罪,采用缓和的犯罪手段与采用残忍的犯罪手段等方面的心理冲突,会引起犯罪动机的不同转化。在犯罪实施以后,由于犯罪经历、犯罪后的各种因素的变化等影响,也会引起犯罪动机的转化,特别是在逃避惩罚与投案自首、弥补犯罪后果与继续犯罪等方面的内心冲突,也会引起犯罪动机的不同转化。

2. 表现为不同发展方向的动机转化

这主要是在准备、实施犯罪过程中,发生的所谓犯罪动机的良性转化和恶性转化。犯罪动机的良性转化,是指在准备、实施犯罪的过程中,由于内外因素的影响,使犯罪人放弃犯罪动机,停止犯罪行为或者减轻犯罪动机的反社会性,实施危害性较小的犯罪行为的情况。促使犯罪动机良性转化的条件有:(1)外界的积极影响,如党的政策感召,刑罚的威慑力,社会、家庭、亲友的规劝教育等;(2)犯罪人自身的积极因素,如主体的犯罪心理结构尚不完善、不巩固,主体尚未完全丧失道德观念,主体对荣誉、前途、家庭的一定程度的正确认识及对刑罚的恐惧感等。犯罪动机的良性转化,标志着主体犯罪心理结构的解体。犯罪动机的恶性转化,是指在准备、实施犯罪的过程中,由于内外因素的影响,使犯罪动机的反社会性增强和产生了更为严重的犯罪行为。犯罪动机的恶性发展,是犯罪心理恶性发展的重要标志。犯罪动机的恶性发展,使犯罪主体表现出如下特征:(1)犯罪的自觉性和主动性增强;(2)个人非法欲望更为强烈;(3)作案经验更加丰富;(4)犯罪活动向多方向性发展;(5)反社会心理的增强;(6)形成了顽固的犯罪定型。

(二)影响犯罪动机转化的因素

犯罪动机的转化与犯罪人实施犯罪时所处的犯罪情境有很大的关系。犯罪情境是由人(犯罪人、被害人、执法者以及其他在场人员)、物、事件、时间、地点等因素构成的。当犯罪情境的各种构成要素都有利于犯罪的实施,产生推动犯罪行为实施的力量,或者推动犯罪行为实施的力量大于阻止犯罪行为实施的力量时,就会促使犯罪人迅速实施犯罪,或者实施更为严重的犯罪;反之,当犯罪情境的各种构成要素都不利于犯罪的实施,产生阻止犯罪行为实施的力量,或者阻止犯罪行为实施的力量大于推动犯罪行为实施的力量时,就有可能促使犯罪动机向良性方向转化。

犯罪动机的转化,通常是犯罪人在犯罪动机形成后,由于各种主客观因素变化及其相互作用所带来的结果。这些主体因素和客观因素一般包括以下内容:

1. 影响犯罪动机转化的主体因素

(1)生理状况的变化

一个人处于健康状态还是病理状态,对心理和行为都是有影响的。犯罪人在实施犯罪时,如遇疾病突发、精力不济,就可能放弃犯罪动机而停止作案。

(2)个性的影响

违法犯罪人的个性,容易促使犯罪动机的转化。如在情绪特征方面,恐惧情绪的产生,既可以形成犯罪动机的恶性转化,又可以形成犯罪动机的良性转化,它具有双向性的作用。

(3)犯罪人经验的影响

犯罪人有无犯罪经验,有何种犯罪经验,对犯罪动机的转化的影响是明显的。不同犯罪经验使犯罪人面临作案现场的情境变化,会作出不同反应。惯犯富有犯罪经验,大胆残忍,通常不会轻易停止作案,较难发生良性转化的情形。初犯缺少犯罪经验,遇到犯罪阻碍时,就可能停止作案;由于反社会个性还未完全定型,遇到被害人痛苦万状时,也可能会产生恻隐之心,出现良性转化。

(4) 共同作案人的变化

与同伙一起预谋犯罪,但在临到计划的作案时间,发现同伙未出现,犯罪人一人可能感到胆怯而放弃犯罪动机,也可能更加激发其情绪,加剧犯罪动机(包括转移犯罪动机)。

2. 影响犯罪动机转化的客观因素

(1) 环境的变化

犯罪人作案总是选择有利于犯罪的具体环境。但环境是会变化的,在实施犯罪时,当变化了的环境使犯罪人感到难以下手或迫使其作出新的考虑时,也会影响犯罪动机的转化。

(2) 目标的变化

犯罪人总是在选择了犯罪目标后,再去实施犯罪。但目标是会发生变化的。在实施犯罪的现场,犯罪人发现目标变化了,会影响到犯罪动机的转化。

(3) 犯罪工具、手段的变化

很多预谋犯罪,在犯罪预备时发现犯罪工具失灵或缺少,考虑到原计划的犯罪手段难以实施,会造成犯罪动机暂时消失或转移到新的犯罪动机上。

(4) 被害人的态度变化

被害人的态度的变化也会对犯罪人产生重大影响。被害人的反抗,对犯罪人可能起到抑制犯罪动机的作用;相反,被害人的怯懦,则会对犯罪人起到助长犯罪动机的作用。

(5) 突发的障碍因素

客观条件和因素是处在发展变化中的。对犯罪分子来说,在作案时会产生突发的障碍因素,这主要来自于不能预见到的客观情况的变化。如犯罪分子在僻静处,对单身妇女实施抢劫,突然有人骑车过来,或者是附近出现了警车,都会影响犯罪动机的转化。

上述影响犯罪动机转化的主体因素和客观因素,不是单向的、个别的发生作用的,而是交叉的、同时发生相互作用的。犯罪动机的转化,是新的动机冲突的结果,这种新的动机冲突的过程,既可以延续一段时间,也可以表现为瞬间性。[1]

四、犯罪动机的特殊形式

(一) 不明显的犯罪动机

犯罪动机虽然错综复杂,但也有一定的范围,就一般情况来说,各种犯罪都存在着特定的犯罪动机,不至于相混淆。但这只是就一般情形而言,对于一些特

---

[1] 参见邱国梁主编:《犯罪与司法心理学》,中国检察出版社1998年版,第125—127页。

殊的个别犯罪来说,存在着一些犯罪行为与所出现的动机不相符合的情况,如犯罪人故意伤害其心爱的人,或杀害其向来崇敬的人,在该类情形中,犯罪人出现的犯罪动机难以理解,这就是所谓犯罪动机不明显的问题。对于这种情况,无法从一般犯罪动机的观点予以说明,只能从犯罪人的人格特征方面予以整体考察。从已有的相关研究来看,容易出现不明显犯罪动机的犯罪人主要有以下两种:

1. 少年犯

由于心理未成熟的原因,少年犯所实施的犯罪往往在思想上欠考虑。我们常常可以看到,少年犯罪中所出现的犯罪动机在成年人犯罪中很难发现。因此对于少年犯罪的动机,不能依照成年者实施犯罪所出现的动机观点予以理解,应当从少年人心智尚未成熟的这一人格特点的角度进行理解,否则就难以认清犯罪的真正动机。

根据我国台湾地区学者蔡墩铭的研究,与成人犯罪相比,少年犯罪中常常表现出下列特有的动机:

(1) 好奇动机

少年由于血气方刚,富有冒险性,再加上社会见识不广,容易因好奇而表现出一些大胆的行为,并因此构成犯罪。

(2) 娱乐动机

少年常热衷于娱乐活动,即使该娱乐活动会给他人造成伤害,也在所不惜。只求自己欢乐而不顾他人权益,这在成人犯罪中也不乏其例,但这种情况在少年犯罪中较多,故值得研究者注意。

(3) 自我显示的动机

少年容易表现出虚荣心,或想出人头地,但因受客观条件的限制,使其难以达到相应的目的。自我显示欲望极强的少年,一旦认为其无法以合法行为表现自己时,为了满足自我表现的需要,可能会以实施犯罪行为来达到自我显示的目的。

(4) 寻求刺激的动机

部分少年往往不甘寂寞,为调节自己的单调生活,不免外出设法寻找刺激。在寻找刺激的过程中,极易惹事,因而构成犯罪。由于被禁止的行为对少年来说往往富有刺激性,因此少年为满足其寻找刺激的需要时极可能实施犯罪行为。

(5) 要求独立的动机

随着少年成长会表现出需求独立自主的心理特点,对于少年的这种要求,若父母一味压制,则少年为满足这种需要,可能会实施犯罪行为。①

我国学者邱国梁等人的研究表明,青少年的犯罪动机除了具有犯罪动机的

---

① 参见蔡墩铭:《犯罪心理学》,黎明文化事业公司1979年版,第165—166页。

普遍性以外,还具有下列特殊性:

(1) 犯罪动机的产生极易为外界刺激(诱因)引起

从青少年犯罪动机的产生方式来看,很容易受动机的驱使,这与青少年极易受暗示、喜欢模仿的特点有关。这种形成犯罪动机的方式表明,这类青少年犯罪动机具有直观性、勃发性,不是事先计划、经过预谋的。这些违法犯罪青少年,在平时不一定已形成坏的习惯,但在外界诱因作用下,由于青少年情绪和情感、意志方面的弱点,迅速产生了犯罪动机,突然导致犯罪行为。

(2) 犯罪动机易变化、不稳定

青少年犯罪动机在实施过程中具有易变性。一方面,在作案过程中,遇到情境的变化,如碰到阻力或障碍,往往情绪一激动,就会促使犯罪动机发生转化;另一方面,在作案过程中,犯罪动机不稳定,能偷则偷、可抢则抢,遇到异性则可能实施性犯罪。不少违法犯罪青少年在犯罪动机的实施过程中,一遇到挫折,还会产生攻击无辜人的举动。这种犯罪动机的变化、转移,从动机斗争过程来看,往往是短暂的,而且这种动机斗争的过程有时也是模糊的、不明显的。

(3) 产生恶性转化的情况较多

青少年的犯罪动机不但容易转化,而且向恶性转化的情况较多。从违法犯罪青少年心理特征来看,认识的偏见和固执,情绪和意志的冲动性、性格方面的冒险性、人生观中的个人主义,都是促使犯罪动机产生恶性转化的消极因素。

(4) 犯罪动机具有强烈的情绪性和情感性

青少年犯罪动机的强烈情绪性和情感性表现为以下几个方面:第一,情绪和情感本身成为动机因素,直接起着驱使犯罪行为的作用;第二,青少年犯罪动机在实施过程中,带有浓厚的情感和情绪色彩;第三,青少年犯罪动机的变化和转移,容易受到情绪和情感的影响。青少年犯罪的这些特征,与青少年情绪和情感的特点是分不开的。

(5) 犯罪动机的未被意识到的特征比较显著

从青少年犯罪动机的特征来看,未被意识到的特征要比中、老年人犯罪动机显著,这是青少年的意识水平还不够高的表现。有些青少年犯罪,从犯罪动机来分析,含有未被意识到的成分,或者开始是属于未被意识到的动机,随后才发展成为意识到的动机。

2. 精神病犯罪人

精神病发作中的作为,无动机可言,但精神病人并非都是在心神丧失状态中实施了犯罪行为,虽然有犯罪动机出现,但因其属于异常人格,犯罪动机不同于正常人的犯罪动机。一般来说,精神病人在犯罪活动中常常表现出以下几种动机特征:

(1) 缺乏作案动机或犯罪动机

他们的许多违法犯罪行为是由意识和意志障碍引起的,是精神处于异常状态的结果。

(2) 作案动机的奇特性

许多精神病犯罪人的犯罪动机常常使正常人难以理解,主要表现为不合逻辑,动机与行为极不相称,或者动机不是对客观世界的真实反映,而是在脱离现实的幻觉、妄想的基础上产生的。

(3) 动机所指向目标的不确定性

他们作案大多缺乏明确的目标,犯罪行为侵犯的对象往往是个人附近或眼前的人或物,被害人则往往是亲属、朋友等。

(4) 动机具有冲动性或无意识性

精神病犯罪人的情绪极不稳定,他们易激怒,很细小的刺激就有可能引起暴怒发作,容易在一时的冲动之下进行危害社会的行为,在冲动产生与行为实施之间缺乏思考的过程,甚至本人也不知道为什么会产生违法犯罪行为。

(二) 激情犯罪的动机

1. 激情犯罪的概念

所谓激情,在心理学意义上,它是一种强烈情感的表现形态,当人在外界强烈的刺激下,由于认识范围缩小,内控能力减弱,不能正确评价自己行为的意义和后果,从而产生具有突发性、短暂性和难以抑制性等特点的行为。激情发生时有很明显的外部表现,如咬牙切齿、面红耳赤、冷汗一身、手舞足蹈等等,有时甚至发生痉挛性动作。处在激情状态下的人,往往会改变自己原来的观点,把发生的许多事情看的不同寻常,给予完全不同的解释,使习惯的行为方式遭到破坏;其认识活动的范围往往会缩小,往往只能指向引起激情体验的对象,而较少考虑其他方面;意识清晰度较低,控制自己的能力减弱,行动完全受激情支配,往往不能约束自己的行动,不能正确评价自己行动的意义及后果,完全沉浸于自己的激情状态之中。根据激情的性质,可以分为积极的激情和消极的激情两类。积极的激情,这是由个人生活中高兴的事情获得具有极大的社会意义的情境所引起的激情,它能成为动员个人积极投入行动的巨大动力,对社会做出积极的贡献。消极的激情,这是由个人生活中不良的甚至令人厌恶、使人愤慨的情境引起的激情,这种激情会促使个人进行严重的危害社会和他人的行为,严重的会导致激情犯罪。[1]

激情犯罪就是指行为人由于受到某种不良刺激,处于消极的激情状态,大脑皮层瞬时产生"意识狭隘"现象,从而产生犯罪动机和犯罪目的,实施触犯刑法的

---

[1] 梅传强:《犯罪心理学》,法律出版社2010年版,第89页。

行为。简而言之,就是行为人在激情造成的非理性状态下实施的犯罪行为。激情犯罪分为突发型和蓄发型两种类型。突发型激情犯罪,一般是指犯罪人与被害人素昧平生,并无前仇后怨,只是由于当场事件的强烈刺激,引起双方对立意向冲突,犯罪人在心理失衡的激情状态下实施的犯罪行为。蓄发型激情犯罪,一般是指犯罪人与被害人彼此相识,已积累了较长时间的恩怨,但在某一事件的强烈刺激下,积怨瞬间爆发,犯罪人在情绪失控的激情状态下实施的犯罪行为。激情犯罪在西方犯罪学中被认为是一种"挫折攻击型"犯罪,其含义是指人在受到强烈刺激和挫折后,由于情绪异常激动而产生行为的异常冲动。

2. 激情犯罪的诱因

(1) 个体的心理素质存在缺陷

对外界刺激敏感而强烈,思想偏激,自我控制能力差,是引起激情犯罪的内在原因。激情犯罪是由于外界活动及社会条件的急剧变化引发个体产生的激情超出了个体的心理活动可能承受的范围而形成的。个体之所以容易产生激情,一方面是由于其对外界刺激的感受性高、反应强度大,小的刺激都可能引发强烈的情绪反应;另一方面是出于其思想偏激,遇到问题总是往坏处想,即使是正常的刺激也可能作出否定的评价,进而产生过度强烈的自我保护反应。另外个体存在的个性缺陷,如心胸狭隘、敏感多疑、固执己见等,也是激情犯罪的一个重要心理原因。[①]

(2) 不良情绪的积累

随着社会转型中经济的不平衡发展,婚姻、爱情、友情、亲情等方面也受到了巨大的冲击。人们的情感生活出现了不稳定和易变状态,于是生活中有了相当数量的失恋者、婚变者、感情受伤害者。如果不良情绪总是得不到调节、宣泄,就会沉淀、积累在个体的心里。人的心理承受能力是有一定限度的,当不良情绪积累到一定程度,达到心理承受的最大值,便可能对犯罪心理的形成起着加速和催化的作用。一旦遇到"导火"事件,便会爆发,实施激情犯罪。

(3) 人际交往中的纠纷

人们在社会生活中免不了进行人际交往,因此产生矛盾和纠纷是司空见惯的。如邻里纠纷、财产争端、劳务纠纷、损害赔偿、债务追索等,这些问题若处理不当将导致人际关系的失衡。如当今令人深恶痛绝的欠债不还、欠薪不付等行为,它颠覆了人们千百年来恪守的交往准则和人生信条,使得人们的经济活动和社会生活缺乏安全感、信任感,并成为恶性案件频发的重要因素。

(4) 个体心理失衡

某些社会不公正现象的存在会激发某种社会矛盾,如某些地区间、行业间收

---

① 郭子贤:《激情犯罪探析》,载《湖湘论坛》2005年第6期。

入差距的增大,城乡间教育、医疗、养老、就业的不均衡发展,使得一些人没有或缺乏基本的生活保障,没有均等实现权利的社会环境。当个体的需求得不到满足时就会产生一种挫折感,从而导致心理失衡。美国心理学家罗森茨韦克认为,一个人面对挫折时,主要有三种反应:一是外罚性反应,即把挫折引起的愤怒情绪向外界发泄,对外界的人或物进行言语的、身体的攻击;二是内罚性反应,即把挫折引起的愤怒情绪向自己发泄,对自己进行谴责、虐待,但这种抑郁情绪积累到一定阶段也会爆发,导致情杀、仇杀等犯罪行为;三是无罚反应,即产生挫折后没有惩罚性反应,既不责怪自己,也不向外攻击。[1] 激情犯罪就是外罚性反应的极端表现形式。但如果个体的心理素质好,承受挫折的耐受力比较强,则能控制和调节这种挫折对自身心理上的伤害,并且还有可能把这种挫折变成一种动力,心理学上称之为升华反应。从当前的激情犯罪案件来看,孤注一掷者本身并没有犯罪前科或累累劣迹,他们只是一些普普通通的小人物,他们因各种原因面临自感走投无路的绝境,对生活状况不满的人,更易以激进的方式表达自己愤怒的情绪。[2]

3. 激情犯罪的动机特征

根据我国学者邱国梁先生的研究,激情犯罪动机具有以下特征:

(1) 激情犯罪动机是一瞬间动机

一般而言,激情犯罪没有明确的预谋,这种动机也并非预先确定的,它只是在偶然的、意外的争执或矛盾激化过程中发生的。激情犯罪的动机的产生不经过复杂的动机斗争和冲突过程,从内心情绪的激动到外部行为的发生时间很短。

(2) 激情犯罪的动机具有一定的无意识性

因为激情的特征就在于意识控制的松弛,说话可能语无伦次,思维可能逻辑混乱,而动作更不受意识的支配。值得注意的是,激情并非完全不能控制,在激情状态下只是意识水平降低而不是完全无意识;否则,激情犯罪就没有承担刑事责任的理由了。

(3) 激情犯罪动机导致的犯罪行为具有严重的破坏性和危害性

因为激情犯罪动机是一种短暂的、爆发性的动机,在一时冲动之下,容易放纵自己的行为,往往不顾及行为后果,产生诸如杀人、重伤人等严重后果。

(4) 激情犯罪动机在青少年违法犯罪者中容易发生

因为青少年时期正是激情高涨期,有的青少年在激情犯罪动机的支配下,常因一言不合或微小矛盾就会挥拳就打,拔刀就刺,心狠手辣,不计后果。

---

[1] 吴宗宪:《西方犯罪学》,法律出版社1999年版,第386页。
[2] 张丽佳:《激情犯罪若干问题研究》,载《法学论丛》2006年第7期。

(5) 激情犯罪动机导致的犯罪行为结束后,行为人往往会产生后悔心理

因为激情犯罪产生时,主体缺乏慎重思考,当实施犯罪行为后,一旦理智恢复正常,思前想后,容易懊悔不已。

综上所述,激情犯罪动机比起一般犯罪动机而言,更难以预测和防范。因此,犯罪心理学应该加强这方面的研究。

一、本章需要继续探讨的问题

(一) 动机的相互作用

人在同一时间往往有多种动机,这些动机有的是目标相互一致的,有的则是相互矛盾或对立的。人的行为到底由什么动机决定,主要取决于这些动机相互作用的结果。

1. 动机的联合

当个体同时出现的几种动机在最终目标上基本一致时,它们将联合起来推动个体的行为。例如,个体有在将来找到好工作的动机、有喜欢学习的动机、有追求当前物质利益(如奖学金)的动机,而取得好成绩是这些动机的共同目标。这些动机就联合起来,推动个体的学习活动。

在几种相互联合的动机中,强度最大的是主导动机。它对其他动机具有调节作用。这种调节作用主要表现为:首先,主导动机有凝聚作用,将相关动机联合起来,指向最终目标;同时主导动机还决定个体实现具体目标的先后顺序。其次,主导动机具有维持作用,将相关动机的行为目标维持在一定的目标上,阻止个体行为指向其他目标。非主导动机的影响力较小,但其作用也是不可忽视的。非主导动机可以增强或削弱这种动机联合的强度。

2. 动机的冲突

当个体同时出现的几种动机在最终目标上相互矛盾或相互对立时,这些动机就会产生冲突。如果几种相互对立的动机在强度上差异较大,强度较大的动机大多容易战胜其他动机,而成为主导动机,这时的动机冲突就不明显,不易为人们所察觉;如果几种相互对立的动机在强度上差异较小,这时的动机冲突就显得十分激烈。通常,动机冲突是专指这种较为明显的两种动机之间的冲突。常见的动机冲突有双趋冲突、双避冲突、趋避冲突。

双趋冲突是指,当个体的两种动机分别指向不同的目标,只能在其中选择一个目标而产生的冲突。双避冲突是指,当个体的两种动机要求个体分别回避两个不同目标,但只能回避其中一个目标,同时接受另一个目标而产生冲突。例如,冬天,有的人既怕寒冷,而不愿早起;又怕因迟到而受到老师的批评——这就

是双避冲突。趋避冲突是指,当个体对同一个目标同时产生接近和回避两种动机,又必须作出选择而产生的冲突。

(二)犯罪动机与合法行为动机的比较

1. 犯罪动机与合法行为动机都是为了满足某种需要,推动行为实施的内部驱动力。它们作为人的动机结构,都具有系统性、动力性,这是最基本的相同点。

2. 合法行为动机是为了满足个体的物质、精神等人所共有的一般性需要,犯罪动机有很大一部分也是为了满足这种一般性需要。所不同的是,合法行为动机选择的是合法的满足途径和方式,对个体过于强烈的需要具有抑制力;犯罪动机选择的是非法的满足途径和方式,缺乏对强烈需要的调节控制能力。

3. 有一些犯罪动机是为了满足不良需要,如吸毒、淫乱、报复、嫉妒等,因而构成不良动机,具有社会危害性。而合法行为动机,属于良性和中性动机,不具有社会危害性。

4. 合法行为动机一般不需要经过动机斗争和选择,有时虽然也面临多种动机之间的矛盾性和选择性,但矛盾斗争不激烈,多种动机之间不具有对抗性质。而犯罪动机往往需要经过尖锐的动机斗争,才能形成主导动机,动机斗争较为激烈,具有对抗性质。

(三)典型案例

案例1

广州市东山区的女子阿佩在1964年将被人遗弃的女婴阿婵收养。阿婵在一岁多时因发高烧得了脑膜炎,智力一直处在一岁孩童的阶段,生活基本不能自理。其时正当年轻力壮的阿佩以一颗母爱的心,靠着微薄的工资抚养并照顾着阿婵,母女俩艰难地度过了38个春秋。

但到2002年,阿佩到了退休年龄,她一方面担心阿婵没有人照顾,另一方面担心连累亲戚朋友。因此产生与阿婵一齐死的念头,并陆续到医院开安眠药备用。

2003年4月15日9时许,阿佩利用阿婵有乱拿东西吃的习惯,把装有50多粒安眠药的药瓶放在阿婵床边的桌面上,然后外出。约10时许,阿佩回家,见到阿婵已将安眠药吃光,嘴内还有几粒未咽下,便用水把阿婵嘴里的安眠药冲到喉咙里,接着用拇指压阿婵的喉部,导致被害人阿婵当场死亡。之后,伤心不已的阿佩用刀片割断自己的手腕,准备追随阿婵于九泉之下,后被邻居发现报警抢救过来。

案例2

广东省信宜县女子小玲和阿昌结婚后感情一直很好,只可惜婚后小玲先后流产4次。2000年8月,阿昌曾因不能生孩子一事向小玲提出离婚。2001年4月,小玲再次怀孕,可惜又流产了。同年5月21日小玲出院回到广州白云区的家中休养。

同年 5 月 24 日晚 11 时,小玲问丈夫是否要与其离婚,丈夫说:"先把身体养好,其他事过段时间再说。"第二天晚上 11 时许,小玲又对丈夫说:"已向医生了解过,还有生孩子的机会",丈夫阿昌却"泼冷水"说:"子宫畸形,生孩子的机会很低,我不想考虑了。"说完之后,阿昌沉沉睡去。

半夜,熟睡的阿昌突然觉得腹部一阵刺痛,惊醒一看,小玲手握尖刀,正疯狂地向自己刺来,阿昌大喊救命,在母亲和妹妹闻声赶到后,终夺下小玲手上的刀。紧接着小玲冲进洗手间,反锁了门意图开煤气自杀。后警察赶到将小玲带走,阿昌则被医院抢救过来。

案例 3

1998 年,广东化州女子小杏在广州认识了有妇之夫陈某,两人随即好上并长期保持两性关系。在 2001 年间,小杏曾经怀孕并做了人工流产。2001 年 12 月,小杏感到自己又怀孕了,这次却怎么都不想再将孩子打掉。为达到与陈某结婚的目的,小杏决定杀死他们之间的绊脚石——陈某之妻阿霞。

2001 年 12 月 31 日上午 9 时许,小杏得知只有阿霞一个人在家,即到陈某的家中,假说是推销面膜骗得阿霞开门让其进入。随后,趁着阿霞坐在沙发上看产品介绍时不注意,用围巾套阿霞的颈部,却因紧张没有套中,遭到阿霞的反抗,两人发生打斗,随后,小杏终于找到机会用围巾将阿霞的颈部套住,用力勒紧,并在喉结处打了一个死结,致阿霞窒息死亡。作案后,小杏逃离现场。[①]

案例 4

2003 年 12 月,北京市公安局刑侦总队向新闻界披露了"6·15"特大系列杀人碎尸纵火案。犯罪嫌疑人李平(化名)原是一名出租车司机。警方认定,从 2002 年 11 月至 2003 年 6 月间的半年多时间里,李平由于妒忌"三陪女"赚钱"容易",与妻子董梅(化名)合谋杀害 5 名卖淫女并残忍碎尸。此外,李平还涉嫌于 1995 年杀死宋某一家三口并焚尸灭迹,以及因妒忌他人富裕在香山普安店纵火。

案例 5

2003 年 3 月,历经 698 个日夜的较量,河北省武安市警方终于破获了"9·24"系列强奸杀人案,并将奸杀数名女性的恶魔张尹亮抓获归案。据报道,张尹亮怀疑自己患艾滋病,并怀疑亲属因其"患艾滋病"而疏远他,导致心理变态,最终成为强奸、杀人的狂魔。

---

① 案例 1、2、3 资料来源于网易:http://news.163.com/2004w03/12484/2004w03_1078689006854.html。

案例 6

28岁的变态杀人恶魔段国诚在武昌昼伏夜出，寻找穿红衣服、留长头发的女性，杀人劫财。13岁时，段国诚因盗窃罪被判入少管所3年，在所内因违反监规被加刑2年。出狱后18岁，又因抢劫被判刑5年。他性格内向，没有特长，没有爱好，没有恋爱过，但有酗酒、嫖娼、赌博等恶习。从1999年4月到2002年6月，13名妇女命丧于这个心理变态的男子之手。警方介绍，他的袭击对象都是女性，其目的是抢劫，对一些袭击对象有性侵犯行为，有时残忍地撕咬女性敏感部位，但并未实施强奸。①

案例 7

2010年10月20日23时许，药家鑫驾驶红色雪佛兰小轿车送完女朋友返回西安，当行驶至西北大学长安校区外西北角学府大道时，撞上前方同向骑电动车的张妙，药家鑫下车查看，发现张妙倒地呻吟，因怕张妙看到其车牌号，以后找麻烦，便产生杀人灭口之恶念，转身从车内取出一把尖刀，上前对倒地的被害人张妙连捅数刀，致张妙当场死亡。杀人后，药家鑫驾车逃离现场，当车行至郭杜十字路口时再次将一对情侣撞伤，逃逸时被附近群众抓获，后被公安机关释放。2010年10月23日，药家鑫在其父母陪同下到公安机关投案。经法医鉴定：死者张妙系胸部锐器刺创致主动脉、上腔静脉破裂大出血而死亡。

二、思考题

1. 简述动机的含义。
2. 简述动机的特征。
3. 简述犯罪动机的类型。
4. 论述犯罪动机的转化。
5. 论述犯罪动机的特殊形式。
6. 论述激情犯罪动机。

---

① 案例4、5、6资料来源于：http://www.8181.net.cn/magazine/html/125/125711.htm。

第八章 犯罪心理情境

内容提要

犯罪心理情境是指个体在行为外化的过程中,因遇到不同客观情形和境遇所发生的相应的心理改变。它是犯罪主客观方面高度和谐、融合的一种精神状态,是整个犯罪行为发生的强大的内部机制。个体犯罪心理形成以后,并不是一成不变的,会受到很多因素的影响而发展变化。这种发展变化主要通过以下两方面表现出来:一是犯罪人在犯罪行为发生前后的不同阶段,表现出不同的心理特点;二是犯罪人的犯罪心理,可能由于犯罪行为的不断得逞而恶性发展,也可能由于其他因素的作用而良性转化。

关键词

犯罪心理情境 犯罪前的心理 自我辩解心理 犯罪决意状态 犯罪过程中的心理 犯罪心理的良性转化 犯罪心理的恶性转化

第一节 犯罪人在犯罪不同阶段的心理特点

一、犯罪前的心理

犯罪前的心理是指个体产生了明确的反应和犯罪预案心理以后到犯罪实施前的一段心理。

(一)自我辩解的心理

在实施犯罪行为之前,犯罪人内心充满了矛盾冲突。为了克服内心冲突,减轻心理紧张,犯罪人往往会采取各种形式为自己将要实施的犯罪行为进行自我辩解。犯罪人在犯罪前所采取的自我辩解方式主要有合理化、比拟、投射、补偿等。

1. 合理化

犯罪人在即将进行犯罪活动时,常常是用一些似是而非的理由来粉饰自己的不光彩行为,以求得内心平静。例如,许多少年犯罪人认为逃学、旷课、吸毒等是自己的事,没有伤害别人,认为打架斗殴也是解决问题的一种方式,以此求得内心世界的平衡;很多贪官在实施受贿行为之前,总是这样想——我替别人办了事,别人送礼以表示感谢,也属人之常情,以这种看似合理的理由为自己的非法行为辩解,心安理得地收受贿赂。

犯罪人在进行犯罪活动之前,往往就是这样用他自认为合理的理由为自己的非法行为辩解,使其"合理化",以消除内心的恐惧和紧张,使自己心安理得地去实施犯罪行为。

2. 比拟

比拟就是指犯罪人把自己的犯罪行为与历史上和现实生活中有价值或有名的人或团体的行为相比较,从而提高自己的自信心,以便从容地、理直气壮地实施犯罪行为。例如,某些青少年犯罪人将自己比做历史上或文艺作品中的某个英雄人物;把犯罪团伙结盟比做"桃园三结义";流窜犯把自己比做文艺作品中闯荡江湖的"侠客"。这些错误的比拟使人丧失了罪恶感,增强了与法律抗衡的胆量,使犯罪分子无所顾忌地实施危害社会的行为。

3. 投射

投射是指犯罪人将自己的观点、欲望、态度、性格特点等反射到别人身上,认为别人也与自己一样,也就是所谓的"以小人之心度君子之腹"。例如,强奸犯在犯罪之前认为被害人愿意同自己发生性行为;杀人犯把自己的杀人行为归咎于对方的挑衅,从而打消对被害人的怜悯、同情态度,消除犹豫不决和良心谴责,决意实施犯罪。

4. 补偿

有的犯罪人由于自己的生理缺陷、社会经济条件差、受教育程度低等原因,在社会交往中常常受挫折。为了挽回自尊,往往采取一些过激行为来弥补自己的缺陷。例如,贫穷家庭出身的青少年更有可能通过犯罪行为追求昂贵的衣着和慷慨的气派;受人歧视的少女通过滥交朋友、卖淫等获取华丽的穿戴,从而在同伴中炫耀自己。

以上心理防御机制在犯罪行为人实施犯罪行为的过程中,或犯罪行为结束后也常被用来消除自己的惊恐、不安、紧张等情绪。

(二)犯罪决意状态

犯罪人在实施犯罪行为前,往往都要经过激烈的动机斗争。在确立了犯罪目的之后,要制定周密的计划,考虑采取何种犯罪方式,准备何种作案工具等,同时还要在心理上为自己树立作案成功的信心,这就是犯罪决意状态。形成犯罪决意,一般是在犯罪动机产生之后,犯罪行为实施之前的一段时间。犯罪决意持续时间的长短,计划的周密程度,不同的犯罪者存在着个别差异。预谋型犯罪人犯罪前常常要经过缜密的思考和准备,其犯罪决意的时间较长;机遇型犯罪人的犯罪决意与犯罪机遇的出现有密切关系,因此时间较短,没有预谋犯那样完整周密的计划;冲动型犯罪人犯罪决意的时间更短,在强烈的外界刺激作用下,行为人情绪难以自控,意识范围狭窄,根本不可能有太长时间考虑,因此他们的犯罪决意是由外界强烈刺激和内部强烈情绪体验相互作用而产生的。

（三）等待犯罪时机的焦虑状态

犯罪决意形成后,一切准备就绪,就等待犯罪时机的到来。在等待中,犯罪人往往有一种焦虑心态,担心自己的计划是否会暴露,担心实施犯罪过程中是否会遇到麻烦,担心目的是否能够达到,等等。此时,犯罪人常常出现一些异常的情绪和行为表现,初犯尤为明显。

二、犯罪过程中的心理

犯罪情境对个体而言,其客观刺激最清晰、最持久、最宽泛的莫过于整个犯罪现场的"自然心理干预"。尤其是在初入现场或现场感觉良好的态势下,个体心理浪潮涌动、翻腾异常突出,不由地在心里产生出种种变化。因此,犯罪行为人在进行犯罪行为过程中,心情不可能完全平静、坦然,总是或多或少地存在兴奋、紧张、恐惧、焦虑等各种各样的心理,情绪上的变化尤其大。

1. 恐惧心理

恐惧心理是由于危险情景所引起的应激状态,它是一种潜在的自我保护心理反应。犯罪人在作案过程中怕被发现或当场抓获而受处罚,因而自始至终都存在着恐惧心理。恐惧可能引起虚幻心理变化,如当个体带着一种强迫症式的心理状态,持无奈、期待、试探、拼赌的内心体验进入特定的犯罪现场后,由于过度的恐慌,加速的反应,主观的感知,便会使其感到现场有无数双眼睛盯着自己,进而出现惊恐万分的心理。恐惧心理使行为人作案动作慌忙,并在忙乱中设法尽快逃离现场,这就难免在犯罪现场留下作案痕迹,逃离时如遇到阻碍,感到逃离无望时,便会孤注一掷,施加暴力残害对方。

2. 紧张心理

紧张心理是个体进入现场后的一种普遍心理。尤其是对于初犯,不论他作案前准备如何地充分,进入犯罪现场这一特定情境后,都会产生心跳过快、手忙脚乱等表现。当特定情境与自己原先的想象和预测的出入比较大时,便会加剧恐惧心理,促使其紧张感强化,紧张又反过来增强了恐惧感。紧张心理的产生使得行为人有时畏缩不前,犹豫不决,有时又会仓促作案,手足无措。由于紧张使其注意范围狭窄,自制力减弱,不免忙中出错,可能在无意识的状态下在犯罪现场遗留一些物质痕迹。

3. 焦虑心理

这是个体在犯罪时面临的困难较多,作案成功把握不大而又有败露危险的情况下,由忧虑、恐惧等心理活动相互作用下所形成的一种心理状态。焦虑心理指向是不具体的,它表现为内心的严重不安。焦虑会给犯罪人带来一系列的生理反应,使其出现血管扩张、心跳加速、呼吸急促、肢体发抖等生理现象。焦虑感受也会使人动作杂乱,不能自控,甚至急于逃离现场。

4. 得意心理

个体在犯罪的过程中,如获得意外收获,或多次作案得手,或作案计划实施顺利等,都可能产生得意心理。有的犯罪人在犯罪现场发现猎物大大超出他的意料之外时,会得意忘形,忘记了自己所面临的危险。若现场的情境犹如自己的事先设想,作案活动进展顺利,也会使个体惊喜万分,即将实现久盼的"愿望"的满足和得意感使个体的面部表情、动作力度、习惯方式悄悄在心理"窃喜状"的潜意识引导下,自觉地发生增大与系统性、缩小与省略化的变异,使个体现场心理变为局部失衡、敏感度失灵、反应失真、控制失重的心理变化,在忘乎所以的情况下,便会无意识地脱去伪装,因触摸物品而留下痕迹。有的行为人则是由于多次作案成功后狂妄自大,蔑视公安机关的破案能力,以至于觉得没有必要伪装而留下痕迹。

5. 绝望心理

绝望心理是犯罪人在作案过程中,因遇到困难,无法实现犯罪目的时而感到痛苦的一种情绪体验。绝望可因多种原因产生,如找不到犯罪对象,作案中被他人发现,遇到被害人强有力的反抗等。绝望情绪下,有的犯罪人会因无奈而放弃犯罪,有的犯罪人则会作出冒险或凶残的举动,如杀害被害人或自杀。

6. 恼怒心理

一些犯罪欲望极强,极其贪婪、凶残的犯罪人在作案过程中,因现场的变化使其未能如愿,或犯罪行为产生的结果不理想时,将怒气转向无辜群众或物体而实施毁物伤人行为。[1]

三、犯罪后的心理

犯罪后心理是个体在实施了犯罪预谋后到逃匿完成和被缉捕的一段心理。犯罪人实施犯罪行为后,其心理状态的变化是很大的,犯罪人的情绪和行为都会出现一些较为明显的表现,了解这些对于侦查破案是有帮助的。

(一)情绪表现

1. 不安、恐慌

多数犯罪人,尤其是初犯和大案要案的犯罪人,作案以后都会产生不安和恐慌的情绪。有的对自己所实施的犯罪后果感到吃惊,有的终日惶惶不安,甚至产

---

[1] 参见高锋主编:《犯罪心理学》,中国人民公安大学出版社2004年版,第191—192页。

生幻觉,总是觉得有人在监视自己,或脑海中时时浮现被害人遇害前的惨状,无法摆脱。

2. 得意、满足

犯罪行为实施后,由于作案既遂,犯罪目的达到,犯罪人心理上产生一种极大的满足感,尤其是有意外收获的犯罪人,甚至得意洋洋。比如,犯罪过程中发现了大量意想不到的财物,犯罪人甚至会感到吃惊,忘乎所以,这种情绪状态会极大增强其犯罪心理,使其恶性发展。

3. 麻木

有的犯罪人在犯罪时处于高度兴奋状态,实施犯罪后往往迅速趋向抑制,反应灵敏度大大降低,精神处于极度松弛状态。尤其是一些大案要案犯罪人和冲动性犯罪人,面对严重的犯罪后果,处于"激情性休克"状态,麻木不仁,毫无表情,也无任何行动。

4. 罪恶感

这是个人在观念或行为上与其道德标准、价值观念发生冲突时产生的有罪和羞耻的心理体验。有些犯罪人在实施犯罪后,恢复理智,良心发现,萌生罪恶感,出现新的心理冲突,感到苦恼。有的即使在意识水平上看不出来,也会出现被噩梦魇住之类的情况。初犯的罪恶感最为强烈,惯犯、累犯的罪恶感较弱。

(二) 行为表现

1. 试探

犯罪人实施犯罪后迅速逃离现场,但心理上却无法摆脱现场。他们往往表现出对案件的发展和侦破十分关心,有时还会故作姿态,参与议论案情,痛斥犯罪人;有的甚至一再跑到现场观察,对报纸、广播等新闻媒体变得敏感起来。这些反常的表现可以给破案提供线索。

2. 其他反常行为

犯罪人作案后,为了掩饰自己的惊恐不安的心理,往往有一些反常的行为表现。例如,一反常态地积极工作;突然变得老实、守纪律;不敢在公开场合露面,很少与人接触;有的人却是反常地暴露自己,过去是勤俭节约的模范,现在却大肆挥霍浪费;过去循规蹈矩,作风简朴,现在却公开出入色情场所,等等。

总之,犯罪人在犯罪整个过程中,不同阶段就有不同的心理和行为表现,如果我们提高警惕,注意观察,就可以很好地预防和制止犯罪行为的发生,也可以帮助我们迅速侦破犯罪案件。

第二节 犯罪心理的良性、恶性转化

一、犯罪心理的良性转化

所谓犯罪心理的良性转化,是指犯罪心理形成后,在主体内外各种积极因素的影响下,逐渐减弱或消除,或者处于暂时性抑制状态。这种良性转化,可能发生在犯罪行为实施前,也可能发生于犯罪行为的准备、实施过程中,或犯罪行为结束后。

(一)犯罪心理良性转化的条件

要实现犯罪心理的良性转化,是十分艰难而漫长的过程,需要各个方面的积极因素形成一种合力。其基本条件包括:

1. 要产生内部心理矛盾

经过教育、规劝,或受到某一事件的启发,犯罪人头脑中的常态心理被发掘,而不良心理被抑制。如理智感、道德感增强,或顾及自己的名誉、前途、事业、家庭,有同情心、怜悯心,对犯罪后果产生悔恨,出现内疚感,同时那些非法欲望、错误观念、不良行为习惯等受到抑制。此时,在犯罪人心理上出现对立面的斗争,产生心理冲突和良性转化的动力,使犯罪心理体系出现薄弱环节和突破口,这样在进一步的教育帮助下,就很容易实现犯罪心理的良性转化。

2. 要有促进犯罪心理良性转化的动因

推动犯罪心理良性转化的动因不能是单一的,必须是复合的。既要有积极的外因,如健全的法制并得以有效执行,良好的社会风气、正确的舆论导向、科学有效的教育改造,有利的人际交往和积极的榜样等,也要有激发犯罪人的内因,如道德感、责任感、良知、同情心等;既要有意识、观念上的动力,又要有物质、文化生活上的保证;既要控制犯罪的需要,又要满足合理需求,培养高尚需求。这一系列动因的综合作用,才能推动犯罪心理的良性转化。

3. 要遵循转化规律

犯罪心理的良性转化,应在犯罪人心理结构的各个方面同时下工夫,引起个性品质的整体改善。同时,犯罪心理的良性转化也要遵循事物发展变化的普遍规律,特别是要遵循量变质变规律。积极心理因素的增强,消极心理因素的削弱,是一个漫长的量变过程。量变达到一定程度后,犯罪心理明显减弱其至消除,良心转化实现,这就实现了质变。因此,帮教工作者对犯罪人要善于疏导,不能强制硬压,要循序渐进,不可操之过急。

(二) 犯罪心理良性转化的类型

1. 渐进型

通过强有力的教育措施、积极的环境影响和本人的主观努力,行为人逐渐认识到违法犯罪的危害,罪责感萌发,并有一定的悔改决心和表现,犯罪心理得到一定程度的抑制。但这种良性转化只是初步的、不彻底的,犯罪人弃恶从善的态度还会动摇,甚至还会再实施一些轻微的违法违纪行为,但总的趋势是向好的方面发展。这是比较普遍的情况,大多数犯罪人犯罪心理的良性转化都属于这种类型。

2. 顿悟型

通过某一事件的震撼和启发,使犯罪人对自己犯罪行为的性质及危害猛然醒悟,并以很强的意志力克服自己的不良意识和行为习惯,从而终止犯罪,弃恶从善,重新做人。这种类型在恶习不深的初犯和偶犯中时有发生。

3. 反复型

一些犯罪人认识到自己的错误,也有好的愿望和表现,但由于恶习深,意志薄弱,以至在良性转化进程中经常反复出现,时好时坏,但经过教育均有所悔悟,能继续努力改正错误和恶习,经过时间的推移和几次反复后,最终改好。许多有一定犯罪经历的犯罪人大都属于这种类型。

二、犯罪心理的恶性发展

犯罪心理的恶性发展,是指犯罪心理形成后,在主体内外因素的影响下,在犯罪活动中,如果得不到有效的控制和帮助,犯罪心理变得更加稳定和牢固。这种恶性发展可以发生在长期预谋从事某种犯罪活动的人身上,但更多地表现在多次进行违法犯罪活动的累犯和惯犯身上。从初次犯罪满足犯罪欲求,到再次实施犯罪和再次满足犯罪欲求,犯罪心理必然得到强化进而恶性发展。犯罪心理恶性发展的结果,会使犯罪人形成较为顽固的犯罪动力定型,这种动力定型既包括犯罪心理方面的,也包括犯罪行为方面的。

(一) 犯罪心理恶性发展的条件

1. 不良诱因的刺激

犯罪人在实施犯罪过程中,造成犯罪心理恶性发展的不良诱因很多,如被害人的引诱、挑逗、侮辱,同伙的拉拢、胁迫、教唆,以及适合于犯罪的机遇等。由于不良诱因的反复刺激,主体原有的不良心理进一步恶变,如错误认识、不良情绪、反社会意识、侥幸及冒险心理增强,不良欲求恶性膨胀,自我意识水平降低等。同时,主体因此产生心理紧张和焦虑。为了满足欲求,消除紧张,便产生犯罪动机,实施犯罪行为。

2. 非法欲望的满足

大多数故意犯罪是一种获利行为,它能使犯罪人获得财物,发泄性欲,获得地位升迁,释放被压抑的情绪,摆脱不快的感受,满足畸形的精神需求等。这些欲望的满足,一方面强化了原有的犯罪心理,另一方面又刺激犯罪人产生新的犯罪欲望、犯罪动机,非法欲望恶性膨胀,驱使犯罪人变本加厉地实施新的更加严重的犯罪行为,并反复多次实施这些行为,以致由初犯演变为惯犯、累犯。

3. 惩罚、改造措施不力

如果社会对犯罪打击不及时,就会强化犯罪人的侥幸心理;如果惩罚不当,就会使犯罪人产生犯罪合算观念,强化其冒险心理;如果矫正机构或社会的教育改造措施不当,就会强化其逆反心理。所有这些都会促使犯罪心理的恶性发展。

(二)犯罪心理恶性发展的征状

1. 犯罪的自觉性和主动性增强

犯罪心理在最初形成的过程中,行为人往往要经历激烈的动机斗争,这种斗争主要集中在犯罪成功的诱惑与良知的冲突,以及权衡犯罪的利弊得失,斗争的焦点是作案还是不作案。而且犯罪行为的发生,在很大程度上是受情境诱发、他人教唆或胁迫,有一定的情境性和被动性。但一旦作案成功,非法欲望得到满足,犯罪心理就得到强化,由原来"别人要我犯罪"转为"我想犯罪"、"我要犯罪"。此时,犯罪人就会自觉、主动寻求机会,或制造机会犯罪,犯罪的自觉性、主动性增强,犯罪次数增多,危害性加大。

2. 个人欲望膨胀

犯罪人初次犯罪活动的成功,满足了个人欲望,获得了快慰和成功体验,这就进一步刺激了新的更为强烈的个人欲望的产生,使个人欲望急剧膨胀,变得越来越贪婪,并驱使犯罪人变本加厉地实施犯罪行为。这样就形成了欲望——满足欲望——新的欲望产生的恶性循环。

3. 反社会心理增强

许多犯罪人初次犯罪,只是为了满足某一具体需要。而当他们因犯罪受到社会舆论的谴责和司法机关的打击后,便逐渐意识到自己已经处于社会的对立面,于是开始仇视社会,有的甚至形成一套反动的思想观念。在以后的犯罪活动中,常有意把矛头指向社会公共目标和无辜群众。由于反社会心理的增强,其犯罪行为的破坏性也就会更大。

4. 作案经验丰富

经验总是在活动中不断总结、提炼的,犯罪经验的获得也是一样。一般说,初犯还谈不上什么作案经验,但经过多次作案后,其犯罪经验就在不断积累中得到丰富,提高了作案的技巧和逃避侦查的能力。在选择作案动机和作案手段,作案中自我控制、自我保护、伪装现场,以及作案后逃逸、销赃、毁灭罪证、结成攻守同盟等方面,都变得更为老练、狡猾,更具有伪装性和欺骗性。

5. 犯罪活动多方向发展

由于犯罪人个人欲望膨胀,作案经验增多,作案技巧提高,犯罪主动性、冒险性增强,加上同伙的影响,使犯罪人从单一犯罪向多方面犯罪发展,即从犯罪"一面手"发展成为犯罪"多面手",成为累犯、职业犯。犯罪活动向多方面发展,说明犯罪人的犯罪动机变得更加复杂,犯罪意识增强,犯罪经验更加丰富。其结果,必然加大犯罪的社会危害性。

6. 犯罪人格的形成

犯罪人格通常是由某些犯罪人长期从事犯罪活动,或长期在犯罪团伙中与有犯罪恶习的人交往而形成的。在其人格结构中,犯罪心理占据了大部分乃至全部,形成了与犯罪活动密切相关的心理倾向或心理特征。一个人一旦形成犯罪人格,其犯罪行为的发生则不可避免,他会反复不断地实施犯罪行为,达到自动化的程度。一些人开始以犯罪为职业,把犯罪所得作为生活的主要来源,或把犯罪活动作为满足自己精神需要的手段,因而成为惯犯、职业犯。对这种人,一般的说服、教育改造,都难以奏效。

(三) 犯罪心理恶性发展的阶段

根据大量犯罪案例的研究,一般将犯罪心理的恶性发展分为三个阶段:

1. 定型化阶段

由于反复进行犯罪活动,犯罪心理得到强化,犯罪行为已不再是偶尔进行的情境性活动,而是相对稳定、巩固的自觉行为,成为生活中不可缺少的一部分。此阶段的显著特点是:犯罪意识定型化,形成了一套较为稳定的观念体系和行为规范;犯罪方向定型化,从事较为固定的犯罪类型,如盗窃或者抢劫;犯罪行为方式定型化,形成了一套固定的犯罪技能。

2. 个性化阶段

经过定型化阶段,犯罪心理由人格结构的一部分逐渐成为其人格结构中的主导因素,形成鲜明的犯罪人格。或者说,犯罪人的个性心理结构逐渐被犯罪心理吞噬、取代、同化。此阶段的显著特点是:形成牢固的反社会意识,畸变的需要结构,典型的犯罪性格,犯罪行为具有习惯性、连续性、狡诈性、残忍性。

3. 职业化阶段

在这一阶段,犯罪行为已成为犯罪人生活的基本内容和生活的全部意义所在。此阶段的显著特点是:犯罪人以犯罪收入作为主要生活来源;犯罪行为向多方向发展;组织犯罪集团,有严密的组织分工;成员一般有公开职业做掩护。

一、本章需要继续探讨的问题

影响犯罪心理转化的客观因素

犯罪心理转化的客观因素是指犯罪主体身心以外的、对犯罪心理的形成和发展有重要影响的客观条件,具体包括以下几个方面[①]:

1. 犯罪情境或环境的变化

犯罪心理的转化与行为人实施犯罪行为时所处的犯罪情境有很大的关系。当犯罪情境的各种构成要素都有利于犯罪行为的实施,推动犯罪行为实施的力量大于阻止犯罪行为实施的力量时,就会促使行为人迅速实施犯罪,或者实施更为严重的犯罪,即促使犯罪心理的恶性转化;反之,当犯罪情境的各种构成要素都不利于犯罪行为的实施,推动犯罪行为实施的力量小于阻止犯罪行为实施的力量时,就会促使犯罪心理向良性方向转化。

犯罪人作案时,总是选择有利于犯罪的具体环境。然而,环境是会变化的,在实施犯罪时,当变化了的环境使人感到难以下手或迫使其作出新的选择时,也会影响犯罪心理的转化。

2. 犯罪对象或目标的变化

行为人总是选择了犯罪对象或目标后,再去实施犯罪行为。然而,目标并非一成不变的。在实施犯罪的现场,如果行为人发现目标变化了,那么会相应地影响其犯罪心理的转化。犯罪对象或目标状态的改变,既可能促使行为人犯罪心理的良性转化,也可能促使其恶性转化。

3. 犯罪工具或手段的变化

在许多预谋犯罪中,犯罪行为能否顺利实施,犯罪目的是否能够实现,在很大程度上依赖于犯罪工具的性能是否完好。特别是那些高科技犯罪和智能型犯罪,对犯罪工具和犯罪手段的依赖性更强。犯罪工具或手段的变化,如果更有利于犯罪行为的实施,那么就可能促进犯罪心理的恶性转化;反之,则可能造成犯罪动机暂时消失或转化为新的犯罪动机。

4. 被害人的行为表现

被害人的行为往往也会对行为人的犯罪心理转化产生重大影响。一般而言,被害人的行为表现对犯罪心理的影响可能有三种情况:(1)诱发犯罪心理,使之执意犯罪;(2)抑制犯罪心理,使之良性转化;(3)强化犯罪心理,使之恶性转化。

---

① 参见邱国梁主编:《犯罪与司法心理学》,中国检察出版社1998年版,第125—127页。

5. 共同犯罪人的影响

在共同犯罪中,行为人犯罪心理的形成与转化必然受到他人行为的影响。这种影响可能是积极影响,但更多的是消极影响。

6. 突发障碍因素

任何犯罪行为的发生,都是主客观条件共同作用的结果。主观犯罪心理虽然是内在动力因素,是主导因素,但它必须依赖于客观条件来转化和实现。如果没有可利用的客观条件,犯罪心理也就无法转化为犯罪行为。然而客观条件总是处于发展和变化之中的。对行为人而言,在实施犯罪行为的过程中,若出现突发障碍因素,则可能会影响犯罪心理的转化。

7. 社会风气与社会治安形势

犯罪心理的转化,与整个社会的政治、经济状况、社会风气以及治安形势等有一定的关系。一般而言,如果政治稳定,经济形势良好,社会风气正,人们的是非善恶观念明确,社会责任感普遍较强,社会治安形势良好,那么整个社会的风气对犯罪行为就会形成强大的压力,就会促使犯罪心理的良性转化;反之,行为人犯罪心理恶性转化的可能性较大。

8. 刑事政策与刑罚功能的发挥

社会政策、刑事政策与发挥刑罚功能所产生的社会心理效应,都会对行为人犯罪心理的转化产生一定程度的影响。

二、思考题

1. 犯罪人在犯罪前所采取的自我辩解方式主要有哪些?
2. 列举犯罪过程中的心理。
3. 简述犯罪心理的良性转化的含义和条件。
4. 简述犯罪心理良性转化的类型。
5. 简述犯罪心理恶性发展的含义和条件。
6. 论述犯罪心理恶性发展的征状。
7. 论述犯罪心理恶性发展的阶段。

第九章 不同类型的犯罪心理分析(上)

内容提要

各种各样的犯罪行为,总是在一定的犯罪心理支配下实施的。在本章内容中,我们将着重分析财产犯罪心理、暴力犯罪心理、性犯罪心理以及恐怖主义犯罪心理,通过研究,掌握这几类犯罪人的犯罪心理特征和犯罪行为特征,从而为进行早期犯罪预防和矫治提供理论依据。

关键词

财产犯罪　财产犯罪心理　暴力犯罪　暴力犯罪心理　性犯罪　性犯罪心理　恐怖主义犯罪　恐怖主义犯罪心理

第一节　财产犯罪心理

一、财产犯罪概述

(一)财产犯罪的概念

财产犯罪是指以非法占有为目的,攫取公私财物或者挪用损坏公私财物的行为。近些年,财产犯罪呈逐年上升趋势,严重地危害了人民群众的生命财产安全,破坏了社会主义经济建设,扰乱社会秩序并败坏了社会风尚。

物质欲求是人类的基本欲求。人类要生存与发展,必须拥有相应的物质条件。在现实生活中,大多数人会以社会规范所允许的方式获取物质利益,以满足其正当的物质需求,所谓"君子爱财,取之有道"。但是,也有少数人会以违反社会规范的方式来寻求满足,当这种违规行为触犯刑律时便构成犯罪。

财产犯罪具体包括:

(1)侵犯财产罪中所列的各种犯罪行为,如抢劫、盗窃、诈骗、侵占单位财产、破坏生产经营等犯罪行为;

(2)金融诈骗罪中所列的各种犯罪行为,如非法集资、金融票据诈骗、保险诈骗犯罪行为;

(3) 贪污贿赂罪中的贪污、受贿等犯罪行为;

(4) 其他以贪利为动机、以非法占有为目的,通过侵犯他人财产所有权而获得财产利益的行为,如绑架、敲诈勒索等犯罪行为。其中,尤其以抢劫罪、盗窃罪、诈骗罪、贪污罪和受贿罪等犯罪心理结构特征较为典型,是犯罪心理学研究的主要内容。

(二) 财产犯罪的主要类型

1. 抢劫罪

所谓抢劫罪,是指以非法占有为目的,采取暴力、胁迫或其他方法,强行劫取他人财物的行为。抢劫罪是一种古老的犯罪,我国法律之所以对其规定严厉的处罚,是因为该犯罪除了侵犯他人的财产外,还侵犯了他人的人身权利。所谓暴力方法是指实施殴打、捆绑、伤害等使被害人不能反抗的行为,而不是说被害人不反抗。所谓胁迫的方法是指对被害人相威胁,使被害人产生恐惧心理不敢反抗。这种威胁既可以是以语言相威胁,也可以是以动作相威胁。所谓其他方法是指暴力、胁迫以外的方法,比如将被害人灌醉、麻醉等等。抢劫犯罪在我国的刑事案件中较为突出,特别是近年来重大抢劫案件(如持枪抢劫银行、运钞车等)增多。青少年犯罪的比例较大,抢劫罪的犯罪行为人绝大多数是男性。

2. 盗窃罪

盗窃罪,是指以非法占有为目的,秘密窃取数额较大的公私财物或者多次秘密窃取公私财物的行为。盗窃罪是一种采取隐蔽方式实施的财产型犯罪,同时也是整个刑事犯罪和青少年犯罪中最常见、比例最大的一种犯罪。在我国,盗窃公共财物的案件较多,其中监守自盗或内外勾结作案者占一定比例,女性犯罪人亦占有一定比例。盗窃案件多发生在冬季及夜晚。

3. 诈骗罪

诈骗罪,是指以非法占有为目的,用虚构事实或者隐瞒真相的方法,骗取数额较大的公私财物的行为。在我国,近些年来诈骗案件有增多的趋势,数额大的重大诈骗案件明显上升。其特点是以欺诈方法使被害人产生错误的知觉,好像是"心甘情愿"地把财物主动交给行为人,这是诈骗罪不同于抢劫、盗窃罪的最主要特征。

4. 贪污罪

贪污罪是指国家工作人员利用职务上的便利,侵吞、窃取、骗取或者以其他手段非法占有公共财物的行为。贪污罪是经济领域犯罪活动的一种重要类型,具有严重的社会危害性。贪污案件犯罪主体一般年龄较大,有一定的文化素养,犯罪手段带有一定的隐蔽性。

5. 受贿罪

受贿罪是指国家工作人员利用职务之便,索取他人财物或者非法收受他人财物,为他人谋取利益的行为。它是职务犯罪中常见多发的一种犯罪,表现出以钱权交易的方式满足膨胀的物欲和贪婪地占有财富的特点。

(三)财产型犯罪动机的影响因素

财产型犯罪动机,是指激起、维持犯罪主体以非法手段获取公私财物,满足自己的金钱物质欲望的行为动力。它是由个体不良需要产生的内在动力和适宜犯罪的情景产生的诱惑力相互作用的结果。

1. 主观因素

总体而言,财产型犯罪动机的主观因素是当事人在自身的成长经历中出现了社会化缺陷,造成他们对物质怀有强烈的贪欲同时抵抗物质诱惑的能力低下。

2. 客观因素

财产型犯罪动机的客观因素包括一切能够刺激人产生物欲动机犯罪的经济、政治、文化、法制、管理因素及小环境因素。

(1)经济因素

经济发展进程中,实际存在着的收入不均状况冲击着人们心理上长期积淀下来的平均主义思想,使一些人在经济收入悬殊的情况下产生了强烈的相对剥夺感。为了促进经济的发展,国家采取了较为灵活的经济政策,使得一部分人迅速致富。在已经致富的人中间一部分属于思想活跃、敢于探索、勤学肯干、扬长避短,合法致富的;也有一部分靠投机取巧,甚至搞"假冒伪劣"而"浑水摸鱼"发横财。前者令人羡慕,使人佩服,后者对人们的心理造成了很大的冲击,尤其是对一些没有文化、缺乏技术、懒惰怕苦、却又贪图钱财的人来说,起了一个不良的行为导向作用。一部分人的致富冲击着人们心目中长期有着的"不患寡而患不均"的传统意识,在相对剥夺心理的作用下,一些人千方百计地想缩小这一差别,以满足自己的金钱物质欲望,这种欲望要比大家都穷的绝对剥夺状况下更为强烈。

(2)政治因素

财产型犯罪动机与政治也有着密切的关系。一个国家或社会在一定的历史时期政治的愚昧或开明、专制或民主、廉洁或腐败等,都会对这类犯罪产生深刻的影响。今天,我国在政治上还存在着诸多的问题和不足,如民主不健全、权力制衡不力、决策失误等等,特别是腐败问题导致权力体系中为数不少的领导干部及工作人员贪欲膨胀,大搞权力寻租,不仅使他们自己沦为犯罪分子,还造成极坏的社会影响,成为财产型动机犯罪增加的客观诱因。

(3)思想意识因素

围绕着对物质、金钱、财富的理解与认识,古今中外积淀了大量良莠相杂的观念。其中的许多不良观念,如享乐主义、拜金主义、功利主义等,渗透在社会文化中,侵蚀着人们的心灵,激起人们的贪欲。例如,当前社会上不良传媒中宣扬不择手段"暴发式"致富的文化现象较为严重,对诱导人们不法致富产生了恶劣影响。

(4) 法制、管理因素

一个国家的法制和社会管理存在缺陷和漏洞,会刺激或纵容这类犯罪。例如,经济立法不健全或有漏洞,司法不公、执法不力,会刺激或纵容这类犯罪。此外,政府经济管理部门工作中存在各种"空子",社会各经济单位在财物管理等方面存在种种疏忽,也为此类犯罪提供了机会和条件。

(5) 小环境因素

主体生活或经常接触的微观环境中存在着不良氛围、负面榜样、有利条件等,会刺激人滋生不良物欲。

(四)财产型犯罪的心理特征与行为特征

1. 心理特征

(1) 认知特征

从认知选择看,财产型犯罪人容易对奢华、腐朽的生活方式和超前消费备加推崇。由羡慕到向往和追求,而且不考虑自己的经济能力,甚至不择手段地追求财富和享乐。

从认知能力看,财产型犯罪人一般具有较高的认知水平,或掌握某些特殊技能。财产犯罪是一种直接故意犯罪,在犯罪之前,行为人都有一个"如何犯罪"的谋划过程,如观察、选择犯罪的目标或对象,确定合适的作案时间、路线和手段,甚至还要研究受害人的心理和行为规律等等。比如,盗窃犯一般具有撬锁和掏兜的"技能";诈骗犯具有能言善辩、察言观色、揣摩人们心理活动的能力;甚至有些案犯还利用掌握的高科技知识进行财产犯罪。需要引起注意的是,随着科学技术的发展和普及,案犯们作案的智能化程度在提高,尤其是利用新的技术手段进行犯罪的形式必将增多。

(2) 情绪、情感特征

财产犯罪人的情绪、情感特征表现为:一方面对金钱财物有着与众不同的特殊感情。作案前对金钱财物有着极大的向往,作案成功使他得到满足和快感,非法获取的财物,会成为一种强化刺激物,使其恶欲膨胀,从而疯狂作案;另一方面,对受害者缺乏同情和怜悯,为了获取钱财,不惜一切手段。

(3) 意志特征

财产型犯罪人的意志特征因人而异。一般而言,初犯的犯罪意志不很坚定,在作案前,往往伴随着激烈的动机斗争和克服恐惧、紧张和焦虑的过程。而惯犯则有比较坚定的犯罪意志,会想方设法克服各种困难和障碍,以达到最终的犯罪目的。财产型犯罪人的共同意志特征是缺乏改恶从善的坚强意志,往往恶习成癖。他们受到处罚时大都养成了一些不良的行为习惯,并有多次违法犯罪的经历,而且受到处罚后容易重犯。因此财产犯罪中,累犯、惯犯比较多。

(4) 个性特征

在个性倾向性方面,财产型犯罪人的犯罪动机主要是获取钱财、追求享乐。在我国现阶段,因生活困难,为解决温饱而去盗窃、抢劫、诈骗的比较少。另外,财产型犯罪人大都有错误的人生观、价值观,个人主义、享乐主义、拜金主义思想严重。财产型犯罪人的错误人生观、价值观与其犯罪心理的形成关系密切,必然导致他们不择手段地实施犯罪,而且决定了财产犯罪必然具有反复的特点。

在个性心理特征方面,财产型犯罪人大都具有一些独特的"技能",如盗窃犯撬门、开锁、掏兜具有相当的技巧;诈骗犯能言善辩、投人所好的本领更为高明。财产型犯罪人典型的性格特点是好逸恶劳、唯利是图、见利忘义、贪得无厌等。不同类型的财产犯罪人,其气质类型也有差异,比如盗窃犯多属粘液质,诈骗犯多属多血质。

2. 行为特征

(1) 犯罪行为手段的多样性

财产型犯罪有智力与非智力的,凭借职权的与凭借技巧的多种作案方式。智力的作案方式如贪污、诈骗、计算机犯罪等;非智力的作案方式如持械抢劫、暴力抢夺等;凭借职权的作案方式如贪污、受贿、监守自盗等;凭借技巧的作案方式如掏包、撬锁等。作案方式的多样性,是由行为人不同的主观条件和获取财产的不同渠道、机遇所造成的。

(2) 作案手段的技能性

财产型犯罪手段日趋智能化、技能化。如诈骗犯善于伪装,利用人们对某些社会角色的崇敬心理和一部分人的虚荣心、获利心、同情心、求助心,诱人上当受骗。盗窃犯作案前窥视、选择作案地点,作案时撬门、开锁、拆除警报器电源、搬运传递赃物、消除犯罪痕迹等,都具有相当技巧。贪污犯伪造账目、涂改单据、多报开支,利用财务管理上的漏洞,借机提取现金或相互勾结、鲸吞财物;受贿犯表面上伪装得廉洁奉公、生活俭朴,背后实际上大肆进行钱权交易。特别是一些案犯利用职业技术专长,利用高新技术手段,利用现代化通讯、交通工具作案,从而大大地提高了作案成功率,同时也增加了破案的难度。

(3) 犯罪习惯的顽固性

一些财产型犯罪人从小就形成了一些错误的思想观念,养成了一些不良的行为习惯,由于没有得到及时有效的教育、矫正,以致向犯罪行为转化。而且财产犯罪有时很容易成功,获利丰厚,能够极大的满足犯罪人对金钱财物的贪婪欲望,犯罪分子在尝到甜头后,极少有主动甩手不干的,反而恶欲日益膨胀,以致欲罢不能,一再作案,变成惯犯、累犯,逐渐形成顽固的犯罪习惯,悔改十分困难。

二、盗窃犯罪心理

盗窃犯罪是指以非法占有为目的,窃取公私财物数额较大,或多次窃取公私财物的行为。近年来,盗窃犯罪在整个刑事犯罪案件中所占的比例一直高居于榜首。在我国现阶段,大多数盗窃犯罪人不是出于生活贫困,而是把盗窃作为享乐、寄生的手段。盗窃犯中的再犯、累犯、惯犯的比例较大。

(一)盗窃犯罪的心理特征

盗窃是侵犯财产犯罪的典型类型,盗窃犯罪心理在某种程度上可以代表贪利侵财型犯罪心理的一般特征,具体表现在以下几方面:

1. 在认识上,错误意识较突出

盗窃犯罪人的错误意识突出表现为追求丑恶、腐朽的不劳而获的生活方式,具有强烈的利己主义观念。他们的认识能力低,分不清是非、善恶,大多从小养成了不良的行为习惯。好逸恶劳,不能正确对待社会上的一些不公平现象,往往把社会上的不公平竞争、不正之风、分配不公平等消极现象看作是社会的主流,认识上偏激、极端,形成了反社会的错误意识,崇尚"金钱万能"、"人生在世、吃喝二字"的错误价值观念,并在此错误价值观念的影响下,实施盗窃行为。

2. 在情绪方面,恐惧与侥幸心理互相交错

一方面,一些年龄小的扒窃犯认为扒窃被人发觉,只要嘴甜一点,就可蒙混过去;一般盗窃犯自认为事先踩点、行踪诡秘、手段巧妙,现场没有遗留痕迹物证,神不知、鬼不觉,不会被人发现,能侥幸逃脱处罚,所以存在着侥幸心理。但另一方面,盗窃犯罪是要受到法律惩罚的,也是群众所最痛恨的,因此,害怕被抓住受到处罚的恐惧心理也非常突出。通常,犯罪分子都存在着做贼心虚,怕被人发现的恐惧情绪,这在初犯和偶犯身上尤为明显。由于恐惧往往表现为紧张、动作不灵活、神情慌张、出汗多等状态;有的甚至在不知不觉中留下了蛛丝马迹。然而,当见到所需的财物,特别是盗窃得手以后,犯罪人又会禁不住流露出喜悦之情。因此,在盗窃犯罪中,恐惧与侥幸心理相互交错比较突出;但多次盗窃作案的累犯、惯犯,其情绪变化就不太明显。

3. 在意志方面,品质较薄弱

盗窃犯罪人意志品质的薄弱性表现在两方面:其一,盗窃犯罪人的自制力差。盗窃犯罪人由于受错误意识的影响,认识能力低、经不起外界的物质引诱,极易因外界物质的诱惑,个体畸形需要的膨胀而缺乏控制力进行犯罪活动。其二,犯罪人的犯罪意志很顽固。盗窃犯罪人在多次犯罪得逞后,尝到了犯罪的"甜头",满足了个体的不良需要,从而也养成了犯罪恶习。一旦有了某种物质需求,意志力很难控制其内心冲动,积习难改,表现出犯罪意志的顽固性。正因为如此,在惯犯、累犯中,盗窃犯罪人所占的比例最大。

4. 需要和动机特征

在需要特征方面,盗窃犯罪人的需要结构畸形发展,主要表现为:对需要缺乏合理的调节,过分追求生理需要和物质需要的满足,社会性需要、精神需要越来越少,并将低级生理需要取代社会性需要和精神需要;在需要结构间形成恶性循环,失去了需要的调节功能,成为满足生理、物质需要的畸形需要结构,当行为人一旦产生了对某种物质的需要,就想立即得到满足,进而实施盗窃犯罪行为。

在动机方面,盗窃犯罪的动机,主要是贪图财物的动机,即利欲型或贪利型动机。盗窃犯均有极端利己、享乐至上的人生观,在物质欲望的驱使下,他们把攫取他人财物当作满足贪欲和生理需要的唯一方式。

在满足欲望方面,除去贪图享乐的目的之外,还有少部分盗窃犯占有财物不是为了享用它,而是为了其他个人需要。如为了个人搞科研盗窃电子元件,为了求知盗窃珍贵书籍等,也构成了非法占有他人财物的犯罪。报复也是盗窃犯罪的动机之一,盗窃某人或某单位的财物加以毁坏或作其他处理,不为个人享用,只为满足泄恨报复的需要。在青少年盗窃犯罪中,出于好奇心、追求刺激和哥们义气等,均可成为盗窃犯罪行为的动机。

5. 盗窃犯罪的习惯

许多盗窃犯,究其以往经历,往往自幼就有不良习惯,如贪小便宜、小偷小摸等;而反复多次作案的盗窃犯罪心理的形成,也不是一朝一夕的事,而是有一个逐渐发展、变化、进而恶性发展的过程。从最初的"顺手牵羊"、"小偷小摸",逐渐发展为进行目标巨大的盗窃犯罪,最终形成犯罪恶习,积习难改,罪恶深重;从初次犯罪时的恐惧心理与侥幸心理互相交错影响,发展为盗窃经验丰富,盗窃技术熟练,情绪稳定的惯犯,其犯罪心理的变化有一个由浅到深、由量变到质变的发展变化过程。一旦形成盗窃习惯,就很难加以矫治,正因为如此,有的盗窃犯罪人虽经多次打击、处理、改造,仍屡教不改,反复作案。

(二) 不同阶段的盗窃犯罪的心理特点

盗窃犯罪是整个刑事犯罪中最为常见的一种,尤其在青少年犯罪中比例较大。他们在利己欲的驱使下,为满足贪得无厌的非法欲望,贪婪地吞噬公私财物,一般都有一个由小到大、由生到熟的演变发展过程。他们一般从小就道德品质低下、沾染不良习惯、厌恶劳动、游手好闲、追求吃喝玩乐,当正当收入满足不了他们日益增长的物质需要时,就萌生邪念,由小偷小摸而愈演愈烈、越陷越深,以致不能自拔,走上犯罪道路。每次作案的成功又使其犯罪心理得到不断强化,渐渐由初犯发展为惯犯。

1. 恐惧试探阶段

初次作案,盗窃犯心虚胆怯,总觉得有人在看着他们,恐惧心理较强。这种恐惧心理,一方面是对实施犯罪行为的法律后果的担心,但更主要的是由于个体的防御机制在起作用,怕被抓住受到处罚。恐惧心理使盗窃犯在作案时往往表现出试探、不敢大胆作案;也使其作案时心情过于紧张、动作笨拙、行为慌乱,往往是匆忙作案,一旦得手,便马上逃离现场,来不及处理、伪造现场,很容易留下痕迹物证。

2. 大胆适应阶段

初次作案的得逞,使盗窃犯产生"成功"的体验,他们对自己的作案手段、技术和作案能力自我肯定和欣赏,作案的自信心和侥幸心理加强。几次作案之后,犯罪人不但对作案环境不再感到陌生,而且其胆量也受到磨炼。他们已能适应作案的特殊环境,善于控制紧张情绪,由恐惧而变得大胆。这时,犯罪人作案胆大妄为、有恃无恐,作案性质和手段也变得愈来愈严重和恶劣。

3. 形成犯罪心理定势及动力定型

随着作案次数的增多,犯罪人不但作案技术日益熟练,而且作案经验更加丰富,其犯罪意识还不断得到强化,形成犯罪的心理定势及动力定型。不断增长的对财物的贪欲和长期形成的盗窃习惯使他们一遇到作案的情境,便抑制不住犯罪的冲动,熟练的作案技术使他们不需花太大的精力就能达到犯罪目的。因此,他们盗窃成瘾、盗窃成癖,遇到作案环境不盗窃就感到身心不适,难以忍受。

4. 惯犯阶段

随着犯罪实践的继续,犯罪心理得到更进一步的强化。犯罪人不但犯罪技术日益成熟、老练,作案能力高超;而且长期的犯罪实践还会使其人生哲学更加腐朽、堕落,道德、法律对他们也不再有约束力,大吃大喝、挥霍无度的生活方式使他们不能自拔,最终发展成为以盗窃为生的职业惯犯。

(三)盗窃犯罪的行为特征

不同类型的盗窃犯罪,其行为特征是不同的。

1. 盗窃犯罪是一种以隐蔽方式实施的技能犯罪,根据其作案手段不同又可分为偷窃和扒窃。由于手段不同,其行为亦有不同的表现。

(1)偷窃犯的行为特征

偷窃是犯罪人不与受害者直接接触而发生的盗窃行为,如撬窃、掘窃等。犯罪人乘受害人不备或无人看守之机或撬门别锁,或翻墙入院,或挖坑打洞,潜入民宅、企业、机关单位进行钱物的盗窃,在作案的行为特征上有如下表现:

① 作案手段多样化

不同的偷窃犯往往习惯于不同的作案手段。常见的作案手段有流窜作案、乘机作案、内外勾结和预谋作案。如果从作案的人数来讲,则有单独作案和团伙作案之分。团伙作案预谋性强,计划周密,成员分工协作,往往作大案要案。

② 作案手段因作案对象而变化

不同作案对象有不同的行业或职业特点,犯罪人据此有不同的作案方式。

在城市,对企业、商店、银行、机关单位等的偷窃往往是先踩点,摸清职工活动规律,在防守的空当时间作案。在农村,则以代销店、仓库、乡办企业或专业户等为盗窃对象,在踩点观察之后,准备工具,计划方案,实施盗窃。这类偷窃一般选在夜晚或午休时间,不易被发现。也有个别选择在白天,利用人们的麻痹心理,冒充办事人员混入机关单位,顺手牵羊进行盗窃。偷窃居民,则选择高层楼房住户或白天趁双职工上班无人在家之机,撬门开锁作案;偷窃住客或外宾财物,则伪装进住宾馆、饭店,利用少数单位管理制度松懈,人们防范的疏忽伺机作案。也有的冒充华侨或外商,利用某些工作人员的崇洋媚外心理又骗又偷。

③ 作案特点因年龄差异而不同

由于年龄的差异、生活阅历及犯罪经历的不同,犯罪手段也各不相同。青少年偷窃犯,初犯较多,预谋时间短,偶发性强,小偷小摸的多。成年偷窃犯一般为职业惯犯,手法老练、行动诡秘,往往单独行动,销赃及时。

(2) 扒窃犯的行为特征

扒窃是指犯罪人与受害人直接接触而发生的盗窃行为。扒窃犯运用一定的犯罪伎俩,乘其不备,直接从受害人身上、身边盗窃财物。具体方式有掏兜、割包、调包等。与偷窃犯罪不同,扒窃犯是以人而非场所来选择犯罪目标。

① 扒窃犯的活动规律

由于扒窃犯罪以人为作案目标,不同的人在不同时间、不同地点的活动规律对扒窃犯的作案有直接影响。总结扒窃犯罪的活动特点有以下三方面规律:

时间规律:扒窃犯罪是利用隐蔽的手段从人们身上盗窃财物,什么时间人们身上有钱,什么时间容易得手,其犯罪活动就比较猖狂。因而,发薪日、节假日、早晚班车拥挤时、春秋季节,成为扒窃犯罪的多发期。

地点规律:扒窃犯罪既要盗窃钱财,又要避免被人们发现,他们往往选择人多混杂的地方作为作案场所,这样容易浑水摸鱼,一旦被发现,也容易逃脱,商店、车站、码头、影院、市场、庙会等是扒窃犯罪多发场所。

对象规律:扒窃犯往往把身上携带钱物而又防范能力差的人作为理想的作案对象。从年龄上,中年人比年轻人和老年人多;从性别上,女性高于男性;从职业上,商人、有钱者多,而军人、警察、学生等少。另外,在人员复杂地区,他们往往把外地人、进城农民等作为作案目标。

② 扒窃犯在作案过程中的行为表现

扒窃犯在作案过程中,其眼神、动作、语言都有异常的表现,这些特征反映了他们在作案时的心态,也为我们发现和揭露犯罪提供了信息。

眼神特征:眼神是一个人的眼色和神态。它反映了一个人当时的心理状态。扒窃犯的眼神与一般人有明显不同。经常搜寻作案目标、目光乱转,两眼不停地扫视人们的衣兜、皮包,长期的职业习惯使他们眼神不定、十分狡猾,显得很

"贼"。在商店,他们不看物品,不偷货物,专门窥视人们取钱付款的情境;在车站、码头、旅游景点,他们两眼不停地寻找携带钱款的人,留意人们的包裹;作案时一般要环视一下四周是否有人后再下手。

动作特征:扒窃犯在作案前的表现有四个特征:一是乱窜,在公共汽车上、车站、人群中来回窜动,物色作案目标。二是尾随,选中作案目标后,紧紧尾随其后,伺机作案。三是钻挤,扒窃分子往往故意乱挤,造成人群混乱,浑水摸鱼。他们故意堵在车门口或进口要道,逆人流而动,在混乱中进行扒窃。四是试探,扒窃分子为了弄清人们钱物所在及扒窃对象的防范能力,有时故意做一些试探动作,观察其反应,待确定其钱物和确认其没有危险时再行作案。有时用手或胳膊碰撞人们的身体或衣兜,有时用试探性的语言如"有小偷"等观察人们的反应。

在实施犯罪中,扒窃犯有时乘人打盹,有时以提包、衣物作掩护,有时靠同伙吸引人们的注意,乘被害人不注意时,迅速地盗走钱物。作案得手之后,他们往往迅速撤走,躲进隐蔽的地方,清点钱物,扔掉无用的东西。

语言特征:一些团伙犯罪的成员在作案中为了交流信息、相互配合,常常使用隐语(暗语)作为交流工具。这些隐语是他们把正常的语词加以改造,附上其特定的含义,一般人难以理解,而他们可以用来互通情报。这些隐语有不同的地域特征,并且随着时间的变化而变化。掌握这些隐语,可为发现和揭露扒窃犯罪提供帮助。

2. 根据盗窃犯罪有无预谋,可将其行为特征分为预谋型、机会型和冲动型三种。

(1) 预谋型盗窃犯罪

该类盗窃犯罪的行为特征是有计划、有预谋,对于要达到何种犯罪目的,事先精心策划,对作案时间、地点、犯罪手段、方法的选择经过了周密的思考;有的犯罪人事先化装侦察、踩点,弄清作案对象的生活规律和作息时间,选择最佳时机进行盗窃犯罪。从最初犯意的出现到犯罪的实施有一个相当长的过程。这类预谋型犯罪,往往预谋时间长,周密安排,精心策划,犯罪分子胆大心细,现场遗留痕迹物证少。

(2) 机会型盗窃犯罪

该类盗窃犯罪的行为特征是随时间、空间、犯罪对象等因素的出现而定。往往是在外界因素的刺激下,短时间内产生的犯罪行为。这类犯罪的行为特点,或受已有犯罪经验的影响所为,或受犯罪机遇的影响所为,从犯意的产生到实施犯罪的过程较短。当遇有适当的犯罪机遇时,即时间、空间适宜于犯罪行为实施,同时又有侵害对象时,盗窃犯罪行为就会实施。

(3) 冲动型盗窃犯罪

该类盗窃犯罪的行为特征是受某种因素的强烈刺激所诱发,或因某种突发的意外局面所触发而临时产生的犯罪决意。这类犯罪的行为特点,往往受在外界某种强烈刺激或意外局面所引起的激情驱使,犯罪人的思维能力下降,行为的自控能力减弱,受强烈的不随意运动的支配,行为出现偏常,感情的畸形爆发,从而产生冲动型犯罪。

3. 根据盗窃犯罪的组织形式差异,可将其行为特征分为单人盗窃、二人以上共同盗窃、盗窃犯罪集团等形式。

(1) 单人盗窃,势单力薄,或预谋性不强,或"顺手牵羊"者多,社会危害性不大。

(2) 二人以上共同盗窃,往往有一定的犯罪目标,有预谋,犯罪前有简单的分工,犯罪过程中能互相配合,社会危害性较大。

(3) 盗窃犯罪集团,多数是有组织、有计划、有预谋地实施犯罪活动。集团内部有明确的分工,有组织者、骨干分子和一般的参与者之分。犯罪时,行动诡秘,手法老练,手段凶残,具有极大的疯狂性和社会危害性。

此外,盗窃犯罪在侵害对象上往往是有选择的。例如,在城市中,盗窃犯往往内外勾结来盗窃工厂、企业等钱财和物品;或撬窃白天无人在家的居民住宅;或潜入宾馆、大楼,对华侨、港澳来宾、外宾等行窃。在农村,盗窃案件多以代销店、仓库、乡办企业或以"专业户"、"冒尖户"等富裕人家为目标。

三、诈骗犯罪心理

诈骗犯罪是以假冒身份、伪造证件、虚构事实或隐瞒真相等欺骗手段,骗取公私财物的犯罪行为。与盗窃犯罪和抢劫犯罪不同,诈骗犯罪的特点是用欺骗方法使被害人产生错觉,好像是心甘情愿地把财物主动交给犯罪人。但这种"心甘情愿"是被害人在不明真相下的举动,绝非受害人的本意。

(一) 诈骗犯罪心理结构特征

1. 认识特征

诈骗人往往认为行骗不如杀人、放火一类犯罪凶狠,但却是无本万利,自以为手法高明,很难被识破。这种自我估价过高的特征,使一些犯罪分子连续行骗,直至露出马脚,陷入法网。诈骗犯的认识活动,具有较大的灵活性。他们思维敏捷、反应快,善于想象和联想,具备某些方面的知识经验,对各阶层人士的社会心理状态十分熟悉。他们依据的社会心态是与特定的社会历史条件和状况密切联系的。在我国现阶段,诈骗犯主要利用人们对某些社会角色的崇敬心理,利用一部分人的虚荣心、同情心、急于求助的心理,利用他们疏忽大意和拉关系、开后门的庸俗心理进行诈骗。

2. 情绪、意志和习惯特征

比起伤害、杀人等暴力犯罪,诈骗犯罪的情绪色彩不明显。其意志活动主要表现为克服实施诈骗行为的自身伪装的陷阱。诈骗行为也有其习惯性特点,如有的诈骗犯总是冒充军人,有的诈骗犯一贯以妇女、老人为诈骗对象。

3. 个性和能力特征

诈骗犯给人的外部印象是活泼、善于交际、待人和气、乐于助人等。他们的个性显露出冒险性的特征,明知自己装扮的身份和行为都是假的,而敢于在大庭广众之下行骗,有的甚至敢于在一些社会名流聚集的社交场所,夸夸其谈,故作姿态。诈骗犯的适应能力、模仿能力较强,这就使得他们能有效地适应环境变化,有可能以假乱真,针对不同的对象实施诈骗。

(二) 诈骗犯罪的行为特征

1. 连续性

大量诈骗犯罪分子,是在第一次诈骗得手后,即连续进行多次诈骗活动;有的是在诈骗后,大肆挥霍,然后再进行诈骗,如此循环,直到案发。由于诈骗犯罪大多是连续作案,因而作案持续时间长,受害面广。

2. 牵连性

即行为人在为诈骗犯罪进行准备和作案过程中往往又牵连了其他犯罪行为。比较常见的牵连行为有:

(1) 盗窃。一些犯罪分子为进行诈骗往往先盗窃用作诈骗工具的物品,如用支票行骗,需先盗窃空白支票;冒充公安人员行骗,则往往要盗窃公安人员制服、警械甚至枪支。

(2) 伪造公文、证件、印章。犯罪分子为在诈骗时证明自己的身份,常常伪造公文(如批文、通知、文件等)、证件(如身份证件、工作证、介绍信等)、印章。

(3) 伪造有价证券,涂改有价票证。如为骗取对方信任,伪造提货单、经济合同等。

3. 狡诈性

诈骗犯罪分子是极其狡诈的。主要表现为他们善于观察获知受害人的心理弱点。一般来说,受害人所具有的一些不良或幼稚的心理意识,是诈骗分子之所以能轻易诈骗得手的关键。通常,下面几种不良的、幼稚的心理意识容易被诈骗分子所利用:

(1) 虚荣心理;

(2) 幼稚的、不作分析的同情、怜悯心理;

(3) 爱贪占便宜的不良心理意识;

(4) 严重的封建迷信思想;

(5) 轻率、轻信、麻痹、缺乏责任感;

(6) 崇洋媚外的不良心理意识;

(7) 好逸恶劳、想入非非;

(8) 贪求美色的不良意识；

(9) 盲目崇拜心理；

(10) 投机心理；

(11) 易受暗示、易受诱惑的不良心理品质。

诈骗分子不仅善于揣摩受害人心理，而且善于投其所好，采取各种方法，达到自己的犯罪目的，比较常见的诈骗手法有以下几种：

(1) 假冒身份

一般来说，一个人的身份是一个人地位和权力的象征，具有一定的身份即具有一定的权力以及行使与权力相适应的行为。诈骗犯为达到行骗目的，往往假借他人名义，冒名顶替或装扮成受人尊敬、羡慕、能解决实际困难的"大人物"，骗取人们的信任，进行诈骗活动。假冒身份是诈骗犯行骗的一种主要手段，他们假冒的身份是与行骗的目的及事主的需要相适应的。为此，那些能满足人们特殊要求的经理、老板、高干、高干子女、导演等，以及受人尊敬的名人、专家、领导等各种身份都可能被诈骗犯冒充，借以欺骗当事人。

(2) 虚构事实

诈骗犯为达到诈骗目的，往往经过长期的筹备，无中生有，编造谎言，捏造事实，以假充真，骗取事主的信任，诱使其以假乱真，陷入圈套。虚构事实，可能是全部虚构，也可能是部分虚构。部分虚构真假混杂，其迷惑性更大。比如信息诈骗，这是近年来最常见的一种诈骗手段。犯罪嫌疑人利用打电话、发短信、互联网或邮寄信件等方式实施诈骗，内容多种多样。

(3) 隐瞒真相

犯罪分子为欺骗对方，总要掩盖客观存在的事实蒙骗对方，使其在不明真相的情况下中计受骗。他们有时利用人们消息闭塞、信息不灵，有时利用人们认识、辨别力差的弱点，歪曲事实、隐瞒真相，骗取钱财。

(4) 伪造证券

在当今的社会生活和交往中，单凭演说很难取得人们的信任。诈骗犯往往利用现代的交际手段，印制假名片、假证明、假介绍信、假身份证等以使人们相信其身份；用假奖状、锦旗、假名人信件、假毕业证与职称证书等使人相信其能力；用假发票、假提货单、假单据等骗取钱财，离开了这些，诈骗犯很难施展诈骗伎俩。

(三) 诈骗犯罪的心理历程

根据诈骗犯行骗时的心理进程，可把诈骗行为分为预备期、诱饵上钩期、行骗期、逃避期四个阶段，每个阶段其心理和行为表现各有其不同的特点。

1. 预备期

诈骗犯罪全部为故意犯罪，在实施犯罪前，有一个犯罪动机产生、作案条件的准备阶段。犯罪分子一方面根据其经验观察、物色、选定受害人作为其行骗的目标;另一方面创造一定的条件,假冒身份,为其实施诈骗作准备。

对目标选择的准确与否,直接影响行骗的结果。对于物欲型的经济诈骗来讲,行骗目标一方面应有一定数额的钱物,另一方面应具有一定心理弱点,对其欺骗手法不易识破,易上当受骗。为此,他们在不同地区选择不同的诈骗对象。在农村,兜售假货假药欺骗无知农民;在车站、码头,他们选择那些出外打工、采购物品、进城看病的妇女、农民作为诱骗对象;在旅游及娱乐场所,他们摆摊设点,玩弄骗术,诱惑贪图小利的人上当受骗;对企业及单位,他们则冒充外商、老板,以投资、合作为名诈骗钱财或冒充记者、高干子女骗取吃喝及财物。

现在的诈骗更多表现为团伙诈骗,犯罪分子往往经过精心筹划,设置圈套,同伙从中怂恿配合。他们有的身带各种假证件、公章、合同等,有的携带伪造的假药、假货等,以便随时实施犯罪行为。

2. 诱饵上钩

诈骗目标选定之后,诈骗犯就着手投饵以取得行骗目标的信任、好感,为下一步行骗做准备。诈骗犯往往根据受害目标的特点及需求设置特定的诱饵,其投饵具有适应性、针对性和时机性的特点。

(1) 适应性

诈骗犯总是根据人们当时的社会需要而适时地设置诱饵,因而其诱饵具有适应性的特点。在生产力不发达、商品供应不足时,他们以能为人们代购某种紧俏商品为诱饵;在几年前出国热时,他们以能"办出国"为诱饵;在经商热时,他们则以合资办厂等手段诱惑当事人。随着时间的推移,他们的诱饵也在不断变换花样。

(2) 针对性

在行骗中,诈骗犯总是针对受害人的特点设置诱饵。他们小心试探,琢磨其兴趣、爱好和需求,然后投其所好。对方喜爱怎样他就怎样,要什么就有什么,以取得对方的好感和信赖。

(3) 时机性

投饵的时机对于行骗也同样十分重要,诈骗犯往往在事主最易上当的时间、地点及条件下投放诱饵。他们通过与受害人的接触了解,往往在受害人情绪激动、识别力差时,不经意地暴露自己的假身份、能力,使对方有求于自己,以取得信任和依托。

3. 行骗期

经过以上两个阶段,受害人此时对诈骗犯听之任之,比较信任,正是行骗的大好时机,犯罪分子便抓住时机,骗钱、骗物。为了保证诈骗的顺利实施,他们常采用以攻为守、软硬兼施等种种手段,竭力使骗局向有利于自己的方面发展,强化骗局,以防败露。他们有时用威胁手段以"保密"、"考验"、"纪律"等为借口,威逼事主不得向外人吐露真情;有时用假借的手法,打消事主的顾虑和疑心,以假指人(如指某某为其亲属)、假指物(某货为自己所有)、假指场所(某地为自己住所)从而欺世盗名、搪塞事主;有的用自我作证的方法(假借他人之名,给自己打电话、发电报、写信等)以消除事主的疑心。

4. 逃避期

骗子骗取财物之后,觉得再无油水可捞,便开始收场,伺机逃窜。此时犯罪分子做贼心虚,惶惶不安,生怕夜长梦多、节外生枝、骗局败露。他们或乘事主不备,偷偷溜走;或以某种借口,紧急出走,借以摆脱当事人。至此,骗局宣告结束。

第二节 暴力犯罪心理

一、暴力犯罪概述

(一) 暴力犯罪的概念及种类

所谓暴力犯罪,是指使用暴力或以暴力手段相威胁,侵害国家和人民生命财产安全,造成严重后果的攻击性犯罪。暴力犯罪不属于特定的刑法术语,不是刑法中的一个独立罪种,而是一类犯罪行为的统称。

我国刑法的许多条款中都涉及使用暴力手段进行犯罪及应承担的刑事责任,但对于"暴力犯罪"概念的界定尚有不同的阐述,归纳起来,大致有两种:狭义的暴力犯罪与广义的暴力犯罪。狭义的暴力犯罪是指犯罪人实施了暴力侵害行为,侵犯他人人身权利和财产权利,并造成严重后果的攻击性犯罪。杀人罪、伤害罪、强奸罪和抢劫罪等通常被认为是暴力犯罪的典型。此外,爆炸、枪杀、武装贩毒、武装走私、聚众械斗、组织暴乱、纵火等则是使用更凶恶的暴力手段,造成更严重后果的暴力犯罪行为。广义的暴力犯罪是指犯罪手段上包含有暴力因素的一切犯罪行为,不仅指已经实施了暴力的犯罪,并且包括以暴力相威胁而达到目的的犯罪。实际上,在有些抢劫、绑架等犯罪过程中,虽没有具体施暴的情节,但以暴力相威胁还是存在的,否则,犯罪就不可能得逞。

犯罪学的研究已表明,尽管经济犯罪的危害远大于所有的财产犯罪和暴力犯罪所造成的危害总和,但在社会公众看来,暴力犯罪是最令人感到恐惧的犯罪。人们对犯罪的恐惧,主要来自于暴力犯罪。研究表明,由暴力犯罪造成的心理创伤或恐惧,在肉体创伤痊愈以后还要持续数月、数年乃至终身。

暴力犯罪可以按照不同的标准加以分类。例如,可以分为个人暴力犯罪与集团暴力犯罪;青少年暴力犯罪、老年暴力犯罪与女性暴力犯罪;预谋型暴力犯罪与激情型暴力犯罪;贪利性暴力犯罪与性的暴力犯罪;政治暴力犯罪与非政治暴力犯罪;严重暴力犯罪与一般暴力犯罪。

(二)暴力犯罪的特点

近些年,我国暴力犯罪呈逐年增多的态势,对社会治安的危害不断加剧,其特点如下:

1. 暴力手段愈发残忍

利益冲突的激化和暴力、色情等不良文化的传播,促使暴力犯罪手段越来越野蛮、越来越残忍,一些犯罪分子心狠手辣,抢劫并发杀人,凶杀又行强奸,伤害必欲致死,甚至碎尸、焚尸。2000年9月1日,以张君为首的犯罪集团在常德持枪抢劫运钞车,枪杀7人,重伤4人。由此案又深挖出该暴力集团的渝、湘、鄂等系列持枪杀人案,其暴力犯罪手段相当残忍,震惊全国。

2. 涉枪犯罪日益突出

涉枪犯罪日益突出,表明犯罪暴力化程度正在进一步加剧。持枪作案、"杀机"四伏、致人伤亡,极大地威胁着社会的安全与稳定,是暴力化恶性升级的表现形式。此种暴力犯罪发案数逐年增多。据统计,我国1994年、1995年的涉枪犯罪分别比1993年增加25.8%和21%;涉枪案件的高发区主要在沿海、边境地区,如广东、福建、广西、海南以及东北地区等。涉枪案件的犯罪类型主要是抢劫银行及运钞车、抢劫出租车、绑架、武装贩毒、武装走私等。

3. 青少年犯罪占相当比例

所谓青少年犯罪,一般是指14至25周岁的人所实施的犯罪。由于种种原因,一部分青少年的社会化过程中断,没有受到来自学校、家庭以及社会其他方面的健康而系统的正面教育,因而思想空虚,缺乏理性,粗野放纵,无视道德和法律。青少年处于盲目与狂热的急风怒涛时期,不受理智约束而被情绪所支配,一旦遇到矛盾冲突,往往以棍棒、利刃相见,不思利害,不计后果。

4. 团伙暴力猖獗,甚至出现带有黑社会性质的有组织暴力犯罪

改革开放以来,社会生活变革巨大,传统道德的规范功能相对减弱,致使暴力犯罪案件增多,并且向犯罪分子拉帮结派、结成团伙的形式转化。暴力犯罪由个人冲动所致趋向有组织、有预谋地实施,严重破坏社会治安的大案,多为犯罪团伙所为。而且,团伙暴力犯罪呈现逐年增多的趋势。进入20世纪90年代以来,我国也产生了一些有黑社会性质的暴力犯罪集团,即主要成员稳定,有严密的帮规约束,公然对抗社会法制,在权威性首犯的组织、策划下称霸一方,并且拉拢政府和司法机关中的腐败分子,以构建具有保护伞的犯罪组织。

5. 流动人口犯罪突出

市场经济必然导致人、财、物的流动,同时也带来犯罪的流动。那些出外打工却又谋职无门、生活无依靠、法制观念差的人则可能走上犯罪道路,而且一般会选择盗窃、抢劫、绑架等犯罪类型。如抢劫出租车司机、绑架妇女、儿童等案件

绝大多数是流动人口所为。另一方面,犯罪分子实施暴力犯罪后,大多"外漂"几年,以逃避法律制裁。而其在四处流窜中,为维持生计,往往连续作案。震惊全国的晋冀鲁豫系列杀人、抢劫、强奸案的犯罪嫌疑人杨新海先后残害78名受害人。其行踪诡秘,流窜作案,地域跨度大,线索不易查找,给侦破工作带来了很大的难度。

二、暴力犯罪人的心理特点

(一)暴力犯罪人的性格特点

1. 性格、情绪不稳定

暴力型罪犯年轻者居多,身体素质好,性格上缺乏对社会、集体、家庭、他人的责任感、义务感、同情心,法制观念淡薄,遇事易冲动,对消极的刺激也会作出强烈的反应,通常把暴力行为作为解决人际关系的主要手段,情绪反差大,自我控制力差,且不计后果。

2. 以自我为中心

暴力犯罪人自我意识极度膨胀,面子观念重,若现实满足不了其欲望,则不可遏制的原始性情绪就在其个性心理结构中占主导地位,在外在激发性刺激作用下,便会导致暴力犯罪行为。同时,出于自卑感和不安全感,行为人便转而实施暴力行为来维护自己的虚荣心和畸形的自尊,暴力成为其保护和增强自我意识的手段。

3. 心性幼稚、自我放纵

有些暴力犯罪者心性幼稚、自我放纵,这些人天真地认为别人仅仅是为了满足他们的愿望和需要而存在。然而,他们时常发现他人并非总是迎合自己的想法,于是就常常对这些不可理解的背叛报以强烈和经常的暴力。

4. 具有虐待性

具有虐待性的暴力犯罪者,以给他人带来痛苦和不幸为乐。他们在选择实施目标时,总是挑选那些对他们的攻击非常敏感的人,受害人一旦屈服,他们就会变本加厉地折磨他。祈求虐待狂的饶恕在多数情况下是徒劳的,在此过程中犯罪人感受到畸形的快乐。

5. 本性柔顺者也可能实施暴行

长期以来,人们认为暴力犯罪者缺乏正常人所具有的内部自制力,这种自制力的失调很大程度上导致了暴力行为的发生。后来有学者发现:极端暴力行为的犯罪者并不是容易冲动和易怒的人,相反是被动的、沉默的、举止温和的、对侵犯行为具有异常强大的抑制力的人,这样的结论得到实验的证实。内部抑制使行为人对于挫折或挑衅保持沉默,但如果超出一定的限度,促使他们产生暴力行为的强度就会增大进而突破其极度的抑制力,这些外表温顺的人就会突然爆发,实施极其残忍的暴力行为。

(二) 暴力犯罪人的情绪特征

暴力犯罪是一种直接的进攻性行为。行为的实施常为激烈情绪所支配,表现出激烈冲动的情绪特征。愤怒、怨恨、嫉妒、恐惧等消极情绪支配、贯穿着整个暴力犯罪过程,成为暴力犯罪人主要的情绪特征。

1. 愤怒

犯罪人的愤怒往往是由于目标的达到受干扰和阻碍而产生的。愤怒情绪从程度上可分为轻微不满、生气、愠怒、激怒、大怒、暴怒等不同状态。当愤怒情绪产生并达到不可抑制的程度,就会使某些犯罪人在强烈情绪支配下,对引起挫折的人或第三者乃至社会发泄自己的愤怒,产生直接的攻击性行为,产生暴力犯罪。由于愤怒情绪产生的暴力行为多表现为进攻、亢进的形式,并且在整个犯罪过程中,愤怒的兴奋和亢进始终贯彻始终,表现出情绪的不可抑制和突发的特点,正因为如此,暴力犯罪心理具有不计后果、危害性大的特征。

2. 怨恨

怨恨与愤怒的情绪相近,它是因为遭受挫折,长期积压在心中的一种紧张和不满情绪。怨恨情绪多产生于一些内向性格的人,他们不易流露自己的不满,但不满情绪却长期积压在心里,由于未得到释放,积累到一定程度或遭遇某一事情的刺激,也容易产生攻击性行为。由于怨恨也是一种长期积压在心里的一种不满情绪,所以,在这种不良情绪的支配下,犯罪人在犯罪过程中会表现出冷漠、镇静、残忍等行为特征;在犯罪后,有的甚至还流露出报仇雪恨后的满足感。

3. 嫉妒

嫉妒往往是因别人的幸福或成功伤害了自己的自尊心而产生的一种消极情绪。嫉妒心理在一定条件下会转化成愤怒、怨恨,甚至强烈的仇恨。嫉妒与一个人的人格特征有关,那种性格冷漠自私、虚荣心强、以自我为中心,不虚心承认自己的错误、缺乏自信和自卑感强的人,容易产生嫉妒情绪。在嫉妒心理支配下,也容易产生攻击行为。例如,因别人的富裕而抢劫、因别人的成就而伤害对方。

4. 恐惧

恐惧是指企图摆脱、逃避某种情景而又无能力时所产生的情绪。当恐惧情绪高涨时,为了想从不利的情境中脱离出来,有时也会不假思索地施行暴力。例如,因盗窃活动被人发现,由于恐惧便慌乱地杀害事主或证人,就是属于这一种情况。

(三) 暴力犯罪人的动机特点

通常情况下,外界环境刺激诱发了行为人原心理结构中的变态需要,而产生暴力犯罪动机。无论是早有预谋还是激情突发的暴力犯罪实施者,一般均有强烈的犯罪动机。暴力犯罪的外在性、惨烈性等特点可以反映出行为人实施犯罪时的巨大心理内推力。暴力犯罪动机常由下列因素引起：

1. 人际关系和婚恋关系纠纷

人际关系和情感关系的不协调和挫折都可能引发行为人以暴力手段解决问题或报复对方。通常情况是：行为人的受挫感越强烈、心胸越狭隘，其实施暴力犯罪的可能性与强度就越大。另外，那些久经压抑者可能实施极其凶残的暴力行为，甚至报复社会，殃及无辜。例如，马某某对其前女友刘某一往情深，为博女友欢心，对女友言听计从，除了将工资收入供刘某零花外，还费尽心思为刘某的家人办事。但刘某在与马某某相处的几年时间内，并不是对他一心一意，当刘某提出与马某某分道扬镳时，马某某一时不能接受，继续纠缠，于是刘某和她前夫等人与马某某发生了言语及肢体冲突，马某某出于报复，不仅杀死了刘某及其前夫，还将他们年仅4岁的女儿溺死于浴缸内。①

2. 自我实现过程中的挫折

当个人动机行为受到挫折时，攻击与侵犯就成为一种原始而普遍的反应。在弗洛伊德的早期著作中，就指出人类的基本欲望是寻求快乐与逃避痛苦。当这种趋乐避苦的欲望被阻碍时，心理上就产生挫折感，而产生一种攻击行为，轻者如嘲笑、讽刺、斥责，重者则打斗、毁伤或者杀害使其受到挫折的对象。有时侵犯攻击的反应是内在行为——用幻想、投射或退缩等自我攻击的方式来代替，该理论的核心就是人的不良心理是导致犯罪发生的重要原因。在社会竞争日益激烈的今天，成功与失败都是常见的。一些人不能及时调整失败后的情绪，而让情绪控制自己，将自己的失败迁怒于共同竞争者或他人，从而实施暴力行为。

3. 角色驱使

有些情况下，某种特殊的社会条件需要行为人实施暴力犯罪。例如，一些犯罪集团的头目所进行的暴力行为，并不是因为他们能从这种活动中得到什么享受，而仅仅是由于他们在集团中的社会地位或阶层要求他们这样做。

4. 逃避追捕

有案在审或刚实施犯罪的罪犯为了逃脱罪责而再行杀人灭口、以暴力湮灭罪证或抗拒抓捕，这类人不是初犯，因此动机产生快，行为果断迅速、不计后果，事后也谈不上后悔。

（四）暴力犯罪人的意志特征

从总的特点来看，暴力犯罪人的意志品质薄弱。这种意志薄弱通常表现为以下两种情况：

1. 自制力失调是暴力犯罪人的主要意志特征

心理学家、精神医学家对大量暴力犯罪人进行的研究表明，暴力犯罪的主要

---

① 参见：http://www.huhang.cn/articles/jiakf/oeaoe127/。

原因之一,就是对攻击行为内部自制力的失调,更确切地说,就是犯罪人缺乏常人所具有的内部自制力,这种自制力的失调在很大程度上造成了暴力行为的发生。暴力犯罪人在遭受挫折和攻击,产生不满情绪时,有两种不良的反应:一是不能有效地控制不满情绪,而是任其发展,产生强烈的愤怒情绪,表现出不可抑制的状态,在这种不可抑制的愤怒情绪的支配下,直接产生出侵犯他人的暴力行为。二是在不满情绪产生后,过分抑制自己,把这种强烈的不满情绪压抑到内心深处,不让它表现和流露出来。然而,当遇到更强烈的刺激时,这种长期受压抑的不良情绪就会像火山一样迸发出来,支配行为人做出更严重的侵犯他人的暴力行为。例如,有些妇女因长期遭受丈夫虐待、歧视,而产生不满情绪,当这些消极情绪积累到一定程度时,就发生杀害丈夫的犯罪行为。可见,抑制不足和抑制过度是自制力失调的两种主要表现。

2. 暴力犯罪人的意志薄弱还表现为易受暗示、顺从、盲目模仿

暗示是用含蓄、间接的方法对人的心理状态产生迅速影响的过程,暗示可以由人实施,也可以由情境产生。接受暗示往往是无意识的,即不知不觉的、潜移默化的。某些生活在不良环境(如打架斗殴、充满暴力气氛)中的犯罪人最容易受暗示产生暴力行为。顺从是依照别人的意思思考和行为的过程。暴力犯罪团伙中的从犯、胁从犯往往就是由于避免不了对不良环境的顺从而实施暴力行为的。在暴力环境中生活的犯罪人,有时也会由于盲目模仿而产生暴力行为。

(五)暴力犯罪人的人格缺陷

有些实施暴力已成习性的犯罪人,或暴力犯罪人中的惯犯,往往存在着某种人格缺陷,他们经常放纵自己,不能有效的控制自己的言行,常把暴力行为作为其解决人际关系矛盾(冲突)的主要手段,其人格缺陷可以分为以下四种类型:

1. 自我意识补偿型

在青年暴力犯罪人中,这是最常见的一种。他们之所以采取暴力行为,显然是出于不安全感和自卑感,这种人根本看不起自己,并担心别人也看不起自己,于是便经常使用暴力作为保护和增强自我意识的手段。

2. 自我纵容型

这种人之所以采取暴力行为,原因在其本身幼稚的、以自我为中心的世界观。他们一切从自我出发,要求别人服从他的意志,满足他的需要。一旦别人不听他的使唤,或不以他的意志为转移时,他们便认为别人是有意与自己作对,是有意冒犯自己的"神圣"或"权威",于是便感到非常气愤,并寄予强烈的暴力,希望以暴力的方式来迫使别人就范,以满足其狭隘的自私自利、以自我为中心的世界观。

3. 虐待狂型

这种犯罪人以别人的痛苦和不幸为最大的乐趣,他们在选择进攻目标时,总

是挑选那些对他们的攻击非常敏感的人。当别人越是示弱,他们就越感到快乐和满足,就越是残暴地虐待他人。不过,要是找不到这类受害人,他们就会千方百计地制造各种条件,使自己占上风。受害人一旦屈服,他们就变本加厉地折磨对方,这种虐待狂的满足感对罪犯的暴力行为的恶性发展,起到了很大的促进作用。

4. 自我保护型

还有大量的暴力犯罪人,他们之所以采取暴力行为是由于对别人的极度恐惧所致,他们担心自己的把柄被别人所掌握,整天提心吊胆地过日子,总觉得如果自己不先下手,很快就会大祸临头,因而求助于暴力,以此摆脱所面临的危险。[1]

三、杀人犯罪

杀人犯罪是指故意非法剥夺他人生命的犯罪行为。它是一种性质极为恶劣的刑事犯罪,历来是刑事惩罚的重点。虽然杀人犯罪在我国犯罪中所占比例并不大,但绝对数量却相当惊人。

(一) 杀人犯罪的动机

1. 图财杀人

以图谋公私财物而杀人,被害人多为公私财物的所有人或保管人。犯罪分子杀人,有的是为了顺利谋取财物,也有的是为了杀人灭口。在现实生活中,最为常见的是杀人抢劫和抢劫杀人、盗窃杀人。此外,还有的是为骗取赔偿金而杀人,为获取保险金而杀人,为勒索钱财绑架人质并撕票,为了金钱而充当杀人凶手,或吸毒者为了筹集毒资图财杀人等。这类人杀人的主要起因是谋财,谋财受阻是杀人犯罪的直接导火线。

2. 报复杀人

为了发泄内心的仇恨而杀人。在现实生活中,由于人际关系中的矛盾、冲突不能够及时、有效地化解,导致报复杀人。引起犯罪人报复心理的原因多种多样,可能是因为一次不愉快的小事,可能是因为双方的利害冲突,使一方利益受到损害;可能是由于受到对方攻击后身体遭受痛苦或精神受到极度刺激;可能是自己的非法行为受到被害人的揭露等等,都有可能产生报复动机而杀人。陕西"杀人狂魔"邱兴华在2006年6月18日至7月2日之间,与其妻子先后两次到陕西省汉阴县铁瓦殿道观抽签还愿。其间,因邱兴华擅自移动道观内两块石碑而与道观管理人员宋某发生争执,加之邱兴华认为道观主持熊万成有调戏其妻的行为,由此心生愤怒,遂产生杀人毁庙之恶念。7月14日深夜,邱兴华趁道观

---

[1] 参见梅传强主编:《犯罪心理学》,法律出版社2003年版,第260—263页。

内管理人员和香客熟睡之机,持一把砍柴用的弯刀和木棒分别到各寝室向熊万成等10人头部各砍数刀,致10人死亡。次日天亮后,邱兴华将作案工具弯刀、斧头等物放入火炉及柴堆上,放火燃烧后逃离现场。[①]

3. 变态杀人

犯罪嫌疑人没有明显的杀人动机,与被害人之间没有任何因果关系。犯罪嫌疑人只是由于心理变态方面的原因,包括不正常的嗜好或诱因驱使去杀人。变态杀人者的杀人目标通常是特定的一类人,有的专门杀害"三陪小姐",有的专门杀害流浪儿,有的则专门杀害少年儿童。与杀人过程相伴的劫财行为一般是顺手牵羊,并非主要目的。变态杀人者往往流窜作案,犯罪行为有很大的随意性。河南平舆县黄勇的系列杀人案件属于典型的"变态系列性杀人案"。黄勇自幼受暴力题材影视剧的影响,梦想成为一名职业杀手。2001年夏,他将自己家中的轧面机的机架改装成杀人器械,取名为"智能木马"。精心策划后,他决定向出入网吧、录像厅、游戏厅的男性青少年下手,实施自己的杀人计划。自2001年9月至2003年11月,黄勇先后从以上场所,以资助上学、帮助提高学习成绩、外出游玩和介绍工作为诱饵将被害人骗到自己家中,以被害人要想实现自己的愿望,必须经过"智能木马"测试为由,将其绑在木马上或先把被害人用酒灌醉,然后用布条将其勒死。至案发为止,黄勇共计杀死无辜青少年17人,轻伤1人。

4. 报复社会杀人

这种杀人犯罪,是因果关系模糊的犯罪行为。犯罪嫌疑人杀害被害人,完全没有任何"充足"的理由。由于犯罪嫌疑人所仇恨的社会是一个抽象体,而将仇恨转嫁到社会中不特定的具体人身上。报复社会杀人,其犯罪手段特别残忍,杀伤规模大。报复社会的杀人犯罪嫌疑人,往往流窜作案,犯罪存在系列性。2006年12月20日13时30分,乌鲁木齐市第65中学附属小学学生放学穿越马路时,遭到一名持刀男子砍杀,造成2名小学生死亡,1名老师和3名小学生受伤。据犯罪嫌疑人阿不都哈力克·米吉提交代,他的一双儿女原本都在65中附小上学,一年前,由于姐姐古丽米热学习不好,弟弟阿克木江感觉有失脸面,就约姐姐到学校附近的小树林评理,姐弟二人发生争吵后,弟弟将姐姐掐死在小树林。悲剧发生后,阿不都哈力克·米吉提认为校方应当承担责任,但他一年多来数次找学校讨说法未果,于是就产生了报复社会的恶念。[②]

(二) 杀人犯罪的动机特征

1. 多样性和复杂性

即犯罪人在杀人犯罪动机形成的过程中可能有多种动机存在,其侵害的对

---

① 参见"中国法院网":http://www.chinacourt.org/public/detail.php?id=228742。
② 参见《重庆晚报》,2006年12月23日。

象也可能是多样的,既有预谋的动机也有激情动机。

2. 强烈的内在冲动性

"杀人偿命"的传统伦理观念以及刑法对犯罪的严厉处罚,对犯罪人是有很大威慑作用的。但是现实生活中仍然有杀人犯罪行为的存在,这说明杀人犯罪的动机具有强烈的内在冲动性,它一旦产生,就难以抑制,特别是激情杀人和义愤杀人,其动机的冲动性表现得更加明显。

3. 恶性转化性

犯罪动机恶性转化也是杀人动机形成的重要特征。所谓杀人犯罪动机的恶性转化,是指当犯罪人实施第一犯罪动机时,因为遭到阻止,受到意外挫折和困难,便急剧转化、升级为第二犯罪动机的实施,甚至还有第三犯罪动机的实施。例如,盗窃犯在进行盗窃犯罪活动时,因被事主发现,或同事主相遇搏斗,便产生杀人灭口的第二犯罪动机;杀人后还可能产生放火灭迹的第三犯罪动机。这在盗窃杀人、抢劫杀人、强奸杀人等犯罪案件中是比较常见的。当然,犯罪动机的恶性转化并不是必然的,它在某种条件下也可能向良性的方向转化。[1]

(三)杀人犯的人格特征

杀人犯罪者为什么会选择杀人这种方式解决问题,达到自己的目的,除了与犯罪动机有关以外,还与他们具有某些独特的人格特征密切相关。国内有学者对杀人犯的气质进行了测定,得出如下结论:粘液质在杀人犯罪中所占比例最高。粘液质的人为人沉着稳重,善于克制忍让,明显内向。这种人不轻易动怒,但在遇到挫折、矛盾冲突情况下,内心的体验非常强烈固执,多数人不会立即作出行为上的反应,他们将不满足和愤恨埋藏在心底,寻机报复。其报复心理一旦表现出来,则带有强烈的情绪色彩,常常会出现暴力反应,导致杀人犯罪。在现代人际关系比较复杂的情况下,这样的犯罪并不少见。胆汁质的人居第二位。胆汁质的人急躁易怒、激惹性高且难于自制,受刺激、侮辱以及损害后容易失去理智,冲动之下易发生杀人等暴力犯罪行为。当然,气质、人格倾向与杀人犯罪行为的发生有密切的关系,但不是因果关系,所以某种气质并不必然导致杀人等暴力犯罪。[2]

(四)杀人犯罪的行为方式特征

1. 冲动性

冲动性是由其犯罪心理中缺乏抑制力和感情至上的特点所决定。从杀人案件中无预谋案件多于预谋案件的情况可看出,许多凶杀是在短时期促成的。即使有预谋的案件,罪犯也没有理智地去选择人生道路,只听凭感情驱使。

---

[1] 参见梅传强:《犯罪心理学》,法律出版社2003年版,第266—267页。
[2] 参见刘邦惠主编:《犯罪心理学》,科学出版社2004年版,第186页。

2. 突发性

由于杀人是危害社会的严重犯罪,社会对罪犯在作案前的可疑征兆以及可能出现的恶果缺乏足够的警惕和预防措施,对隐藏较深的谋杀,则更难以察觉,因而这种犯罪的突发性显得格外突出。许多凶杀是在短暂的冲动中酿成的,以至于罪犯对自己的罪行也感到恐惧和不可理解。

3. 盲动性

意志薄弱、情感冲动使得杀人行为带有极大的盲动性。在处理矛盾冲突中缺乏理智的约束,简单地采取极端做法,思想狭隘偏激,缺少解决冲突的能力和方式,极端利己主义是其盲动性的根源。

4. 嗜血性

残忍冷酷这些人性中最阴暗的心理因素在杀人犯罪心理中体现得极为明显,缺乏对人的价值的起码尊重。从那些凶杀时株连家人、血洗全家、碎尸案件中可以看到这种嗜血如狂的变态心理。许多杀人犯在作案前,就有亡命好斗、不见血不罢休的犯罪心理;有些罪犯一时冲动致人死亡,但为了自身安全也会继续干出毁尸灭迹的罪恶勾当。

四、抢劫犯罪心理

抢劫犯罪心理,是指以实行暴力、胁迫或其他使人不能抗拒的方法,将公私财物抢归己有的犯罪心理状态。

(一)当前抢劫犯罪的特点

1. 团伙犯罪突出,出现向黑社会组织性质转化的趋势

由于抢劫犯罪的暴力性,往往遭到被害人的强烈反抗,犯罪分子总认为单独作案势单力薄,一般不易得逞。因而,现阶段的抢劫大多以团伙的形式实施,作案人越多,越有利于犯罪过程中的分工协作,抢劫越容易得手。

2. 犯数罪的案件多,社会危害严重

犯罪分子除抢劫外,同时还犯有其他罪行。犯罪分子在实施抢劫犯罪的同时,还实施杀人、盗窃、敲诈勒索、强奸等犯罪行为。即使是犯抢劫罪一罪的,大多也是多人多次,为害一方,与前几年相比,犯罪分子的气焰更嚣张,主观恶意更大,危害更加严重。

3. 犯罪手段残忍,携带凶器抢劫增多

犯罪分子在抢劫过程中用刀、棍、枪等凶器对被害人身体施以暴力,致使被害人非死即伤,手段极其残忍。

4. 抢劫对象特点鲜明

目前来看,抢劫对象大多数是出租车、摩托车、驾驶员、妇女、学生。犯罪分子以租乘出租车或摩托车为名,将司机骗到偏僻路段,伤害或杀死司机,有的也

只抢司机钱物。妇女、学生势单力薄,反抗能力相对较弱,往往是抢劫被伤害的对象,犯罪分子抢劫成功率相对较高而且逃离现场的速度也比较快。

5. 抢劫犯罪的主体特点明显

犯罪主体低龄化,青少年犯罪较多。从职业方面看,农民、无业人员犯罪占绝大多数。近年来,受农村青少年学生流失、家长外出打工、父母离异缺乏管理等多种因素影响,农村青少年犯罪增多;从文化程度看,犯罪分子文化程度普遍偏低。

(二)抢劫犯罪的类型

1. 预谋型

这类犯罪有选定的抢劫对象,由于罪犯准备充分,情况熟悉,了解环境和事主心理状况,直至作出预测,使事主措手不及难以反抗,因而较少发生流血事件。多是预谋对携款人、储蓄所、银行或钱财保管地点进行抢劫。

2. 冲动型

多发生在流氓团伙聚众滋事或偶然发现被劫对象的时候。前者常由于罪犯人多势众,争强好胜,在械斗或流氓活动时趁火打劫;后者常由于罪犯被某种财物所引诱而引起抢劫冲动。

3. 迁移型

或是在强奸过程中又起意抢劫,或是在盗窃过程中遇到事主反抗呼救以及为了逃避追捕而实施暴力。

4. 伺机型

无固定犯罪对象,在选择或是等待时机成熟时再行下手。在入户行抢的犯罪中,罪犯采取敲门问路,假作找人的方法骗开房门,视开门人的年龄、性别及家庭成员多寡,而决定是否行动。在拦路抢劫中同样也是伺机而动。

(三)抢劫犯罪的动机结构

抢劫犯犯罪动机的产生同罪犯的物质享乐欲望是密切相关的。罪犯威胁或侵害人身安全,其目的是劫夺财物得以挥霍,这同盗窃犯罪动机是相同的。然而,抢劫行为在犯罪现场上是公然向事主表明自己的犯意,在暴力下使事主不能反抗,公开抢夺财物。因而在下列几种犯罪动机上与盗窃犯罪还有较大区别。

1. 流氓英雄观

如果抢劫犯对财物抱有占有欲的话,他们对事主则抱有统治欲。青少年罪犯手持刀枪闯入他人住宅,迫使事主就范,公然地任意抢夺室内任何财物,当作满足其争强好胜的流氓英雄观的一种方式。

2. 安全

抢劫犯在进行抢劫或盗窃中被事主发现时,为了安全的需要,便不惜杀人灭口。他们把自己安全摆到了同被害人根本对立的你死我活的关系之中。因此,常常发生先杀人灭口再抢走财物的案件。

3. 报复

以人身侵害为主,同时劫夺财物,二者都是针对特定人身的泄恨报复行为。

(四)抢劫犯罪的其他心理特征

1. 以外倾型为主

这类罪犯敢想敢干,情绪变化剧烈,抑制能力差,遇到事主反抗或钱财诱惑时极易冲动。思维方式简单,很少瞻前顾后,不拘泥细节,行动果断迅速。

2. 迷信暴力

强烈的占有欲和统治欲,使得他们蔑视和低估社会抵御犯罪的力量。以为所有的人都怕死,人们在"要钱"和"要命"面前,总是选择后者。他们自信手持武器、胆大妄为就可以横行无忌。

3. 亡命冒险

信奉"人为财死,鸟为食亡",不惜为钱财而以死相拼,敢于同事主面对面地对峙和拼斗,并有意寻求这种危险情景所带来的刺激,以使自己空虚、变态的心理状态趋于平衡。抢劫犯罪分子多为胆大妄为、手段残忍的亡命之徒。

4. 反社会心理

认为社会在财富分配上是不平等的,为自己不能尽情享受而不满。试图以暴力抢劫,占有他人财产和制服财产占有者,以此来改变和提高自己被人忽视的地位,从抢劫成功中得到满足。

5. 恶作剧心理

这种心理多见于青少年违法犯罪活动。他们三三两两凑到一起,一说就干,抢了就走,进行挥霍。

(五)抢劫犯罪的行为特征

1. 以暴力作后盾

抢劫犯实施抢劫行为时,一般都带有刀、枪、棍、棒等凶器,一遇被害人的反抗,就利用手中的凶器残暴地加害被害人。暴力在抢劫中起着重要作用。一是胁迫威慑作用,粗暴的语言和可以致命的凶器的突然出现,给事主造成极大的心理压力;二是施虐和泄恨作用,为发泄无特定对象的积恨,对无反抗能力的事主横加杀戮;三是自卫,以暴力来维护自身的安全;四是自恃,暴力行为和凶器能对罪犯的心理起支撑作用,使得其有恃无恐。

2. 敢于冒险

抢劫是一种面对面的犯罪行为,抢劫过程中被害人的反抗程度很难预料,由此可以看出罪犯的冒险心理是很突出的。敢于冒险的另一方面主要是从目前的发案状况看,抢劫的时间由夜间转向白天,重大抢劫案的作案地点由僻静区转向闹市区。

3. 抢劫活动智力与暴力相结合

近年来,除了一般的入宅抢劫与拦路抢劫以外,出现了抢劫手段智力与暴力相结合的特点。例如抢劫过程中蒙面伪装;用药物将被害人麻醉后抢劫;先设计骗局诱人上当,然后进行抢劫。又如,罪犯先谎称有紧俏商品出售或大量外币外汇兑换,诱使被害人携巨款来"交易";或先由女青年以色情勾引被害人,再以捉奸威胁被害人,将其钱财劫走;也有寻衅闹事,挑起事端后进行抢劫等。

4. 抢劫犯罪连续化

抢劫犯作案具有一种连续作案的特点,究其原因,一是由于抢劫是一种能够迅速满足欲求的犯罪行为,因此当罪犯新的欲求产生时,重复使用这种犯罪手段。另一个原因是抢劫过程中较少遇到被害人的反抗,掌握了多数被害人有一种舍财保命的心理,作案时很容易达到犯罪目的,这是抢劫犯连续作案的一种客观条件。

第三节 性欲型犯罪心理

一、性欲型犯罪概述

（一）性欲型犯罪概念

性欲型犯罪,是指由于性欲望引起的犯罪动机所导致的犯罪或以性行为为手段达到其他目的的犯罪,它是一种违背社会道德规范和法律规范、侵害性权利、妨害家庭和社会秩序的犯罪。性欲型犯罪具有严重的社会危害性,它不仅侵犯了他人的性权利,对被害人直接造成身心创伤,并且削弱了人们的安全感,严重侵蚀人们、特别是青少年的身心健康,污染社会生活环境,破坏社会的人际关系、道德观念和文化传统。

值得一提的是,在国外,关于性欲型犯罪的概念有广义和狭义之分。广义的性犯罪是指一切受法律、道德、风尚与习俗等社会规范所禁止、谴责和惩罚的性行为;狭义的性犯罪则是指刑律所禁止并且予以惩罚的性行为。犯罪心理学的研究应以狭义的概念为讨论范围。

人是有理性的万物之灵长,具有生物属性和社会属性,其中社会属性是人的本质属性。对性的生理需要是人重要的生物属性,这种需要让人产生相应的心理需要,即性欲望。在现实生活中,大多数人能够通过自己的社会属性来控制自己的性生理需要,用理性、社会性道德与性法规来调整、升华自己的性欲望,有的人则不然,于是便导致此类犯罪的发生。

（二）性欲型犯罪的类型

根据我国刑法的相关规定,可以将性欲型犯罪概括为以下几大类型:

1. 强奸罪

强奸罪,是指违背妇女意志,使用暴力、胁迫或者其他手段,强行与妇女发生性行为的犯罪行为。

2. 强制猥亵、侮辱妇女犯罪

强制猥亵、侮辱妇女犯罪,是指以暴力、胁迫或其他手段强制猥亵妇女或侮辱妇女的行为。

3. 强迫卖淫罪

强迫卖淫罪,是指违背妇女意志,以营利为目的,使用暴力、胁迫、虐待、诱骗等手段,强制妇女出卖肉体,与男子发生性关系的犯罪行为。

4. 拐卖妇女罪

拐卖妇女罪,是指以营利为目的,用诱骗、胁迫、限制人身自由等手段,将受害妇女卖与他人的行为。"买主"一般以强制性占有受害人的性权利为目的。

5. 制作、贩卖、传播淫秽物品罪

近年来,我国性欲型犯罪有增加的趋势,特别是青少年性犯罪突出。青少年是犯罪主体的主要部分,在校学生的犯罪增加;农村性犯罪呈现严重趋势。作案人员广泛,既有文化层次低的人,也有不少作案人员属高文化水平;不仅有一般公民犯罪,也有党员干部、国家官员作案的;既有青少年,也有中老年人;既有男性,也有女性。当前女性性犯罪问题日益严重化,少数属于强奸犯罪中的教唆犯和帮助犯,多数则与强迫妇女卖淫、引诱妇女卖淫、容留妇女卖淫的犯罪有关,尤其是传播性病罪,危害特别严重。

性犯罪作案手段多种多样,有使用暴力威胁的,也有欺骗、利诱的;有利用封建迷信的,也有借助现代高科技手段的;既有单独作案,也有合伙作案。危害特别严重或影响特别恶劣的恶性案件增多,对社会的危害极大。

二、性欲型犯罪的影响因素

性欲型犯罪行为的实施,从某种意义上讲,主要是行为人生理、心理方面的欲望与自身控制、调节这种欲望的能力方面失去了平衡。人性是自然属性与社会属性的统一。性欲是人带有自然性的一种欲望,它同时也被打上了社会的烙印。因为人是生活在社会中的,是超越动物类具有理智的主体,应该遵守社会规范,具有自我克制的能力。如果放纵欲望,不仅伤害到别人,而且会触犯社会道德法律规范。与此同时,低级庸俗的性信息到处泛滥,而性教育的相对薄弱等因素都可能成为诱发性犯罪的情境。

1. 犯罪人自身的性社会化缺陷

所谓性社会化,是指个体在成长经历中接受社会有关性的价值观念、道德规范以及习俗风尚影响的过程。良好的性社会化,能够促使行为人具有良好的性自律性;性社会化缺陷则会使人欠缺或没有健康的性价值观念,无视社会的性道德规范和习俗风尚,从而丧失或欠缺自律能力,把自己降低到动物的水平。性欲型犯罪人大多数具有不同程度的性社会化缺陷,导致他们具有较高强度的性欲望和薄弱的性自控力,面对性诱惑无力抵抗,放纵自己,走向犯罪。

2. 不良性文化的泛滥

所谓性文化,这里特指一切与性有关的文化、传媒及其机构的总称。健康的性文化能够营造良好的社会氛围,提升人的性道德、性美感和性品味,从而净化和丰富人性;不良的性文化则会污染社会精神,破坏人的性道德,使人性萎缩,兽性膨胀。长期以来,我国的性知识教育非常缺乏,基本处于封锁状态之下。在缺乏性科学知识教育的情况下,含有低级庸俗内容的性文化泛滥,很容易诱发一些人不良的性需要。许多人正是在这些不良的性文化环境下,不恰当地关注性问题,最终走向犯罪的深渊。

3. 性道德规范教育的薄弱

两性关系是一种社会关系,这种关系更多地受人们的社会法律规范、道德规范和社会心理规律的制约。因此,开展性道德与法律知识教育,对于提高、控制、协调人们的性行为,有着十分重要的作用,特别是对青少年要有针对性地进行科学的性观念、性道德教育。青少年由于性的逐步成熟而出现对性知识的兴趣,是青少年性心理的必然产物。青少年对性的问题有兴趣,有探求生育的需要,这也是一种很正常的表现。然而性在国内却是一个禁区,社会的进步并没有揭开性的神秘面纱。在我国,一直以来,家长、学校和社会对性知识教育都是采取闭锁的态度,他们担忧性教育会引起"性解放"的泛滥,会促使青少年过早地进行性思索,从而引起青少年性实践的冲动,导致性犯罪,其实质是致使青少年对性的好奇由于受到压制而被不正常地强化起来。事实上,由于性知识贫乏或无知,更可能导致性放任,以至于青少年缺乏自我保护。目前我国每年约有2200万孩子进入青少年期,由于性教育的缺乏,黄色书刊、黄色音像和成人网站往往成为未成年孩子性知识的主要来源。青少年由于缺乏深刻认识和辨别事物的能力,很容易被一些表面现象所迷惑,对一些贻害人心的东西忍不住吸纳接受,甚至效仿,最终就会误入歧途,成为色情的"俘虏",这需要引起人们的高度重视。

4. 恋爱、婚姻、性生活方面的障碍

当恋爱、婚姻不能通过正当途径达到目的时,就潜伏着引发性犯罪的因素。例如,一些犯罪人在恋爱过程中受骗或失恋,产生严重的挫折感,不能排遣而转化为对异性的仇恨和报复心理;有的犯罪人因婚姻不如意,夫妻感情差,性生活不和谐,产生从婚外寻求补偿和满足的心理;有的犯罪人具有在异性面前的自卑感,在与异性交往的过程中常有失意而造成心理的严重不平衡等等,这些情况如果处理不当就有可能诱发性犯罪行为的发生。

5. 犯罪人与受害人的原因

一些犯罪人由于性腺病导致性亢进,在缺乏自制力的情况下涉足犯罪;有些犯罪人存在性生理缺陷,不能进行正常的性生活而采取猥亵异性等发泄方式。此外,具有暴力人格倾向、存在智能低下缺陷、患有性心理变态也是少数犯罪人实施性犯罪行为的原因。

与此同时,性欲型犯罪人实施犯罪行为能够得逞,还常常与受害人方面存在的问题相关。例如,有的受害人贪图享受,爱慕虚荣,自甘堕落;有的受害人过于善良、软弱、恐惧;有的受害人有求于人,不惜以身相许;有的受害人有隐私或短处被犯罪人掌握;有的受害人患有精神疾病,等等,这些都是导致犯罪人有机可乘的重要因素。

三、性欲型犯罪的心理和行为特征

(一)性欲型犯罪的心理特征

1. 认识特征

这类犯罪人往往存在着错误的性意识。有的是愚昧的,如把性爱等同于性欲的满足;有的是腐朽的,他们受西方"性解放"、"性自由"等思潮的影响,把性淫乐加以概念化、理论化,仿佛性放荡最符合时代潮流,而恪守性道德是"保守",以此作为"合理化"的自我辩解;有的是扭曲的,如崇尚暴力,歧视异性,热衷于通过暴力、胁迫等手段来征服异性,满足或发泄自己的不良性需要。

2. 动机特征

性欲型犯罪主体性别不同,体现在犯罪动机方面也不同。男性性犯罪动机主要是:第一,满足性欲,这是最主要的动机,即在性欲的支配下奸淫或侮辱妇女;第二,侵犯的欲望,不是出于性需要,而是以摧残妇女为乐,为满足自己的暴虐心理;第三,报复,为了发泄仇恨、报复他人,而强奸妇女;第四,出于好奇、追求刺激的需要,这在青少年犯罪中较为突出。女性性犯罪动机主要是为了追求金钱和财物,满足性欲,出于好奇及受人唆使和胁迫等。

3. 情绪特征

性欲型犯罪人具有复杂的消极性情绪体验。一是色情迷恋,即精神空虚,生活情趣沉溺于对色情事物的迷恋中;二是常常存在性焦虑,即由于性欲望过于强烈而又得不到满足,使心情处于紧张、压抑状态;三是性的易激惹,即容易在外部刺激下激惹起性的生理冲动和情绪冲动;四是性疯狂,即在一定条件下会爆发高强度的消极性冲动和性激情,达到不可遏制的疯狂程度。

4. 意志特征

性欲型犯罪人的意志表现为低下的性自控力及性越轨的高果断性和顽固性。这种特征使得许多性欲型犯罪人成为累犯或惯犯。

5. 利用被害人心理

性欲型犯罪人具有与犯罪行为相适应的特殊能力。例如，强奸犯利用女性的恐惧和软弱，在对妇女进行奸淫、侮辱时，使用暴力或胁迫手段恐吓被害人，使她们忍辱屈服；有些犯罪分子以吃喝玩乐来引诱女性，满足她们的虚荣心和物质需要，在女性丧失警惕的状态下，实施性犯罪行为；有的女性有通奸或不正当男女关系，被犯罪分子得知后，就以此相要挟，对被害人实施强奸或侮辱；不少性犯罪分子明知对方是精神病人，处于心理异常状态，就乘机作案，对患者实施奸淫。

6. 习惯特征

多数犯罪人具有游手好闲、精神空虚、追求感官刺激、偏好"黄色文化"的不良背景。

(二) 性欲型犯罪的行为特征

1. 作案手段的复杂性

性犯罪者以什么方式实施犯罪，因其年龄、性别、体力、犯罪习惯、社会地位等条件的不同，有明显的不同。例如，从年龄来看，未成年罪犯多采取"流氓滋事"；青壮年犯罪多采取暴力、胁迫、强制手段；老年罪犯多采取诱骗方式，其作案对象也主要针对幼女、精神病人等弱者。据有关报道，林某已年近 70 岁，在家开食杂店，被害人陈某（未满 8 周岁）到林的食杂店买糖果，林一看店中无人，就起了邪念，关上店门，坐在椅子上，一边用谎言欺骗陈某，一边掀起她的裙子脱下其内裤奸淫了被害人。82 岁高龄的余某则涉嫌猥亵儿童，他看了色情录像后引发欲火，遂将几名女幼童骗至家中，抚摸其中一名幼女下身。[①] 从性别来看，男性罪犯多使用暴力、胁迫、诱骗、同化等手段；女性罪犯多使用勾引、拉拢、教唆、示范等手段。从文化层次来看，有文化或文化层次较高的罪犯多采用思想同化、情感欺骗等手段；没有文化或文化层次低的罪犯则多采取暴力征服、威逼强制等手段。从社会地位来看，权势者多采用以权势相威胁或作"权色交易"；无权势者多采取以情相诱或作"利色交欢"。

2. 犯罪行为的残忍性

由于性犯罪行为违背妇女的意志，必然遭到被害者不同程度的反抗，加之性犯罪的冲动性与反常性，往往使得被害妇女在性犯罪过程中遭到种种虐待与摧残，有的甚至被杀害。如南京市浦口区一名 16 岁的初中生，因受黄色书刊、录像的影响，采用暴力手段将一个 7 岁的幼女奸淫后又将其杀死灭口，犯罪手段特别残忍，令人吃惊。尤其是一些团伙性的轮奸案件、滋扰侮辱猥亵妇女案件中，被害妇女遭到的摧残更是令人发指。

---

① 参见："福建之窗"，http://www.66163.com/netu/fjnews/displaynews.netu?ClassName=dskb&newsid=137722。

3. 犯罪类型的连带性

性犯罪常常伴发其他罪种,往往是抢劫、诈骗、吸毒、贩毒、贪污腐化等案件的前奏或伴随物,或成为合伙、团伙和集团犯罪的重要内容。

四、强奸犯罪心理

(一)强奸犯罪的一般特征

强奸犯罪具有暴力犯罪和性犯罪的双重性质,是一种社会危害性极其严重的犯罪。强奸犯罪不仅对被害人身心造成极大伤害,而且严重扰乱了公共秩序,践踏了人性的尊严,给社会治安造成严重的负面影响。

1. 时间和地点

研究者在调查中发现,强奸犯罪的时空特征是值得注意的问题。就强奸罪的发生时间来看,夏季发生的强奸案件占一半以上,具体的时段则以17:00—0:00为最,其次是8:00—17:00;就地点而论,强奸案件发生在郊区的比例高于市区,发生在室内的大大高于野外,尤其是在受害人家中和犯罪人家中。

2. 犯罪人与被害人的关系

国内近年的调查研究发现,在强奸犯罪中,62.9%的被害人认识犯罪人,35.8%的被害人对自己的被害负有一定的责任,高达61.7%的强奸案件是发生在被害人或犯罪人的家中和双方的工作地点。近年来,熟人强奸、约会强奸等问题也引起了人们的关注。一些强奸被害人的行为存在着对犯罪人行为轻浮、态度暧昧、过分亲昵、贪图钱财、毫无防备等形式的易感性特征。当前,一些犯罪人选择"三陪女"作案,就与她们行为中举止轻浮、贪图钱财等易感性因素密切相关。因为,卖淫女性自甘堕落的行为方式可以使犯罪人有意无意地贬低卖淫女性的存在价值,否定她们的固有人格,摆脱犯罪过程中的自责感和自责心理,强化犯罪意念。嫖客们购买服务,同时鄙夷服务者的人格。一些人强暴、抢劫卖淫女性,多半没有负疚感和犯罪感。在广西发生的一个杀害卖淫女性的案件中,犯罪嫌疑人的杀人动机就是被害人举止放荡,自己要为社会"铲除残渣"。[①]

(二)强奸犯罪的心理特征

1. 强奸犯的性需要特征

强奸犯罪是以满足性欲求为动机的犯罪。强烈的性冲动是其重要的心理特征。这类犯罪人大多数为未婚青少年或无配偶男性,其性欲求得不到宣泄,处于压抑状态,而本人又无正当的追求,精神空虚、情趣低下、迷恋酒色,对其性冲动不加抑制,想入非非,很容易失去理智而犯罪。

---

① 参见《道德与法律之外——底层性工作者生存安全调查》,载《凤凰资讯:社会纵深报道》,http://news.ifeng.com/society/5/200805/0515_2579_542346_1.shtml。

2. 动机特征

强奸犯的动机特征,首先表现为复杂多样。强奸犯实施犯罪行为,多数是满足性需要,但也有一部分强奸犯或是出于好奇、寻求刺激;或是为了发泄仇恨、报复对方;或是因歧视妇女以奸污女性为乐。其次,罪犯在实施强奸过程中,常常伴有动机转化。这种动机转化为在实施强奸过程中,发现财物后,将女方财物洗劫一空。也有的罪犯在遭到被害人强烈反抗或自己身份暴露后怕告发、受到惩罚,为达到逃避惩罚、保护自己的目的,残暴地杀害、伤害被害人。

3. 情绪特征

强奸犯的情绪不稳定,易受外界刺激影响,在实施犯罪行为前,情绪兴奋激动、意志丧失,千方百计地寻找或设法接近被害对象,精心选择时间、地点,以欲达到强奸的目的。这种情绪在实施强奸过程中,得到进一步发展,兴奋中心集中在性欲的满足上,而很少考虑行为的后果,在被害人的反抗面前以慌乱野蛮的动作摧残被害人。实施犯罪行为后,罪犯的情绪相当复杂,既有性欲满足后的快感,又有实施犯罪后的恐惧与紧张。

4. 意志特征

强奸犯对诱因缺乏抵制和抑制性冲动的意志力。强奸犯中有相当一部分罪犯,性犯罪行为是在外界刺激的作用下,欲念上升,又缺乏良好的性道德和法制观念的控制,在意志薄弱、心理失去平衡的状态下实施犯罪。大多数青少年强奸犯都是由于受到黄色污染的影响,本身缺乏抑制能力,引发了性冲动而产生犯罪欲望。

5. 缺乏伦理道德和法制观念

强奸犯一般表现为法制观念淡薄,缺乏伦理道德。他们有的虽知道其行为是违法的,但对法律的严肃性认识不足,以身试法;有的青少年抱着"试一试"、"玩一玩"的念头,奸污幼女,表现出对法的无知。他们的行为违背人伦道德,伤风败俗。特别是奸淫幼女、轮奸妇女等手段残忍,社会危害性极大。

6. 冒险心理

强奸犯罪违背妇女意志,必然遭到妇女的反抗。其行为是面对受害人而发生的,因而体貌特征直接暴露,只要受害人告发,案件很容易侦查,因而犯罪的危险性极大。犯罪人往往在强烈的性冲动支配下,一时冲动而发生犯罪,往往不计后果,带有很大冒险性。

第四节 恐怖主义犯罪心理

一、恐怖主义犯罪概述

2001年9月11日美国发生的"9·11"事件震惊世界。不过,恐怖主义并不是"9·11"事件以后才有的新事物,而是一种古老的政治或社会现象,至今已有两千多年历史。公元前44年古罗马统治者朱利乌斯·恺撒被政治不满分子刺杀,就是古代有名的恐怖主义暗杀事件之一。进入现代社会以来,恐怖主义活动并未消失,相反还有新的发展,有的甚至会成为影响国际安全的导火索。例如,1914年6月28日在萨拉热窝发生的奥匈帝国王储弗朗茨·斐迪南被暗杀的恐怖主义事件,就成了第一次世界大战的导火索。20世纪60年代以来,恐怖主义在中东、西欧、拉丁美洲等地区逐步泛滥,危害日益经常化。"9·11"事件发生后,国际社会和普通大众才真正认识到恐怖主义的严重性,从此恐怖主义问题成为人们关注的一个重要焦点。

恐怖主义是实施者对非武装人员有组织地使用暴力或以暴力相威胁,通过将一定的对象置于恐怖之中,来达到某种政治目的的行为。1937年在瑞士日内瓦通过的《防止和惩治恐怖主义公约》界定了恐怖主义犯罪的概念。随着国际社会各个领域的发展,恐怖主义犯罪也从早期的劫持航空器、劫持人质以及单纯利用火器、武器、爆炸物和危险物品等暴力行为方式,发展为现代的利用核材料、生化武器和细菌武器的大规模恐怖袭击,甚至出现举世震惊的"9·11"恐怖事件。"9·11"事件之后,对于恐怖主义和反恐怖主义的讨论和研究,成为国际社会和各国学术界共同的热点。恐怖主义的多样化和复杂化现象,使1937年《防止和惩治恐怖主义公约》所界定的恐怖主义犯罪概念已远远不能满足惩治恐怖主义犯罪的需要。随后,1971年《美洲国家组织关于防止和惩治恐怖主义行为的公约》和1977年《制止恐怖主义欧洲公约》进一步界定了恐怖主义的内涵。由于各国考虑问题的视角不同,以及各国学者文化、习俗上的差异,因而导致在恐怖主义犯罪内涵理解上的多重性和差异,但一般认为:恐怖主义行为是以暴力、恐吓等方式通过杀害、绑架、暗杀、强盗和爆炸等手段实施;其行为对象是政府或公民;其行为具有组织性,而且具有某种政治目的。恐怖主义犯罪,是指组织、策划、领导、资助实施对人身和财产造成重大损害或制造社会恐惧气氛的暴力、威胁或危险方法,危害公共安全的行为。[①]

二、恐怖主义犯罪的特征

(一)恐怖性

恐怖性是恐怖主义犯罪的最本质特征。具体表现如下:

1. 恐怖分子采取的手段具有强烈的精神、心理刺激作用

恐怖主义犯罪所采用的犯罪手段既包括直接使用暴力,也包括使用暴力相威胁。犯罪人直接使用的暴力手段有很多种,如爆炸、暗杀、绑架、劫机、投毒等,

---

① 梅传强主编:《犯罪心理学》,法律出版社2010年版,第232—233页。

这些手段破坏力强,极具杀伤力,能够造成众多人员伤亡和财产被毁的严重后果。此外,犯罪人还经常使用非暴力的行为方式。非暴力行为方式虽然不直接导致严重后果,但通过其非暴力行为中隐藏的暴力意义和难以预料的危险,容易引起众多民众的恐慌与不安。

2. 恐怖主义犯罪的直接目的是制造恐怖气氛

任何一种恐怖主义活动,其直接目的都是制造恐怖气氛。这种恐怖气氛使无辜者处于惊恐不安的状态,他们迫切希望政府能够把他们从这种恐怖情境中拯救出来;同时,政府在恐怖气氛中会认识到自己的权威受到了挑战,也希望能够找到解决问题的途径。政府寻求对问题的解决,是恐怖主义犯罪人希望通过恐怖行为所达到的间接及最终目的。由于其直接目的是制造恐怖气氛,恐怖主义犯罪外显出的主要特征就是恐怖性。在恐怖气氛笼罩之下的民众,严重丧失安全感。在恐怖气氛之中,政府同样也处于高度戒备状态。

(二) 政治性

政治性是恐怖主义犯罪的目的范畴。恐怖主义犯罪的直接目的是制造恐怖气氛,其间接目的及最终目的是实现某种政治或与政治相关的要求。在恐怖主义犯罪中,其犯罪目的是可以分解的。恐怖分子所实施的一切犯罪行为,能够制造恐怖气氛、伤害不特定人的生命财产安全,这是犯罪人实施恐怖行为的必然后果,是恐怖主义犯罪的直接目的。但这并非恐怖分子追求的最终目的,只是实现最终目的的手段。恐怖分子是希望通过恐怖气氛的制造,迫使政府在某些行为上妥协或让步。因此,恐怖目的是直接的、表面外显的目的,政治目的才是根本目的。

(三) 组织性

恐怖主义犯罪除极少数单独犯罪的情况外,绝大多数是以共同犯罪的形式存在。组织化是恐怖主义犯罪的一个发展趋势,也是其比普通刑事犯罪具有更大危险性和危害性的原因之一。恐怖主义的组织性,表现为恐怖分子形成一定的组织结构并为实现组织确立的宗旨实施恐怖行为。[1]

(四) 严重的社会危害性

在近些年的社会发展中,恐怖主义犯罪所造成的社会危害远比过去严重。它不仅造成成千上万的无辜者的生命、人身、财产的损失,而且破坏社会秩序、危害公共安全。"恐怖主义犯罪远比人们想象的严重得多,可以与战争、国际债务、人口膨胀、饥饿、贸易逆差、疾病等相提并论。"[2]首先,恐怖组织通过一系列残暴

---

[1] 罗大华、何为民:《犯罪心理学》,中国政法大学出版社2007年版,第264—266页。
[2] 〔美〕R.J.霍尔德斯:《恐怖主义及其严重危害》,黄风兰译,载《国外社会科学快报》1988年第11期。

的犯罪行为,给世界的和平与安宁带来了实际的灾害。与此同时,恐怖主义犯罪的危害结果不仅表现在有形的危害结果,而且还表现在对社会公众信念的摧残。其次,恐怖主义犯罪严重阻碍经济发展,造成巨大财产损失。以美国"9·11"事件为例,这次恐怖主义事件仅给纽约市造成的经济损失就达950亿美元,更给美国乃至全世界造成了上万亿美元的间接损失。美国的航空业、保险业遭受巨大打击,失业人数明显增加。应该说,恐怖主义袭击是造成"9·11"事件发生后几年内美国经济处于低迷状态的原因之一。最后,恐怖主义犯罪还对人类文明构成严重威胁。不同民族国家之间交流融通减少,隔阂排斥心理增强,文化的封闭与冲突一定意义上促成了恐怖主义犯罪的产生。同时,恐怖主义犯罪进一步阻断了不同民族国家文化之间的交流,这种恶性循环对人类文明的发展和进步构成了严重威胁。

三、恐怖主义犯罪人的心理特征

(一)仇恨心理

有些恐怖分子与社会格格不入,愤世嫉俗,对政府对社会极端不满与敌视,表现出强烈的反政府、反社会的仇恨心理。他们可能长期处于社会下层或社会边缘地位,长期失业或家庭贫困,并且往往把自己的不利境遇归结为现存社会制度的不公平,感到自己被社会所抛弃,有强烈的绝对剥夺感或相对剥夺感,因此往往心怀不满与仇恨,敌视政府,敌视社会甚至仇视现存社会的一切。

(二)冷酷心理

有些恐怖分子具有不同程度的冷酷心理,有的甚至杀人不眨眼。他们往往只关心自己的"事业",只关心恐怖活动的耸人听闻与威慑力,对别人的生命与社会的财产漠不关心,将一切视为可以打击的对象。因此,他们往往会在公共场所(如广场、购物中心、地铁站、火车站、公共交通工具上)实施爆炸活动,无视大量无辜贫民的生命安全与国家的财产安全,以损失与损害的最大化为乐趣和目的,自身却无任何内疚之心和忏悔之意,其冷酷无情与残忍远非一般犯罪所能比。

(三)狂热心理

有些恐怖分子相当狂热,而宗教原教旨主义极端分子或邪教分子的心理狂热性往往更为突出。在这些狂热的恐怖分子看来,现行社会是"不公平"的、"不道德"的,是违反"神"的意志或自然规则的,现行法则是由不道德的人出于不道德的目的而制定的,只有他们,掌握真理,他们是道德主义者,因而普通的法则对他们不再适用。他们肩负着推翻现行社会的"神圣"使命。为了实现这一神圣使命,自然可以不择手段。对他们来说,暴力与恐怖不但是可以接受的手段,而且也是完成"神"的旨意、建立"真正道德"的理想社会的必需手段。因此,这些恐怖分子往往不怕死,甚至心甘情愿做所谓的"殉道者"。当今自杀式爆炸恐怖活动层出不穷,更加使人们清晰地看到了这种变态的狂热性的威力。

可以预计的是,在未来社会,恐怖分子的心理特征与当代恐怖分子不会有实质性的差异与变化。但是,随着人类物质生活的不断富足,人类社会(特别是西方社会)可能面临比今天更为严重的精神信仰与道德失范问题,宗教狂热性的恐怖分子以及各种打着宗教旗号的邪教组织的危险性将可能越发突出。换言之,未来的恐怖分子将可能具有更强烈的狂热心理,冷酷心理也可能随之加强,相应地恐怖主义的危害将可能越发严重。①

一、本章需要继续探讨的问题

(一)中国暴力犯罪十年来首次增长

经济危机下,上升的不仅有失业率,还有犯罪率。中国社科院发布的2010年《法治蓝皮书》显示,2009年中国犯罪数量打破了2000年以来一直保持的平稳态势,出现大幅增长。其中,暴力犯罪、财产犯罪等案件大量增加。据蓝皮书,2009年1到10月,中国刑事案件立案数和治安案件受理数大幅增长,刑事案件数增幅在10%以上,治安案件数增幅达20%左右,全年刑事立案数达到530万件,治安案件数达到990万件。经济环境转差使得犯罪分子性情更为暴烈。蓝皮书指出,杀人、抢劫、强奸等严重暴力犯罪案件在2009年出现了较大幅度的增长。这是2001年以来,中国暴力犯罪的首次增长。此前近十年间,中国的暴力犯罪一直呈下降态势,且下降幅度较为明显。

在故意杀人案件中,家庭成员间的恶性伦理杀人案件、报复社会的重大恶性杀人案件、精神病患者实施的恶性杀人案件比较突出,雇凶杀人现象时有发生。一些地方还出现了犯罪团伙或矿工杀害智障者伪造矿难实施敲诈的案件。抢劫犯罪数量不仅有所增长,而且涉枪现象突出,大都还伴随着劫持人质、杀害被害人等行为。2002年以来,随着银行防范工作的加强,抢劫银行营业网点、运钞车的案件大幅减少。但2009年,北京科技大学学生黎立抢劫银行的大案震惊全国。蓝皮书预测,2010年中国的社会治安形势仍然会比较严峻。由于社会还没有完全走出金融危机阴影,一些群体就业困难,贫富差距加大,相对贫困人口增加,加上各种社会矛盾引发的各种群体性事件多发,维稳压力并不会减轻。蓝皮书撰写者认为,2010年,中国的暴力犯罪、侵犯财产犯罪、经济犯罪仍会维持高发态势。经济危机和宽松的财政政策与货币政策可能会为有潜在犯罪动机的犯罪人提供更多的机会,其中集资诈骗、非法吸收公众存款等涉众型经济犯罪将持

---

① 胡联合:《全球反恐论》,中国大百科全书出版社2011年版,第45—47页。

续增长。①

（二）典型案例

案例 1

2011 年 12 月 1 日下午 5 时 30 分左右,湖北省武汉市雄楚大街关山中学旁边的建设银行网点门前,不明物体引发爆炸。造成过路群众 2 人死亡、10 余人受伤。经初步调查,爆炸系由门前堆放的不明物体引发。12 月 4 日,武汉警方在其官方微博中公布了"12·1"爆炸案监控录像,并发布悬赏通告,请广大市民群众积极提供"12·1"爆炸案线索。对协助警方破案的相关人员,警方将给予 10 万元重奖。武汉警方官方微博"平安武汉"发布悬赏通告后,各网站、新闻媒体相继转发,群众举报电话络绎不绝。当晚 10 时,警方通过群众举报的线索与侦查的对象比对成功,确定在汉从事空调修理、曾暂住在东湖新技术开发区关东街刘家嘴的王海剑(24 岁,襄阳市枣阳人)有重大嫌疑。12 月 16 日中午 12 时,警方在武昌某医院不费一枪一弹,成功擒获武汉"12·1"爆炸案犯罪嫌疑人王海剑。据警方初步审查,王海剑交代了其为劫取运钞车钱款实施爆炸犯罪的动机,就是想抢劫运钞车,一夜暴富。"王海剑的智商很高。他做事都有很强的目的性和计划性",王海剑案专案组的一位警官介绍,通过前期的分析和王海剑落网后初步的审讯发现,王海剑预谋用炸弹炸运钞车劫钱的行动,都是经过周密的策划,包括逃跑线路、败露后如何藏匿,王海剑都有缜密的安排。另据了解,通过审讯其同伙(作案时未参与),2009 年 5 月,王海剑就把他从广州叫回,提出到武汉搞银行。王海剑还通过自学自己研制炸弹,并且自制安装了遥控引爆装置,在案发前王海剑还做过炸弹爆炸试验,并在 2011 年 6 月 13 日试炸后受伤,曾住院一周。此后,其同伙均退缩了,但没想到王海剑竟然一个人就实施了爆炸案。警方透露,王海剑的心理素质特别好,静得下来,肯学东西、研究东西,干起事来注意力专注。如不及时抓获,是个极大的社会安全隐患。②

案例 2

余富兵的右手没有抓住他心爱的手机,因为他的右手已经和手机一起掉在了地上。他的妻子不知道,还在前面拼命追赶 5 名抢走她 100 元钱的持刀歹徒。"别追了,我的手被砍掉了!"余富兵朝妻子嘶声高喊……这是 2004 年 12 月 17 日晚发生在深圳市马田北路的一幕。为首的砍手歹徒叫许国亮,18 岁。当抓捕他的警察把他从广西家中的床上拖起来时,感觉许国亮的体重很轻,简直就像个还没有成熟的单薄少年。但深圳警方查明,就是这个瘦瘦小小的许国亮,和 19

---

① 资料来源于:《中国新闻网》,http://news.163.com/10/0226/01/60DO5LTS000120GU.html。
② 资料来源于:http://baike.baidu.com/view/6999053.htm?subLemmaId=7142526&fromenter=%CE%E4%BA%BA%BD%A8%D0%D0%B1%AC%D5%A8&redirected=alading。

名成员组成一个抢劫团伙,年龄最大的20岁,最小的仅17岁,采用砍手、砍脚等作案手段抢劫。一年时间内先后做下25宗劫案,砍伤路人12名,抢劫了大量手机、手提包和现金。这些抢劫者均来自同一个地方——广西天等县上映乡温江村。深圳民间称他们为"砍手帮",广西天等县人称他们为"上映帮"。与此相关联的是,这个村2004年在广东"犯事"的40余名年轻人中,只有一名叫黄海清的25岁年轻人曾在上映乡派出所有过案底——盗窃摩托车。而其他人,都曾经是"老实人"。温江村在2004年没有一宗刑事案件,整个上映乡在2004年只有不到10宗的刑事案件。但是,截止到2011年9月,这个村出去打工的青壮年里却有100多人因为抢劫而锒铛入狱。打工、辞工、团伙抢劫,这样的历程惊人相似。村里的老人们很不解,这些出门打工的年轻人怎么了?在村子里时都是好人,也挺守规矩,怎么一出去就抢劫了,被抓了呢?①

案例3

2011年2月26日,武汉高一女生小冯,在某商场苹果电脑专柜前,邂逅了一名能说一口流利英语的男子。对方自称是高校老师,刚从国外深造回来,并指点小冯购买了一款苹果笔记本电脑。小冯见这名"老师"穿着高档、气质儒雅,时不时还会用一口流利的英语接打电话,话语间谈论的也都是些与学习相关的内容,小冯便对"老师"产生了信任感,并答应与其共进晚餐。但令小冯没有想到的是,"老师"竟然趁她去洗手间时,偷走了她留在位置上的提包及笔记本电脑。小冯最终报警求助。

《武汉晚报》记者得知此事后,在3月1日以《儒雅"老师"骗走万元财物》为题报道了小冯的遭遇,根据小冯的口述,描写了这名"老师"的容貌及行为特征。没想到,这篇报道竟引起了市民王女士的警觉,她当天就打电话向记者询问该"老师"的详细情况,并怀疑同事小兰的男友"王杰"就是报道中的骗子,因为对方也称自己是大学老师,也能说一口英语。但小兰家人曾多次到学校打听,却没有打听到此人。为了打消顾虑,王女士随同小兰的家人前往派出所,调阅了警方提取的监控录像。结果如王女士所料,小兰的男友"王杰"正是偷走小冯提包的"老师"。最终,由小兰及其家人设计引蛇出洞,警方于3月2日凌晨将"王杰"抓捕归案。《武汉晚报》于3月6日再次对此事进行了报道,多名受害人由此与该报取得联系,声称也被该"老师"骗过。记者又于次日陪同3名愿意指证该"老师"的受害者,前往派出所做笔录。

据了解,这名冒充高校老师行骗的男子,名叫樊志敏(曾用名凡志敏、王杰,绰号"阿奔"),生于1982年6月,毕业于武汉某大学国贸专业,是本省天门市小

---

① 资料来源于:《小山村走出砍手帮》,http://news.sina.com.cn/c/2005-01-21/05064901091s.shtml。

板镇张岭村六组人,大学毕业后一直处于无业状态,但却能屡次骗财、骗色得手。早在2009年就被樊某骗去3万元的左先生告诉记者,樊某的行骗对象多为涉世未深的年轻人或女性,行骗时间大约有七八年,行骗地涉及广东、上海等地。因曾屡次使用真名或"凡志敏"行骗,网上有大量受害者声讨他的网帖。其关键的行骗技能就是一口流利的英语。据多名受害者介绍,用英语跟不认识的女性搭讪是樊某行骗的第一步。樊某通常会穿着一身名牌,在时尚商场或品牌电器店游荡,在看准目标后先与对方搭讪,并伺机让自己的手机响起,随后就用英语"接电话",当发觉对方向其投来钦羡的眼光并询问其英语为何如此流利时,樊某再自然道出自己是"高校老师"。如果对方对其说英语并不感兴趣,他便会重新选择下手对象。第二步,与成功搭讪的女性建立恋爱关系。在显露了自己的英语技能后,大多数被搭讪的年轻女子都会对其产生好感。加之樊某英语流利,结识了不少高校的留学生朋友,他便经常将初识的女子带到留学生宿舍游玩,不少初识女子就更加信任樊某的"老师"身份。此时,樊某就会伺机与对方建立恋爱关系。第三步,以升职、买房急需钱为由向"女友"及其朋友借钱。为了给自己的"高校老师"身份圆谎,平时没有收入的樊某经常会重复使用第一步搞些"短打",在初识女子掉以轻心时偷盗对方的贵重物品,然后再用这些贵重物品"武装"自己,博取"女友"家人和朋友的好感。当打入"女友"生活圈子后,伺机以买房、升职教授需要"活动"为名,向"女友"及其朋友借钱。此时,樊某借钱的成功率相当高,而一旦借钱成功,他就会消失得无影无踪。[①]

案例4

1997年,徐鹏就读于成都理工大学。2000年6月,他认识了本校女生茅某。2001年2月,两人确定恋爱关系。当年,徐鹏大学毕业分配到山西晋城职业技术学院工作,而茅某仍留在理工大学读书,两人经常打电话联系。2002年5月,茅某以其家人不同意两人恋爱为由,向徐提出分手,徐鹏勉强同意。同年6月,徐得知茅某同自己分手是因同该校博士研究生周鹏谈恋爱所致,徐鹏十分愤怒,打电话给茅,提出不愿分手,并威胁将对周鹏不利。茅某害怕出事,便称已同周鹏分手,但徐鹏并未相信茅某的说法。

2002年8月11日,徐鹏带着两把尖刀,从山西赶至成都。2002年8月14日下午1时许,徐带刀来到理工大学,恰好在家属区大门处遇到了周鹏和茅某。3人见面,茅介绍徐鹏和周鹏认识后,便将徐鹏拉到一边,说自己现在和周鹏很好,已经同居了,希望徐鹏不要再搅和了。但徐鹏却坚持要把周鹏叫过来一起商量。茅无奈地说:"你们要说,你们去说,我走了。"此时周鹏正好走了过来,茅便道:"你们两个说吧,我不听了!"说完径自走到附近草坪上坐下。心烦意乱间,茅

---

① 资料来源于:《武汉晚报》,2011年12月20日第22版。

某给家里母亲打了个电话,其母叫她去西昌,随后茅去了火车站。其间,茅数次接到徐鹏的电话,但没有回。此后,周鹏发了短信息,她回复了。在火车站候车时,茅某给周鹏、徐鹏打电话、发短信,两人均没有回。

茅某走开后,徐鹏问周鹏是不是真的和茅某住在一起,周说没有。徐鹏提出到周鹏住处看一看,以证实此事。周鹏答应了,两人遂一起来到校内周的住处。一番检查后,徐鹏没查到可疑之处,但当周鹏送徐鹏到门口时,徐鹏突然发现房间阳台上晾了一条裙子,正是茅某的。徐鹏怀疑茅某已经与周鹏同居,并自言自语道:"她怎么这么随便呢?"气急败坏之下,杀人恶念顿生,徐鹏突然从腰后抽出尖刀,刺向周鹏腹部,周鹏大叫起来。徐鹏紧紧抓住周鹏,将其拖到屋里推倒在地,死死卡住脖子,挥刀一阵猛刺。正在此时,周鹏的两个表弟来找周鹏,进门后见此情形刚想过问,徐鹏回头大骂:"快滚!"两人立即跑下楼通知保安。3名保安赶来后,只见周鹏倒在墙角,已经死亡。而徐鹏满身是血,拿着手机和一卷透明胶带,喃喃地说:"我杀人了,我要自首,你们把我绑起来吧!"3名保安觉得事情严重,立即用胶带将徐鹏双手绑上,警方随后赶来将其带走。此后不久,还在火车站等车的茅某接到老师的电话,赶回学校才知惨剧已经发生。①

案例 5

徐广义,男,30岁,汉族,北京某工厂工人,1987年至1990年在北京站、永定门火车站,以帮助买火车票、联系住处、找工作等方式将外地女青年骗至京郊偏僻处施暴强奸杀害,共作案11起,7名女青年被施暴强奸杀死,2名被施暴强奸杀成重伤,1名被强奸。1990年4月3日晚该犯正在作案时,被蹲点守候的公安侦查人员当场抓获,最后1名被害人获救。

徐犯性心理变态并非偶然。徐出生于1959年,父母都是普通工人,在他未成年之时,父母相继离世,由其姐抚养成人。家境的贫寒和父母的早逝,使他形成了较强的自卑和心灵的孤寂冷僻。1978年高中毕业下乡插队,1980年分配到北京某厂,1984年调作库房保管员。此期间,工作悠闲,他结交了几个有劣迹的人,男女之间的风流韵事便成为他们闲聊的话题,渐渐地使他如醉如痴,随之又发展为对个体书摊上那些淫秽色情书刊读得入迷,在性的方面陷入歧途,越陷越深,对性欲要求极为强烈。1984年他经人介绍与本厂一女工结婚,并生有一子。他用从各种渠道听来的各种各样的方式方法向他妻子发泄,以获得变态的性满足,以至发展到用绳子把妻子的手脚捆绑起来发泄性欲。这时他性虐待癖的变态心理已经形成。性虐待心理的极端发展即施虐色情杀人。徐的性施虐行为先是在其妻子身上表现出来,而后则发展至顶峰,成为色情杀人狂。徐犯1987年1月第一次作案,当其向受害女工猛捅两刀,见到那血淋淋惨状,随即激发起一

---

① 资料来源于:http://www.lhfy.net/Article/ArticleShow.asp?ArticleID=802。

种"莫名"的高度性快感,正说明了这一点。其对第五名被害女青年某某的奸杀过程,也说明了其作案模式:某某1987年8月13日在永定门站售票厅买了一张火车票,刚走出大厅,被徐犯选为猎获目标,立即凑上去跟她搭讪,当他得知女孩从深圳来,买票要到上海打工,又得知她没带身份证,想托他帮帮忙找家旅店时,正中其下怀。徐假惺惺地说,你今天真幸运,碰上我这个热心肠的人,他骑车带着姑娘一直往南过了洋桥、马家堡来到一处菜棚,姑娘疑惑地说,这不是旅馆。这时他掏出刀子狞笑着说,管它是哪,你跟我走,不然我杀了你!姑娘问,你想干什么?他说,要你和你身上的钱。姑娘吓哭了,求他放过她,这时罪犯举刀向她腹部捅了两刀,硬把她拖进菜棚,施暴强奸后杀死。徐犯在审讯中对所有罪行供认不讳。他在交代中说:我不知道为什么,看了书上的描写和画报上的画面,我老想占有,老想征服,我的欲望特强,这事让我兴奋,我控制不住了,就壮着胆试试,后来见没人报案,我的胆就大了。开始女的反抗我扎她,后来我感觉在那种情况下特刺激,把她们扎出血来,再割她们……我也想杀完10个人后不再干了,可我像着了魔上瘾一样,一到晚上就想出去杀人……。性变态只在性心理这一点是异常的,而在其他方面的心态则是正常的。在审讯中,徐犯的交待也说明了这点。他在回答作案时间时说:一般都在晚上8点钟以后,行人少、警察少,干这事不易被发现。在回答作案时的衣着时说:为了使对方信任,我晚上出去时穿的都比较干净大方,皮鞋也擦得很亮。在回答为什么选择火车站作案时说:火车站外地人多,离郊区近,交通警察少,可以骑车带她。在回答他是怎样选择受害人时说:年轻有点姿色的外地女孩子,她们没有生活经验,容易上当。另外,外地姑娘人生地不熟好骗,特别是那些来京打工和路过北京的,她们买不到车票想有人帮忙,农村女孩子又有占小便宜的毛病,不愿住旅馆,我借口帮助他们买到车票,提供住的地方,有时还请她们吃顿饭,这样他们便不怀疑了。在回答他是如何行骗时说:物色单身提包的女青年后,我主动上前搭话,先跟她聊天,大致了解她们的情况后,以提供住宿、买车票、介绍工作、陪着逛北京等为诱饵,骗她上钩。他的这种并不高明的假仁慈的嘴脸和花言巧语,却叫那么多姑娘上当受骗,惨遭暴虐伤害。①

案例6

北京某网游公司美术设计师范某为了追求刺激,长期采取撩裙子、扒内裤的方式强制猥亵在校女大学生,他甚至还在网上发帖以招聘礼仪小姐为由,与女大学生见面后实施猥亵。随后范某因涉嫌强制猥亵妇女罪被海淀区人民检察院批准逮捕。

---

① 资料来源于:《京城徐广才色情杀人狂案例剖析》,http://www.91.cn/sex/xfz/2003-05-11/19632.htm。

据范某交代,2009年,他还是北京服装学院的大三学生,那时开始他接触了日本色情录像。一些男子猥亵女子的镜头,让他很受刺激,他有了模仿录像画面,寻找女生猥亵的想法。自2009年开始,范某在首都师范大学、北京舞蹈学院、北京外国语大学等学校门口寻找穿裙子的单身女子,发现目标之后就跟踪,等她们上楼梯的时候,过去扒她们的内裤,实行猥亵动作,之后便迅速逃离现场。2011年6月,范某开始在人人网的北京兼职版块上,冒充保利剧院的名义发布招聘信息,以300元/小时的报酬招聘礼仪小姐。消息发出后,有十多名女大学生与范某联系。随后,范某通过浏览这些女生人人网的网页,看她们的长相,选了5个"中意"的女子见面。范某通过站内私信和QQ聊天的方式,分别通知女大学生们,穿着裙子到自己事先踩好点的地方进行"面试"。据范某回忆,2011年6、7月份一天下午一两点的时候,他在首都师范大学门口看到了其在人人网上约的一个家在北京市大兴区的女孩,通过网络聊天范某让这个女孩到首都师范大学二教二楼面试。范某之前在首都师范大学踩过点,知道二教人少,所以选择了二教作为作案地点。这个女孩进校门之后范某就跟踪她在学校转了一刻钟。之后,这个女孩到了首师大二教的二楼,范某就过去跟她说,"同学你裙子上有个虫子,我帮你拍一下",随后范某就掀起她的裙子,对其进行猥亵,之后迅速逃离。2011年8月19日,范某在一次实施完猥亵行为后,被受害人的丈夫扭送至派出所。据检察官称,在提讯范某的时候,范某称自己也想改掉猥亵妇女的习惯,但一直改不掉,自己也盼着哪天被警察抓了,或者被别人打一顿,或许这个毛病就改了。范某还供认,自己诸如上人人网虚假招聘礼仪小姐进行猥亵的犯罪手段,都是模仿网络色情录像。①

二、思考题

1. 简述财产犯罪的概念和主要类型。
2. 简述财产犯罪的心理特征与行为特征。
3. 简述不同阶段的盗窃犯罪的心理特点。
4. 简述诈骗犯罪的行为特征。
5. 简述诈骗犯罪的心理历程。
6. 简述暴力犯罪的概念及种类。
7. 简述性欲型犯罪的概念和类型。
8. 论述抢劫犯罪的动机结构。
9. 论述暴力犯罪的特点。
10. 论述影响性欲型犯罪的相关因素。

---

① 资料来源于:《设计师发帖招工猥亵应聘女生称为模仿色情录像》,http://news.sohu.com/20111223/n329972609.shtml。

第十章 不同类型的犯罪心理分析(下)

内容提要

各种各样的犯罪行为,总是在一定的犯罪心理支配下实施的。本章着重分析毒品犯罪心理、网络犯罪心理、青少年犯罪心理、女性犯罪心理以及流动人口犯罪心理,通过研究,掌握这几类犯罪人的犯罪心理特征和犯罪行为特征,从而为进行早期犯罪预防和矫治提供理论依据。

关键词

毒品犯罪　毒品犯罪心理　网络犯罪　网络犯罪心理　青少年犯罪　青少年犯罪心理　女性犯罪　女性犯罪心理　流动人口犯罪　流动人口犯罪心理

第一节 毒品犯罪心理

一、毒品犯罪概述

(一)毒品的内涵

目前,世界各国对毒品一词都形成了自己的理解,国际组织也从不同的角度解释毒品。我国《刑法》第357条对"毒品"作了明确的规定,即"本法所称的毒品,是指鸦片、海洛因、甲基苯丙胺(冰毒)、吗啡、大麻、可卡因以及国家管制规定的其他能够使人形成瘾癖的麻醉药品和精神药品"。

按照这一定义,毒品区别于其他药品、毒药以及化学合成品的实质特征主要表现在以下三个方面:

1. 毒品的依赖性

又称"成瘾性",这是一种特殊的药理性能。表现在:当这类药物进入人体之后,能够使人对它产生生理依赖和精神依赖,从而强烈地想再得到它,以至离不开它。正是这种"成瘾性"使其成为毒品,也是导致毒品滥用的主要原因。

2. 毒品的危害性

并非所有具有依赖性的药物都属于毒品,如烟草、咖啡因虽然可以使人上瘾,但不会引发吗啡、海洛因等毒品那样强烈的中毒症状,这种强烈的中毒症状就是毒品的毒性,它对人的身体(生理毒性)、精神(心理毒性)以及对社会三个方面具有严重危害性。其中毒品对人的精神损害是特有的、最严重的损害。

3. 毒品的非法性

非法性是毒品的法律属性,表现在:一方面,毒品是一种受国家管制的特殊药品,是法律明文禁止滥用的药品;另一方面,与毒品有关的行为是严重的违法犯罪行为。

(二) 毒品的分类

当前,国际上尚未对毒品的分类作出统一的规定,原因在于:一方面毒品与药品之间没有一个绝对的界限,药品依赖性因人而异,药品滥用因社会而异,而且随着科技的发展,新的成瘾药物会不断问世,毒品的种类会不断增多;另一方面,世界各国立法、司法机构或医学界等,对毒品都持有不同的认识和界定标准,无法做到统一。

为了方便介绍,我们依据毒品的来源和生产方式,将毒品分为植物性天然毒品和人工合成化学毒品两大类,下面分别予以介绍。

1. 植物性天然毒品

植物性天然毒品是从天然生长的植物中提取加工而成的。目前,全世界滥用最为普遍、最严重的是鸦片、大麻、古柯三种植物性天然毒品。

(1) 鸦片类

鸦片类毒品来源于草本植物罂粟,是历史上最早的麻醉性镇痛药,同时也是最早被滥用的毒品。以下是几种较为常见的鸦片类毒品:

① 鸦片

现代医学上的"阿片",旧称、俗称为"鸦片",民间叫"大烟"、"烟土"等。谈到鸦片,需要先说说罂粟。罂粟是两年生的草本植物,夏季开花,花瓣脱落后露出成熟果实,称罂粟果,用刀割开未成熟的果实外壳,有乳白色汁液流出,在空气中氧化成棕褐色或黑色的膏状物,这就是生鸦片。生鸦片不能直接吸食,经加工煎制便成为熟鸦片。鸦片属于初级毒品,含有多种生物碱,其中含量最多的是吗啡,可达10%—20%。

鸦片是一种对中枢神经具有抑制作用的药物,具有止咳、镇痛、止泻等药用价值,但滥用则易成瘾,破坏人体免疫力,危害健康。据临床统计,口服5毫克—15毫克鸦片,可出现轻度中毒症状,即心烦、口渴、乏力、瞳孔缩小、站立不稳或嗜睡;口服20毫克—30毫克,则由嗜睡转入深睡,唤醒后意识混乱、恶心;如口服100毫克—350毫克,则引起严重中毒,昏睡不醒、呼吸缓慢、反射消失、痉挛等,重者7小时—12小时可能死亡。

② 吗啡

吗啡是直接从鸦片中提取出来的天然有机生物碱。纯吗啡为白色针状结晶体或结晶性粉末，有苦味，遇光易变质，溶于水，略溶于乙醇。含有杂质的吗啡颜色发黄，而粗制吗啡多为棕色。吗啡与鸦片相比具有更强的止痛作用，临床上主要用于外科手术和治疗外伤性剧痛、晚期癌症剧痛等，是传统的最有效的镇痛药品。

吗啡比鸦片更容易使人上瘾，人们在用它来止痛的同时也染上了毒瘾，因而成为毒品。通常连续用药1周以上即可上瘾，有的人仅用药几天就可成瘾。长期大量使用会出现妄语和幻觉，引起精神失常，还可以使瞳孔极度缩小。其中，"针尖样瞳孔"是诊断吗啡中毒的重要体征。另外，吗啡还具有抑制呼吸的作用，过量使用可以导致呼吸衰竭直至死亡。

③ 海洛因

海洛因是具有强烈成瘾性和危害性的吗啡衍生物，目前被世界各国列为"头号毒品"。和人们希望吗啡能治好鸦片造成的毒瘾的想法一样，起初人们把海洛因当作戒除鸦片和吗啡毒瘾的药物。但人们始料未及的是海洛因比吗啡的成瘾性更强烈，它的药物依赖性是吗啡的2.5倍，其水溶性和脂溶性都大于吗啡，从而能更迅速地被人体吸收，只要偶尔注射一两次就会上瘾而且难以戒除。成瘾者一旦停用，甚至几个小时没有吸食，就会出现严重的"戒断症状"，惊恐失态、痛不欲生，甚至死亡。

(2) 大麻类

大麻类毒品的典型代表就是大麻。大麻是当今世界上最廉价、使用范围最广泛的毒品。地球上绝大部分温带和热带地区都能生长大麻。然而，大多数大麻都没有任何有毒成分，通常所说的可制造毒品的大麻，是指印度大麻中一种比较矮小、多分枝的变种。这种大麻的雌花枝的顶端、叶、种子及茎中均含有一种化合物，名为"四氢大麻酚"，是对人的神经系统起作用的主要成分，属于毒品。

常见的大麻制品有大麻植物干品、大麻脂、大麻油等。长期服用大麻者，表现为呆滞、淡漠，注意力不集中，记忆力差，判断力受损，偶有无故攻击性行为。随着时间的推移，则表现为不讲个人卫生、饮食不佳、人格扭曲、对任何事物都失去兴趣，呈精神衰退状态。一般认为，大麻与海洛因、可卡因等毒品相比毒性相对较轻，且只产生心理依赖而不产生生理依赖，不会出现严重的"戒断症状"，这也是一些国家不禁止吸食大麻的原因之一。

(3) 古柯类

古柯是一种生长在南美洲热带山地的野生常绿灌木。19世纪中期，化学家从古柯叶中分离出了一种化学名为"苯甲基芽子碱"的白色晶体，它能改变肾上腺素对人体的调节，直接刺激大脑皮层，使中枢神经和交叉神经系统产生强烈的兴奋源,这就是今天与海洛因、大麻齐名的三大毒品之一的可卡因,又名古柯碱。时至今日,可卡因还是兴奋作用最强的天然生物碱,也是最易成瘾、危害最大的兴奋剂。成瘾者在高剂量使用可卡因时会出现偏执性精神病、被害妄想及假性幻觉等,常常伴有攻击他人、危害社会或者采取措施自残肢体等行为。另外,滥用者用静脉注射的方法吸食可卡因,常常由于共用未经消毒的注射器和针头而感染和传播肝炎、艾滋病毒等。

2. 人工合成化学毒品

人工合成化学毒品与植物性天然毒品相比,出现的时间较晚,它是 20 世纪中期才开始问世的。作为天然毒品的补充,一经出现就迅速在欧、美、日等发达国家和地区流行起来,我国也不例外。以"摇头丸"为代表的合成毒品的主要滥用场所为舞厅、卡拉 OK 厅等公共娱乐场所,在国外被称为休闲、假日或俱乐部毒品。其滥用人群的年龄大多在 16 岁—25 岁之间。

人工合成的化学毒品种类很多,这里仅介绍两种最为常见、最具代表性的合成毒品,即冰毒和摇头丸。

(1) 冰毒

冰毒,即甲基苯丙胺,因其外观为纯白结晶体,晶莹剔透,故被吸毒、贩毒者称为"冰",由于它的毒性剧烈,人们便称之为"冰毒"。

冰毒之所以被滥用,与其特性有关。冰毒价格低廉,合成工艺简单,不受季节、地域限制而且极易成瘾。一般中小剂量服用,可以提高人的心境,表现出精神振奋、兴致勃勃、思维活跃、情绪高涨、注意力集中、工作能力提高,而且长时间学习或工作无疲劳感和饥饿感;而长期滥用则可能造成慢性中毒、体重下降、消瘦、溃疡、脓肿等;高剂量或重复使用冰毒则可产生中毒性精神病、惊厥昏迷,甚至死亡。

(2) 摇头丸

近年来由境外传入我国的摇头丸,是一种新型的苯丙胺类毒品,是冰毒的衍生物,先后在广东等沿海城市的歌舞厅、卡拉 OK 厅等娱乐场所出现。摇头丸在国外被称为"致幻药",服用摇头丸会使人亢奋不已,听到音乐后摇头不止,时间长达 6—8 小时,并出现幻觉和性冲动。摇头丸对人的健康损害极大,反复服用会成瘾,过量则导致死亡。

需要指出的是,冰毒和摇头丸仅仅是人工合成毒品中的两种典型代表,除此之外,还有巴比妥类、麦卡斯林等种类繁多的合成类毒品。另外,随着科学技术的进步和工业化水平的提高,一些常用的麻醉药品或精神药品经过加工后,可以合成新的具有药物依赖性并导致滥用、造成危害的毒品。

(三) 毒品犯罪及其特点

毒品犯罪是指违反国家和国际有关禁毒法律、法规、公约,破坏毒品管制活动,应该受到刑罚处罚的犯罪行为。《联合国禁止非法贩运麻醉药品和精神药品公约》规定:毒品犯罪是指非法生产、制造、提炼、配售、兜售、分销、出售、交售、经纪、发送、过境发送、运输、进口或出口麻醉药品和精神药品、种植毒品原植物以及进行上述活动的预备行为和与之相关的危害行为。

随着国际形势的发展和科学技术水平的提高,在人们加大打击力度的同时,当代毒品犯罪也不断发生变化,主要呈现出以下几个特点:

1. 毒品犯罪的国际化

毒品犯罪已形成从种植、加工、贩运到消费的国际化体系。当前世界上有五大"毒窟":东南亚"金三角"地区,该地区生产的鸦片多被提炼为海洛因,销往美国、欧洲和其他亚洲国家;南亚"金新月"地区,这里的鸦片一般在当地提炼成海洛因,销往欧洲、美国和其他亚洲国家;南美洲的"白三角"地区,这里盛产古柯碱,销往美国和欧洲市场;非洲的"黑三角"是非洲新崛起的一个毒品基地,它的"拳头产品"是大麻;另外还有一个以黎巴嫩贝卡谷地为中心的山区,毒品主要贩卖到欧洲。

2. 毒品犯罪集团化

从毒品货源到吸食购买,经过多个层次之间的周转,在长期进行的毒品犯罪活动中,多数犯罪分子都是以贩养吸,形成相对稳定的团伙和固定贩、吸毒人员构成的消费网络。从毒品团伙情况看,每个团伙少则 3 人,多则数人,其内部人员相对固定,分工明确,既有专门负责联系毒品货源和送货者,又有专门负责分送、收缴、回笼毒资的成员,团伙头目只负责对毒品贩卖进行幕后指挥,定期或不定期了解毒品贩卖数量和毒资回笼情况等。

3. 毒品犯罪交易场所多样化

毒品犯罪分子为逃避打击,采取灵活多样的交易方式,选择各种交易场所。有的选择交通道路两侧,有的选择出租车等运输工具,有的渗透到某些社区和娱乐健身场所,有的分散到歌厅、舞厅、迪厅以及酒店 KTV 包房等,还有的利用住所长期容留吸毒人员吸食毒品,并提供和贩卖毒品。

4. 毒品犯罪手段更加隐蔽

由于贩毒带来的巨额利润,各国缉毒措施的加强,使贩毒集团和贩毒分子千方百计变换手法,以逃避警方和海关的缉查。当前的贩毒方式大致有两种:一是大宗贩毒,二是零星贩毒。零星贩毒中,毒贩同吸毒者的接触多是人毒分离,一手交钱、一手交货或定时定点联络;大宗贩毒则更为隐蔽,大多单线联系,当场验货验钞,瞬间即可交易完毕,并利用现代化的交通工具和通讯工具,迅速逃离现场。在毒品运输方式上变换的花样就更多了,如:毒货混装、分段运输、雇人运输、毒款分流等。

二、毒品犯罪人的心理特征

毒品犯罪作为犯罪的一种特殊类型,其产生除了与自然环境、社会背景、国际气候等客观因素有关外,犯罪分子特有的个性、气质、意志、情感等主观因素也是导致其犯罪行为的重要原因,特别是在制毒、吸毒、贩毒过程中,犯罪分子的不同心理状态更是不可忽视的重要方面,其表现形式是多种多样的,概括起来有以下几方面:

(一) 贪婪欲望

牟取暴利、满足贪婪的物质欲望几乎是所有毒品犯罪人的心理动力。毒品贩卖的高额的收益,对那些渴望一夜暴富的犯罪人极具诱惑力。这往往使他们冒着杀头、坐牢的巨大风险,想尽一切办法,通过各种渠道,制造、贩运毒品。

(二) 好奇心理

好奇心理是吸毒者最常见的心理表现。许多涉世未深的青少年常常是在某些场合看到别人吸毒,或者是在别人的诱惑下觉得吸毒新鲜、刺激、好玩,抱着试试看的好奇心理沾上毒品,逐渐深受其害而不能自拔。刺激心理是指吸毒者企图通过吸食毒品来寻求精神刺激的心理状态。有的因受挫折打击;有的因钱太多却深感生活无聊;有的对事业期望过高却经常失意,等等。鸦片、吗啡、海洛因、可卡因、冰毒等毒品的精神刺激作用之一,就是能让人在一瞬间产生一种强烈的冲击感,得到一种新鲜的刺激,让吸食者感到恍如"进入仙境"、"升到天堂"一般。一般初次吸毒大多是由于好奇心理的驱使或毒贩的诱惑。可是,毒品毕竟是毒品,一旦吸食上瘾,吸食者为了经常获得那种虚幻的快感和刺激,便不顾一切地找钱、找毒品,最后必然是倾家荡产、家破人亡、妻离子散,既严重摧残自己的身心健康,也破坏了家庭,损害了他人,给社会造成了严重的不良后果。

(三) 侥幸心理

侥幸心理是指从事毒品交易的罪犯心存可以侥幸逃避法律制裁的心理。导致毒品犯罪分子形成这种心理的原因很多,由于毒品犯罪是近年来才出现的一种新的犯罪类型,我国政府在毒品的管理、检查、缉私方面工作经验不足,同时,我国边境线漫长,紧邻毒品种植大区"金三角"和"金新月"。此外,技术装备相对落后,缉查人员严重不足,控制防范不严,导致一些犯罪分子主观上认为有可乘之机,心存强烈的侥幸心理,跨越国境,冒充边民、旅游者,制造、贩运、走私毒品,甚至有些拥有外交豁免权的驻我国使领馆的外国工作人员也利用公务之便携带、贩卖毒品。另外,有些不法分子在某些人迹罕至的山区、边境地区种植罂粟、大麻,秘密生产、加工毒品,销售到世界各地。如果这些犯罪行为获得成功,就会强化毒品犯罪者的侥幸心理,胆子越来越大,犯罪程度越来越严重,即使被查获甚至被抓获,其侥幸心理也不一定完全消失,只要他认为自己的行为所获得的利益远远大于损失,一旦机会来临,他们往往又会重操旧业。由于毒品犯罪是"一本万利"的行业,在巨额利润的驱使下,即使只有千分之一甚至万分之一的成功几率,他们也会心甘情愿地去冒险、去犯罪。因此,侥幸心理是重大的犯罪分子或犯罪集团屡屡作案的重要心理基础。

(四)依赖心理

依赖心理是指毒品吸食者对毒品产生强烈的依赖性,也叫成瘾性。这种心理状态产生的影响表现在吸毒者的身体和心理上。无论鸦片、海洛因,还是大麻、可卡因等加工成不同剂型、含量的毒品,都是程度不同地使人形成瘾癖的物质,是国家有关部门专门管制的物品。成瘾性是毒品区别于一般毒物的重要依据,其中尤以海洛因的毒害性和成瘾性最大,可卡因、吗啡次之,鸦片相对少些,其他兴奋剂、致幻剂类毒品的成瘾性也不小。一个人一旦吸毒成瘾,往往很难戒除。即使戒毒后,复吸率也很高。

(五)冒险心理

冒险心理是指毒品犯罪者受到巨额利润的驱使,甘愿冒着被法律制裁的风险的心理。这种心理在制毒、贩毒分子中普遍存在。由于不同地区毒品价格悬殊特别大,从事毒品交易便可获得丰厚的利润。比如,4号海洛因在"金三角"地区的售价每公斤800—1000美元,几经转手,在美国市场上卖给吸毒者,竟达到每公斤200—230万美元,利润高达几千倍。正是这巨额利润,引诱着毒品犯罪者宁可冒生命的风险,不惜以青春和生命作赌注。有的毒贩称"成功一次,富裕一世","搞一次,富百年"。有的犯罪分子嫌小打小闹、小偷小摸见效慢,便肆无忌惮地暗中从事大宗制毒、贩毒活动,同时还购买装备先进的枪支、弹药,掩护毒品交易活动。一旦遇到公安人员的查获、缉私,毒品犯罪者便使用暴力拒捕,负隅顽抗。因此,那些从事跨国贩毒的犯罪集团经常千方百计地开辟新的贩毒渠道,规划着新的贩毒路线。为了达到目的,他们不惜用金钱贿赂、拉拢政府官员、海关人员、公安执法人员。国内的一些人也在这种暴利的诱惑下,或者在穷乡僻壤的山区种植毒品原植物,或者参与境外贩毒集团的走私贩毒活动,以牟取暴利。可见,牟取暴利的贪婪欲望正是驱动毒品罪犯冒险犯罪的心理动力基础。

(六)恐惧、绝望与悔过心理

恐惧心理是毒品犯罪者对本身行为产生恐惧的心理状态。这种心理常常伴随着从毒品犯罪意识开始到犯罪行为实施后的整个过程。对毒品犯罪者而言,从犯罪意识的形成,犯罪行为的完成直到犯罪证据的被查实,恐惧心理都不同程度地存在着,尤其是在公安人员的盘问、查缉时,这种心态特别明显。这种心理的外在表现常见为手足无措、目光游离不定、举止生硬僵直、手足颤抖、屏息静气、脸色发白和浑身直冒冷汗等等。在日常生活中,比如逛街、买东西时,总怀疑别人在监视、跟踪,担心犯罪行径被人发现,总是小心谨慎地处事。而且对人、对事敏感多疑,有时外部出现与自己毫无关系的刺激也会令他紧张不已,特别是在海关、边防检查口岸进行例行检查时,他们的表情会异常地严肃、紧张;当检查人员的注意力转移时,其脸上的神情才会放松,出了关口,才会如释重负地大出一口气。毒品罪犯特别是吸毒者也能意识到其行为的严重后果,有时主观上也想尽快终止这些不良行为,远离毒品,从而产生了难以摆脱的恐惧感。

绝望心理是指毒品犯罪分子在身心受到毒品伤害后无法挽回时的极度失望的心理状态。这种心理在毒品犯罪分子的犯罪行为被披露,而且已经对自己的身心或者他人的身心造成严重的伤害后尤其明显。当吸毒者无法摆脱毒品的困扰,对前途、生活完全丧失信心时,很多人都会感到无可奈何,产生强烈的绝望心理,酿造出一个又一个的人间悲剧。

悔过心理是指毒品犯罪分子自己深受毒害或者得知由于自己的行为给他人造成伤害后无限悔恨的心理状态。有这种心理的人,有的因吸毒摧残自己的身体,伤害了家人而没有任何补救办法;有的由于自己本身不吸毒,但从事制毒、贩毒交易,尽管赚了不少肮脏的钱,一旦受到法律制裁,意识到毒品给无数人及他们的家庭带来的不幸时,感到深深的内疚和悔恨。[①]

三、吸毒人员的心理分析

(一)吸毒者的人格特征

到目前为止,心理学的研究还无法确定有一种特殊的具有成瘾倾向的人格类型。但是从大量对吸毒成瘾者的回顾性研究中,还是发现了一些共同的特点。有学者将吸毒成瘾者划分为以下三种类型[②]:

1. 原发型滥用者

这类吸毒与其人格缺陷有关。他们幼稚,忍耐性极差,缺乏主动性、责任感和自我约束能力,易产生焦虑、抑郁,易走极端,常常会借助药物来应付自己生活中的种种难题。他们吸毒的最初原因多数是受到了挫折而无法排遣,而后发现吸毒是麻醉自己的最好办法。吸毒可以获得优越感,暂时摆脱生活中的烦恼。人格的缺陷使他们成了毒品的狂热者。

2. 症状型滥用者

这类人具有反社会人格,共同特征是:情绪的爆发性,行为的冲动性,对社会对他人的冷酷、仇视,缺乏好感和同情心,缺乏责任感和羞愧悔改之心;不顾社会道德、法律准则和一般公认的行为规范,经常出现反社会言行;不能从挫折与惩

[①] 参见董莉:《毒品犯罪的心理分析》,http://www.psychcn.com/enpsy/200209/194933309.shtml。

[②] 参见刘邦慧:《犯罪心理学》,科学出版社2004年版,第212—215页。

罚中吸取教训,缺乏焦虑感和罪责感。这类人会出现本能欲望、兴趣嗜好、道德修养方面的异常改变,他们常常有其他违法犯罪的前科,滥用毒品仅仅是某种反社会行为的表现症状之一。这类人将吸毒作为一种寻求自身发泄的渠道,是一种自觉自愿的行为。他们不但自己吸毒,还想别人跟他们一起吸毒,既害人又害己。

3. 反应型滥用者

这类人通常都是青少年,只因在其心理发育的某一阶段或遇到某种困境时,产生一时性的毒品滥用行为。吸毒行为是在其发展过程中产生的社会适应不良现象之一,与其人格的不成熟有关。

(二)吸毒的心理演变阶段

一般认为,吸毒过程中伴随着躯体对毒品的依赖,吸毒者在心理上也有一个逐步演变和发展的过程。由开始的猎奇到逐渐成瘾再到人格变异,其心理演变大致可分为初期、中期和晚期三个阶段。

1. 吸毒者初次吸毒的动机

根据大量的调查研究,吸毒者第一次吸食毒品的动机主要有下列一些:

(1) 无知、好奇

据多位戒毒专家的调查报告,无知、好奇是促使多数人初次吸毒的主要动机。因为新鲜好奇,想试一试而沾上了毒品。他们中很多人对毒品有关的知识一无所知,或者是一知半解,道听途说。多数人是从一些书籍和他们的朋友的描述中,知道吸毒所产生的欣快感和梦幻状态。然而,这种感觉究竟是怎样的,他们不得而知。就像李白诗中所说:"但知酒中趣,勿与醒者传"。对毒品的无知和好奇心理,会促使一些人去尝试,尤其是青少年,表现更为明显。

(2) 为了娱乐和消遣

一些人把吸食毒品当作吸烟、喝酒一样,满足消遣和享乐的需要。尤其是那些物质充裕而精神贫穷的暴发户,有了钱什么都想享受一下,特别醉心于那些能引起感官刺激的活动。毒品恰恰能产生"使人感到从未体验过的愉快、振奋和极度振奋"的一时效应,因此他们很容易把吸毒当作一种精神上的所谓享受,从而坠入毒潭,不能自拔。

(3) 受到挫折,逃避现实

"不如意事常八九,可对人言无二三",就是说人生常常会遇到各种各样的挫折与烦恼,而又常常找不到合适的人倾诉,只好压抑在自己心里。这种压抑积累多了,心理承受不了的时候,往往会寻求各种方式解脱。吸毒就是消极的不应该有的方式之一。为了消除内心的烦恼和忧愁,就从吸毒行为中去寻求暂时的解脱,这种追求解脱的心理往往起始于一种对社会、对周围环境或对自己的生活和工作所产生的不满足感、不幸福感和失落感。不少人第一次吸毒都是在极度空虚、极度无聊、极度苦闷的状况下尝试的,无论是失恋者、生意失败者、失业者还是绝望者,他们都企图从毒品中寻求解脱甚至追求幸福。结果,只有一种结局,他们都坠入了万劫不复的深渊而不能自拔,没有一个人能从毒品中寻找到真正的解脱。

(4) 被人诱惑,上当受骗

有不少人是在不知情的情况下被毒贩子诱骗吸毒的。毒品贩子为了掩人耳目,同时为了"以贩养吸",往往采用花言巧语、请客吃饭、诱骗服食掺有毒品的食物、饮料、香烟等手段,设陷阱拉人下水。

(5) 贪图享受,追求时髦

赶时髦是当代社会的流行病,使用时髦物品更是部分人借以向别人炫耀的资本。这种赶时髦、爱面子的人,一旦遇上吸毒或贩毒者的诱惑,就很容易陷入毒潭。

2. 中期的矛盾和侥幸心理

吸毒中期为吸毒症状反应期,其心理表现为:中毒不深,想摆脱毒品,但又心存侥幸,经不起诱惑;逐渐由爱好毒品到依赖毒品,再到沉溺于毒品不能自拔。此时,在生理上对毒品有强烈的依赖,若长时间没有吸食毒品,便会产生打哈欠、流眼泪、鼻涕、起鸡皮疙瘩、浑身发冷、打寒战,甚至出现瞳孔放大、恶心呕吐、腹绞痛、全身骨骼和肌肉疼痛的症状。他们为了减轻痛苦,明知不能再吸下去,但无力战胜身心依赖,存有"再吸一次就不吸了"的侥幸心理,总要想方设法再次寻求毒品,从而使毒瘾恶性发展。

3. 吸毒晚期的心理表现

在吸毒晚期,吸毒者对毒品的依赖心理更加强烈,吸毒的量和频率增加,身体功能严重受损,甚至危及生命,精神颓废,道德沦丧。这主要表现为以下几个方面:

(1) 强迫性觅毒心理和觅毒行为

在吸毒晚期,吸毒者对毒品心理依赖的强烈程度甚至超过食欲、性欲等本能欲望,对吸毒有着强烈的不可克制的冲动和向往,如不吸毒,则"心痒猫抓,蚁吸骨髓",难以自拔,他们不是不想控制自己,但实在是身不由己、无法控制。

(2) 观念上的变化

吸毒者染上毒瘾后观念上会产生很大的变化。毒瘾越大、对吸毒的态度越积极,对生活的态度也就越消极,并会在人生观、世界观方面直接表现出来。在他们的观念中,人生中一切美好的东西,根本比不上毒品所带来的快乐,对毒品的追求可以成为活着的核心内容。另一方面,"戒断症状"所导致的极端痛苦,又与吸毒的快乐形成鲜明对比。大多数吸毒者在初级阶段对这种痛苦基本上没有足够的心理准备,突如其来的药物依赖,客观上改变了他们原有的生活规律,并且不以其主观意志为转移。当毒品的魔力改变了吸毒者的生活态度时,各种压力也随之产生,道德的谴责、朋友的歧视、亲属的焦虑、经济的窘迫使他们对毒品的期望又多了新的内容,希望借毒品来排解苦闷,获得瞬间的愉悦,在精神上脱离正常社会,成为名副其实的"饮鸩止渴"。

(3) 意志特征的两面性

在寻找、获得毒品方面,表现出病态的意志亢奋,他们往往不遗余力、不顾廉耻,置道德、法律、亲情于不顾,千方百计不惜一切手段获取毒品;另一方面,在戒断毒品上表现出病理性的意志缺乏,坚持性差,自控力弱,根本无法依靠自己的力量戒断毒瘾,即使一时戒断,又会很快复吸。

(4) 人格变异

吸毒成瘾后,吸毒者往往会遭受来自各方面的压力,如药物依赖造成的压力,筹集毒资带来的经济上和心理上的压力,源于道德、舆论、法律的压力,来自亲朋好友的压力等等。这些压力可能导致吸毒者性格上的变化,如自我封闭,产生明显的自卑心理,不愿意与别人沟通等。久而久之,将会导致吸毒者人格的改变,出现双重人格。

吸毒者人格变异的结果使他们沦为毒瘾的奴隶,一方面,信誓旦旦要求戒毒,深知毒品对于自己的严重危害;另一方面,却根本没有摆脱毒品的意志和自信,千方百计吸食毒品,甚至不顾最基本的人格尊严,也导致矫正和治疗其心理问题和人格变异的艰巨性。

第二节 网络犯罪心理

一、网络与网络犯罪

(一) 网络犯罪的概念

网络是计算机技术与通信技术发展的融合物。网络虽然由各种各样的物理设备构成,但这些物理设备本身并非网络。网络是由这些物理设备按照某种特定的方式互联而形成的一个信息空间,它是一个"虚拟世界"。在网络空间里进行的犯罪总是与信息紧密联系在一起。信息滥用和误用是网络犯罪的最基本形式,信息性是网络犯罪的最基本特征。一方面,网络犯罪必须依赖于信息才能实现;另一方面,网络犯罪侵害的对象也是信息。网络犯罪的形态多种多样,网络犯罪分子的目的也各不相同,有的是为了获得某些有价值的信息,也有的是为了骗取钱财,但直接的受害对象都是信息。

在网络空间中,信息不再仅仅是信息,而是网络中的一切。网络所能容纳的只有信息,网络中的所有东西都是信息,犯罪分子从网络空间中得到的或损害的都只能是信息。根据上述分析,一般认为网络犯罪是指以计算机网络为工具或以计算机网络资产为对象,运用网络技术和知识,对存在于网络空间里的信息进行侵犯的严重危害社会的行为。网络犯罪不是一个具体的罪名,而是某一类犯罪的总称,是利用信息网络技术而实施的一种高科技犯罪。其主要类型有:信息窃取和盗用、信息欺诈和勒索、信息攻击和破坏、信息污染和滥用。目前,在网络犯罪呈增多趋势的背景下,研究网络犯罪的相关问题有着十分重要的意义。

(二)网络犯罪的形态

我国当前的网络犯罪行为主要可以概括为以下几种形态:

1. 侵犯网络经营秩序的行为

维持正常的网络经营秩序,是网络组建与使用的前提,因而违反其正常经营秩序的行为,是一种严重的违法行为。目前,侵犯网络正常经营秩序的行为主要表现为:(1)擅自建立或者使用其他非法信息通道进行国际联网;(2)接入单位未经许可,非法从事国际联网经营活动;(3)侵犯他人域名权的行为。此类犯罪行为的共同特征是:其犯罪行为并不一定通过网络进行,但都与网络相关,其行为直接影响到网络的正常运营以及网络资源的合理使用。

2. 侵犯计算机信息系统的行为

计算机信息系统,是计算机网络的核心组成部分。维护计算机信息系统的安全性,是防止网络犯罪的首要目标。对于计算机信息系统的侵犯形式,主要有两种形态:(1)未经许可非法进入计算机信息系统,即我们通常所称的"黑客"行为;(2)破坏计算机信息系统,使其功能不能正常运行。这两种行为被认为是原始意义上或者是纯粹意义上的网络犯罪行为。

3. 侵犯计算机资产的行为

广义上的计算机资产,又称为计算机资源,包括计算机及其网络的硬件设备,所存储的数据,以及其他可以量化的资料等等。在实践中,通过网络侵犯计算机资产的行为主要有以下几方面:

(1)破坏计算机网络硬件及数据的行为;

(2)非法使用网络服务的行为;

(3)非法窃取、使用他人的数据资料,包括侵犯他人知识产权、财产权等。

4. 滥用网络的行为

滥用网络行为,是指利用计算机网络实施的侵犯非计算机网络本身及其资源的其他非法使用网络的行为。事实上,这是一种纯粹的网络工具犯罪,因为该项犯罪行为并不涉及任何网络本身的安全性问题,而只是利用网络实施了传统的犯罪而已。有学者甚至认为,目前中国《刑法》中规定的绝大多数犯罪行为,基本上都可以利用网络来实施(当然类似强奸罪、遗弃罪等以身体接触才能实施的除外),而且事实上中国的犯罪也已经呈现"网络化"的趋势,网络恐怖主义、网络色情和金融犯罪等新型犯罪也屡屡发生。①

（三）网络犯罪的特点

1. 隐蔽性强

隐蔽性是刑事犯罪的共性，网络犯罪的隐蔽性尤其突出。根据"物质不灭"定理，任何犯罪完成后都可能留下可供侦破的蛛丝马迹，然而网络犯罪与传统犯罪相比较，其隐蔽程度从总体上来说，前者远远高于后者，其主要表现在：

（1）犯罪地点的隐蔽性

在计算机实行全国或跨国联网的情况下，网络犯罪行为人通过计算机终端或电话启动终端进行操作，使危害结果可在网络延伸的任何一个角落发生。

（2）犯罪目标的隐蔽性

目标的无形就决定了后果的无痕，网络中无形的电子数据，不经过特定程序的转换，人的肉眼就无法看见。而网络犯罪侵犯的目标主要是存储于网络中的信息或电子数据等无形对象。被侵害的对象仅仅是个别数据的变化，发案后信息的载体并未发生任何变化，因而也不易暴露。

（3）犯罪时间的隐蔽性

网络犯罪从准备到实施也许要经过很长时间，一旦实施犯罪则耗费的时间极短，长则几秒钟，短则仅需几毫秒或几微秒；加之许多网络犯罪行为实施后，潜伏期长，往往经过数月甚至数年才发生危害后果，案发时间很难确定。

2. 犯罪成本低

网络犯罪成本是指行为人因实施网络犯罪行为所承受的精神性、物质性代价。成本由直接成本（包括心理成本和经济成本）和间接成本（包含法律成本和竞争成本）组成。网络犯罪的直接成本和间接成本都比传统犯罪要低。就直接成本而言，网络犯罪的心理成本不高。网络犯罪者实施犯罪行为常常是在极短的时间内完成的，作案时间的短促性使罪犯在作案时自我谴责感大大降低，相当多的网络犯罪者在实施犯罪行为时并没有认识到自己实施的是一种危害社会的行为，这样使它们的犯罪心理成本几乎为零。网络犯罪与传统犯罪相比所冒的风险小而获益大，作案者只要轻轻按几下键盘，就可以使被害对象遭受巨大损失，而使罪犯获得巨大利益或对计算机系统入侵的刺激和挑战给他的心理带来极大的满足。所以，网络犯罪经济成本极低。就间接成本而言，因网络犯罪的发现率低，各国对付网络犯罪的立法参差不齐，网络立法的滞后及打击不力等原因，使网络犯罪的间接成本低下，有时甚至等于零。

---

① 参见赵秉志、卢建军：《中国网络犯罪的现状及特点》，载南京职务犯罪预防网：http://njyfw.nj-net.gov.cn/yfzd/yfpl/2005-12-16/2005-12-16_211.html。

3. 专业化程度高

一般来说，传统性犯罪行为人本身所具有的文化程度高低，所掌握的专业知识多少与实施作案没有直接的关系，起决定作用的是犯罪本身的贪婪性、凶残性和经验性等因素。网络是现代科学技术发展的产物，网络犯罪完成的质量效果如何，则与犯罪行为人所掌握的高科技和表现出的犯罪智能大小成正比，因而网络犯罪的智能化程度明显高于传统性犯罪。网络犯罪是一种高技术的智能犯罪，犯罪分子主要是一些掌握计算机技术的专业研究人员或对计算机有特殊兴趣并掌握网络技术的人员，他们大多具有较高的智力水平，既熟悉计算机及网络的功能与特性，又洞悉计算机及网络的缺陷与漏洞。只有他们能够借助本身技术优势对系统网络发动攻击，对网络信息进行侵犯，并达到预期的目的。

4. 取证困难

"网络空间没有指纹"，因为网络犯罪本身经常是虚拟的，它的行为对象是计算机数据和程序，它们存储在电磁介质上。电磁介质上的数据必须经特定算法转换后才能以人眼可见的形式表现出来，更因存入计算机的数据以数字或代号形式的匿名性，增加了取证的难度。同时，因数据高密度存储，体积小，携带方便，且可以不为人觉察地拷贝，故不易被发现。更何况，现场的计算机系统内所存储的有关证据方面的数据很容易被破坏。再加上受害者不愿报案及行为时与结果时的分离性，行为地与结果发生地的分离性等，使网络犯罪的取证工作十分困难。

（四）当前我国网络犯罪的发展趋势

1. 犯罪数量呈上升趋势

近些年来，由于互联网上的犯罪现象越来越多，网络犯罪已成为许多国家和地区不得不关注的社会公共安全问题。据统计，1998年美国FBI调查的侵入计算机事件共547件，结案399件；1999年则调查了1154件，结案912件，一年之间，翻了一番。根据我国台湾地区和日本的统计资料，两地网络色情案件均占网络犯罪总数的35%—50%，其他所占比例较大的，依次为网络欺诈、贩卖非法物品、恐吓与勒索、非法侵入、侮辱与诽谤等。我国自1986年发现首例网络犯罪以来，利用计算机网络犯罪案件数量迅猛增加。1986年我国网络犯罪发案仅9起，到2000年即剧增到2700余起。诈骗、敲诈、窃取等形式的网络犯罪涉案金额从数万元发展到数百万元，其造成的巨额经济损失难以估量。

2. 犯罪主体出现低龄化趋势

网络犯罪的一个突出特点就是网民年龄的低龄化，并且随着网络的普及，一些小学生也开始上网，网民年龄结构低龄化趋势将越来越明显。年龄结构上呈现低龄化的特征是造成网络犯罪主体低龄化的主要原因。年轻人对于新事物总是充满好奇，而计算机和计算机网络作为一个新事物必然受到年轻人的喜爱，因此接受起来也就特别快。而大多数家长和老师缺乏计算机知识和计算机犯罪的防范意识,无法教育和引导他们正确使用计算机和计算机网络,而且社会上对打击网络犯罪宣传力度也不够,使得一些人在网上从事违法活动后竟然不知自己触犯法律。

3. 社会危害性日益严重

随着我国互联网的发展,网络应用越来越广泛,人们对互联网的依赖性也日益增强,互联网已经成为一些人生活中不可缺少的工具。由于我国网络基础相对薄弱,技术、硬件设施相对落后,管理和维护相对松懈,缺乏有严肃性和震撼力的法律来约束网络犯罪行为,各种故意破坏计算机网络和利用网络从事违法犯罪活动的行为时有发生,或造成经济损失或给人民的生活秩序带来影响。在未来的 10 年内,网络犯罪引发的直接危害或间接危害的广泛性,其难以预测的突发性和直接的连锁反应性及危害结果的即时性,其对于整个社会的经济、文化、政治、军事、行政管理、社会心理等方面的全方位冲击,是其他任何犯罪所不可比拟的。

4. 危害国家安全的案件持续上升,危害性大

随着网络应用的不断普及,国家、集体、个人的事务都逐渐运行到信息网络上,针对国家、集体或个人的犯罪将表现为利用或针对网络的犯罪。甚至国家之间的战争或仇视,也将主要表现为摧毁对方的重要计算机信息系统,危害性极大。如:有非法邪教组织及其顽固分子利用互联网宣传煽动、组织指挥、相互勾结,进行非法活动;有民族分裂分子利用互联网煽动民族歧视和仇恨,组织指挥境内民族分裂分子从事破坏活动;还有一些违法人员受境外敌对组织和敌对分子的蛊惑和影响,在网上传播恶意攻击我党、政府以及国家领导人的反动有害信息等。此外,随着信息和机密越来越集中于计算机,利用网络窃取或泄露国家政治、经济、军事、科技等机密将成为间谍活动的主要手段,网上秘密争夺战将愈演愈烈。

5. 利用计算机制作、复制、传播色情、淫秽物品的案件十分突出

随着多媒体和数字化技术的发展,电视机、录像机、电脑等将合而为一,"黄毒"的产生和传播的介质将主要是计算机及其网络。利用计算机及其网络制作、传播黄色淫秽物品将成为"黄毒"犯罪的主要形式。有关专家的调查显示,网络上的非学术性信息中,47%与色情有关,每天约有 2 万张色情照片进入互联网。这类案件的违法犯罪分子有的利用互联网出售色情光盘,有的非法提供色情网络链接,有的干脆直接设立色情网站。这类案件在 2001 年,我国共立案 2000 余

起,几乎占所有计算机案件的一半。①

二、网络犯罪的心理特征

(一)网络犯罪形成的原因

1. 立法和执法的相对落后助长了网络犯罪心理的形成

任何一个健康有序的环境都离不开法制规范,在网络世界里也是一样。但现实社会中的法律不能简单移植到网络虚拟社会中。目前国内在网络的运行、管理、使用等方面的立法都还是空白。立法的缺陷令犯罪者觉得有机可乘,"法不禁止即自由",想要对其惩处却苦于缺乏法律依据,立法、执法的落后及对网络犯罪的打击力度不够的状况,无疑助长了网络犯罪的泛滥。

2. 对网络犯罪行为的不当评价变相鼓励了网络犯罪

长期以来,人们认为电脑黑客都是一些异常聪明的年轻人,对他们的犯罪行为人们进行谴责的却不多。这种社会认识促使了很多青少年试图侵入别人的网络"展示才华",它一方面促使网络安全技术不断发展,另一方面又使网络不断面临安全威胁。

3. 互联网本身的缺陷为网络犯罪提供了技术条件

互联网为病毒的编写、对网络用户的攻击提供了便利条件,在网上随意检索"解密"两字,即会出现各种软件和口令的解密办法,甚至还详细解释用法,很多人由于好奇或者其他目的,利用了这些条件,于是就可能侵害别人的利益。2000年初,微软公司、亚马逊、雅虎等著名网站遭黑客沉重袭击,这充分暴露了计算机网络系统内部安全的脆弱性。网络犯罪者中多数是熟悉计算机网络技术的专业人士和精通计算机的未成年人,他们与计算机的关系达到了痴恋的程度,能够洞悉计算机网络的漏洞,从而利用高技术手段突破网络安全系统的防护,实现其犯罪目的。可见网络技术防范的落后已成为计算机违法犯罪的一个外部因素。

4. 被害人方面的表现也纵容了网络犯罪行为

人们通常认为自己的计算机系统过于微小和不重要而不会受到黑客的攻击,也不会被骚扰或跟踪,然而实际上,我们所有人都可能是计算机犯罪的受害者。

(二)网络犯罪人的心理特征

1. 犯罪人缺少罪恶感

网络犯罪人的心理特点是几乎都没有罪恶感。有些犯罪人虽然知道自己的行为是受谴责的,但认为自己并没有杀人、放火、抢劫,只是运用自己的智力去挣

---

① 参见"中华学习网",http://www.kakabook.net/lunwen/law/xingfa/2005/11/0318524235.html。

钱,与其他合法的挣钱方式没有什么区别。也有些犯罪人明知自己的行为是违法犯罪,但认为法律离自己很遥远,只要自己犯罪技巧高明,就不会留下任何蛛丝马迹。网络是虚拟的世界,这种生活方式所形成的生活环境,从空间上和社会心理上都给了犯罪人以便利,许多网络缺乏安全防范措施,甚至成为引发犯罪的条件,也促成了其犯罪心理的形成和外化。

2. 犯罪人具有强烈的好奇心与表现欲

好奇心和表现欲是促成网络犯罪心理形成的重要原因。好奇是人类的天性,尤其是对于求知欲望十分强烈的青少年来说更是如此。而计算机及网络则提供了一个满足人们好奇心的理想空间,在强烈好奇心的驱动下,网络黑客应运而生。很多黑客的犯罪行为仅仅是为了显示自己计算机技术的高超,有的甚至以爱国为名,向另一国家的网站进行攻击,以彰显本国黑客的本事。过于强烈的表现欲望使他们逾越了法律的界限,表现出惊人的破坏性。

3. 犯罪人过于自信,在诱惑面前缺乏抵抗力

几乎所有的计算机犯罪人对自己的作案手段、技术和作案能力都极为自我肯定和欣赏,自信心膨胀,加上认为作案后不会被发现的侥幸心理,使得他们在巨额利益的诱惑下铤而走险。

4. 贪婪的逐利心理

随着计算机技术的迅猛发展,它被广泛应用于金融、银行、商业等各个领域,网络正成为"最激动人心的生意场"。在黑客案件中,有相当数量是以牟利为目的的,且多发生于金融系统。即使有一些意在窃取政治、经济、军事情报或商业机密、破坏计算机运行机制的黑客行为也常常与获取巨额钱财有关。相对于传统的作案方式,他们的作案范围一般不受地点和时间限制,作案时间短,作案后又有充分的时间销毁罪证,极具隐蔽性。犯罪风险小,犯罪获益巨大,有时只要轻轻按几下键盘上的按钮,就可以获得成千上万甚至上亿的款项,这对于那些具有贪婪逐利心理的不法分子无疑具有极大的诱惑力。

5. 破坏和报复心理

那些利用计算机作为工具而进行各种破坏活动的犯罪人,往往具有强烈的破坏心理和报复心理,他们的犯罪行为往往只是为了发泄对社会或对他人的不满,在破坏网络数据、系统信息以及在网络上散发恶性病毒等行为中,他们获得了精神上的快感,并将其视为人生一大快事。这部分人之所以有这样的心理,往往与个人经历密切相关。如被单位解职、失恋、利益竞争失败、遭受家庭变异、受到不公平待遇等等,致使他们的心灵受到严重的创伤,从而产生一种强烈的渴望报复社会的变态心理。他们在这种心理的驱使下,利用网络所提供的自由空间进行各种破坏活动。这种行为方式可以使他们的报复活动更加具有隐蔽性,同时这种报复活动也更加带有危险性和刺激性,更能使他们发泄对社会的不满和

仇恨,从而满足他们的报复心理。

6. 内向、孤僻的人格特征

网络犯罪人大多具有内向、孤僻的性格特征。曾经有学者指出:他们(网络犯罪人)喜欢与机器打交道而不喜欢与人打交道。能够控制一台计算机,并同大千世界里另一个与自己兴趣相同的人通讯,尤其吸引了许多天才的但不善社交的男性青年。但这些人在网络虚拟世界里,却可以与大量的网友频繁交流,且才思敏捷,大有"任我遨游"的英雄气概,表现出典型的双重人格。此外,他们的冒险心理强烈,侥幸心理严重,往往抱着赌博心态去实施犯罪行为,这与他们的自负心理有关。不少犯罪人有很强的激惹性,如果在网络上遇到敢于挑战其技术的人,往往会激起他们一比高低的犯罪欲望。

第三节 青少年犯罪心理

心理学家通常根据生理和心理的发展变化进行年龄阶段的划分,但是仁者见仁,智者见智,产生了各种划分年龄阶段的标准。按照发展心理学中比较通用的划分标准,青少年时期是指少年期(11、12岁至14、15岁)、青年初期(14、15岁至17、18岁)和青春晚期(17、18岁至24、25岁)的统称。其中,少年期和青年初期又合称为"青春发育期"、"未成年期"等。一般说来,青少年犯罪是指25周岁以下、14周岁以上的青少年违反国家法律法规,对社会造成一定危害而应受到刑罚处罚的行为。但在研究过程中,根据青少年违法犯罪低龄化的趋势和青少年生理心理发展阶段的特殊性,往往对这个时期前伸和后延,看法不完全统一,但大体上与上述青少年的年龄界限是一致的。

青少年是一个特殊的社会群体,说他们特殊是因为青少年正处于由未成年到成年的转化过渡时期,身体发育和心理发展变化很大,是人的一生中其他时期无法比拟的。这个时期的特点用一个字来概括就是"变"。正是这种变,决定了青少年的可塑性很大。他们的思想、行为已由幼年的依赖心理变得相对独立、成熟。但是青少年毕竟缺乏社会经验,正处于心理上的"断乳期",模仿、独断、叛逆心理悄然而生,如果受到不良环境的熏染,加上教育失当,青少年很容易走上违法犯罪道路。

一、青少年违法犯罪现状

青少年犯罪由于其主体的特殊性,与成年人犯罪有不同之处,其主要特征有:

1. 青少年犯罪性质不断恶化,呈现疯狂性

青少年违法犯罪行为正逐步由过去单纯的盗窃犯罪向抢劫、故意杀人、强奸

等暴力性犯罪转化,作案手段愈加野蛮、凶残,不计后果。青少年是处于生长发育期的特殊群体,他们情绪不稳定,往往容易冲动,逞"英雄",讲"义气",实施不计后果的重大犯罪行为。其行为一方面加剧了社会的危害程度,另一方面导致了重大犯罪比例的上升。

2. 纠合性、团伙性犯罪成为青少年犯罪的主要形式

青少年正处于生长发育时期,身体力量单薄,情绪不稳定,心理承受能力差,依赖性强,他们往往会在同学、同乡、同宗族、亲戚邻居、同龄人之间形成小的团伙,当他们在遭受挫折或是某种利益的驱动下,在同伴之间不良情绪的相互感染下,往往不计后果实施犯罪。一些青少年由于过早辍学,无所事事,浪迹街头,便三五成群,拉帮结伙,经常聚集在一起吸烟、酗酒滋事、交流作案经验;有的模仿影视片中的黑社会组织,成立帮派或团伙。值得重视的是,有的青少年深受黄色、淫秽音像制品的毒害而不能自拔,为了寻求精神刺激,而持刀、持械拦截少女,实施暴力。公安部门的调查数据表明,在查获的青少年犯罪案件中,大约有50%的是团伙作案。有的甚至逐渐向黑社会性质的犯罪组织演变,但青少年的这种团体的纠合是有偶然性、暂时性的,这种偶然性的纠合往往随着一个犯罪行动的结束而自行解散。

3. 青少年犯罪手段趋于智能化、成人化、暴力化、隐蔽化

随着广大青少年科技文化水平的提高以及网络信息等传媒的迅速发展与普及,在青少年犯罪中,利用高科技犯罪的人数也大幅度增加。一些青少年利用他们所学的科学技术知识和聪明才智进行高科技犯罪,以及利用科学技术更新作案工具,因此青少年犯罪更具有了智能化的特征,此类案件包括计算机病毒传播、信用卡诈骗等。青少年时期的好奇心和模仿能力是极强的,他们通过电视、书籍、网络等媒体学到了成年人犯罪的手段和方法,使青少年犯罪趋于成人化、暴力化、隐蔽化。如青少年持枪抢劫、故意杀人、强奸等。他们在作案前周密策划,多次踩点,选择时机,准备作案工具;作案时分工明确,注意配合;有的已学会运用反侦查手段;有的一人就犯有数罪,而且情节都较为严重。

4. 犯罪青少年的年龄趋于低龄化

据国家有关部门调查统计,在受到刑事处罚的未成年人中已满14周岁不满16周岁的人数逐渐增多,而且不满16周岁不予刑事处罚和不满14周岁不负刑事责任的人数也占相当大的比例。有些少年从10—13周岁就开始走上违法犯罪的道路。另外各省市的统计数据也充分证明了青少年犯罪年龄的低龄化趋势。据广州市警方统计,在2001、2002、2003年,被警方抓获的刑事犯罪嫌疑人当中,14—15岁占14—18岁年龄段总人数的比例分别为36.22%、36.77%、36.98%,这一比例相当大,且逐年上升。据广西壮族自治区八步区法院统计,2002年至2004年8月该院共审理刑事案件708件,涉及1055人,判决生效的

罪犯 1013 人,而青少年犯罪人数达 446 人,占判决生效总犯罪人数的 44%。其中 2002 年 157 人,占当年犯罪人数的 41.4%;2003 年 189 人,占当年犯罪人数的 48.3%;2004 年 1—8 月 100 人,占 41.2%。在青少年罪犯中,14 岁—16 岁的 32 人,16 岁—18 岁的 111 人,18 岁—25 岁的 303 人。[①]

5. 犯罪青少年文化素质低

许多农村青少年因为贫穷而大批失学,他们有的不甘心于农村的贫困生活,流入城市,但在城市,由于他们文化水平低,又无一技之长,很难找到合适的工作,面对别人富足的生活,心理上失去平衡,从而走上犯罪的道路。大批的无业人员也是犯罪的"主力军",他们整天游手好闲,再加上受不良风气的影响,很容易成群结队地实施犯罪行为。

二、青少年犯罪原因的相关学说

1. 社会控制论

社会控制理论是西方学者在研究青少年犯罪方面运用最多的一个理论派系。与其他众多的理论相反,社会控制理论不问人们为什么会犯罪,而是问人们为什么要遵守社会的行为规范,为什么不违反规章制度和法律。社会控制理论认为:人们之所以不违反社会的规章制度和法律,主要是因为他们受到了社会的有效控制,如果这种社会控制一旦失效,人们就会违规犯法。人们这种违规犯法的倾向在社会上是普遍存在的,必须受到社会有效的控制,如果一个人触犯了法律而又不会受到惩罚的话,那么,每个人都有可能犯法。社会控制理论认为,青少年行为失范的主要原因是青少年同家庭关系的弱化,父母不妥当的教育方式,以及子女对其他家庭成员关系的疏远,青少年对家庭的依赖程度直接影响社会对青少年的控制能力。

2. 心理分析理论

心理分析理论主要由弗洛伊德所开创,被很多犯罪学家用来分析青少年的犯罪行为。根据弗洛伊德的理论,人的个性分为三个部分:一是本我;二是自我;三是超我。本我与生俱来,是一个人最基本、最原始的生理需要,包括性的需求和对食物及其他维持生命所必需的物品的需求,这些需要遵循追求快乐的原则。自我是一个人的个性中有意识的、理智的部分;一个人的自我的发展,使其生理上的自然需求与社会行为规范之间形成一种有意识的平衡。超我的发展是一个人接受了父母、社区以及周围其他人的价值观念和道德水准的结果,是一个人个性中的道德品质部分,个人用它去检验其行为;超我是社会文化在个人个性上的体现,也是个人个性中内在化以后的社会文化。

---

① 参见:"法律人才网",http://www.fsoo.com/Blog/blogs/yuqilin1982/。

人的个性是在本我与超我的矛盾中形成,如果这两者间比重过大,这个人的个性就不正常;如果本我在一个人的个性中占了主导地位,他就可能会不惜犯法去满足本我的要求;如果超我在一个人的个性中占了主导地位,而本我的要求受到过分压抑,这个人就会精神焦虑,并出现行为失范。正常的社会化过程有利于健康的个性发展。但是,如果社会化的主体(如父母)使用惩罚性的、反复无常的或是专横的教育方法,那么孩子的个性发展可能失去平衡。因此,青少年的违法行为可能是个性深层矛盾的反映。就人的本性而言都是反社会的,人只有经过一个妥当的、平衡的社会化过程,才会成为遵纪守法的公民。

3. 差异交往理论

差异交往理论的最早创始人是萨瑟兰。根据这一理论,一个人的行为主要是由他的社会交往所决定的,一个人犯罪行为的形成,主要是由于同有犯罪行为的人交往的结果。人们的社会交往由于频繁程度不一样、持续的时间不同、关系的重要性不同以及关系的密切程度不同而有差异。如果一个人首先同罪犯交往,而且同罪犯交往的频繁程度、关系的密切程度和持续的时间都超过同一般人的交往,那么这个人就很容易走上犯罪的道路。一个人学习犯罪行为,通常是在兼有犯罪行为和反对犯罪行为的环境中学会的,犯罪行为的学习过程相似于其他行为的学习过程。

根据萨瑟兰的这一理论,青少年的犯罪行为如同其他行为一样,是从其他人那里学来的。这种学习的过程完成于关系密切的群体中,再加上群体具有的环境影响力,当一个人学习犯罪行为时,也学到了犯罪的技能,同时还学到了犯罪的动机、理由和态度。青少年在走上犯罪道路的过程中,虽然受到违规犯法思想的影响,同时也受到遵纪守法思想的影响,同样,青少年在与行为不良的青少年接触时,也在与其他行为正常的青少年交往。然而,由于他所接受的违规犯法的思想超过了遵纪守法的思想,也由于他接触不良青少年和不良行为的程度超过了他接触正常青少年和正常社会行为的程度,所以才走上犯罪的道路,这就是差异交往理论的基本原则。

4. 家庭紧张论

美国精神病学家、精神分析家阿伯拉哈姆逊于1944年提出了家庭紧张对犯罪行为所起的作用,经过多年的调查和研究,阿伯拉哈姆逊提出了家庭紧张是犯罪行为的基本原因的论点,指出那些产生犯罪人的家庭中,存在着比非犯罪青少年家庭普遍得多的不健康的情绪气氛,即家庭紧张。这种家庭紧张主要表现为敌意、憎恨、怨气、不停地责骂、争吵或身体障碍。

三、青少年犯罪的身心基础

(一) 青少年犯罪的生理特点

从生理学中可以得知,处于青少年时期的人在生理方面快速发育,变化明显。主要表现在以下几个方面:

1. 形态发育

体态出现急剧的变化,体力增强。身体的生长发育进入到第二个加速期,身高和体重迅速增长,肌肉组织迅速发育,心、肺等内脏器官迅速发展,骨骼增长、变粗,新陈代谢旺盛,能量消耗大。对青少年运动能力的研究表明,男子到18岁左右,女子在16岁左右,其运动能力就可以达到发展的顶峰,青少年逐渐出现成人感。身体和运动能力的发展,无疑为青少年中的极少数人违法犯罪提供了体力方面的可能性。其次,第二性征出现,这些生理上的变化,无形之中增加了青少年成长的烦恼与矛盾,同时大大扩展了青少年的需要范围,无论是生理上的需要还是心理上的需要都较儿童时期有了质的飞跃。不少的青少年就是由于需要无法从正常途径得到满足,才作出不道德行为,甚至走上违法犯罪的道路。

2. 内分泌变化

进入青春期,个体发育速度由缓慢转向迅速,发育是受到一系列内分泌影响的。相关腺体旺盛的分泌激素,这些激素主要有:垂体前叶分泌的促卵泡成熟激素、促黄体生成激素、促肾上腺皮质激素、促甲状腺素、甲状腺分泌的甲状腺素、卵巢、睾丸以及肾上腺皮质分泌相应的性激素等。其中,性激素的旺盛分泌,促使性机能发育起来。性的发育在过去一直处于相对缓慢的状态,到了青少年期,就急速地发展并很快完成,具备一定的生殖功能,其标志就是青少年相继出现的第二性征。与此同时,在激素作用之下,出现如少男少女相互间的好奇心和新奇感,就是受到腺体分泌物的影响。其中,性激素分泌也会引起性冲动与性体验,当性激素分泌到一定程度时,就会明显扰乱原来的心理平衡。以上各种激素的系统作用,引起了青春期的肢体发育和性发育;同时,诸多激素还在一定程度上支配着青春期青少年的情绪。

3. 机能发育

青少年生理机能的发育表现为:大脑皮层细胞机能迅速地发育;肌肉机能迅速增长,通常肌肉力量到了青春期,女性明显地低于男性;随着青春期的到来,运动能力明显增加,运动能力受身体形态、机能发育的影响。在青春期,男子的体力、持久力和爆发力均高于女子;相反,女子在柔韧性、平衡性方面却优于男子;在敏捷性方面,男女的性别差异不明显。正是由于男性的体力高于女性,所以在暴力犯罪中,男性青少年所占的比例远远高于女性青少年。此外,脑的发育也基本完成。脑重量达到成人脑重的95%,就脑神经系统而言,其神经元之间的联系越来越复杂,神经纤维变粗、增长,大脑皮层沟回加深增多,中枢神经系统的功能已近成熟。但此时青少年中枢神经系统的兴奋抑制过程还不是很平衡、稳定,常表现为兴奋性高且强烈,兴奋与抑制之间的相互转化也较快。

(二) 青少年时期身心矛盾与犯罪的关系

青少年时期,既是生理发育的重要时期,也是心理发展的关键时期。但是往往由于心理上的缓慢发展与生理上的急剧发育不能协调、同步,加之社会环境因素,容易引发较明显的身心矛盾,即心理发展相对滞后于生理发育,这往往使青少年陷于不安、苦恼、焦灼、抑郁的矛盾状态,而这些矛盾冲突都可能成为促使青少年犯罪的动因。这些矛盾冲突主要表现在以下几个方面:

1. 旺盛的精力与自身调节能力相对较低的矛盾

青少年生理机能的迅速发育,使他们的活动量增大,日常的生活、学习之余仍有大量的剩余精力、体力,而此时大脑对其活动的调节、控制能力又相对薄弱,因此,旺盛的剩余精力常常用之不当,当受到外界不良因素影响就可能释放于违法犯罪活动之中。

2. 情绪兴奋性高与自身控制能力相对较低的矛盾

青少年时期,内分泌系统的迅速发育对青少年的生理和心理都会产生重大的影响,特别是对情绪的影响更大。一般认为,青少年的叛逆心理就是在此阶段开始升华。这是由于青少年腺体的发育,内分泌非常旺盛,大脑时常处于兴奋状态,导致青少年的情绪兴奋性亢进,容易冲动。但是由于青少年的大脑皮质尚未完全成熟,自身控制能力低,容易出现冲动性或情景性犯罪。

3. 猎奇、好奇心理与辨别是非能力不足之间的矛盾

青少年精力过剩与兴奋性高的特点,为他们感知外界未知对象,提供了便利的条件。然而,处于这一特定时期的青少年还受着另一因素的制约,那就是他们是非观念的朦胧化。他们辨别是非的能力尚处在萌芽阶段,非常脆弱。加之这一时期的青少年社会经验不足,缺乏必要的判断力和全面分析事物的能力,一旦遭遇新问题,他们往往会陷于慌乱和茫然的境地。如果青少年此时所面临的问题带有不良因素,那么他们很容易就会走上歧途。

4. 性发育成熟和道德观念缺乏的矛盾

青少年时期,随着生理发育的突飞猛进,性机能逐渐趋于成熟,从而产生了强烈的性意识和性感觉,有了接触异性的需要,有了满足性欲望的需要等。然而,他们此时又缺乏组建健康家庭和负担家庭的能力,缺乏必要的法律常识和道德观念,从而产生了性的生物性和社会性的矛盾。如果在这一时期的青少年不能正确处理好这对矛盾,那么他们就不能明确对待两性关系,就很可能放纵自己,对自己的行为不加约束、控制,这样又不知不觉地强化了这对矛盾,进而导致性方面的违法犯罪行为。

现代社会,随着全民营养状况的改善,青少年的生理发育存在普遍早熟的现象。加之结婚年龄相对较晚,使青少年的个体性适应期延长,这就更加激化了这对矛盾。相关调查显示,有的青少年在黄色书刊杂志、淫秽电影、色情录像的刺激下,为了发泄生理性冲动,不惜实施强奸、轮奸等性犯罪行为;或者为了嫖娼而不惜实施抢劫、盗窃、诈骗等犯罪行为。

(三) 青少年时期的心理冲突与犯罪的关系

青少年时期是一个人从幼稚走向成熟、从依赖走向独立的时期。在这个时期里,会出现许多身心矛盾冲突。如果这些矛盾解决不好,就可能成为青少年犯罪的心理基础。青少年时期的重要心理矛盾有:

1. 孤独感与强烈的冲破孤独需要的矛盾

在社会化过程中,有些青少年内心思想、感情不愿向他人吐露,长时间得不到释放和理解,表现出明显的自闭心理,由此容易产生孤独感。青少年自闭心理的形成,一是由于自我意识的歧化;二是受到他人恶意地讽刺、嘲弄;三是由于长辈过多的指责、不恰当的批评。这种自闭性是青少年在心理上与他人产生隔阂,不愿意相互交流思想、情感,这样的恶性循环使他们越发变得孤独,但这种孤独感并不是青少年所希望的。他们渴望被人理解,希望与人(特别是同龄人)交往,希望在人际交往中获得一定的地位、得到群体的认同,希望在同龄人之中出类拔萃以维护自尊,因而人际交往的需要更为强烈。这种在心理上既感到孤独,又渴望交往的矛盾使青少年陷于苦恼的境地,他们不愿意与父母、老师沟通,却希望与有过自己相同、相似"遭遇"的人结群,有的甚至离家出走,出外寻找"友谊",寻找与自己有相同观点的群体。由于他们的社会阅历浅,在复杂的社会中,容易被人引诱,不知不觉地就加入或组建成犯罪团伙,继而走上了犯罪的道路。

2. 依附性与追求独立的矛盾

伴随成人感的产生,青少年自我价值意识往往过高,有的还不切实际,片面地追求独立、自主,想从心理上摆脱对父母的依赖和受成人的监护,往往带有很强的叛逆色彩。客观上,他们的经济无法真正地独立起来,父母依然是自己唯一的经济来源,所以"独立"一段时间之后,又不得不回到现实中来,这样就让青少年在思想上产生矛盾,"为什么始终逃离不了束缚?",觉得很苦恼,很困惑。如果再加上有些父母对子女的教育方式方法不科学,采取的方法南辕北辙,二者反向用力,矛盾达到一定程度,当其中一方或双方都无法容忍时,就容易产生家庭暴力,甚至加害家庭成员。

3. 猎奇心理与认知能力相对较低的矛盾

青少年对自己不了解的现象、不理解的问题都表现出强烈的好奇心和求知欲,但由于他们的社会经验不足,认知能力差,对许多社会现象和行为准则都还没有形成自己定型的见解和观点,很容易受到暗示或模仿,看问题习惯于以偏概全、固执己见,自己认为正确、符合自己兴趣爱好的就瑕瑜不分地吸收,以致受到社会不良风气、不良文化的熏陶、渲染而走向犯罪。

4. 情绪冲动与理性控制力较弱的矛盾

青少年时期,情绪的兴奋性高,两极变化大,具有冲动性。他们既表现出热情、活泼的情绪,又容易急躁、激动、感情用事。有时当个人需要受限而不能得到满足时,就会产生挫折感,进而产生强烈的不满情绪,这时理智的控制力却显得无能为力,为满足自己的需要而采取简单、粗暴的方法,完全不顾及社会危害性及行为可能造成的后果,不择手段,向当事人或无辜群众实施攻击行为,对社会进行报复。在这种强烈情绪下产生的违法犯罪行为,行为人的理智很难控制,造成的后果也相当严重,但事后却后悔万分。由此产生的犯罪行为,大多属于激情犯罪、冲动犯罪。

5. 理想与现实的矛盾

青少年时期是人生中的黄金时代,他们对未来充满了希望,因此青少年的愿望非常多,理想也很远大。随着抽象思维的发展,青少年的想象力非常丰富,当个体的需要不能得到满足时,他们往往靠幻想来构造将要达到的目的,以求得心理的平衡。但是一旦这些不切实际的想法破灭,美妙的愿望遭到破坏,往往就使青少年陷于不安和苦恼之中。有的青少年很难从困境中解脱出来,导致精神上出现病变;有的甚至把这种苦恼与不安转化成对现实社会的不满情绪,以种种不被道德和法律接受的方式发泄出来,片面地认定自己理想的破灭是他人或社会造成的,因此他们总是寻找机会侵害他们认定的阻碍对象——社会或他人,这样很容易产生犯罪行为。

四、青少年犯罪心理结构特征

(一)个性特征

1. 动机特征

动机产生于需要,因此,分析其动机特征就可以看出其需要特征。推动青少年产生违法犯罪的需要往往有:膨胀的物质需要,不当的性欲求,"哥们义气",嫉妒,逞强好胜,自我显示,好奇心,等等。动机具有强烈的情感性和情绪性,随机性很强,一般表现为报仇、好奇、盗窃,在作案过程中遇到情景的变化或者情绪激动往往导致犯罪动机的良性转化或恶性发展。

2. 人生观特征

人生观是个性心理结构的高级层次,它对人的整个心理活动起调节、统率作用。低级的人生观决定着人的行为的极端利己主义性质和腐朽的享乐至上的内容。违法犯罪青少年的人生观是腐朽的、颓废的。他们要么沉溺于物欲、性欲无休止的追求中,要么悲观、消沉,看不到前途和希望。

3. 性格特征

随着我国青少年犯罪研究和犯罪心理学的发展,许多研究者对犯罪人的性格特征进行了调查和统计分析,同时还运用心理测量的方法来研究犯罪人的性格。我国对青少年性格研究的成果表明,青少年犯罪人的外倾型性格较为明显,其性格特征明显地反映出不成熟和严重缺陷,主要表现如下:缺乏对崇高理想、目标的追求,显得精神空虚;社会性低,社会责任感和规范约束力差;分辨力差,难以认清是非善恶;缺乏羞耻心、同情心、怜悯心等,对人冷淡,有敌意;暴躁,挫折耐受性低,好攻击;缺少独立性和自控力,易受外界情绪和他人的影响。

(二) 认识特征

首先,青少年时期是一个人的认知水平由较低向较高发展的时期,他们对社会的认识还很不成熟,不能很好地把事物或现象与它的过去、未来联系起来,只是孤立地对待认知对象,易为眼前状况所影响;同时,对认知对象在空间领域不能与其他事物或现象做很好的比较,易产生认识的片面性、局限性。其次,由于缺乏批判力、内省力、自觉性、预见性和适应性等,处理复杂事物有困难。最后,青少年的认知不能控制情感、情绪的影响,往往会感情用事,一旦有了犯罪欲求的倾向,就会变得难以抑制。

(三) 情绪、情感特征

"人非草木,孰能无情"。人是具有情绪及情感的。然而,由于青少年时期还是处在一个半幼稚、半成熟时期,这就决定着他们的情绪具有不够稳定的特征,他们遇事不冷静,容易感情用事或意气用事,在情绪冲动之下而失去理智,铤而走险,敢作敢为,甚至是为非作歹。实践表明,一些青少年就是在情绪一时冲动之下而丧失理智陷入违法犯罪的深渊,事后通常表现为后悔不已。青少年这种不稳定的情绪也是引发违法犯罪的一个心理因素。

(四) 意志特征

青少年的意志力和自尊心具有明显的两极性。在自尊心方面,表现为一种自我夸张,在希望获得别人的肯定和尊重却不能实现的情况下,有时会以一种极端的方法来迫使对方屈从;在正确方面(学习、遵守纪律、尊敬家长和老师)则为自卑、抑制力薄弱;在错误方面(打架、逃学、撒谎、违法乱纪)自信、自负,是一种变态发展的意志力。

根据调查资料显示,青少年犯罪个体的绝大部分是由落后生演化而来的,他们在学习、工作、品德方面的表现同正常学生比较都有很大的差距。由于受到老师、领导、同事、同学、家长、邻居的歧视和冷淡,自尊心受到挫败。由此,他们的意志力向两极发展:一方面是意志力薄弱,即自我蔑视、自卑感强烈,丧失克服困难、搞好学习、改正错误、争取进步的勇气和信心;另一方面在小群体里自信自负,顽强地表现自己的虚荣心,把在犯罪活动中的"勇敢"、"英雄"当作意志力的表现,并以此作为炫耀的资本。青少年就是通过这种自我调节机制获得心理平衡的。

(五) 冒险侥幸心理

因为认知水平比较低,生活阅历比较浅,情绪的冲动性比较强,因此,在特定的刺激下,就会产生盲目的、冒险的、强烈的行为。同时,也会产生侥幸心理,即体现为简单幼稚的想法,轻信和盲从,以及对自己能力的过高估计。

犯罪青少年狂妄自负的心理,是在他们一时得逞的犯罪活动中逐渐形成的自我评价。尽管这种评价是主观的、错误的,但却是支配其实施犯罪行为的基础,当然他们也会意识到自己的所作所为是要受到惩罚和制裁的。因此在犯罪活动中,尽管自视甚高,但仍不免担惊受怕,有冒风险之感。这种矛盾心理的存在,形成了冒险侥幸的心理特点,而当冒险侥幸的犯罪行为的偶然成功,又会强化已有的犯罪心理。

五、青少年犯罪行为特征

(一) 模仿性和易受暗示性

青少年犯罪主体的年龄大多数界于14岁至18岁之间,从生理发展的角度看,处于这个年龄段的青少年在生理和心理上都发生了很大的变化,而且模仿能力与好奇心较强,对于是非的分辨能力较弱,在冲动与好奇心的作用之下,很容易模仿电影、电视、网络游戏中的某种镜头和情节,模仿小说或现实社会新近发生的一些作案伎俩,进行犯罪活动。与此同时,一些青少年的犯罪行为,还具有易受暗示性。青少年容易在他人的暗示下发生犯罪行为,这种暗示既可以是言语暗示,也可以是手势动作暗示或环境气氛暗示。成年人教唆青少年犯罪较易得逞,正是基于青少年易受暗示的特点。另外在团伙犯罪中,相互暗示现象也经常存在;由于群体犯罪的环境气氛的影响,青少年犯罪人的行为会相互感染,相互影响,以致加重犯罪的严重性。

(二) 偶发性

这就是我们常说的"失足青年"或"一失足成千古恨"。大多数的青少年对于是非的区分只是模糊的、大概的,不能清晰地分清。由于没有形成一种科学合理、稳定的是非意识,所以在独自面对棘手问题时就难免会情绪化对待,容易冲动,缺乏正确处理矛盾的方法。这反映在有违法犯罪行为的青少年身上,时常表现出"该出手时就出手"的现象。在作出不法行为之前无预谋计划,甚至连自己都不会知道自己接下来会有些什么举动,面对问题时,情绪容易激动,对法律规范全然不顾。在行为实施之中,对自己的行为,不认为是违法犯罪行为,反而会觉得是"英雄"行为,引以为豪。他们不顾对方的情感、人格尊严、宝贵生命,只图自己的一时发泄,把生命当儿戏,不考虑影响,不计后果,常见的有性犯罪和暴力犯罪。

(三) 互感性及反复性

不良行为习惯、不良思想、不良文化,这些东西就像是投入社会之中的定时炸弹,随时都会爆炸。常识告诉我们,青少年由于所处的时间和空间原因,他们的交往能力相当强,交往范围相当广,有一个特定的人际圈,在这个人际圈里,信息的交流、传播速度很快。这样就使得,他们对于外界刺激的反应比较敏感。他们对社会实践跃跃欲试,但是这是他们有限的思想意识所不容易支配,也不容易控制的,他们的行为能力与智力能力之间还存在明显的差距。社会化过程中,如果他们受到不良因素的刺激、熏陶或侵蚀,又得不到外界有效的解救,那么就会很容易误入歧途,甚至难以自拔。

实践已经证明,一些曾有过不良行为的青少年很容易受到有过违法犯罪经历的人教唆,也很容易再去引诱、教唆那些思想飘忽不定的青少年,把他们拖下水,他们在一起自觉不自觉地互相传播"犯罪文化",交流犯罪生活的体验和作案经验,传授作案技术方法。这些对于涉世不深的青少年刺激是很大的,他们对此往往颇感兴趣,如果不加以正确引导,他们就会去模仿,或者干脆去亲身体验。这样的互相感染比他们自己去琢磨来得快,对青少年犯罪起到了促进作用。这些人里面,一些曾受过行政、刑事处罚的,回到社会后又重操旧业,自己重新犯罪或教唆他人犯罪。青少年重新犯罪一般表现出新罪比以前所犯罪行严重,当前许多大案、要案和恶性案件,多由重新犯罪分子所为。特别是一些青少年惯犯、累犯、教唆犯及犯罪团伙的头目,他们虽然多次受到处理和挽救教育,但由于犯罪意识浓厚,不仅不思悔改,反而变本加厉,对社会秩序构成极大的威胁。

(四) 情境性

青少年的犯罪行为,往往是由具体的情境引起的。情境是指有利于犯罪行为发生的环境和气氛。由于青少年的动机易为外界诱因引起,因此当外界存在适宜的犯罪环境和机遇时,容易促使青少年产生犯罪动机。情境性特征表明青少年初次犯罪多是偶发的。犯罪机遇的出现,诱发了他们的犯罪动机,这一过程比较短促,使犯罪行为的发生缺乏详细、周密的预谋和计划。

(五) 戏谑性

青少年时期,人的好奇心特别重,正因为如此,那些新颖、奇特、刺激的游戏,对青少年具有很强的吸引力,可以成为他们的行为动机。不少青少年由于道德水平低下,精神生活贫乏,对正当的学习、工作和娱乐活动缺少兴趣或不能持久参加,觉得精神空虚,生活无聊。为了追求刺激,他们往往置道德和法律于不顾,不计后果地去实施犯罪行为。据统计,青少年"触网"率非常高,网络已经成为青少年接触学校以外的世界,进行娱乐和学习的一种重要的形式。其中绝大部分的学生只是把电脑作为游戏机的替代品,过分沉迷于网络,甚至分不清现实生活和虚拟世界,把虚拟的行为带到现实生活中来。网络上各种富有新奇性和刺激性的游戏,对青少年具有很强的吸引力,可以成为他们的行为动机。

第四节 女性犯罪心理

一、我国女性犯罪的特点

随着经济、社会的不断发展,女性的社会地位不断提高。女性在家庭和工作中都扮演着重要的角色,与男性共同分担社会重担。然而,不容忽视的一种现象是,近年来,女性犯罪在整个刑事犯罪中的比例逐步增大,且具有了一些新的特点。

(一)女性犯罪率呈上升趋势

新中国成立初期,女性犯罪的比例很小,有的地区甚至一年中都没有女性犯罪。"文化大革命"中男性与女性犯罪的比例为9:1。自20世纪80年代以来,女性犯罪率逐步上升,特别是25岁以下女性青少年犯罪增加。虽然女性犯罪比男性犯罪相对要少,但女性犯罪的绝对数很大,女性犯罪占总刑事犯罪的10%左右,有的年份达到百分之十几,特别是大中城市的女青少年犯罪率在逐年增长,已经成为一个令人关注的社会问题。[1] 2011年3月,北京市第一中级人民法院的一份调研报告显示,在社会角色分配中一直处于弱者地位的女性,目前正在刑事案件中占有越来越大的比重。据统计,该院2010年3月至2011年3月审理的一审刑事案件中,女性被告人共有28人,而从2009年3月至2010年3月的一年中,女性被告人只有14人。与此同时,涉及女性的普通刑事犯罪一审案件占普通刑事犯罪一审案件的比例也从原来的9.4%飙升到了17.22%,而且这些案件中还有很大一部分为恶性暴力案件。据法官介绍,在对2008年至2011年的一审刑事案件的调查中,法院发现全部69名女性被告人中,六成以上是涉及侵犯人身权利的暴力犯罪,其中不乏故意杀人、故意伤害、绑架罪等严重暴力性犯罪。[2]

(二)文化程度普遍偏低,法律意识也较为淡薄

人对自身的控制能力的强弱,与受教育程度有关。受教育程度越高,精神境界越丰富,对自身的控制能力也相对增强;反之,自我控制能力就弱。从这个意义上讲,女性犯罪与文化素质低有内在的联系。女性犯罪嫌疑人多为文盲或小学文化,约占犯罪女性的90%。由于文化水平低下,法律意识不强,容易受物质

---

[1] 梅传强:《犯罪心理学》,法律出版社2010年版,第150页。
[2] 数据来源于《法制日报》,2011年3月30日版。

利益的诱惑和外界因素的干扰而走向犯罪。同时由于受教育程度有限,对事物的认识也有一定局限性,导致这些人性格偏激、狭隘,易感情用事,遇事易冲动,自控能力较差,常因家庭、感情等琐事处置不当,而采取过激行为,诱发犯罪。

（三）女性犯罪类型呈现出多样化,职务犯罪增多

20世纪60、70年代我国女性犯罪主要以反革命、盗窃、诈骗、重婚、流氓等普通刑事犯罪和贪污犯罪为主,而近二十年来的女性犯罪出现了大的变化。现在所涉罪名几乎覆盖刑法中的主要罪名。除了盗窃、诈骗等传统的犯罪类型外,一些新型的犯罪类型如涉毒、暴力、经济类犯罪在女性犯罪中迅速增加。与此同时,随着女性参与社会公共管理职务的增多,女性职务犯罪案件也呈现逐年上升趋势且升幅较大。

（四）犯罪形式由单独型趋向团伙型

女性犯罪在作案的方式、方法、犯罪情节、危害后果等客观方面,已经逐渐趋向男性化并且向团伙型发展。这类团伙以流氓团伙、盗窃团伙、拐卖人口团伙为主,而且在团伙型犯罪中的一部分人,作案经验丰富,作案手段比较残忍。由于女性在心理上具有谨慎、小心、多疑等特点,这使得女性犯罪团伙在作案时比较大胆,事后难以察觉,隐蔽性较强。

（五）犯罪手段的非暴力性

女性由于生理特征而往往"扬长避短",常常利用自己女性的魅力和不易引起他人警觉和怀疑的社会心理,去实施各种与其身份相适应的非暴力犯罪。在非暴力性犯罪中,多利用女性的生理、心理特征,进行不必要使用体力或较少使用体力的犯罪,其进攻性、主动性相对于男性较弱。

（六）女性犯罪具有较明显的逆变倾向性

所谓逆变倾向,是指女性在初次犯罪遭受制裁之后,人格的自尊比较难以恢复,"破罐子破摔"的心理倾向较为突出,犯罪后的改造难度大。出现这一现象的原因,除了与女性犯罪的预谋性较强有关以外,主要是由于女性的自尊感较男性强烈而脆弱,而刑事责任的追究意味着对行为人不良人格的最严厉的社会谴责,因而在刑事制裁之下,女性的自尊感的丧失远比男性更强烈,这就在相当程度上动摇了女性改恶从善和追求新生的原动力。同时,不容忽视的一个社会现象是,女性犯罪人受到的社会歧视比男性犯罪人更为严重,当她们重新步入社会生活时,在婚姻的缔结、家庭的重建、职业的选择、事业的追求及自我形象的重树等方面都面临着严峻的压力,从而使其重新适应社会的过程较男性更为艰难。[1] 有些女性正是无法承担这一心理困惑和巨大的生存压力,由重新做人到仇视社会,甚至从重新犯罪中寻求解脱。

---

[1] 刘邦惠:《犯罪心理学》,科学出版社2011年版,第163页。

二、女性犯罪的成因

(一) 女性犯罪的心理成因

1. 认识能力低劣

女性犯罪,特别是女性青少年犯罪,由于处在青春期,她们的认知能力低下,还没树立起正确的道德观念,分不清真、善、美与假、丑、恶,缺乏辨别是非、好坏、善恶的能力,容易受外界不良因素的影响,因愚昧无知而上当受骗。而且有的女性青少年法律意识淡薄,当受到不法侵害时,不是诉诸法律,依靠法律来保障自己的合法权益,而是忍气吞声,甘愿堕落,或采用报复的手段,采取违背国家法律和社会规范的行为进行报复,从而走向犯罪的深渊。

2. 畸形的人生观和世界观

一个人的道德观是其调控自己行为的重要依据,是由世界观和人生观所决定的。犯罪人由于受其错误的世界观、人生观的影响,其道德观往往也是错误的、歪曲的,道德标准也是颠倒的。根据调查资料显示,在 1980—2000 年间,女性犯罪的主体罪型结构已经从扰乱公共秩序罪向财产型犯罪、毒品犯罪、性违法犯罪、诈骗罪等类型转变。从事这类犯罪的女性,主要是因为贪图安逸享受,好逸恶劳,于是采用非法的手段来换取金钱或利益。一些女性在畸形的人生观和世界观的影响下,常常颠倒黑白,为了及时行乐,不惜放弃自己的理想,牺牲自己的前途,满足自己的非法需求,而去实施违法犯罪。

3. 情绪情感不稳定,依附性强

一般来说,女性情绪情感丰富,感情细腻,富于内心体验和敏感性,容易因一些小事而引起强烈的情感反应,特别对否定性质的情绪体验深刻,情绪的稳定性差,行为举止容易受心境的影响,使她们长时间处于被情绪感染的体验中;情绪情感的起伏性大,多种性质的情绪体验交错刺激,陷入情绪之中,被情绪所左右,容易引起内心的强烈冲突和矛盾;而且情绪体验深刻,容易受情绪的感染支配而行事。一旦受到挫折或感情被欺骗、婚姻生活不美满甚至受到虐待,她们往往无法适应,容易在激动状态下实施报复性的伤害、杀人等犯罪行为。此外,由于女性生理特点的不同,女性在体力上不如男性,参加社会活动的范围和活动能力也不如男性,缺乏社会经验,缺少胆量,迫使她们的犯罪活动要依靠他人的帮助才能达到犯罪目的。在这种情况下,她们或组成团伙,以增强安全感,或寻找帮手,依附男性,寻求保护。一些男性犯罪人也正是利用女性犯罪人的依附心理,合谋作案,将女性作为诱饵进行其他的刑事犯罪。

4. 意志力较薄弱

意志是人在控制、调节行为,克服困难,达到目的时所表现出来的一种心理活动。女性的意志力易受情感波动的影响,带有强烈的情绪色彩。当受到积极情绪影响时,意志就会坚定;当受到消极的不良情绪影响时,自我控制力就会降低,意志力薄弱。一旦女性受到挫折,产生消极的不良情绪,很可能会难以控制自己,在这种状态下实施犯罪行为。女性在正确的意志方面又显得较为脆弱,改恶从善时表现出反复性大,没有力量去克服自身的冲动和畸形的需要,因而一般悔改很困难。

(二) 女性犯罪的社会成因

1. 社会资源分配不均

随着改革的不断深入,分配形式也发生了相应的改变,消费层次逐步拉开,贫富差距加大。男性因为自身的优势,占有较多的社会资源。而女性由于生理条件的限制,在当前激烈的社会竞争中明显处于劣势,就业受到歧视,失业比例明显高于男性。为了生存,为了缓解家庭的经济压力,有些女性在通过正当途径无法满足自身需要时,开始铤而走险,从事卖淫、吸毒、贩毒、诈骗等违法犯罪活动。

2. 不良文化的影响

改革开放的实行,使西方的一些不良文化也乘隙而入,接踵而来的是对我国政治、经济、文化的渗透,这主要表现在以下几个方面:一是西方资产阶级所宣扬的"性解放"、"性自由"思潮对女性的影响很大,使一些女性盲目追求西方思潮,在异常性爱心理的支配下,把自己的身体作为资本和商品从事色情活动,以满足性欲并获取金钱。二是商品经济的发展,促进了文学艺术的繁荣。但随之而来的,是商品经济观念也渗透到了文学艺术的创作当中,导致一些文艺作品庸俗化和商品化。越来越多的电影、电视、书刊、音像等文化作品通过宣扬暴力、色情和腐朽的生活方式给人以强烈的刺激,直接诱发或导致女性犯罪。三是文化市场监管不力。当今社会上的夜总会、影剧院、歌舞厅、电子游艺厅、洗浴中心等娱乐场所和服务业藏污纳垢,而相关管理部门对这类场所的管理往往不尽如人意,使其腐蚀和毒害了一些心理不健康、缺乏分辨力的女性,从而在特定的时间和空间诱发女性犯罪行为。

3. 不良家庭教育

家庭是对个人进行启蒙教育的最佳场所,也是塑造性格的最佳环境,所以说家庭对人的个性形成起着基础性的作用,因而它对女性犯罪心理的形成、发展也起着重要的作用。家庭中的不良因素对女性犯罪的影响主要体现在以下几个方面:一是家庭关系紧张,父母感情不和,经常吵架或离婚,女性生活在破碎的家庭中,得不到正常的家庭教育,容易导致人格畸形发展,引发犯罪。此外,家庭教育方式不当,对青少年女性犯罪具有推波助澜作用。二是家庭暴力是导致女性暴力犯罪的重要原因。发生暴力的家庭,农村略高于城市,个人职业多为农民、工人和个体户,文化程度普遍较低。家庭暴力一般伴随着肉体和精神的双重摧残,对女性的身心伤害极大。遭受暴力的女性长期生活在恐怖、紧张的气氛中,心里充满了恐惧与悲哀,在找不到正当解脱途径的情况下,当虐待超过了她们肉体、精神的承受能力时,有些女性被迫走上了犯罪的道路。现实生活中,很多女性采取伤害或者杀人的方式进行"反抗",从家庭暴力的受害者变成了犯罪者。三是家庭成员中有不道德行为或违法犯罪者,这些不良因素都可能诱发女性犯罪心理的形成,成为形成犯罪动机、实施犯罪行为的诱因。

4. 不良人际交往

所谓"近朱者赤,近墨者黑",交友不慎是许多女性犯罪者误入歧途的原因之一。女性犯罪人的不良人际交往主要表现在以下几个方面:一是在不良交往中被同化。有的女性犯罪人是在与坏朋友的交往中,自觉不自觉地接受其不良的思想意识、价值观念,模仿、学会一些坏习惯和不良行为,并产生主观认同从而走上犯罪的道路。二是在不良交往中交叉感染。不良朋友间的互相影响、感染可以成为犯罪的直接动机,而且还会对犯罪动机起强化作用。三是在不良交往中传授犯罪知识、交流犯罪经验,学习犯罪方法、手段,使犯罪技能越来越熟练,犯罪手段越来越高明,后果越来越严重,社会危害性加剧。[①]

三、女性犯罪的心理分析

(一)女性杀人犯罪心理

1. 认识狭隘,报复心理严重

多数女性杀人犯罪人的道德认识水平低劣,法制观念淡薄,心胸狭隘,虚荣心强,或为恋爱、婚姻中的矛盾和纠葛而杀人;或为家庭琐事发生矛盾争吵,一时情绪冲动而杀人;或为工作中的不公正待遇而杀人;或贪慕虚荣,贪图享受,好逸恶劳,为追求权势、金钱、性欲的满足而杀人;或遭受虐待,不是诉诸法律来保护自己的合法权益,而是采用杀人的方法图谋报复,以解心中压抑之恨;或充当第三者,与人发生不正当性关系,破坏他人家庭,进而与奸夫合谋杀害自己的丈夫或对方的妻子。正是由于她们道德认识低劣,所以在情绪冲动时,容易因心胸狭隘而实施报复性犯罪行为。当情绪恢复正常后,许多女性杀人犯又往往因自己的犯罪行为后悔不已。

2. 杀人起因多是情欲纠葛

女性杀人犯罪,引起的原因有如下几类:一是因家庭纠纷,矛盾激化引起的杀人。这种情况或是婚前没有感情基础,婚后性格不合;或婚前以貌取人,一见钟情,或看上对方的财产、住房等,婚后感情不和,影响家庭和睦,一旦法院不判决离婚,或一方不同意离婚,极易情绪冲动,丧失理智,走上杀人犯罪的道路。另

---

① 梅传强:《犯罪心理学》,法律出版社2010年版,第152—154页。

外,在现实生活中,因婆媳关系不好、姑嫂关系恶化引起的女性杀人案件也比较普遍。二是男女一方或双方奸情暴露而杀人。这种情况通常是由于第三者插足所引起的。三是报复杀人。有的女性或对领导不满;或因邻里纠纷对邻居怀恨在心;或因贪慕虚荣,嫉妒、不满而报复杀人。四是因过失而杀人。从以上四个方面来看,女性杀人犯罪的产生,多与恋爱、婚姻、家庭等方面的纠纷和矛盾有关,而且被害人多为与她们的生活有密切联系的人。

3. 女性杀人犯罪前及犯罪过程中动机斗争明显

女性杀人犯罪前往往心理矛盾剧烈,动机斗争明显。在爱与恨、干与不干、得与失等方面考虑较多,反复权衡。由于被害人多为自己的亲属或熟人,有的甚至是自己曾经最爱的人,或因为孩子夹在其中,所以在是否杀人的问题上表现出异常矛盾、复杂、激烈的心理斗争。在犯罪过程中,心理活动受情绪情感的影响也较大,杀人犯罪行为常常表现为冲动、疯狂,意志的控制能力相当薄弱,情感冲动掩盖了理智。有的女性在杀人犯罪中甚至表现出十分冲动、残忍、不计后果等特点。正因为如此,女性在杀人犯罪前,往往会有一些征兆,如心神不定,丢三落四,情绪低落等。

4. 女性杀人犯罪的手段隐蔽,欺骗性大

女性在决定杀人犯罪前虽然有些犹豫、动机斗争明显,且有一些征兆;但一旦当她们下定决心实施杀人犯罪时,她们又会不露声色,暗自进行,表现出较大的欺骗性,且选择的犯罪手段常常是隐蔽的、间接的,或者唆使其他男性实施犯罪。绝大多数女性杀人犯在实施杀人行为前,蓄谋已久、计划周密、处心积虑、考虑再三,表现出隐蔽、含蓄的特点。有的甚至极具欺骗性,表面上夫妻关系正常,甚至妻子对丈夫格外关心、体贴,温情脉脉,实则暗藏杀机,伺机下手。

(二) 女性财产犯罪心理

1. 女性财产犯罪的动机分析

女性财产犯罪的动机是多种多样的,但主要有以下几种。

(1) 好逸恶劳,贪图享乐

这类女性由于认识水平低下,在自私自利的人生观及利欲心理的驱使下,好逸恶劳,她们不是用自己的辛勤劳动和汗水来获得物质利益,而是厌恶劳动,企求不劳而获;她们贪慕虚荣,追求物质享受,崇尚"金钱万能",为了获得物质利益,她们常常利用工作、职务之便进行贪污、贿赂、走私等犯罪,或者直接进行诈骗、盗窃等犯罪。

(2) 满足虚荣心

此类女性为了自身能受人尊重,引起别人的羡慕,便在生活上追求高消费和超前消费。当自己的现有经济能力不能满足高消费的需要时,就可能铤而走险,走歪门邪道,从而实施财产犯罪行为。

(3) 为了满足掌控家庭的欲望

有的女性为了家庭的稳定,或为了子女上学,或为了获取丈夫(或者恋人)的爱,或为了讨公婆喜欢,做个贤妻良母而进行财产犯罪。其目的是为了获得亲友的爱、满足日益膨胀的物质与精神欲求。为了达到对财产的占有和实现对家庭的掌控,一些女性可以不择手段进行各种违法犯罪活动。

2. 女性财产犯罪的行为特征

(1) 通过经济犯罪的方式

随着女性参与社会公共管理职务的增多,越来越多的女性从事与金钱打交道的职业。有些职业女性便利用自己职务上的机会,大肆进行贪污、贿赂、盗窃、诈骗等犯罪。

(2) 通过性犯罪的方式

有些女性为了满足对物质、金钱占有的欲望,信奉"有钱就有一切"的人生观,丧失了伦理道德观念和法制观念,往往利用自身的生理特点以获取财物,认为女性的身体就是本钱,以出卖肉体获取钱财,只有这样,才能满足对金钱的欲望。因此,有的女性认为,出卖肉体是无本万利的事情,既可以及时行乐,满足生理需要,又可以又多又快地赚钱,还可以免去从事其他工作所需的辛苦,一举几得。因而她们在性犯罪中大多处于主动的地位,只要能满足物质上的要求,甘愿出卖肉体、出卖灵魂。

(3) 利用性别特点作掩护,与男性合谋犯罪

近年来,有些女性利用人们对女性的信任和同情,大肆进行诈骗犯罪,或者与男性合谋进行财产犯罪。例如,有些女性利用征婚骗钱,或与男性合谋"放飞鸽"诈骗钱财;有些小保姆盗窃主人钱财,或与男性合谋诈骗主人钱财;有些中老年妇女在车站、码头等地方编造谎言乞讨骗钱。此外,女性扒窃犯罪人,女性拐卖妇女、儿童的犯罪人等,都常常利用女性的性别特征作掩护。在现实生活中,色情抢劫、色情诈骗等案件,往往也都是女性与男性合谋实施的。①

第五节 流动人口犯罪心理

一、我国流动人口产生的原因和分布特征

(一) 流动人口产生的原因

流动人口,是指离开户籍所在地的县、市或者市辖区,以工作、生活为目的异地居住的人口。流动与迁移是两种相似但又有区别的现象,流动人口与迁移人

---

① 刘邦惠:《犯罪心理学》,科学出版社 2011 年版,第 167 页。

口虽然都进行空间的位移,但迁移是在永久变更居住地意向指导下的一种活动。流动人口的产生是中国经济转型过程中出现的一种社会现象,主要是由农村流向城市,由经济欠发达地区流向经济发达地区,由中西部地区流向东部沿海地区。目前,我国流动人口数已超过 2.6 亿,并仍将以一定比率继续上涨。可以说,人口的地域流动已经成为我国当前经济建设过程中的常态,是公民在新的历史时期的一种生活方式。① 它的出现主要有以下原因:

1. 改革开放的实施,经济制度的变革,交通运输业的迅猛发展为流动人口的出现和发展创造了积极的条件和可能性。改革开放的深化和农村生产力水平的提高将农民从土地上解放出来,成为向城市、向沿海发达地区转移的内在的、实质的要素;交通运输业的快速发展则是将农民从欠发达地区和农村转移到发达地区和城市的外在的、形式的因素。内在的动因和外在的要素的有机结合促成了流动人口根本性的"解放"和快速化的转移。②

2. 社会生产力的提高和商品经济的发展,使农村的大量劳动力得到解放,从而也产生了很多剩余劳动力。与此同时,沿海发达地区和城市的经济发展对外形成了巨大的吸引力,使得农村的剩余劳动力可以在城市得到更多的工作机会。随着城市化进程的加快,农村人口向城市转移成为一种必然。

3. 随着经济的发展,城乡差别进一步拉大,也使很多农村人口向往城市的生活环境,于是流向城市,这也造成流动人口的巨量增加。在我国,城乡之间不仅存在着经济结构的不同,而且在就业条件、文化教育及卫生保健方面都存在着较大的差距,这使得城市较农村有更大的吸引力,也导致更多的农村人口流向城市。

4. 从历史发展来看,新中国成立后,中国为了完成工业化的原始积累,就采取了牺牲农业和农民利益推进工业的发展对策。一方面,为了从农业中提取高度分散又很少的剩余,更多地去占有农村的资源,使农村和城市形成了很大的差距。另一方面,国家通过高度集中的计划经济体制、户籍管理制度等措施,将农民限制在农村地区,农民很难进城。在我国许多农村地区依然保留着比较传统的生产方式,这种特殊的城乡结合导致了城乡居民收入上的差距。改革开放以后,随着生产力的发展,一方面政府取消了口粮和副食品供应的限制;另一方面农民在卖农产品难的情况下不得不追求非农收入,这样就有了农民外出打工导致的大规模人口流动。③

---

① 江国华:《流动人口增多的司法应对之策》,载《人民法院报》2011 年 5 月 18 日。
② 梅传强:《犯罪心理学》,法律出版社 2010 年版,第 186—187 页。
③ 刘邦惠主编:《犯罪心理学》,科学出版社 2011 年版,第 179 页。

(二) 我国流动人口的分布特征

根据国家人口计生委的最新资料统计,我国现阶段的流动人口的主要特征有[1]:

1. 人口流动就近化、居住长期化趋势明显

从流动地域来看,流动人口呈现出就近流动的趋势,在流入地停留呈现长期化趋势。调查还发现,流动人口有78.7%为农业户口,乡城流动是人口流动的主要形式;同时,超过20%的流动人口为非农人口,城乡流动比例有所增加。

2. 以青壮年劳动力为主,性别比例均衡

从年龄结构来看,流动人口的平均年龄为27.3岁,以青壮年劳动年龄人口为主,20—44岁人口占全部流动人口的2/3,流动人口的比例较为均衡,男性占50.4%,女性占49.6%。

3. 大多接受过初中教育

近年来,流动人口受教育水平有所提高,调查发现劳动年龄(16—59周岁)流动人口平均受教育年限为9.9年,其中86.9%接受过初中及以上教育。从年龄来看,16—29岁流动人口中,超过95%接受过初中及以上教育,接受过高中/中专及以上教育的比例达到40.6%。

4. 第三产业已成为流动人口的主要就业领域

三大行业对吸纳流动人口就业至关重要。制造业、批发零售业和社会服务业吸纳了近七成流动人口就业,其中制造业吸纳了34.1%,批发零售业和社会服务业分别吸纳了19.4%和16.2%。从流动人口就业分布来看,第三产业从业比重超过第一、第二产业之和。本次调查中,58.5%的劳动年龄流动人口从事第三产业。

二、流动人口犯罪的原因

流动人口促进了社会经济的发展,改变了长期存在的城乡社会经济的二元结构,深刻地影响着中国经济和社会的变迁。然而,人口的大量流动也冲击了改革开放前原有的较为稳定的社会结构和社会秩序,引发各种社会矛盾和社会冲突,而作为社会冲突极端化表现形式的犯罪也有日益增长之势。特别是流动人口作为犯罪主体本身的犯罪数量日益增多,影响日益恶劣,应该引起全社会的高度关注。例如,2006年江苏省开展打击整治盗窃破坏电力电信设施违法犯罪专项行动,共打掉犯罪团伙133个、成员554人,抓获违法犯罪嫌疑人1015名,其中多数是外来流窜犯罪人员。在2007年打击盗窃自行车专项整治行动中,全省

---

[1] 李伯华等:《中国流动人口生存发展状况报告——基于重点地区流动人口监测试点调查》,载《人口研究》2010年第1期,第6—18页。

共查获违法犯罪人员 1.9 万名,打掉犯罪团伙 291 个、成员 1087 人,其中 70% 是外来人员。因此,分析流动人口犯罪的原因,在此基础上提出相应的防范和控制措施是当务之急。

1. 社会保障制度不完善、社会控制弱化和社会歧视是犯罪的主要因素

目前的社会保障制度基本上把进城务工的流动人口排除在外,流动人口不能享受失业保险和医疗保险,一旦他们失业或受伤,就没有任何经济来源,容易产生焦虑和绝望,从而对社会不满。从一定意义上说,犯罪行为的活跃与否与社会控制的有效与否直接相关。近年来,随着城市化进程的加速,人口流动性大大增强,建立在计划经济基础上的户籍管理制度,对市场经济所引发的城市流动人口的管理显得力不从心,甚至无能为力,人口管理制度上的低效和缺失,使得流动人口管理工作难以适应现实的需要,直接导致部分流动人口肆无忌惮地从事违法犯罪活动。据不完全统计,在近年来查获的流动人口刑事犯罪作案人员中,有 70% 的刑事犯罪作案人员落脚在出租房屋。由于城市新村大楼的出租房屋比较隐蔽,在此进行违法犯罪活动和藏匿赃物不易被发现,相当一部分违法犯罪人员已把落脚地由原来的城郊结合部转变为新村大楼,个别刑事作案在逃人员也选择出租屋居住,躲避公安机关的追逃。另外,社会歧视是流动人口犯罪潜在的诱因。毋庸置疑,外来流动人口在城市经常遭受来自各方面的歧视。二元制户籍结构的存在,在城乡之间划下了一条几乎不可逾越的鸿沟,与此相关的很多政策、制度具有明显的歧视性。例如,限制一些行业、企业招收外来工,外来人口购买住房要符合一定的条件,外来人口的子女在城市入学要交赞助费,等等。这些歧视政策给流动人口心理打下很深的烙印,使他们产生不同程度的认同危机和心理危机,从而成为潜在的犯罪动因。[①]

2. 期望值过高导致心理失衡

期望值的失落产生焦虑是流动人口的普遍心理状态。我国的流动人口绝大多数来自贫困的农村或下岗失业问题相对突出的地区。当他们为生计或发展流入相对富裕地区的时候,对新环境的组织资源、经济资源和文化资源的占有几乎为零,从而导致他们无法通过正常的渠道顺利融入到新的环境中。他们渴望得到城市的认同和接纳,但是由于自身劳动技能的缺乏、文化程度的偏低,因而面对着激烈的社会竞争往往无所适从。城市生活之所以吸引大量的外来劳工,是因为机会提供的广泛性和生存环境的优越性,不幸的是这些对于很多流动人口来说都是可望而不可即的。他们的期望与现实状况之间存在着明显的差别。在与城市生活的对抗中,遭遇到更多的是被排挤和鄙视,因此他们中的一部分人渐渐产生了心理失衡,以生活困难和希望更好的生活为自己选择不法行为制造合

---

① 王桂新、刘旖芸:《上海流动人口犯罪特征及原因分析》,载《人口学刊》2006 年第 3 期。

理的解释。紧张理论的代表人物美国犯罪学家罗伯特·默顿指出：犯罪是由于行为人不能通过合法手段取得社会地位和物质财富而产生的沮丧和紧张的产物。他认为社会上的大多数人最初都持有基本相同的价值观念和生活目标，但是取得这一目标的能力对每一个人来说并非一致，而是依每个人的社会地位和经济条件的不同而不同。社会中、上层成员能够受到良好的教育，具有体面的工作，因此不会产生紧张状态。但是低级社会成员，由于社会地位低下和缺乏经济条件，难以实现自己的理想，因此感到沮丧和紧张。其中的一些人便会求助于犯罪等非法手段去实现其目标。换言之，当正当途径不能实现自我设定的目标时，违法犯罪有可能作为一种手段而被选择。

3. 流动人口总体素质低、法制观念淡薄

由于流动人口大部分来自贫困地区，文化水平低，法制观念淡薄、规范意识较差，加上各方面条件的限制，各种法制宣传教育也很难深入到他们中间，他们不清楚哪些是法律禁止的，哪些是法律允许的。他们判断是非曲直、美丑善恶，往往以在家乡形成的道德观念和生活习惯作为准则。他们的生活观念和处世行为与现代都市人差距很大，对自己的行为的社会危害性和严重程度缺乏应有的内在权衡，常常在不知不觉中走上犯罪的道路。

4. 城市和乡村文化习俗、价值观念的差异

美国学者塞林提出"文化冲突"论，他认为移民犯罪是因为新旧文化的行为规范之间的冲突；是从乡村迁移到城市，从组织良好的同质社会迁移到无组织的异质社会而产生的冲突。他认为，在某种文化与其他异质的文化相遇时，按照前一种文化作为行为规范的人容易产生与异质文化相抵触的犯罪行为。另外，城市的群体规范与乡村群体规范存在着差别和冲突。[①] 流动人口正处于文化冲突的中心，他们从个体的习惯上遵循着原来所属群体的行为规范，又面临着必须遵循现在所属群体的规范。两种不同规范使他们在心理上感到不适应，在行为上就往往无所适从。原有的以亲缘、地缘关系为纽带的社会交往逐渐淡化，人际关系瓦解，社会控制、监督相对松散，使犯罪分子易于作案，便于逃脱。同时，原先对维系一定的社会秩序起着重要作用的风俗习惯、道德等内在控制因素的控制力也大为减弱。长期的城乡隔离，历史地形成了农村自身完全不同于城市的文化习俗和价值观念，城乡道德标准的差异很大。流动人口进入城市后，发现自己的很多价值观念很难适应城市生活，在遭受一些挫折后，不少人纷纷放弃自己的道德准则，不能约束自己的行为。而且由于身处远离家乡"熟人社会"的陌生地方，那种传统上基于社区和家庭的社会控制机制日益削弱，加之居民之间互不熟

---

① 〔英〕马林诺夫斯、〔美〕塞林：《犯罪：社会与文化》，许章润、幺志龙译，广西师范大学出版社2003年版，第128—136页。

悉,邻里关系日渐疏远,客观上也为犯罪分子提供了作案的空间。①

5. 群体间相互影响

流动人口不仅在经济上处于依附地位,政治上缺少独立的话语权,而且在身份上也难以融入城市群体,对居住地缺少归属感。而彼此间强烈的老乡观念,浓厚的血缘、地缘关系,往往使他们在城市的若干地点聚集起来,共同打工、共同生活,群体间相互影响。美国犯罪学家萨瑟兰在解释妓女、酗酒、吸毒等越轨行为时,提出了社会学习理论:越轨行为如同学习读写和绘画等其他行为一样也是学习得来的,是通过与他人交往的过程中学习得来的,是在与个人关系密切的群体内学习得来的。萨瑟兰还明确指出:无论是谋杀还是入店行窃,吸食大麻或者逃避收入所得税,卖淫或挪用,这些犯罪行为的价值,主要来源于亲密人群体中与行为人发生交往的其他人对这些行为所赋予的价值。②流动人口所处的社会边缘地位决定了其交往的对象和范围,他们不可能结交到社会中上层次的朋友,也没有一定的社会机构和个人给予他们必要的法律支撑、正确的择业指导和技术培训;更没有人指导他们怎样才能在新的环境中生存和防止堕落。在残酷的社会竞争中,没有其他机会能够让这些人员获得较高的收入和社会地位,甚至是被社会上的大多数人排斥。现实生活的残酷磨灭了这部分人员的意志,于是持有相同思想和价值观念而又处境相同的这群人便聚集在一起,力图相互支持、相互保护以及相互满足其他各种需要,寻求一种与社会正统价值观念不同的但能够使自己感到有价值的生活方式,这种方式包括参加犯罪团伙和从事违法犯罪行为。

三、流动人口犯罪的特点

1. 犯罪手段恶劣、凶残

因为流动人口处于城乡之间、贫富之间,灯红酒绿的花花世界对他们的刺激十分强烈。所以流动人口中的犯罪分子普遍具有一种强烈的反社会的倾向。犯罪分子在实施犯罪的过程中,为达目的不择手段,在实施盗窃、扒窃等非暴力犯罪在被发现后极易转化为抢劫等暴力犯罪。大多表现为不计后果,只图一时之快,犯罪手段一般较为低劣、残忍。

2. 犯罪职业化、经济化,触犯罪名多元化

流动人口大多是为了务工经商、致富赚钱的目的而涌入城市的,因此在不正当地获取财产的目的的支配下,滋生了众多的财产犯罪。尤其是流动人口大多

---

① 王桂新、刘旖芸:《上海流动人口犯罪特征及原因分析》,载《人口学刊》2006年第3期。
② 〔美〕乔治·B.沃尔德、托马斯·J.伯纳德、杰弗里·B.斯奈普斯:《理论犯罪学》,方鹏译,中国政法大学出版社2005年版,第202页。

属于青壮年,因此实施的大多属于暴力取财之类的犯罪。当前,为了满足自身日益膨胀的攀比心理、享受欲望,流动人口犯罪不再局限于小偷小摸,解决温饱问题,而是明显地出现犯罪职业化、经济化趋势,为了追逐高额的物质利益而犯罪。其主要表现在以下几个方面:一是流动人口犯罪传统方式——"两抢一盗"的犯罪对象从手机、自行车等小物件开始转向巨额现金、名贵珠宝、电脑等昂贵物品。比如,犯罪分子通常将目光聚焦在银行取款人员、高档住宅区业主身上。二是经济型犯罪呈现上升态势。诸多空壳公司、传销组织开始出现。三是犯罪类型不断创新,涉及的罪名逐年增多,出现了非法进行节育手术罪、传授犯罪方法罪、洗钱罪、破坏计算机信息系统罪及盗掘古文化遗址、古墓葬罪等以前极少涉及的罪名。例如,2010 年 12 月底,江西省星子县犯罪嫌疑人但某、曹某等人流窜至永修县云居山瑶田古寺踩点,盗窃国家级文物秀极禅师墓前石塔,然后将该文物转卖给上饶县犯罪嫌疑人赵某,后该文物流落北京、山东等地,八个月后被警方成功追回。[①]

3. 犯罪的流窜性

商品经济的大发展,人、财、物的大流动,以及交通路线的扩展、现代化交通工具的增多,这些都给犯罪分子提供了可以利用的条件。一部分居无定所的人往往抱着碰运气的心理,游荡于街头巷尾、车站码头、城镇乡村,寻找犯罪目标与犯罪时机。他们大多目标不确定,具有实施多种犯罪的可能性。而一些混迹于流动人口中的犯罪分子,有的是被通缉的刑事案犯,他们逃脱在外,行踪不定,到处作案,常常是身系数罪,罪恶累累;有的是刑满释放人员,因受打击而心怀不满,变本加厉地报复社会,制造种种恶性案件;还有的是以犯罪为职业的惯犯或犯罪团伙分子。在流窜作案中,铁路、公路、大江、大河、大湖等交通沿线,仍然是主要发案地点。因为交通沿线的市镇和工矿区,经济繁荣,情况复杂,既便于作案,又便于逃跑、隐匿,所以成为犯罪分子的"首选"。由于流动作案与固守一地作案相比,被发现和查出的风险要小得多,于是,为逃避公安司法机关的打击,追逐更多的利益,他们不断地变换地区作案,给侦破带来一定的难度。

4. 犯罪成员的低龄化,女性犯罪有所上升

流动人口本身以青年人居多,他们当中有许多是未成年人,有的甚至是失学、失管的未成年人。公安部门的调查表明,流动在大中城市的外来青少年人口数量近年来增长较快,已有相当数量,除了随其在该市打工的成年亲友流入外,有些是因厌学或受不法分子欺骗而被迫滞留的。这些受教育程度极其有限而涉世不深的外地青少年,他们的思想意识处于极易受到外界生活环境影响的状态中,容易冲动、偏激甚至不计后果。据北京市海淀区人民检察院的统计数据显

---

① 资料来源于《法制日报》2011 年 8 月 5 日。

示,2007 年海淀区的青少年犯罪中,闲散青少年占发案总人数的 41%,2008 年占 26%、2009 年占 49%、2010 年占 50%。这其中,作案的闲散青少年大多以外地来京的流动人口为主。[①] 与此同时,女性犯罪问题较为突出。越来越多的女性进入城市打工者的行列,她们当中大多数人文化水平偏低,且无一技之长,难以找到满意的工作岗位,加上生活上的困顿和心理上的失衡,极易走上违法犯罪的道路。

5. 流动人口犯罪区域相对集中

从作案的地域看,由于流动人口大多居住在城乡结合部这个治安管理的薄弱环节,居住的隐秘和管理的松散为其犯罪和销赃留有一个缓冲带,因而城乡结合部便成了流动人口犯罪的多发区。从作案的场所看,出租屋、商场、火车站、汽车站成为流动人口作案的集中地。2007 年 2 月,银川市西夏公安分局打掉一个专门盗割电话线的犯罪团伙。该团伙 4 名成员均为外来流动人员,长期以银川火车站附近为据点,白天踩点后蛰伏在出租房内,晚上先上网吧上网,等到凌晨三四点钟,集体出动作案。仅仅两个多月,该团伙就疯狂作案 40 余起,涉案价值达 20 余万元。[②]

6. 犯罪的团伙性和季节性

现实生活中,流动人口在实施犯罪时,多为一方提出,他人响应,合伙作案。他们更多的是利用同村、同乡、同县较为有利的地缘、亲缘为纽带,拉帮结伙地组成松散的或是紧密的团伙进行犯罪,形成诸如偷窃团伙,流氓团伙,拐卖妇女、儿童团伙,制黄贩黄团伙以及协助销赃团伙来危害社会。团伙成员依仗人多势众,相互胆壮、互相鼓励和影响,并已有逐渐向黑社会性质的团伙犯罪发展的趋势。此外,流动人口犯罪具有明显的季节性,犯罪多发于每年年底、春节前后和农闲季节,特别是春节前后,这一时期的侵财性犯罪明显增多。

四、流动人口的犯罪心理

1. 失衡心理

欲求不满,心理失衡是流动人口犯罪的最主要心态。由于农村劳动力过剩,以及我国经济发展的不平衡,数以万计的人们怀着脱贫致富的向往而流入了经济比较发达地区,挣钱成了涌入城市的流动人口的最直接的目的和最迫切的需要。然而现实和梦想总有差距,有相当部分流动人口找不到稳定的工作,经常处于失业或半失业状态;另一部分人虽然找到了工作,却享受不到与城里人相同的待遇。如此这样,很容易在心理上产生自己权益被他人剥夺的感觉,就会自然产

---

① 资料来源于《法制日报》2011 年 11 月 29 日。
② http://news.qq.com/a/20070821/001837.htm。

生相对失落感。这种心理如得不到及时疏导,则可能引发对社会的强烈不满。在这种不满心态的刺激下,他们就会选择一种社会所禁止的行为来达到目的。

2. 侥幸心理

在流动人口犯罪之中,犯罪人员往往具有很强的侥幸心理,这是因为流动人口在当地没有户口,没有长期固定的生活场所,没有固定的交际群体,没有稳定的收入,本身就具有的流动性。在流动人口产生犯意的过程中,存在一种侥幸心理,即认为自己如果犯案后,在当地留下的可供侦查的信息、线索也会较少,侦查人员难以开展侦查工作,再加上现代交通工具如此发达,犯罪后容易逃窜至其他城市,这些有利于逃避法律惩罚的因素,大大增强了流动人口的犯罪意图,淡化了他们对法律惩罚的畏惧。这样的犯罪心理形成之后,犯罪分子在作案前就有可能盘算好流窜的路线和方法,一旦犯罪活动结束,就迅速逃窜。有的甚至在好几个地方作案,连续逃窜,成功的脱逃会再次增强其侥幸心理,刺激其犯罪欲望,如此恶性循环。[①]

3. 报复心理

报复是指由于人的某种愿望受到阻碍或自身某种利益受到伤害而产生的对阻碍者或者干涉者的一种侵犯性行为。一般而言,攻击的强度与欲求不满程度成正比,挫折越大,攻击的强度也越大。这是因为,挫折使人情绪激昂。这时的攻击行为是刻板、固定的,甚至是无目的的。流动人口的很多需要得不到尊重,各种需要受挫,得不到公正的待遇,而这些都是产生报复心态的动因。

4. 封闭心理与从众心理

流动人口由于血缘、地缘、亲缘这三缘的联系因素,以及共同在城市的生活经历,容易结合形成团体。一般而言,流动人口在当地的社会关系资源较少,社会信息的掌握程度不高,社会地位较低,导致城市流动人口进一步边缘化。在城市中具有个人的声音,拥有自己的话语权,成为城市流动人口的主观愿望。这种愿望被现实生活中的歧视、排斥和无视的事实击破后,流动人口的内心产生了失望,有的则产生了对城市社会的反感和排斥。他们很少与城里人交往,担心被城里人看不起,觉得与相同身份、相同境遇的人在一起才是安全的,久而久之,形成了较为封闭的生活圈子,即形成了狭小的社会交往的社群组织以及较为封闭的心理结构,使得流动人口群体更容易形成团伙意识,即对事物认识上的共同性、感情上的趋同性,形成了"我是这个群体中的一员"的观念。另一方面,流动人口中有些本来没有过犯罪经历甚至没有过犯罪意识的人员,在陌生的环境中由于"三缘"关系与团体中的某些成员迅速建立"友谊"进而加入到某些"团体"中。在

---

① 胡建岚、吕丹丹:《论流动人口的犯罪心理特征及其心理预防》,载《黑龙江省政法干部管理学院学报》2008年第5期。

长期的影响下,他们也逐渐参与到犯罪活动中。这时候团体中的一员就极易产生从众心理,有些流动人口自我控制的能力较差,缺少主见,极易受到外界不良环境的影响和暗示,在其所在的群体实施犯罪时,也会参与其中,在实施犯罪活动时,也会受到同伙影响,做出本来不会做、不敢做的行为。①

5. 逆反心理

一些流动人口找工作受到歧视、排斥,打工时受到一些影响,从而产生强烈的逆反心理。同时,由于在城市生活中经常受挫,产生被歧视感,诱发不同程度的认同危机和心理危机,流动人口逆反心理、对立情绪加强,成为潜在的犯罪动因。这种危机达到一定程度会导致极端的反社会行为。

6. 遭受不公正待遇自救心理

流动人口在工作和生活中,有时会遭到不公正待遇。当他们的生存发展受到威胁或合法权益遭受侵害时,不知道通过什么手段来维护自己的合法利益,在自救的过程中使用了一些违法犯罪的手段或方式。比如,有些农民工遭遇企业拖欠工资时,就想尽办法盗取工作单位的生产资料或变卖生产工具;有的农民工因为多次讨要拖欠工资没有结果,便纠集亲朋好友帮忙去找老板讨要工钱,当遭到拒绝时就作出故意毁坏财物、非法拘禁甚至故意伤害、故意杀人等行为。这些都是在自救心理支配下实施的犯罪。2010年10月11日傍晚,都江堰市胥家镇某项目工地因劳资纠纷引发一起打斗事件,致两人受伤,其中一人经抢救无效死亡。事件的起因是都江堰市某小区的建筑承包商拖欠农民工生活费。11日傍晚,十几名工人找到建筑承包商想要借支生活费,但承包商拒绝支付,于是双方当场就发生纠纷。工地的四名安全管理人员上前与工人发生打斗,最后,一名工人被刀砍死,一名被砍成重伤。②

7. 贪图钱财、冒险求富和追求享受心理

流动人口犯罪嫌疑人的聚财心理主要表现在贪财、求富和享受三个方面。对于绝大多数流动人口来说,他们之所以背井离乡外出打工,其根本目的是为了获取高于家乡其他劳动所能挣得的钱财。挣钱既是流动人口打工的主要目的,也是他们美好的愿望。然而,对许许多多流动人口来说,想要获得让自我满意、符合自我要求的钱财是不现实的、难以达到的。流动人口不仅工作极不稳定,而且打工收入相对较低,残酷的现实与美好的愿望之间的巨大差异,导致矛盾和冲突由此而生。他们开始怀疑通过劳动而致富的行为模式的正确性和可行性,逐渐形成单纯依靠劳动不仅难以致富,甚至难以维持生计的错误观念,直至产生通

---

① 胡建岚、吕丹丹:《论流动人口的犯罪心理特征及其心理预防》,载《黑龙江省政法干部管理学院学报》2008年第5期。

② http://baike.baidu.com/view/4539182.html? tp=1_01.

过违法犯罪的途径来满足自我愿望的犯罪意念。①

一、本章需要继续探讨的问题
典型案例
案例1
2002年10月9日,福建省福清市警方破获一起在校中学生杀害在校生案,抓获陈某等五名犯罪嫌疑人。

7日下午2时30分许,福清市警方接到受害者家属报案:当日下午2时23分,他家突然接到歹徒打来电话称:陈某(男,13岁,某中学初一学生)被其绑架,要求家属准备20万元人民币赎金,并称不准报案,否则后果自负。

接到报警后,福清市公安局马上组织警力开展侦破工作。根据现场调查,走访群众,获悉受害者陈某于2002年9月29日晚9时许,从福清市新厝镇某中学晚自习回家途中失踪。其家属经过几天几夜寻找未果,直至10月7日下午突然接到绑匪勒索电话。警方在大量调查取证的基础上,获悉某中学初三年级学生陈某某母亲与受害者家积怨较深,且陈某某近期表现十分反常,有重大作案嫌疑,同时查明陈某某近期来经常与同学郭某、黄某等人在一起打电脑、玩游戏,行动诡秘。10月8日下午警方决定对陈某某等5位涉嫌人员采取收捕审查。

经审查:犯罪嫌疑人陈某某(男,1987年12月出生,某中学初三学生),郭某(男,1987年5月出生,系陈某的同班同学),黄某(男,1988年1月出生,系陈某的同班同学),李某(男,1987年6月出生,系某中学初三学生),杨某(男,1988年2月出生,系某中学初三学生)供认,他们因长期在一起玩电子游戏机而结为朋友,因陈某某母亲与受害者陈某母亲有积怨经常吵架,陈某某怀恨在心,伺机报复,于是犯罪嫌疑人陈某某便召集郭某、黄某、杨某进行密谋寻求报复。

9月29日晚9时许,陈某某、郭某、黄某三人在受害者回家的途中等候,将受害者陈某殴打杀害后,用两轮摩托车将其尸体载到某水库,用石头、绳子捆绑投入水库,然后潜回家中,并于10月7日通过李某打勒索电话到受害者家中索要20万元人民币。

案例2
2011年12月30日下午1时许,潮州市饶平四中20岁的高三男生邱某松,因为悲观厌世,手持菜刀在饶平县饶洋镇水西村下寨行凶,造成8人不同程度受伤,其中包括3名初中生,其中一名初中女生生命垂危。邱某松被闻讯赶来的

---
① 刘邦惠:《犯罪心理学》,科学出版社2011年版,第184页。

村民制服,落网后他对警察交代:"我有自闭症,想死,砍那么多人就是想被枪毙。"

案例3

北京17岁少年小新(化名)为了偷钱上网,竟然将奶奶当场砍死,将爷爷砍成重伤。事后,小新投案自首。

两年前,小新开始沉迷于网络,学习成绩陡然下降,初中还没有毕业便辍学。因担心儿子整天沉迷于网吧,小新的妈妈让他照看家里的台球桌。小新把看台球桌挣的钱拿去上网。后来家里不再提供上网的钱,小新就想到了偷。2011年6月上旬,小新偷了爸爸2000多元在网吧呆了一个星期。父亲的一顿打骂对小新来说已经起不到任何作用。仅仅几天后,上网的欲望又像虫子一样噬咬着他的心。此时,爸爸月初给奶奶生活费时说的一番话浮现出来。"爸爸说爷爷那儿有4000多块钱,我当时听了也没太注意,后来就想去偷爷爷的钱。6月15日中午我就去爷爷家,晚上,看爷爷奶奶都已经睡了,就去翻,可一想怕把奶奶吵醒了,就想用菜刀把奶奶砍伤了再翻。"睡梦中的奶奶倒在了血泊中,响声惊动了爷爷。不顾一切的小新又将菜刀砍向了他。爷爷受伤后逃出家门。小新翻箱倒柜也没有找到那4000元钱,只在奶奶兜里找到了两元钱。事后,小新的爷爷说,那是奶奶为孙子准备的早点钱。小新捏着两元钱在村口的一个洞里躲了起来。思来想去,还是投案自首了。[①]

案例4

2003年,虹口警方破获一起以新颖的作案手段入侵宽带中心游戏数据库盗窃虚拟金币牟利的案件。犯罪嫌疑人王某为某大学计算机系本科生,非法牟利4万余元。

小非是一位网络游戏爱好者,经常通宵达旦坐在电脑前,两眼通红,但是对他自己痴迷的游戏,仍是初级水平,苦于没有游戏"秘笈"。小非想起自己的一位网络游戏朋友说过,实在没有时间打游戏,或是水平不高,可以通过购买秘笈的方法过关。网络是虚拟的,有人在网上买秘笈,还有人在现实生活中约好碰头地点购买"秘笈"。小非在网上发出了讯息,有意购买秘笈。几天后,有人向小非发出了问候:"黑马,你好!如果你确实有意购买秘笈,请与我联系。"这位自称"骆驼"的朋友留下了他的电话号码。小非马上拨通了骆驼的电话,骆驼表示自己网络游戏水平有限,没有秘笈,但是有"金币"可以提供。这所谓的"金币"是指,能够上网进行游戏的"时间",比如1小时就是1个金币,骆驼表示自己有很多金币,比在网上向网络公司直接购买"金币"便宜。小非暗想,自己每月花200元买游戏卡,只能购买一定数量的金币,游戏时间有限,骆驼的出价的确很合算。于

---

① 案例1、2、3资料来源于 http://zhidao.baidu.com/question/4807506.html。

是两人交易了,小非在骆驼告知他的银行账号里打入500元钱,骆驼在网上给小非的账号里打入了100万枚金币,一笔买卖成功。至于骆驼怎么会有那么多金币,小非没有想太多。"骆驼"一直在网上进行买卖,没有被人发现,一直到2003年11月25日。该网络游戏公司发现有人利用非法手段入侵该中心游戏数据库篡改部分游戏账号的密码和游戏点数,并将此游戏点数通过正常的业务流程转换成电信互联星空的消费点数,后将消费点数出售,盗窃总价值约人民币382798.4元。

虹口警方接到报案后,发现这是上海市发生的计算机网络犯罪中一起新型的犯罪案件。犯罪嫌疑人使用了现有数据库系统维护的账号对游戏中心棋牌游戏的数据库的点值转换日志进行了删除和改动,添加了2个系列的游戏名称,共计200个账号,并给200个账号每个添加了500000金币点数。

犯罪嫌疑人不仅精通该网络游戏中心的数据库软件操作,而且熟悉游戏数据库的结构,具备较高专业水平的电脑操作技能和相关的电脑知识。作案人如果不是该公司内部人员,就是掌握数据库密码的人。侦查员在漫无边际的网络中展开广泛的调查取证工作。最终,通过需要购买金币的方式找到了骆驼,骆驼热情地留下了自己的联系电话,很快,警员查明骆驼就是居住在本市德平路的某大学计算机系的学生王某,他的确曾在该网络公司打过工。12月3日下午,侦查员在东方明珠电视塔附近一小吃广场将王某抓获。原来王某由于两门功课未及格,目前处于延长学籍阶段,前不久进入该公司,从事网络维护工作。王某萌生出非法进入游戏数据库,窃取"金币",然后自己建立账号,将金币放在自己的账号内在网络中进行叫卖,从而转卖给网友牟利的念头。从2003年10月中旬以来,王窃取了该网络公司游戏中心的用户名和密码后,非法进入该数据库系统,通过网络游戏与他人成交,直至案发时,已经从中牟利近46000元人民币,购买了电脑、手机、衣物等挥霍一空。[①]

案例 5

2003年10月5日13时12分,定西地区临洮县太石镇邮政储蓄所的营业电脑一阵黑屏,随即死机。营业员不知何故,急忙将刚刚下班尚未走远的所长叫了回来。所长以为电脑出现了故障,向上级报告之后,没太放在心上。17日,电脑经过修复重新安装之后,工作人员发现打印出的报表储蓄余额与实际不符。经过对账发现,5日13时发生了11笔交易、总计金额达83.5万元的异地账户系虚存(有交易记录但无实际现金)。当储蓄所几天之后进一步与开户行联系时,发现存款已经分别于6日、11日被人从兰州、西安两地取走37.81万元,他们意识到了问题的严重性,于10月28日向临洮县公安局报了案。

---

① 资料来源于:http://news.tom.com/1006/20031228-554487.html。

县公安局经过初步调查,基本认定这是一起数额巨大的金融盗窃案,随即向定西公安处汇报。公安处十分重视,立即制定了详细的侦查计划,组成专案组,全力侦查此案,并上报省公安厅。面对特殊的侦破任务,专案组兵分两路,一方面在省、市邮政局业务领导和计算机专家的协助下,从技术的角度分析黑客作案的手段以及入侵的路径;另一方面,使用传统的刑侦方法,大范围调查取证。专案组首先对有异常情况的8个活期账户进行了调查,发现都属假身份证储户。此时,技术分析的结果也出来了,经过大量网络数据资料的分析,发现作案人首先是以会宁邮政局的身份登录到了永登邮政局,然后再以永登邮政局的名义登入了临洮太石邮政储蓄所。专案组对会宁邮政局进行了调查,发现该局系统维护人员张少强最近活动异常。暗查发现,其办公桌上有一条电缆线连接在不远处的邮政储蓄专用网络上。专案组基本确认,张少强正是这起金融盗窃案的主谋。11月14日22时,张少强在其住所被专案组抓获。

经过审问,张少强交待了全部犯罪事实。10月5日,张少强在会宁利用笔记本电脑侵入邮政储蓄网络后,非法远程登录访问临洮太石邮政储蓄所的计算机,破译对方密码之后进入操作系统,以营业员身份向自己8月末预先在兰州利用假身份证开设的8个活期账户存入了11笔共计83.5万元的现金,并在退出系统前,删除了营业计算机的打印操作系统,造成机器故障。第二天,他在兰州10个储蓄网点提取现金5.5万元,并将30.5万元再次转存到他所开设的虚假账户上。10月11日,张少强乘车到西安,利用6张储蓄卡又提取现金1.8万元。至此,这件远程金融盗窃案告破,83.5万元完璧归赵。①

案例6

2011年5月2日14时许,广西贺州市八步区地方税务局贺街分局局长周子雄被发现在家遇害,与周子雄同时遇害的还有他47岁的妻子凌小云、16岁的女儿周雪和15岁的儿子周重林。案件发生后,当地警方立即启动命案侦破程序,自治区公安厅派出专家组赶赴现场指导破案。5月20日,自治区公安厅、贺州市公安局举行新闻发布会,通报"5·02"特大杀人案破案情况。警方查明,此案的主要犯罪嫌疑人凌小娟系周子雄的小姨子、凌小云的亲妹妹。据调查,凌小娟从2011年初开始预谋策划。5月2日凌晨,凌小娟、苏可章、刘胜明趁周家四人熟睡之机用事先偷配的钥匙潜入周家将熟睡中的周子雄、凌小云、周雪、周重霖四人用铁锤、水果刀杀害后逃离现场。

据凌小云的一位亲属介绍,当得知是凌小云的妹妹凌小娟作案时,她感到很震惊。据她介绍,凌小云有三姐妹,她排行第二,凌小云在十五六岁时就去到南

---

① 资料来源于:《人民日报》2003年12月8日。

宁打工,在南宁认识了前夫,并育有一女。后来,凌小云离异后跟周子雄结婚,并育有一个女儿和一个儿子。凌小云生前是做建材水泥生意,家境十分富有。案发后,她来到凌小云母亲家里慰问时,凌小娟当时也在场安慰母亲,神情没有任何异常。在案发之初,外界的种种猜测都冲着周子雄,认为是周子雄的原因引发的血案。后来,经过调查发现凌小云的妹妹凌小娟有重大嫌疑。凌小娟在成长过程中,得到大姐的很多帮助,在大姐身患重病时,凌小娟四处奔波帮大姐凑医药费。凌小娟曾多次找到二姐凌小云,希望二姐能多出点钱救救大姐,但二姐比较吝啬。后来,由于钱未凑齐,大姐错失良好的治病时机不幸去世。为此,凌小娟对二姐很有意见。另外,凌小娟家境比较困难,凌小云安排凌小娟在自己的工地上工作,约定月工资是2000元,后来实际每个月只给1500元,还拖欠了部分工资未付。同时,凌小云也曾答应把一部分工程款给凌小娟,但也未兑现。据知情人介绍,凌小云是三姐妹中家境最富裕的,但比较小气,平时跟凌小娟说话也是盛气凌人。为此,凌小娟对二姐有些怨恨。其次,凌小娟认为大家都是姐妹,为什么二姐生活过得那么好,自己生活却不好,心里有些不平衡。基于以上原因,凌小娟有杀害二姐一家的想法。她以为将二姐一家杀了,自己还可以继承二姐部分财产。凌小娟还想将二姐夫的母亲一起杀害,但由于条件所限没有成功。另外,民警在对凌小娟的问话过程中,感觉凌小娟心态不平衡,流露出一些仇富的心理。

据了解,凌小娟早在2011年春节前就有杀害二姐的想法,但没有成功。2011年3月份,凌小娟从母亲处得到二姐家的钥匙并且偷偷地配了一把,准备在清明节时对二姐下手。5月2日凌晨,凌小娟找到大姐的儿子苏可章、大姐女儿苏洁的男朋友刘胜明步行来到了二姐楼下,用先前配的钥匙开门进去,用铁锤和刀先后将凌小云、周子雄杀害,然后又将凌小云的女儿和儿子杀害。随后,凌小娟和苏可章逃离了现场回到家中。刘胜明来到网吧找到女朋友苏洁打的逃到富川,然后逃往湖南,最后逃到了广东东莞。5月17日晚上,专案组经过努力,获得了重大线索,锁定了犯罪嫌疑人。5月18日,民警在贺州市将犯罪嫌疑人凌小娟、苏可章抓获。随后,在广东警方的大力协助下,民警在东莞市将犯罪嫌疑人刘胜明抓获,当天下午民警将犯罪嫌疑人刘胜明带回了贺州接受调查。经讯问,犯罪嫌疑人对其犯罪事实供认不讳。

二、思考题

1. 简述毒品的内涵、特征及分类。
2. 简述毒品犯罪及其特点。
3. 分析毒品犯罪人的心理特征。
4. 简述网络犯罪的概念与特征。
5. 论述当前我国网络犯罪的发展趋势。

6. 论述网络犯罪心理特征。
7. 论述青少年违法犯罪现状。
8. 论述青少年犯罪心理结构特征。
9. 论述青少年犯罪行为特征。

第十一章　故意犯罪心理与过失犯罪心理

内容提要

以构成犯罪的主观要件为标准,可以把犯罪分为故意犯罪与过失犯罪两大类,这是现代各国刑法的通例。目前,许多国家刑法都采取处罚故意犯罪为基本,处罚过失犯罪为例外的原则。尽管过失犯罪案件的数量远低于故意犯罪,过失犯罪人的主观恶性程度远不及故意犯罪人,然而其给社会造成的危害,却十分严重,因此有必要对故意犯罪心理和过失犯罪心理作详细的分析。

关键词

故意犯罪　过失犯罪　认识因素　意志因素　故意犯罪心理结构　过失犯罪心理结构

第一节　故意犯罪心理

一、故意犯罪的类型

我国《刑法》第14条明文规定:明知自己的行为会发生危害社会的结果,并且希望或者放任这种结果发生,因而构成犯罪的,是故意犯罪。故意犯罪,应当负刑事责任。因此,根据该条规定,对于故意犯罪,都应当依法承担刑事责任。

在犯罪心理学理论中,故意可以从不同角度分为多种类型。最基本的可划分为以下几种:

1. 即时故意与预谋故意

即时故意是指行为人事前并没有犯罪意图和策划,仅因突然出现的意外情景的刺激,而临时决定实施犯罪行为。

预谋故意是指行为人事前已有犯罪意图,经过比较充分的思考和策划预备,才实施犯罪行为。一般情况下,预谋故意的主观恶性及危险性大于即时故意。

2. 确定故意与不确定故意

确定故意是指对于危害结果有确定的预见,并决意使之发生而实施的犯罪行为。不确定故意是指对于危害结果仅有概括的预见,并未考虑到发生何种具体结果而实施的犯罪行为。

3. 直接故意与间接故意

直接故意是指行为人明知自己的行为会发生危害社会的结果,并且希望这种结果发生的心理态度。直接故意是认识因素与意志因素的统一。

(1) 认识因素

直接故意的认识因素是明知自己的行为会发生危害社会的结果。"明知自己的行为会发生危害社会的结果"与"认识到危害结果会发生"不是等同的含义,因为明知自己的行为会发生危害社会的结果,意味着行为人认识到自己以何种行为对何种对象造成危害结果。所以不能认为直接故意的认识内容就是认识到危害结果的发生,而应认为认识的内容包括明知自己行为的性质、对象、结果与意义。

(2) 意志因素

直接故意的意志因素是希望危害结果的发生。这里的"危害结果"是指行为人已经明知的那种危害结果。"希望"是指行为人积极追求危害结果发生;发生危害结果是行为人实施犯罪行为直接追求的目的;行为人主观上没有介入其他独立意识,不是为了达到其他目的而实施该行为;行为人主观上只有一个意志——追求危害结果的发生。"希望"虽然意味着追求结果发生,但也有程度上的差异,强烈、迫切的希望与不很强烈、迫切的希望,都属于希望危害结果发生。

间接故意,是指明知自己的行为可能发生危害社会的结果,并且放任这种结果发生的心理态度。间接故意也是认识因素与意志因素的统一。

(1) 认识因素

认识因素是明知自己的行为可能发生危害社会的结果。与直接故意一样,间接故意的成立要求行为人认识到行为的内容与危害性质,认识到行为危害结果,认识到刑法规定的特定事实。但是间接故意只是认识到自己的行为可能发生危害社会的结果,不包括认识到自己行为必然发生危害社会的结果。行为人自认为可能发生危害结果并放任这种结果的发生,而客观事实上必然发生危害结果的,也仅成立间接故意。

(2) 意志因素

意志因素是放任危害结果发生。这里的"危害结果"是指行为人已经明知可能发生的结果。"放任"是对危害结果的一种听之任之的态度,即行为人为了追求某种目的而实施一定行为时,明知该行为可能发生某种危害结果,行为人既不是希望危害结果发生,也不是希望危害结果不发生,但仍然实施该行为,也不采取措施防止危害结果的发生,而是听任危害结果的发生;结果发生与否,都不违背行为人的意志。

二、不同阶段的故意犯罪心理

故意犯罪心理从犯罪意识的形成到行为结果的发生,可以分为三个阶段:决意阶段、实施阶段、实施后阶段。

(一) 犯罪决意阶段的心理

犯罪决意是指实施犯罪行为的决心和意向,包括产生犯罪的动机、萌发犯罪的意图、确立犯罪的意志以及单纯的犯意表示等,这是故意犯罪必须具备的基本心理。犯罪决意因犯罪事件性质的不同、犯罪机遇的有无、侵犯对象及犯罪人个人心理品质的差异,有着不同的表现形式。一般分为三种基本形式,即预谋犯罪决意、机会犯罪决意、冲动犯罪决意。

1. 预谋犯罪决意

预谋犯罪是指在实施犯罪行为之前,犯罪人对将针对何种对象实施何种犯罪行为,已经有比较明确具体的决意,并在犯罪手段、时间、地点、时机等犯罪的相关条件方面作了初步的、甚至明确具体的策划。因而,预谋犯罪决意多出于对如何创造犯罪条件、选择犯罪手段的具体策划、应激对策的预备等因素的深思熟虑的分析判断之后产生。故意犯罪的目的越明确,行为效率就越高,其犯罪决意也就更为自觉和坚决。

2. 机会犯罪决意

机会犯罪多为犯罪人虽有犯罪的思想因素,但事先并无特定的犯罪动因,亦无明确具体的侵犯目标和犯罪行为计划,但因适合犯罪的机会的刺激,使原有的犯罪思想因素急剧恶性膨胀,在短时间内形成了犯罪决意,从而实施犯罪。这种决意因不曾经历事前的固定策划、反复权衡,具有一定的突发性,故行为上往往表现出较大的盲目性和无序性,行为结果亦常常难以达到期望目的,甚至出现行为人不希望出现的后果。

3. 冲动犯罪决意

冲动犯罪的决意是指犯罪人本无特定的犯罪动机,但受某种因素即强烈刺激而诱发的激情所驱使或因某种突发的意外局面所窘迫而临时生成的犯罪决意。激情是一种极为强烈的情感,往往爆发于强烈刺激或突然的变化之后。在强烈的激情驱使下,犯罪人对行为的自控能力显著下降,表现为感情的畸形激烈爆发,行为呈本能反应状态,近乎无意识运动动作。

犯罪决意是一个复杂的心理过程,一般要经历犯罪意图的萌生、对犯罪利弊的权衡等过程。

1. 犯意的出现

犯意即犯罪的意图或欲求。犯罪的意图同其他合法意愿一样都来源于人的某种需要,但是引起犯罪意愿出现的需要结构有其固有的特殊性。犯意的形成,是由于人的某种需要在不良心理因素的作用下而激发出来的。因此,要弄清犯意的形成,必须从人的需要和人的不良心理因素两个方面同时进行综合分析。

人的某种需要和人的不良心理因素,都是一种心理现象,但二者是有区别的。需要是人的一般的心理现象,而不良心理因素是特殊的个性心理现象。任何人都有最基本的需要,而不良心理因素仅存在于部分人之中。人生活在社会中,由于接受外界刺激的不同,可能产生各自不同的需要。而超越或违反人们共同的需要结构的特殊需要则可能诱导犯罪意识的出现。不良的社会因素,如果没有人们的正确意识加以克服,就会成为不良的心理因素的根源。当客观需要作用于不良的心理因素时,就可能产生犯罪意识。

2. 动机的确立

犯罪者要实现犯罪目的,必须把犯罪意识转变为犯罪动机,有动机才能产生行为。动机的确立是一个复杂的心理过程:

(1) 犯罪者在犯罪决意下定之前,必有一番非常矛盾的心理冲突,即是否将某种动机付诸实践,犯罪者要经过反复思考、权衡后才能形成决意,当然,临时冲动和惯犯除外。

(2) 犯罪者都了解行为实施的后果,不可避免地要反复权衡利弊,考虑是否实施。在多种内外因素的驱使下,如果行为人认为弊大于利,将可能放弃犯罪动机;反之,如果行为人认为利大于弊,则将坚定犯罪决意,并进一步考虑犯罪的方法、手段、机会以及如何逃避罪责等一系列与犯罪有关的问题。

(3) 许多犯罪者在决意之时,往往会产生一种恐惧感和罪责感,特别是初犯。这种恐惧感和罪责感有时可促使行为人放弃犯罪动机。但是,决意要实施犯罪的人,则尽可能地设想出多种借口,借以抑制恐惧或罪责感。

3. 经验和环境的影响

最终决定是否犯罪,犯罪者不可避免地要受到过去经验和外界环境(条件)的影响。犯罪者无论选择何种犯罪行为,他都必然会依赖于过去的相关经验,即先将过去的经验予以再现,对是否实施犯罪进行反复思考。在对犯罪方式、犯罪机会、犯罪行为的利与弊、外界条件的许可以及案发后暴露的可能性等问题没有充分的把握之前,犯罪者一般不会轻易采取行动。

4. 故意犯罪的心理防卫机制

心理防卫是指一种自寻理由或采取某种行为使自己摆脱某种心理状态困扰的心理活动。故意犯罪者大都知道自己的行为将要受到法律的惩罚,为此,常常感到紧张、恐惧和良心的谴责,陷入一种极端复杂的心理状态之中。为使自己摆脱这种困扰,犯罪者总会寻找各种理由来解释自己的行为,使之"合理化",或采取某种行为转移自己的注意力和思维的焦点,使这种心理得以淡化或消失。犯罪者这种心理防卫并非对他人进行的,而是一种内在的自我演示、辩解和投射罪责的心理活动。其实质是为自己的犯罪行为以及心理活动进行开脱和辩解,使之合理化或淡化。

(二) 犯罪实施阶段的心理

在实施犯罪行为的过程中,对犯罪者来说,其心理状态是积极的、主动的。由于特定的作案现场的刺激,犯罪者始终处于复杂多变、难以完全自控的心理状态之中。主要表现为:

1. 恐惧

恐惧是犯罪者实施犯罪时的基本心理特征。这是一种表现为自我保护的激进的心理状态,是一种难以抗拒的心理现象,常表现为面色苍白、浑身无力、声音颤抖、情绪慌张、思维混乱。恐惧一般会使犯罪人的思维和能力受到抑制,但恐惧到极端之际,也可能导致犯罪人的犯罪意念的恶性转化和体能的超常发挥,导致极其严重的后果。

2. 兴奋

犯罪者在实施犯罪行为之际,常陷入一种亢奋的状态,对行为的后果毫无顾忌,甚至认为自己预定的防御计划过于保守、胆怯,而不顾一切地为所欲为。犯罪人在行为实施过程中,如受激情的支配,更容易进入高度的兴奋状态之中,常能调动身心的巨大潜力,造成严重的后果。

3. 欣喜

犯罪者在实施犯罪时,如行为十分顺利,或得到了"意外收获",常常会产生得意和欣喜的心理状态。这种意外的强烈刺激,使犯罪者呈现出强烈的兴奋状态,从而容易留下破绽,有时欣喜的心理也可能使犯罪者行为的暴烈程度走上极端。

4. 绝望和愤怒

犯罪者在实施犯罪过程中受到挫折,如机会的丧失、遇上强烈的反抗、行为的败露、同伙的出卖、自己的失误等,都可能产生绝望和愤怒的情绪。这种情绪制约下的犯罪人极易发生动机的急剧性变化,导致孤注一掷,实施更为严重的犯罪。

5. 冷静

在犯罪之初,犯罪者的心理一般都处于兴奋状态,有的犯罪者则可能因某种因素的刺激,在兴奋之余,出现异常的冷静,惯犯尤其如此。也有的犯罪人还会冷静地控制犯罪行为的后果,不使之扩大和恶化,甚至自动中止犯罪。

(三) 犯罪实施后的心理

犯罪后,犯罪人的理智一般有一定程度的恢复,开始冷静地回忆实施犯罪的过程,查看有无行为漏洞和暴露的危险并开始着手实施逃避侦查的活动。这时犯罪人心理的主要特点是消极的、被动的。因为犯罪后果的严重性,侦查工作的群众性和隐蔽性,常使犯罪人终日惶恐不安,情绪的惊恐和紧张程度不亚于实施犯罪的时刻,其主要表现又因犯罪未遂和既遂而有较大差异。

1. 犯罪未遂时犯罪人的心理

犯罪未遂是指犯罪人已经着手实行犯罪,由于犯罪人意志以外的原因,而未能完成犯罪的行为。这里所说的犯罪人意志以外的原因,既包括客观原因,也包括主观原因。客观原因即为客观障碍和客观条件的限制;主观原因并非指犯罪人主观意图的改变,而是指客观情况造成的主观上违背本意的决断或客观条件上的错误。这两个方面的原因应具有不以犯罪人意志为转移的实质。

犯罪未遂时犯罪人的主要心理特点是为自己失策、无能、机遇不好而懊悔。因此,犯罪人常有以下心理状态:

(1) 懊恼

犯罪人因犯罪手段失误而后悔不已,为自己手段不够谨慎、不够大胆、客观障碍的不期出现以致未达目的而懊悔。这种心理将延伸至犯罪人继续犯罪的侥幸心理或被捕后的抵触心理。

(2) 悔恨

有的犯罪人痛恨未听从规劝,坚持实施犯罪,结果触犯法律。这种犯罪人因有明显的悔罪心理,故而易被法律感化。有的犯罪人则痛恨事前出谋策划者的影响,认为自己如依计行事,当不致失败,存有较强的侥幸心理。这种犯罪人一遇机会,很容易重操犯罪旧业。

(3) 愤怒

犯罪人为客观原因的障碍,同伙或自己的无能、失策而导致的失败所刺激,愤恨不已,若未遂的原因是他人的行为所致,犯罪人还可能迁怒于他人,寻机报复;如因被害人的行为导致未遂,犯罪人也可能寻机对其实施更严重的攻击。

(4) 恐惧

由于犯罪未遂多是意外的,犯罪人无暇顾及伪装和清扫现场,更有间接暴露的可能。故临场脱逃的犯罪人因其即将受到目标明确的侦缉,较之既遂的犯罪人,其恐惧心理更为严重。

2. 犯罪既遂时犯罪人的心理

犯罪既遂后,大多数犯罪人因目的的达到而停止犯罪行为;犯罪动机得到满足,犯罪决意也随之消失。这阶段的心理主要表现为以下几种情况:

(1) 满足

犯罪人达到预期的目的,其物质上和精神上得到一定程度的满足,因而欣喜若狂。犯罪人因自己犯罪成功一般都有满足感。这种满足感常常会强化犯罪恶习,滋生新的犯罪动机。

(2) 弛缓

犯罪活动一般都是处于一种兴奋的状态之中,犯罪实施成功后,紧张、恐惧减弱,兴奋状态随之消失,犯罪人处于弛缓状态。

(3) 紧张

初犯、偶犯的这种心理现象特别突出。常表现为情绪反常,行为无序,惶惶不可终日。有的犯罪人甚至产生错觉、幻觉,出现被害妄想等精神症状。

(4) 悔恨

有的犯罪人实施犯罪后,对其行为及其后果产生悔恨、自责,甚至企图自杀。这种心理状态多见于初犯。这类犯罪人多能自动投案,或听从规劝而自首。

(5) 犹豫

实施犯罪后,犯罪人常有强烈反复的思想斗争,在何去何从的问题上犹豫不决。这种犯罪人视外界因素的刺激及内在心理反应的不同,最终将作出抉择,如投案自首、坐等观望、畏罪自杀等,因而对这种犯罪人,外界因素的影响至关重要。

第二节 过失犯罪心理

一、过失犯罪心理概述

根据我国《刑法》第 15 条的规定:过失犯罪是指应当预见自己的行为可能发生危害社会的结果,因为疏忽大意而没有预见,或者已经预见了而轻信能够避免,以致发生危害结果的情形。犯罪过失是行为人实施过失犯罪时的主观心理态度,刑法理论上将犯罪过失分为两种:一种是行为人应当预见自己的行为可能发生危害社会的结果,因疏忽大意而没有预见,这在刑法理论上叫做疏忽大意的过失;另一种是行为人已经预见到自己的行为可能发生危害社会的结果,但是轻信可以避免,以致发生这种结果,这在刑法理论上叫做过于自信的过失。

作为法定危害结果发生才能成立犯罪的过失犯罪,行为人在意志因素方面排斥或否定危害结果的发生,其人身危险性和主观恶性都不及追求或放任危害结果发生的故意犯罪。

(一) 疏忽大意的过失

疏忽大意的过失,是指应当预见自己的行为可能发生危害社会结果,因为疏忽大意而没有预见,以致发生这种结果的心理态度。疏忽大意的过失是一种无认识的过失,即行为人没有预见自己的行为可能发生危害社会结果;行为人之所以没有预见自己行为的结果,不是因为他不能预见,而是在应当预见的前提下,由于疏忽大意而没有预见。如果行为人小心谨慎、认真负责,就能够预见。应当预见是前提,没有预见是事实,疏忽大意是原因。应当预见,但由于疏忽大意而没有预见,这就是疏忽大意过失的认识因素。疏忽大意过失的意志因素,也表现为无意志,即从意志因素与认识因素的关系上来看,既然无认识,就必然是无意志。疏忽大意的过失犯罪有两个特征:其一,行为人应当预见到自己行为可能产生危害社会的结果;其二,是行为人因为疏忽大意而没有预见。

如何判断"应当预见"?有客观标准和主观标准之分。所谓客观标准是以个人在社会生活中应尽的预见义务(包括一般预见义务和职业预见义务)为标准,即一般理智正常的人能够预见,犯罪主体也应当预见;所谓主观标准是在某种具体情况下,根据行为人的主观条件(如智力、发育、文化水平、技术熟练程度)等为标准,分析他是否具有应当预见自己行为危害的能力和条件。显然,为了正确地判断是否应当预见,应将客观标准与主观标准统一起来进行考虑。

至于造成行为人疏忽大意过失犯罪的心理原因,主要有以下几种:其一,事业心、责任心不强,对工作草率粗心,马虎了事,不负责任;对个人利益的关心超过了对公共利益的关心,对自己的行为缺乏责任心,以冷漠和轻率的态度对待自己应尽的义务;其二,注意品质不良,如注意的稳定性差、广度不够,不善于将注意集中在自己应注意的对象上,易受外部情景的干扰;其三,粗心大意,感知、记忆模糊,思维、判断有片面性;其四,缺乏必要的专业知识和熟练的技能,在紧急情况下判断失误,应激不良等等。

(二)过于自信的过失

过于自信的过失,是指已经预见自己的行为可能发生危害社会的结果,但轻信能够避免,以致发生这种结果的心理态度。过于自信的过失是有认识的过失。行为人已经预见自己的行为可能发生危害社会的结果,同时,又轻信危害结果可以避免,这就是过于自信过失的认识因素。已经预见是事实,轻信能够避免是行为人在已经预见的同时还实施该行为的主观原因。轻信能够防止结果的发生,但其所凭借的主客观条件并不现实。轻信能够避免主要表现为两种情况:一是过高估计自己的能力,认为自己可以避免结果的发生;二是不当地估计了现实存在的客观条件对避免危害结果的作用。意志因素也表现为希望危害结果不发生,至少可以说是既不希望也不放任危害结果发生,因为行为人是在自信能够避免危害结果的前提下才实施行为的。这种意志因素使得过于自信过失的罪过性明显轻于故意的罪过性。

过于自信的过失与间接故意有相似之处,二者都认识到危害结果发生的可能性,都不是希望危害结果的发生,但二者却是有区别的。从本质上说,间接故意所反映的是行为人对社会关系的积极蔑视态度,过于自信的过失所反映的是行为人对社会关系消极不保护的态度。这种本质上的差别,又是通过各自的认识因素与意志因素体现出来的。首先,间接故意是"明知"危害结果发生的可能性;过于自信的过失是"预见"危害结果发生的可能性。"明知"比"预见"要具体、要全面。其次,间接故意是为了实现其他犯罪意图或非犯罪意图而实施行为,而根本不考虑是否可以避免危害结果的发生;过于自信的过失之所以实施该行为,是因为考虑到可以避免危害结果的发生。最后,间接故意是放任危害结果的发生,结果的发生符合行为人的意志;过于自信的过失并不希望也不放任危害结果的发生,结果的发生违背行为人的意志。

二、产生过失犯罪的心理原因

过失犯罪同故意犯罪一样,也是由一定的诱因所引起的。由于过失犯罪所产生的危害结果,是犯罪人不情愿看到的,是犯罪人不希望发生的,因此引起过失犯罪的原因因素就可能比故意犯罪更为复杂一些,综合起来,影响过失犯罪的因素也有客观因素和主观因素两个方面。

(一) 影响过失犯罪的客观环境因素

1. 情景因素

情景是由社会环境和自然环境等因素构成的对个人心理产生影响的综合性氛围。情景有顺有逆,自然和社会环境中正常联系与关系的中断或突变引发的意外是影响个体行为,甚至导致过失行为的客观因素之一。由于这样的意外事件是在个体始料未及的情况下发生的,事件若超出个体的经验与认识处置能力,就会对个体心理及行为产生不良刺激,个体就可能不知所措、行为异常。其主要的意外情景是:

(1) 社会方面的意外情景

现代社会竞争激烈、矛盾重重,人际关系的矛盾、突发的变故、人生挫折都可能给个体造成心理上的巨大压力,使其心情沮丧、情绪起伏,而对其他事物的注意力降低,引发过失犯罪行为。应该说,该类意外情景随着社会生活的复杂化与紧张化,更可能会成为诱发过失行为的重要因素。

(2) 自然方面的意外情景

首先是自然灾害。自然灾害是指不以人们主观意志为转移的由自然原因引起的灾害。例如,火灾、水灾、地震、海啸、台风、雪崩等。在自然灾害来临时,有些负有特殊责任和特别注意义务的人(如消防队员、抢险救灾人员和各级行政长官等)必须恪尽职守,不能避险。个别贪生怕死,未履行自己应负的职责或履行得不充分,造成损失的,应承担玩忽职守罪的刑事责任。对自然灾害负有预测、预报或通讯联络责任的人员,如果没能够恪尽职守进行预报和传递信息,以致造成海上作业、航空、农业等部门缺乏预防措施,给人民生命财产造成损失的,也应当负相应的刑事责任。

2. 舆论因素

舆论是指多数人对大家所关心的问题所持有的共同意见或态度。某种舆论一经形成，便会形成一种社会压力，对有关的人和事发生影响。大多数舆论是正确的，但有些不良的舆论或中性的舆论却可能在具体的环境中作出错误的行为导向，促使个体实施过失或故意犯罪行为。舆论按其形成和影响的范围大小可分为群体舆论和社会舆论。群体舆论是在个体生活的家庭、工作单位或朋友之间形成的对某种事物的共同看法。这种看法对个体心理活动会产生重要的影响，会促使个体放弃自己的判断和想法而从众。社会舆论的导向作用也是明显而深远并更为广泛的，社会多年沿袭的某些观念和行为方式会对个体的行为产生极大的影响和控制力，如过春节放鞭炮引起的人身伤害或火灾。

3. 工具因素

工具伴随着人类社会的进步而进步。工具有好坏新旧之分，对使用者而言，亦有生熟之别。这些都可以影响个体的判断力和注意力，引发过失行为。在使用高科技工具与设备的情况下，一方面，高科技工具在使用上有严格的操作规范，略有疏忽，就可能造成危害结果；另一方面，现代高科技不仅对从业人员的业务素质有较高的要求，而且对人的心理负荷也是一种考验，心理压力过大，负担过重也是过失行为产生的因素之一。陈旧的工具因使用时间过长，性能必然有所减退，特别是理应报废或淘汰的工具还在继续使用或者翻新后再使用，都可能在使用者对事故无认识或轻信能够避免事故的过失心态下发生危害结果。工具因素诱发过失行为更多的情形是个体使用熟练工具的情况。熟练工具是主体经常使用的，容易形成思维定势和路径依赖，在工具的使用过程中，存在麻痹大意或侥幸心理，导致危害结果的发生。

（二）影响过失犯罪的主体因素

1. 生理因素

（1）生理缺陷或疾病

有生理缺陷的人（如色盲、聋哑人等），由于其身体的部分器官存在功能缺陷，致使他们在感觉、知觉和行动方面有许多障碍和不便。这些由于生理缺陷引起的困难有可能在肇事情景中成为过失的因素。

此外，因疾病而导致的身体机能的缺陷，尤其是感知觉系统有缺陷，就难免影响认识能力和反应能力，在特定情况下，也易于导致过失犯罪。在感觉、知觉中，对过失犯罪影响较大的，是视觉和听觉感受性、辨别声源方位的能力等，如果行为人在以上方面存在着不同程度的缺陷，就可能影响到对外界事物的正确感知和注意，造成行为失误，或酿成重大事故。

（2）年龄与性别

年龄的不同会影响到行为人的心理成熟程度和社会经验。年长者情绪更易稳定，遇事更为老练沉着，在应当预见自己的行为可能发生危害结果的场合，他们多半基于经验能够预见，而不会去实施有一定危险的行为；在已经预见危害结果可能发生的场合，他们会放弃一定行为，或采取更有力的措施从而有效避免危害结果的发生。与此相对，年轻人在疏忽大意的场合，基于经验和注意力更易分散等原因，对危害结果的发生没有预见；在过于自信的场合，不沉着冷静、防止危害结果发生的措施不周密翔实、盲目乐观、易冲动等特点都使得年轻人在同等条件下，更容易发生事故。男女之间的性别差异，也对过失产生某种影响。一般来说，女性的注意力更为集中专一，心思更为细密谨慎；男性较马虎大意，更大胆粗心，因而过失犯罪的可能性更大。不过，值得注意的是，过失犯罪行为的发生，更多地还是与行为人的事业心、责任感以及性格等因素有关，而性别差异只起次要的作用。

（3）生物节律

行为人在生物节律循环周期的不同时期，其生理和心理表现各不相同。在低潮时期，尤其是高低潮转换时期，人体生理变化剧烈，机体各器官协调功能下降，心理反应不灵敏，易于疲劳，情绪不稳定，判断力降低，活动易出差错。因此，容易发生过失犯罪行为。

（4）麻醉与醉酒

麻醉品及酒类能够导致身心麻痹，使心理活动与身体动作发生困难，进而导致行为人意识和意志失控，尤其是吸用麻醉品的人易成习惯，对于麻醉品的需求量会越来越大，以致最终成为麻醉品中毒者。据研究，人在吸用麻醉品和醉酒之后，生理和心理会发生下列变化：① 色彩觉和视觉能力下降，使人在辨认颜色方面容易发生错误；② 触觉能力下降，使人不能靠触觉获取有用信息；③ 思考判断能力下降，血液中酒精浓度达到 0.94% 时，判断能力就降低 25%；④ 记忆力受阻，无法进行有效的识记，即使是平时记得很牢的东西，也回忆不起来；⑤ 注意力下降，不能有效集中和保持稳定的注意，而且注意固执偏向一方，不能合理分析和转移；⑥ 情绪不稳定，容易陷入激情状态；⑦ 性格发生暂时改变，如有的人在饮酒后一改平时谨慎、严肃的态度，变得说话随便，行动轻率。所有这一切变化，都容易使人作出错误的行为，引起重大事故，构成过失犯罪。[1]

（5）身心疲劳

疲劳是指过度或持久的活动致使身体感觉不适和工作效率减退的抑制状态，有生理疲劳和心理疲劳两种。人处于疲劳状态时，往往对应注意的事项不能予以充分的注意，如操作机器设备连续作业时，因疲劳而出现错误操作，酿成事故。

---

[1] 参见刘邦慧：《犯罪心理学》，科学出版社 2004 年版，第 232—233 页。

2. 心理因素

心理因素与生理因素之间有联系,也会相互影响。这里的心理因素着重指的是个体长期形成的、较为稳定的心理品质。其主要包括注意、思维与认识、性格与气质、记忆等因素。

(1) 性格与气质

性格是一个人在长期的生活实践中形成的对事物的稳定态度和习惯化的行为方式,它一旦形成便使人的外部表现具有鲜明的个人特点,并贯穿在人的全部行为之中。性格总是表现出一个人独特的、稳定的个性特征。由于性格是个性中具有核心意义的心理因素,它具体地表现出一个人的品德和世界观,因此性格有好坏之分。大量的实例表明,消极的或不良的性格特征有可能形成过失犯罪心理。气质是一个人生来就具有的心理活动的动力特征。由于气质是先天遗传的,所以它不存在好坏优劣之分。每一种气质类型都有积极的一面,也都有消极的一面。如果行为人表现出消极的气质面,例如,脾气暴躁、冒失冲动、注意力不稳定、心不在焉、固执己见、无精打采等,都有可能引起过失犯罪行为的发生。不过,气质类型与过失犯罪行为之间没有必然的联系。

(2) 记忆缺陷与失误

记忆缺陷与失误,会造成行为偏离正确的方向。如遗忘、回忆中的障碍、再认识中的错误以及记忆过程中的抑制等,都会使行为人对外界事物的认识发生差错,导致行为失误。此外,过失犯罪的发生,与行为人的不正确思维还有一定的关系。在疏忽大意过失的场合,行为人本应预见到危害结果的发生,但由于其智能低下,或思维有问题,知识经验不足,而没有预见到,这说明疏忽大意的过失与其思维能力和水平有很大的关系。在过于自信的过失犯罪场合,行为人虽然预见到了危害结果,但由于其对自己的能力、知识经验以及客观条件等估计不足,思维缺乏全面性和深刻性,最终未能避免危害结果的发生。

(3) 注意

注意是心理活动对一定对象的指向和集中,它是人适应环境、掌握知识、从事实践活动的必要条件。注意与过失的联系表现为两种:无注意和注意力涣散。这两种情形下,个体不是对任何事物都未注意,而是对应该注意到的没有注意或注意不够,这可能是由于个体本身漫不经心、麻木迟钝,也可能是当时个体的关注点不在可能造成危害结果的这种情态上,而在其他事物上。

(4) 态度

态度是个体对于各种事物和现象所持有的协调一致的、有组织的、习惯化的行为准备状态和心理倾向,它和人的思想意识密切相关。一般来说,对人对事态度不端正也是导致过失犯罪的重要因素。对工作抱有不负责任的态度、对上级有不满的对抗态度可能引起责任事故;在工作中与生活中自私自利或态度傲慢、固执己见、听不进别人的劝告也可能发生过失事件。

三、过失犯罪心理结构

过失犯罪心理结构,是指行为人在非希望也非放任的心理状态下,采取过失行为,并导致危害结果发生的多种心理因素有机而相对稳定的组合。该定义表明:首先,行为人是在非故意的心理状态下,既不是直接故意的希望,也不是间接故意的放任,而是由于疏忽大意或过于自信导致了犯罪行为的发生;其次,行为人的心理因素与危害结果之间存在着因果关系;最后,过失犯罪心理不是单一的消极因素,而是包括认知、情绪、意志、思维、判断、感觉、记忆以及无意识因素在内的多种消极心理因素的综合。

过失犯罪心理结构的一般模式分为如下三个层次:

1. 心理品质层次是促使过失犯罪的最根本心理基础

过失犯罪行为人虽然不像故意犯罪人那样具有反社会的恶劣心理品质,但行为人的各种不良心理品质,如不负责任、自负逞能、自私自利、玩忽职守等却是造成疏忽大意过失或过于自信过失的最根本心理因素。这些心理因素本身不是犯罪意识,但正是在这类心理因素的基础上才可能产生两种过失心理态度并最终导致危害结果的发生。

2. 动机与意志层次是连接心理品质层次和过失心态的中间层次

过失犯罪行为人没有造成危害结果发生的犯罪目的,当然也就没有犯罪动机,但这并非是说过失犯罪行为人没有目的和动机。人的行为都有动机,只是过失犯罪行为的动机并不具有犯罪意图而已。这样的动机有两个特点:一是主客观不相符合;二是个人获利的不良动机。有了动机,还需要意志来决定采取何种行为来满足动机。这种意志仍然不同于故意犯罪中的决意,但仍是过失行为的决意,由于这种决意,才出现了过失犯罪行为。

3. 过失心理状态是造成过失犯罪行为的直接动因

行为人决意实施过失犯罪行为后,在动机和决意转化为外在行为的整个过程中,都充斥着对危害结果完全无认识的或轻信能够避免危害结果发生的过失心理态度。同故意犯罪主体对危害行为及结果具有高度注意力不同,无论是哪种过失心态,都是对危害结果的发生缺乏足够的注意。因此,对危害结果注意的缺乏,是过失犯罪心理的本质特征。

四、过失犯罪心理机制

过失犯罪心理机制是指过失犯罪心理形成与过失犯罪行为发生机制。在这里,我们着重分析两个问题:一是过失犯罪行为发生的动机源泉,过失犯罪虽然没有犯罪动机,但却有一般意义上的动机;二是过失犯罪行为发生的过程,即从过失犯罪心理到过失犯罪行为的有关阶段。①

（一）过失犯罪的动机

1. 自我显示

有的人自我显示欲望和虚荣心很强，在工作和生活中不顾操作规程和生活经验，贸然行事，造成危害后果。例如，司机在汽车有故障的情况下，为炫耀自己的技术高超而照样上路。

2. 不负责任

无社会责任感的人，容易在工作中漫不经心、粗枝大叶，因疏忽大意而造成严重危害结果。例如，锅炉工在应给锅炉加水时去打麻将以致发生锅炉爆炸的严重事故。

3. 贪利

具有贪利动机的人，唯利是图，在具体行为时趋利心过重，忽视或轻视危险因素，为了利益不顾一切，不惜铤而走险，违章冒险作业，从而导致事故发生。

4. 贪图荣誉

有的人为了完成上级安排的任务，标榜自己，达到获得荣誉、个人晋升的目的，忽视隐患与不安全因素，未尽到足够的注意，在经济往来中，失职被骗，给国家造成损失，如在签订合同中失职被骗。

5. 游戏玩乐

游戏玩乐型动机具体表现为制造恶作剧和用危险方法开玩笑的行为。例如，将熟睡的人放在公路中央，有车开来时示意车停，却因司机来不及刹车而酿成惨祸。

（二）过失犯罪行为发生的过程

1. 疏忽大意过失犯罪的心理过程及机制

疏忽大意过失犯罪的心理过程中，应当预见是前提，没有预见是事实，疏忽大意是原因。具体来说，其心理过程与发生机制是：

（1）应当预见和能够预见

是否应当预见危害结果，是区分行为人的行为是疏忽大意的过失还是意外事件的关键所在。所谓应当预见，就是行为人负有预见义务，而且主观上均具有预见的能力与条件，即按照当时的具体情况能够预见。

（2）没有预见和疏忽大意

行为人在具备预见能力和条件的情况下却没有预见，在既非希望也非放任的前提下，唯一的原因只能是主观上存在着疏忽大意，即忽略粗心、不注意。

---

① 参见肖兴政、郝志伦主编：《犯罪心理学》，四川大学出版社2004年版，第175—177页。

(3) 错误决策和实施危害行为

疏忽大意的意志因素表现为无意志,因为在认识因素方面,行为人对危害结果的发生是无认识的,那在意志因素上就必然是无意志。但是,因为他应当预见自己的行为具有意识的支配,并不是与意识毫无联系的。在心理学范畴内,疏忽大意过失的意志因素表现为行为人作出了错误的决策,包括错误的作为与不作为,并在其作用之下付诸行动,导致危害结果的发生。

2. 过于自信过失犯罪的心理过程及机制

首先,是行为人对危害结果的可能发生有所认识,即所谓的"已经预见"。这种认识是含糊不清的,或者说是不充分的,行为人对结果是否真的出现没有确定的预见性,就其心理而言,仅仅认识到了结果出现的可能性。进一步说,行为人并未预见到危害结果发生的概率是如此之大。

其次,是行为人轻率地相信危害结果能够避免,即所谓的"轻信能够避免"。这是过于自信过失的心理过程的主要内容,也是行为人执意实施行为,导致危害结果发生的主要原因。行为人在主观认识上的错误表现在两个方面:一是过低估计了促使危害结果发生的危险的地位和严重程度;二是过高地估计了抑制危害结果发生的安全因素的地位与作用。行为人对这两者的地位和作用作出的不符合客观实际的认识与判断成为其作出错误决策与行为的心理依据。

最后,便是错误决策与危害行为的实施。在这一心理环节上,过于自信与疏忽大意的过失犯罪是相同的,但产生错误决策与行为的依据是不同的。

一、本章需要继续探讨的问题

过失犯罪心理与故意犯罪心理的区别

1. 行为人的主观恶性不同

就行为人的主观方面比较,犯罪故意与犯罪过失所包含的意识和意志因素是有区别的。意识在这里是指行为人对自己的行为所造成的危害结果在发生之前的认识程度。过失犯罪人的意识表现是"预见"(疏忽大意过失是没有预见),这种认识是不清晰、不明确、不充分、不肯定的;而故意犯罪人的意识则表现为"明知",这种认识是清晰、明确、充分、肯定的。显然,就认识程度而言,犯罪过失不如犯罪故意深。

意志在这里主要是指行为人对自己的行为造成的危害结果所采取的态度,并在此态度的基础上表现出来的对行为性质和方向的控制情况。过失犯罪在意志表现上是疏忽、轻信的心理态度,可以说危害结果的发生是违背了行为人的意志的;而故意犯罪在意志表现上是希望或放任的心理态度,危害结果的发生正是行为人所期望的,或者至少是没有违背行为人的意志的。显然,故意犯罪的心理态度更为恶劣。

正是由于故意犯罪人的犯罪意识清楚、明确,且犯罪态度恶劣,所以,故意犯罪人的主观恶性和人身危险性都比过失犯罪人严重。正因为如此,我国刑法分则的有关条文明确规定,同一种犯罪,对故意犯罪的处罚要比过失犯罪重。

2. 犯罪心理的内容不同

故意犯罪心理与过失犯罪心理在内容上是有区别的。故意犯罪心理一般都包含有明确的犯罪动机和目的,并且正是在犯罪动机的驱使和犯罪目的的指引下,行为人通过具体实施犯罪行为来达到犯罪目的;而过失犯罪心理则不包含犯罪动机和犯罪目的。过失犯罪行为人造成危害结果发生,虽然也有其行为的动机和目的,但是,过失犯罪所追求的目的并不是犯罪目的,过失犯罪行为人没有造成危害结果的犯罪动机和目的,不存在犯罪决意。

在心理原因上,故意犯罪行为人追求或放任危害结果的出现,心理原因和危害结果之间存在着必然性联系;而过失犯罪的发生,虽然行为人也存在着人格缺陷,但是,外部因素常起到了重要的引发作用,心理原因(人格缺陷)与危害结果之间的联系偶然性较大,因为它们之间的联系必须通过外部环境因素作中介。

在注意的程度和品质上,过失犯罪心理与故意犯罪心理也有差别,过失犯罪心理主要表现为"不注意",即对危害结果应注意、能够注意而缺乏应有的注意,漫不经心、疏忽大意,或者虽然对危害结果有所预见(注意),但因过于自信,仍未予以足够的注意;而故意犯罪心理的注意程度较深,唯恐有丝毫疏忽和闪失,总是力求谨慎小心,以期达到预定的犯罪目的。此外,在注意品质上,过失犯罪人往往存在着注意品质的明显缺陷。例如,注意转移不当、注意力不集中,或者注意分配发生错误、注意范围狭窄,等等。正是由于行为人存在着注意品质的不良,才会出现不应有的认识错误,并导致了过失危害结果的发生;而故意犯罪行为人的注意品质则不存在明显的缺陷。

3. 犯罪心理的机制不同

过失犯罪心理与故意犯罪心理的发生机制不同。过失犯罪没有犯罪决意,也不具有犯罪动机和犯罪目的。过失犯罪行为不是在犯罪动机的支配下发生的,危害结果也不是犯罪目的所指向的。疏忽大意或过于自信所导致的危害结果,不是行为人的主观愿望,可以说是事与愿违,对已经发生的危害结果,多数人的态度是后悔和反省,他们的本意并不是犯罪。因此,过失犯罪的心理机制是:在各种主客观因素的影响下,行为人违反注意义务,导致注意失误,进而形成疏忽大意或过于自信的消极心理,由于心理失误必然导致行为失误,以致最终发生危害社会的结果。

故意犯罪(特别是直接故意犯罪)有犯意,有明确的犯罪动机和目的,故意犯罪人追求或者放任危害结果的发生。因此,直接故意犯罪的心理机制是:在各种主客观因素的影响下,行为人首先是产生犯意,形成犯罪动机,明确犯罪目的;其次是在犯罪动机的支配和犯罪目的的指引下,为了达到犯罪目的而不惜实施危害行为,直至危害社会的结果发生。间接故意犯罪的心理机制是:行为人在实施追求其他目的(甚至是无目的)的行为时,明知自己的行为可能会发生危害社会的结果,在心理上放任这种危害结果的发生,在行为上不是设法改变自己的行为性质或方向,而是继续实行之,并最终导致危害结果的发生。可见,无论是直接故意犯罪,还是间接故意犯罪,都没有违反注意义务,也不存在注意失误的问题,而是敌视或蔑视社会规范的主观意识发生作用的产物。因此,过失犯罪与故意犯罪的心理机制是不同的。[①]

二、思考题

1. 简述故意犯罪的概念与特征。
2. 分析故意犯罪心理结构。
3. 简述过失犯罪的概念与特征。
4. 论述过失犯罪心理结构。
5. 论述过失犯罪的动机。
6. 论述过失犯罪行为的发生机制。

[①] 参见梅传强:《犯罪心理生成机制》,中国检察出版社2004年版,第165—167页。

第十二章 群体犯罪心理

内容提要

依据某一犯罪案件实施者人数的多少,可将犯罪人划分为单独犯罪人与共同犯罪人两类。凡一人单独实施犯罪行为的,称单独犯罪人;凡两人以上共同故意实施同一犯罪行为的,称共同犯罪人。从社会心理学角度看,共同犯罪人可视为一个实施犯罪行为的群体,即犯罪群体。

关键词

群体　群体犯罪　共同犯罪　有组织犯罪　团伙犯罪　聚众犯罪

第一节　群体犯罪心理概述

一、群体犯罪的内涵

群体犯罪不是一个严格的法律概念,而是一个犯罪的社会学概念。其作为相对于单独犯罪的一种犯罪类型,是指两个以上的犯罪主体,通过相互交往,在犯罪目的一致或暂时达成一致的基础上联合实施的犯罪行为。刑法中规定的共同犯罪,可视为群体犯罪的常见形式,但群体犯罪不限于共同犯罪。群体犯罪的特点是:

1. 群体犯罪行为人的整体性

群体犯罪其活动具有整体的特性和效应,从两个以上的行为人联合实施犯罪行为时起,行为人就不仅仅是以个人的身份出现的犯罪主体,而是以联合体功能出现的社会心理学意义上的犯罪群体。这种整体效应可以用 1+1>2 或"整体大于部分之和"来理解。

2. 群体犯罪目的的一致性

参加群体犯罪的成员一般具有共同的心理感受,受过相似的社会亚文化的影响,容易达成主观上共同的犯罪意图,成为具有同一类犯罪目的的行为人。

3. 群体犯罪参加者之间的交往性

正是参与群体犯罪的个体之间的交往促进了群体内部产生社会交互作用与信息、情绪与情感的交流,使群体更加稳固,选择方向时更能达成共识。

群体犯罪可以按照不同的标准进行分类。以实施犯罪种类的多少为标准,可以划分为单一类型的群体犯罪和多种类型的群体犯罪;以成员间心理接触程度为标准,可分为事先有通谋的群体犯罪、事先无通谋的群体犯罪和无通谋但有共同违法行为的群体犯罪三种;以群体的组织形态为标准,可区分为四种:有一定契合的结构形态——共同犯罪,有严密组织的结构形态——有组织犯罪,组织松散的副结构形态——团伙犯罪,自发产生的非正式结构形态——集群犯罪。[①]

二、群体犯罪心理的概念和特征

群体犯罪心理是指群体中个人之间的意向、动机和目的的相互影响形成的适合于犯罪的群体气氛或共同的心理倾向。群体犯罪心理是个体犯罪心理的集中反映。犯罪群体中,群体成员的互动、感染和模仿会产生一定的社会心理现象,并在此基础上出现一种融合群体成员共同心理特征的群体心理。因此,群体犯罪心理来源于个体犯罪心理,却又超越个体犯罪心理,应该说它是一种共同的心理倾向,其核心是共同的犯罪目的。犯罪目的的实现、欲望的满足,增强了群体的凝聚力,促使犯罪群体更加稳定地发展。

群体犯罪是多层次的,其类型十分复杂,心理也有诸多的差异。就其一般特点来说,大体有以下几项:

1. 相同与相似性

不同性格、能力的成员结成犯罪群体,毕竟有其相同与相似之处。具体来说,这种相同与相似性表现为以下几方面:

(1) 欲求与目的的相同

即群体犯罪成员有共同的非法需要与犯罪目的,以此为基础,才能纠集在一起。

(2) 相互认同

群体犯罪成员对许多事物的认知与评价基本一致,相互之间引为同类,产生认同感。

(3) 情感相容

群体犯罪成员在感情上相互满意、接近,有自觉地归属于犯罪群体的肯定性情感,犯罪群体对其成员产生吸引力与凝聚力。

---

① 参见肖兴政、郝志伦:《犯罪心理学》,四川大学出版社2004年版,第193—194页。

2. 相异与互补性

犯罪群体成员不可能各个方面都一致,必然有某些矛盾与差别。但这些矛盾与差别可以通过调整达到互补与代偿的统一效果。具体表现为以下几方面:

(1) 动机相异与协调

犯罪群体参加者,在个人动机方面是有差别,甚至是有冲突的。由于各怀鬼胎,互不信任与利用对方的情形经常发生。但经过协调之后,一般尚能统一在相同的犯罪目的之中,使矛盾与冲突得到暂时的平息。

(2) 个性相异与互补

每个犯罪群体成员在性格、能力、意图方面不可能完全一致,譬如在性格上便有内向与外向、独立与顺从、支配与实行等差别。但这种差别又能在犯罪活动中,通过相互的交往和影响,起到互补的作用。在性格上,保持原有特点,实行分工合作;在犯罪目的上,使个体意图与群体意图互补;在犯罪手段上,发挥每个成员专长,形成相互默契与配合的效果。

(3) 心灵创伤相异与补偿

每个犯罪群体成员生活经历不同,心灵创伤各异。但在犯罪群体中,通过相互之间的交往与共同实行犯罪活动,他们又可以使自己心灵上的创伤和欲求不满在群体中得到补偿。

3. 群体效应与互动性

犯罪群体同其他社会群体一样,也会产生某种群体互动效应。主要表现为:

(1) 相乘效应

犯罪群体的整体能量必定超过单个犯罪成员能量之和。由于相互刺激,形成群威群胆;由于分工合作,形成有组织的整体效应。

(2) 感染效应

犯罪群体的亚文化氛围,经常表现为一种适合于犯罪的群体气氛与心理,影响着犯罪群体的心理活动过程。尤其在犯罪活动过程中,相互间在情绪上的感染与影响,在犯罪方式上的教唆与模仿表现得十分明显。

(3) 责任扩散效应

由于群体的支持力量,使犯罪群体成员产生"作案责任分担"的心理,以致能做出单个人不敢做的事,使群体犯罪的恶性程度与危害性不断加深与扩大。

(4) 权威和服从效应

在犯罪群体中有头目、骨干与一般成员之分。头目有相当的权威,可统一犯罪群体的步调。骨干按头目的犯罪意图行事,并控制一般成员。一般成员必须服从与积极行动,否则面临制裁。由此产生有组织的犯罪力量。

三、群体犯罪的心理学基础

由于犯罪行为的隐蔽性,犯罪人似乎更应该选择单独进行犯罪活动,但为什么还是会出现群体犯罪？出现群体犯罪的原因可能是多方面的,有生物学、社会学、心理学等方面的原因,在此,我们将主要讨论的是社会心理学方面的原因。

（一）群体归属感

人类是群居的动物,在种族进化过程中,形成了多人在一起生活以适应自然界的倾向。在这样的过程中,人类认识到个人不能离开集体生活,因而从事某种活动时,总是愿意与别人共同进行,于是结群的习惯得以形成并固定沿袭下来。心理学研究还发现,人存在着不同层次的需要,排成一个需要系统。人的需要体系分为五个层次,由低到高分别为生理需要、安全的需要、爱与归属的需要、自尊的需要以及自我实现的需要。这个需要层次理论还告诉我们,归属的需要是人的一种高级需要,是人渴望归属于群体,成为其中一员的需要,也就是群体归属感。所谓群体归属感,就是个体自觉地属于所参加群体的一种情感。正因为个体具有这种群体归属感的需要,就会以所在群体的要求为准则,进行自己的活动、认知和评价,自觉纠正自己的行为以同群体保持一致。作为犯罪人而言,他们和其他个体一样,也有着群体归属感。因此,也希望自己能被某一群体承认、接纳,成为其中一员。只是,他们所在的群体很可能是违法犯罪的群体。

（二）从众心理

从众心理是指个人在社会群体的压力下放弃自己的意见,转变原来的态度,采取与大多数人一致的行为。从众心理有时是个人为维持良好的人际关系,避免与群体发生冲突,增强自身安全感的一种手段。所谓"随波逐流"、"人云亦云",就是从众心理最好的例证。一般来说,从众心理带有被迫性,它是一种在外来压力的情况下而作出符合群体要求的行为,并非出于个人的自觉自愿。但应该明确的是,从众现象是一个比较普遍的心理现象,不仅仅出现在犯罪行为当中。

（三）服从

所谓服从,是指个体按照社会要求、团体规范或别人的意志而作出的行为,这种服从行为是因为来自外界的影响而被迫发生的。外来的影响有两种情况：一种是在一定的有组织的团体规范的影响下服从,另一种是对权威人物命令的服从。

对权威的服从有两种情况：一种是钦佩权威而服从,一种是害怕权威而服从。一般来讲,人们的服从行为可能与其本人内心有一定的距离,但不大会引起内心很大的矛盾与冲突。有时权威的要求与一个人的良心发生矛盾,个人违背了自己的良心而服从权威的命令,精神上就会惶恐不安。上述情况在犯罪中经常发生。例如,在一个流氓团伙中每个成员都必须服从团伙首领的命令,干一些盗窃、诈骗的勾当。其中有些成员是误上贼船的,他们并不是死心塌地愿意去干坏事,但在团伙首领的威逼下只好服从命令,被迫从事违法犯罪活动。

(四)相似与同类相聚

俗话说"物以类聚,人以群分",正式社会群体的形成与巩固有赖于成员之间的相知相惜、志同道合,作为非正式社会群体的犯罪群体也是如此。从大多数有组织犯罪来看,其成员大多有过相似的犯罪经历,都具有犯罪经验或受到刑事制裁的相似经历;年龄相当,对事物容易形成相同的人生观、价值观,形成相同的不满态度和报复心态,从而更容易聚集在一起实施群体犯罪。

(五)模仿与暗示

人的社会化过程便是一个模仿的过程。所谓模仿是指有意无意地仿效他人的行动,使自我的行动与被模仿对象的行动相一致的心理趋势。模仿与犯罪的关系极为密切,许多犯罪方式和技能就是靠模仿习得的。在群体犯罪中,这样的模仿也是一贯发生的。比如,以群体核心成员和骨干分子为榜样,对其言行进行模仿,从而加深成员的思想、行为、兴趣方面的反社会倾向,并掌握更多的犯罪方法与技能。暗示则是指用间接含蓄的方法传播信息,使人的思想和行为与暗示者的意志相符合。研究发现:人越年轻,缺少社会经验和文化认识,越容易受到暗示;认识能力越低、依赖性越强以及自主性越差的人越容易受暗示;同时,暗示者在被暗示者心目中的权威与暗示效果成正比。多数人的共同行为容易对人发生暗示作用。因此,在群体犯罪中,暗示多出自其中的核心人物,他们常以手势、眼神等体态动作和隐语影响、控制群体的心理与行为,指挥其进行犯罪活动。

第二节 各类群体犯罪的心理分析

一、集群犯罪心理

(一)集群犯罪概述

1. 集群犯罪的概念

集群犯罪又称为聚众犯罪、群集犯罪或骚乱行为。它是一种人们在激烈互动中自发产生的、由众多人的狂热行为导致的、使社会秩序混乱失控的犯罪行为。集群犯罪作为刑法规定的一种犯罪形式,是指法律规定以聚众作为构成犯罪必要条件的犯罪。聚众犯罪并不是一种独立的共同犯罪形式,有时甚至不是一种共同犯罪。根据刑法分则的规定,聚众犯罪在以下两种情况下属于共同犯罪:

一是法律规定对聚众活动的首要分子和其他积极参加者或多次参加者均以

犯罪论处。这种情况在扰乱公共秩序罪中比较多,如聚众扰乱社会秩序罪、聚众冲击国家机关罪、聚众斗殴罪、聚众淫乱罪。在这些聚众犯罪中,首要分子和其他积极参加者或多次参加者主观上具有共同犯罪的故意,客观上实施了共同行为,法律又规定对这两种人都要按犯罪处理,他们当然属于共同犯罪分子,应当按共同犯罪的规定进行处理。

二是法律规定只对聚众活动中的首要分子按犯罪处理,但首要分子为两人以上。某些刑法条文规定,对聚众犯罪的首要分子以犯罪论处。如我国《刑法》第291条的聚众扰乱公共场所秩序、交通秩序罪,在这种情况下,如果首要分子只有一人,那么这种聚众犯罪就是一种单独犯罪,如果首要分子为两人以上,则是共同犯罪。

2. 集群犯罪的特点

集群犯罪具有以下几个特征:

(1) 人员众多

集群犯罪涉及人数较多,可在一定时间内聚集大量的人员,但大多数人员彼此之间并不认识,不像其他群体犯罪形式事前有交往和沟通。

(2) 公然性

集群犯罪具有犯罪的公然性这一犯罪学意义上的特征。一般的刑事犯罪,犯罪人总是尽力避免自己的犯罪意图和行为被他人发觉,他们会选择合适的时间、地点和方法减少自己作案的痕迹和被发现的可能性,之后还要销毁证据以逃避侦查。也就是说,一般刑事犯罪包括其他群体犯罪多具有隐蔽性的特征。而集群犯罪却恰恰相反,参与人员并不隐讳自己的言行,甚至会当众表达不满、煽动情绪和滋事闹事。

(3) 非常规性

集群犯罪行为往往不能受正常社会规范的制约,而是肆意践踏和破坏社会准则。他们的行为不受理性控制,而是完全凭借个人的一时心血来潮,作出种种违反常规的行为,扰乱社会秩序。

(4) 松散性

除极少数首犯、鼓吹者之间有一定联系和组织外,从整体上来看,集群犯罪绝大多数成员间无固定的组织联系,也即联系成员的不是组织规范,而是相同或相似的情绪体验。其成员被情绪所感染,迅速地聚集又迅速地消散,自动解散之后也不会再有联系,更不会像其他群体犯罪形式一样再去共谋实施下一次犯罪。

(5) 狂热性

集群犯罪行为的每个参加者情绪都异常激动,处在狂热之中,行为完全被激情所支配。没有方向,没有目的,而且缺乏理智的思考,多人聚集在一起,相互发泄,相互刺激,狂呼乱喊,盲目行动,完全不考虑其行为的后果。

(二)集群犯罪的心理特征

1. 从众心理

从众心理是集群犯罪行为人的思维定势。思维上的"从众定势"及我们平常所说的"盲从",都使个人具有一种归属感和安全感,能够消除孤单和恐惧等心理。在这种心理作用下,在明知某件事情是违法或犯罪的时候,一个人可能不会做,但如果一群人中有人已经做了,并且在当时能看到明显的利益的时候,这种"从众定势"就会使人们产生"法不责众"心理,由此加入到群体性违法犯罪行为中去。

2. 个人判断力和个性的丧失

在大家趋之若鹜的氛围之下,行为人某种程度上丧失判断能力和自制力,也可能采取不假思索的反射性或与自己素来个性不相符合的行为。这就好像我们平常所说的某人"一时头脑发热"、"记不起自己姓甚名谁了"。

3. 极强的易受暗示性

在狂热氛围的作用下,参与者之间暗示与受暗示的效用都极大地增强,言行所带来的共同感染迅速地波及成员,再外化为相同或更为激烈的言行。这样恶性循环、相互感染,使集群犯罪声势逐渐扩大、行为逐步升级,从而一发不可收拾。

(三)集群犯罪的发生机制

1. 强烈刺激和暗示阶段

意外事件的发生可能会打乱人们正常的秩序,人们便会开始相互暗示,寻求对事件的了解和应付事件的对策。这时流言或不适当的处理方法占了主导,个体就会在认识和判断问题方面出现偏差,表现出与多数人一致的从众现象。人们变得极易受到别人的暗示和鼓动,产生冲动与狂热的情绪。

2. 情绪相互感染阶段

处于高度暗示状态下的人们会产生普遍的情绪感染。情绪感染是一种群众性的情绪模仿现象,即感情或行为从群体中的一个参加者蔓延到另一个参加者的现象。情绪感染有两种状况:一是循环式感染,即别人的情绪在自己的身上引起同样的情绪过程,反过来又加剧别人的情绪;二是连锁式感染,即一个人的情绪感染了另一个人,另一个人的情绪又感染了第三人,如此接二连三,使所有在场的人都受到感染。情绪感染是集群犯罪发生过程中的重要阶段,它影响并吸引了大量的人员包括围观者加入其中。

3. 情绪爆发、行为互动的阶段

情绪感染引发人们之间更加迅速全面而激烈地相互模仿和感染,使狂热而亢奋的情绪控制了整个人群。由于情绪激奋,愈演愈烈,逐渐使无组织的人群形成一个共同意向的松散群体,最后导致情绪爆发,引起越轨行为。由于盲从心理的作用,使得越轨行为不断升级恶化,当受到强行制止或群体情绪发泄完毕时,参与者从狂热中恢复自我,集群犯罪事件宣告完毕。[1]

二、一般共同犯罪心理

(一) 共同犯罪的概念

共同犯罪是一个法律概念,它是指两人以上共同故意实施的犯罪。一般认为必须具备下列要件:第一,行为人必须在主观上有共同犯罪的意向,即对共同的犯罪有共同的认识,它是故意犯罪而不是过失犯罪。第二,行为人必须有共同的犯罪行为。共同的犯罪行为,是指各个共同犯罪人在实施某一犯罪的时候,虽然他们的具体分工和参与的程度不同,但是每个人的行为都是指向同一目标,使他们的分工有机地结合起来,成为一个共同的犯罪行为。第三,行为人必须都是已达到刑事责任年龄、具备刑事责任能力的人。有些犯罪虽然是多数人共同实施的,但如果其中只有一个人具有刑事责任能力,其他的人都是不满14周岁的青少年或不负刑事责任的精神病人,也不能构成共同犯罪。

(二) 一般共同犯罪的心理特征

一般的共同犯罪心理特征表现为以下几方面:

1. 共同意向性

群体中的成员具备共同的犯罪意向,这是共同犯罪心理的前提和基础。各共同犯罪人在实施犯罪前要意识到不是自己一个人单独犯罪,而是与他人相互配合,共同实施犯罪。共同犯罪人不仅认识到自己的行为引起的危害结果,而且也能意识到其他共同犯罪人的行为会引起某种犯罪结果。共同犯罪人还能预见到共同犯罪行为与共同犯罪结果之间的因果关系。因此,在心理上,必须存在共同的犯罪意向,才可能构成共同故意犯罪。

2. 目的统一性

群体中的成员拥有共同的犯罪目的,犯罪行为促使犯罪目的成功地实现,这是维系共同犯罪的内在动力。当然,目的统一性必须有分担的行为。由于分担行为的不同,其角色和地位也各不相同。例如,分担策划和组织行为的,成为主犯;分担实施行为的,成为正犯;分担帮助行为的,成为从犯;进行教唆的,成为教唆犯。但是,他们的共同目的,都是为了实现共同希望获得的犯罪结果,因而具有目的的统一性。

3. 心理趋向性

在主导犯罪动机与统一犯罪目的的形成过程中,群体成员有着共同的犯罪倾向性,指向共同的犯罪结果,这里的共同心理趋向是必不可少的关键环节。因

---

[1] 参见肖兴政、郝志伦:《犯罪心理学》,四川大学出版社2004年版,第201—202页。

为在实施共同犯罪前,各共同犯罪人的动机和目的可能有差异,有的甚至是互相矛盾的。只有通过合谋,即通过动机的调整、取舍、统一,形成共同犯罪目的,并对有关事项取得大体一致认识后,才有共同犯罪的实施。而在这个过程中,心理趋同性是必不可少的一环。

4. 心理相容性

心理相容性是指各共同犯罪人之间,在犯意、犯罪动机、犯罪目的以及与之相关联的兴趣、能力、情绪情感、心理状态等,彼此相互悦纳或能够接受,通过相互影响、渗透、感染、传递、统一,能够形成共同的犯罪心理。

此外,在意志因素方面,行为人认识到自己的行为难以独立完成犯罪,需要与他人合作共同实施犯罪时,经过意志选择,决意与他人一起共同犯罪,是共同犯罪故意的意志因素的最初表现。各共同犯罪人希望或者放任自己的行为引起的结果和共同犯罪行为会发生某种犯罪结果,是共同犯罪意志的具体表现。正是由于存在着共同的犯罪意志,各共同犯罪人在犯罪过程中才有可能相互支持,相互配合。[①]

(三) 不同群体成员的心理特征

1. 主犯

主犯是指共同犯罪中发挥主要作用的犯罪分子,是犯罪集团的组织者、领导者和策划者,犯罪危害性最大。其心理特征是:

(1) 犯罪决意和犯罪能力的主导性

主犯对犯罪活动的信心和决心很大,犯罪本领高超,犯罪经验丰富,协调和指挥能力突出,因此在群体中威信很高、权力很大。

(2) 犯罪组织和犯罪实施的权威性

主犯决定着犯罪参与者的相互组织和协调,决定着犯罪意图、计划和分工的实施等。

(3) 犯罪心理和犯罪行为的影响性

主犯具有特殊的地位,通常利用公开的、暗示的、命令的、带头的种种方式,对群体的犯罪意识、情绪、态度和行为等产生影响。

2. 从犯

从犯是指在共同犯罪中起次要作用或辅助作用的犯罪分子,泛指犯罪群体中的一般成员,犯罪危害性较小。其主要心理特征是:

(1) 具有共同意向。

从犯对共同犯罪具有主观上的一致性意向和共同的犯罪目的。

[①] 梅传强主编:《犯罪心理学》,法律出版社 2010 年版,第 179—180 页。

(2) 罪责感与心理压力较轻

从犯在犯罪中不够谨慎,不必花费心思考虑后果,紧张感较弱。

(3) 从属或服从心理较重

从犯所承受的来自主犯和群体的心理压力较大,常处于被命令、被指挥甚至被威胁的地位,个体的独立性和人格的完整性受到压抑和损害。

3. 胁从犯

这类共同犯罪人犯罪动机的形成是被动的,是在受到胁迫、威胁的情况下,不得已而进行犯罪活动的。他们对犯罪行为的性质、意义与后果有清醒的认识,但苦于受到胁迫、自己利益面临受损,两者权衡与比较,为了保护自身利益,只好违心地服从。因此,胁从犯在其实施犯罪行为之前和犯罪过程中,内心冲突剧烈,情绪紧张;犯罪实施完毕以后,更是常伴有深深的悔意和歉疚。因此从教育改过自新的角度看,也较其他的犯罪分子容易。

三、团伙犯罪心理

(一) 团伙犯罪概述

团伙犯罪是指一种有核心成员或骨干分子,无固定成员,由一定地域内的、自愿结合的、具有反社会倾向或越轨行为的人共同组成的小群体所实施的犯罪行为。尽管有可能多次作案,但实施具体犯罪的成员往往临时纠合而成,犯罪目的一经达到,即自行解散。

团伙犯罪是共同犯罪的一种组织形式。它除了具有一般的共同犯罪的特点之外,还具有其自身的一些特征:

(1) 团伙犯罪的主体一般是3人以上;团伙成员多为临时纠合,流动性较大;平时无固定首领或明确的主从关系,只是在每次活动时有主次之分。

(2) 在组织形态上具有一定的纠合性、结伙性,带有区域性、行业性的特点,无明确的组织目标和组织纪律,犯罪方向、作案地域亦不固定。

(3) 虽有核心成员或骨干分子,但无固定成员,成员之间也无明确的、固定的分工,团伙组织结构松散。

(4) 主要靠成员间的犯罪意识和利益及"哥们义气"维系团伙组织,没有牢固的共同遵守的组织纪律。

(5) 团伙犯罪犯罪目的性较差,也经常变换,行为的实施具有突发性、偶然性,犯罪对象的选择具有随机性。

(6) 犯罪活动范围广泛,危害面大。大多数团伙从事多种犯罪,侵害的客体具有广泛性、复杂性、综合性,侵害对象往往不特定。

(二) 团伙犯罪的心理特征

团伙犯罪的心理特征主要有以下几个方面:

1. 成员之间情绪交叉感染尤其强烈

团伙具有自发性和松散性的组织特点,再加上其组织成员多为青少年,这便决定了犯罪团伙的活动不像有组织犯罪那样有规律可循,对成员约束不如有组织犯罪那样严格规范,其实施犯罪类型和犯罪指向目标多变。与其他犯罪群体相比,犯罪团伙缺乏行动的计划性和行动的有序冷静性;在实施犯罪过程中接受外部刺激的反应比较强烈,情绪变化大且迅速地在团伙成员内部蔓延,能激起强烈的情绪反应,并成为每个成员的内在推动力,指引团伙成员采取共同的行动。

2. 自我显示欲畸形膨胀

团伙犯罪成员由于多为青少年,无论是人生阅历还是犯罪经验都不丰富,大多年轻气盛,以自我为中心,具有强烈的自我表现欲望。在犯罪团伙这一特定犯罪群体,自我显示欲的强烈是通过个人实施极端的犯罪行为而得以表现和宣泄的。

3. 暗示与模仿的诱发效应特别突出

犯罪团伙中,头目的行为和多数人的行为容易对其他成员特别是青少年产生暗示作用,在短期内诱发他们犯罪。团伙成员年龄相近,兴趣爱好相似,特别容易对标新立异、表现"哥们义气"和"英雄气概"的行为产生崇拜和羡慕心理,在此心理的作用下,便会自发或不自发地予以模仿。

四、有组织犯罪心理

(一) 有组织犯罪概述

有组织犯罪是由多人组成的,以从事有计划的犯罪活动为宗旨,具有严密、固定的犯罪组织,与正常的社会生活及法律秩序相对抗的犯罪集团。

有组织犯罪的一般特征表现为:

1. 人数多且有明确分工

有组织犯罪的人数较多,其主要基本成员固定,有明显的首要分子和骨干成员。对于有组织犯罪集团的人数下限,我国刑法没有明确的规定,但根据刑法理论和司法实践,通常主张以三人为下限。从司法实践看,有组织犯罪有朝大型化发展的趋势,多的可达数十人、上百人,三人以上只是最低标准。

2. 组织严密、犯罪目的性较强,持续时间较长

有组织犯罪是一个永久性组织,具有等级森严的内部结构和组织纪律。这是区分有组织犯罪和一般共同犯罪的重要标志。一般性共同犯罪,例如我国所说的结伙犯罪,一般都是为了一个临时性目而短时间地纠合在一起,实施一次或数次犯罪后就即行解散;有组织犯罪则具有长远的计划和目的,其犯罪组织是永久性的,组织成员、特别是核心成员基本保持稳定,犯罪行为有连续性,即不间断从事犯罪活动。

3. 没有意识形态目标,更多地追求获取经济利益

有组织犯罪没有意识形态目标,只追求最大限度地获取经济利益。这一点同激进的、主张政治改革的恐怖组织不同。传统意义上的恐怖组织一般是凭借暴力或其他策略制造恐怖事件,借以威胁、恐吓政府和公众,以达到政治和社会目的的团体。

有组织犯罪不是政治性组织,他们一般是政治上的保守派,希望维持社会现状,反对任何激进的政治改革。他们虽然也采取一些政治性行为,与政府和司法机构中的腐败官员相勾结,但主要的用意不在于操纵政治运作,而是寻求保护和逃避法律的制裁。他们通过提供商品或服务,例如赌博、卖淫、毒品走私,最大限度地捞取利润;或者采用掠夺式的方法,如抢劫、盗窃、诈骗、合伙敲诈来获取尽可能多的赃款赃物。然后采用"洗钱"的非法手段,将获取的巨额利润向具有潜在商业价值的领域渗透,通过操纵合法经营来维护自己的既得经济利益。

4. 具有较强的本土性、区域性

由于受人员、资金、经验等方面的限制,我国有组织犯罪主要利用区域的控制优势,在一定范围内实施犯罪活动。血缘、狱缘作为主要的联系纽带,决定了活动范围只能局限于一个城市、一个村镇、一个街区,基本上不具备外向发展的能力。

5. 犯罪具有暴力性、多样性、疯狂性

有组织犯罪的手段具有暴力性、多样性、疯狂性且具有逃避打击的能力。在有组织犯罪的历史中充满了血雨腥风,恫吓和暴力曾经是最常采用和得到普遍认可的手段,也是保持犯罪组织活力和实现其目标的重要因素,而且有些犯罪行为也必须依赖于暴力才能实现,例如谋杀、敲诈勒索和强收"保护费"等等。

(二)有组织犯罪的心理基础

有组织犯罪之所以能够采取共同犯罪的行动,结成统一的整体,除了其他因素外,还主要与犯罪集团中有共同的心理基础有关。有组织犯罪的心理基础主要表现在以下几个方面[1]:

1. 相同的境遇

相同的境遇容易使人产生相同的感情,形成情感共鸣。从犯罪集团的形成和发展过程看,成员一般都没有固定或稳定的生活来源,都受到过行政处分或相似的法律制裁,有相同的政治遭遇,有相似的生活经历或不幸,都受到过相似的"冷遇"等。正是这些相同或相似的经历,使集团中的每一个人感到有共同语言或感受,这为他们的交往和结伙奠定了心理(特别是感情上的)基础。当然,有些犯罪集团(特别是带有黑社会性质的犯罪集团)在其发展壮大过程中,为了寻求

---

[1] 梅传强主编:《犯罪心理学》,法律出版社 2010 年版,第 182—183 页。

权力保护伞,也可能以美色为诱饵、以金钱开道,拉拢、腐蚀党政领导,这些堕落的腐败分子虽然与犯罪集团的成员无相同的境况,但却有共同的不良需求和兴趣。

2. 共同的需求和兴趣

有组织犯罪成员在结伙前,一般都有相似的不良兴趣和爱好,如流氓成性、贪财图利、好斗逞强或者好吃懒做等,这些不良的兴趣、爱好,使他们存在共同的需求和不良兴趣,促使他们臭味相投,走到一起,愿意在结伙过程中通过集团的形式得到更大限度的满足。因为个人的力量毕竟有限,集团和组织的力量远比单个犯罪的成功率高得多。作案以后,为了逃避公安机关的打击、处理,犯罪人之间又存在共同的安全需要,这就可能使他们更加紧密地纠合在一起,形成比较稳定的犯罪组织,从而使犯罪组织逐渐由低级向高级、由小向大的方向发展。

3. 心理契约

这里的心理契约主要是指集团成员对集团组织、与其他成员相互间在犯罪心理上的积极认同和相互约束的关系。这种结伙心理契约的形成,主要是由于成员的需求一致,目标相同,因而相互依赖,互为补充。成员们大多是发自内心地忠于犯罪组织及其目标,自觉并愿意共同参与违法犯罪活动,以此来满足自己的需求,达到自己的追求目标。

(三) 有组织犯罪的心理特征

1. 恶性膨胀的金钱欲

一些人追求畸形的物质享受,又不能通过正常的经营发财致富,便视违法犯罪,尤其是有组织犯罪,为取得财富、满足金钱欲的捷径。综观各种类型的有组织犯罪,无不以攫取大量金钱与物质利益为目的。

2. 帮派思想与亚文化氛围

对许多有组织犯罪的考察表明,在其犯罪成员的头脑中,充塞着各种特色的帮派思想和崇尚暴力、欺诈的亚文化,例如,"讲义气"、"重规矩"以及认为黑道上的人是真正的"英雄"等,遂成为他们参加有组织犯罪的精神支柱与行为动力。

3. 严格的规范与等级观念

有组织犯罪皆实行严格的独裁统治,绝无民主可言。每个成员都有自己的角色和地位,组成金字塔式的层级,不可稍有逾越。其成文或不成文的规范与禁忌,已形成传统,被绝大多数成员接受和认同。加入犯罪组织,均须履行一定的仪式,如以流血、纹身表示绝对效忠;违反纪律时,都心甘情愿地接受制裁。这种严格的等级、规范观念和纪律约束,是有组织犯罪得以巩固并延续其生存的重要心理因素。

4. 相似的动机和强烈的归属意识

有组织犯罪成员加入该组织的动机大体相似,主要是为获得不合理欲求的满足与增强其生存能力。当加入犯罪集团后,由于利益的驱动与纪律的严格,其成员莫不产生对内的认同感与对外交往中的团体归属感。

5. 互感性与互动性

情绪上的相互感染与行为上的模仿、互动,是一般群体均具有的社会心理现象,在有组织犯罪中亦相当明显。这种互感与互动,加强了犯罪团体的凝聚力和组织的严密程度。但是,犯罪组织内部由于利益上的冲突,也常有勾心斗角、互相"拆台"甚至械斗火拼等现象发生,从而出现心理上与组织上瓦解的可能性。

一、本章需要继续探讨的问题

(一) 群体的含义、特征

1. 群体的含义

群体是相对于个体而言的。个体是指单个的人,是以单独的形式活动的有个性的实体。事实上,作为具有社会属性的人完全失群而单独地生活,在现代社会中是很少的。群体在这里指的是由某些相同的心理、社会原因以特定的方式组合在一起进行活动,并相互制约的人群结合体,有时也称作团体。

2. 群体的特征

并非任何的人群结合体都能称为群体。马路上围观的人群,同乘一辆汽车的乘客,同在某一商店柜台购物的人群,不能归入我们所说的群体。群体应当具有以下的特征:(1)其成员相互依赖,在心理上要彼此意识到对方。(2)其成员在行为上有相互作用,彼此发生影响。(3)各成员有"我们同属于一群"的感受。这种感受实际上源于各成员彼此间有共同的目标或社会性需求,以及有共同的行为规范。

群体不是若干个体的简单相加,而是个体有机地组合而成的一种新的力量。在群体中存在着人际关系与交往,以及由此而产生的相互模仿、感染、吸引、排斥、协作、冲突、相容、顺从等社会心理现象。群体的效能取决于该群体中的人际关系与交往方式。集体是群体发展到高级阶段的特殊形态,是一种为实现有公益价值的社会目标而严密组织起来的有心理凝聚力的群体。集体的作用就在于协调人与人之间的关系,使每个成员的行为尽量符合集体的行为规范,目标一致,情感上一致。

(二) 群体形成的因素

1. 共同目的

心理学家米德尔布鲁克提出,在人们意识到不能单独完成一项工作,或者是通过多个人的共同努力可以更顺利完成一项工作时,就倾向于组成群体。

2. 隶属需要

所谓隶属需要,指个人认同于他人或群体的行为方式,并以相同方式行为,以获得安全感的需要。生活中每一个人都需要有一个对自己进行评判的参照基点,否则就难于自我确认,就不能有足够的安全感。因此,人需要将自己归属于一个自己认同的群体。

3. 共同兴趣

兴趣的一致是现实生活中群体形成的重要原因之一。由于兴趣的不同,直接导致了人们在群体归属上的分化。心理学家蒂博特的研究证明,一个群体的吸引力,直接同其所开展的活动是否具有吸引力有关。活动越是可以激发人们兴趣,越易于吸引人们参与群体的活动。

4. 压力情境

大量社会心理学研究的结果都显示,高压力的情境会直接促进人们形成群体或加入群体。心理学家夸伦泰利等研究发现,灾祸的受害者会自动与邻里和朋友组成群体去寻找庇护或救援受害者。佩皮通的研究表明,高恐惧诱发情境会明显增加个人参与群体的倾向。很显然,当人们安全感受到威胁时,组成群体或加入群体,是人们获得足够安全感支持的最佳途径。

5. 群体的工具作用

人们加入某一群体有时是为了达到某种功利目的,或实现与群体无关的期待。此时,人们加入群体成了实现其他目的的手段。

(三)典型案例

案例 1

2005 年 6 月 26 日下午 14 时 40 分,在安徽省池州城区翠柏路菜市场门口,吴某、李某、王某三人驾驶一辆丰田轿车将行人刘亮挂伤,双方发生争执,吴某、李某、王某将刘亮殴打致伤,引起部分市民不满并向池州 110 报警。在少数不法分子的鼓动下,一些不明真相的群众冲击派出所,烧、砸车辆,殴打民警,哄抢超市。池州市委、市政府会同安徽省公安厅领导坐镇指挥,该事件于当晚 23 时许平息,无人员死亡。①

案例 2

于珍,女,聋哑人,1987 年 7 月 21 日出生于浙江省温州市龙湾区灵昆镇,农民,小学文化程度。2005 年 3 月 22 日因盗窃被杭州市公安局下城区分局刑事拘留,同年 4 月 6 日被依法逮捕。

一个普通的农村聋哑女孩是怎么变成一个小偷的呢?2004 年 8 月 16 日,和于珍一起在温州永裕金具有限公司工作的林某(聋哑人)让她一起到杭州"打

---

① 资料来源于:http://news.sina.com.cn/c/2005-07/11/18147193591.shtml。

工",说那里赚得多。为了自食其力,天真的于珍便欣然同意了。来到杭州后,无依无靠的于珍只能跟随林某来到了南星桥的一个住处,并被介绍认识了梁某和应某。其实,年少无知的于珍已经掉入了一个由聋哑人组成的盗窃团伙。这个团伙的组织者就是梁某(聋哑人),1981年曾因强奸罪被判处过14年有期徒刑。

应某(聋哑人),就是于珍盗窃小组的组长。在应某的指导下,她很快熟悉了拎包盗窃的基本伎俩,参与实施犯罪。2004年10月8日13时许,于珍及犯罪团伙其他成员来到本市萧山区城厢街道萧山鞋城一楼,趁被害人徐某不备,窃得布包一只。但是当于珍携赃逃离至鞋城门口时被徐某和当地群众抓获。

2005年1月4日,于珍因犯盗窃罪被萧山区人民法院依法判处拘役4个月,并处罚金1000元。提前刑满释放后的于珍因在杭州无亲无故,只好重新回到了南星桥的住所里,但是她已经萌生了不再偷盗的念头。于是,她通过林某告诉应某,不想继续再偷了。结果应某立刻翻脸,将于珍毒打一顿,并让她罚跪,不给吃喝。当天晚上,不堪凌辱的于珍偷偷逃了出来,3月11日凌晨4点回到了温州老家。几天后,梁某通过短信告诉于珍,如果她决意不干,他们也不再逼她偷了,希望她能抽空回杭州把自己的行李取回。考虑到家里并不宽裕,自己身上值钱的东西都还在杭州,3月20日于珍回到了杭州南星桥的住处。结果等待她的又是一顿毒打。

这个主要由聋哑人组成的盗窃团伙有着严格的制度。每次于珍等人偷来的包都要交给应某,不准私藏更不准记账,否则就要挨打。于珍等人的生活费用由应某统一支出,再向梁某夫妇报账。至于像于珍这样生活在盗窃团伙最底层的人,是无权参与分赃的,而组长应某只是不定期地给过他们一点点零花钱,有时候十几元,有时候几十元。2005年3月21日15时许,于珍又和几个团伙成员一起在本市下城区武林路某家店内作案,但是曾经觉得自己"偷得不好"的于珍再次在逃离现场的途中被店员和群众抓获。随后,在公安机关的努力下,该团伙的主要罪犯梁某、应某、林某等都纷纷落网了。2005年9月13日,杭州下城区人民法院将参与盗窃总额高达23120元的于珍宣判为盗窃罪,依法判处其有期徒刑2年零10个月,并处罚金2000元。团伙其他罪犯也都受到了相应的处罚。①

案例3

2005年4月8日,上海市几名市民向市公安局经侦总队报案,称其因购买了所谓的即将在美国纳斯达克上市的境外公司股票而被骗。警方立即展开侦查,先后抓获嫌疑人谢长华等8人,一举破获了涉案金额高达4000万余元人民币,以销售所谓的境外上市股票,进行非法敛财的集资诈骗犯罪团伙。经查,谢

---

① 资料来源于新星网:http://www.qsn365.com/qsn365/articles/15813。

长华伙同其丈夫等人在境内利用居民对境外股票市场不了解,而境内股市不好,急于找到新的投资项目的心理,电话招揽客户,谎称股票上市即可抛售且每股价不低于4美元,兜售自己印制的百老汇国际发展公司、美国上海化工公司、安基美国生物有限公司、美国玉同药业公司等所谓美国股票进行集资诈骗,涉及受害人多达670余名。[①]

二、思考题

1. 简述群体犯罪的内涵及特征。
2. 简述群体犯罪心理的概念和特征。
3. 简述群体犯罪的心理学基础。
4. 简述集群犯罪的概念及特征。
5. 简述集群犯罪的群体心理特征。
6. 论述集群犯罪的发生机制。
7. 论述一般共同犯罪的心理特征。
8. 举例分析不同群体成员的心理特征。
9. 论述团伙犯罪心理特征。
10. 论述有组织犯罪的心理特征。

---

① 资料来源于:http://www.zqjjr.com/bbs/viewthread.php? tid=24119。

第十三章 变态心理犯罪

> **内容提要**

变态心理犯罪涉及的内容十分广泛。本章采用狭义的变态心理概念,并着重阐述变态心理与犯罪的关系,包括人格障碍、性心理障碍及智能障碍与犯罪的关系,分析了不同类型的人格障碍、性心理障碍及智能障碍的犯罪特点。

> **关键词**

变态心理　常态心理　变态心理犯罪　人格障碍　性心理障碍　智能障碍

第一节　变态心理犯罪概述

变态心理犯罪,是指行为人存在辨认障碍(包括感觉障碍、知觉障碍、思维障碍、注意障碍、意识障碍)或控制障碍(包括情感障碍、意志和意向障碍、行为障碍)的情况下实施的有社会危害性的行为。

一、变态心理的内涵

(一) 变态心理与常态心理的概念

所谓变态心理,是指人的知、情、意活动和个性心理特征以及行为表现超出了正常范围,表现为某种程度地丧失了辨认能力和控制能力。变态心理包括的范围很广,一般可从狭义和广义两个方面去理解。狭义的变态心理包括人格障碍、性心理障碍和智能障碍。广义的变态心理还涵盖了正常人偶尔发生的非现实、不合理或是不健康的心理现象(逆反心理、自恋、投射心理等)、迷信心理与超价值观念(由强烈情感加强了的在意识中占主导地位的观念)和犯罪心理。其内容包括智能障碍、人格障碍、性心理障碍、神经病、酒精或其他药物依赖和精神病。本章仅限于阐述狭义的变态心理。

常态心理,就是在对周围的环境的适应方面,个体具有被大多数人所理解和公认的"应有"的一般反应方式。

(二) 变态心理的判定原则

(1) 精神(心理)生活与客观环境是否统一协调,其言行能否被一般人所理解和接受,所作所为是否符合他生活的环境所提出的要求。

(2) 精神活动本身是否完整和协调,其认识活动、情感活动和意志活动是否协调一致。

(3) 精神活动本身是否统一,个性特征是否具有相对稳定性,它是否能体现在各种心理活动过程中。

(三) 变态心理和常态心理的区分标准

虽然上面给出了变态心理与常态心理的概念,但是变态心理和常态心理在实际生活中很难确定一个明确的界限,常态与变态只是相对而言。一般可以根据这样几个原则来辨别常态与变态:

1. 经验标准

即以一般人拥有的对常态的已有知识经验或病人自己的主观病态体验作为出发点或参照点。大多数人的经验是:正常人的认识、情感和意志活动是协调一致的,人格特征相对稳定,行为表现为多数人所接受和理解;变态者则与此相反。以经验为判别标准,主观性很大,因此容易产生判别差错。因此,使用经验标准判别变态心理时要谨慎,对经验判别的结果应当一分为二地看待。

2. 社会适应性标准

即从行为人对人对己对物的态度、在群体中的表现、与他人的交往活动以及对社会事件和社会关系的看法和反应是否符合社会的要求等方面进行分析。当然,社会适应性标准并非一成不变的,它受时间、地点、习俗、文化等条件的影响很大,并随着时代的发展而发生变化。因此,用社会适应性标准判别心理变态时,也要仔细斟酌,否则也容易出错。

3. 病因症状标准

即以个体身上是否存在常见的病因症状作为判断标准。有些变态心理症状或致病因素,在正常人身上是一定没有的,若在某些人身上发现了这些致病因素或疾病症状,则可判别为变态。这一标准在临床上广泛使用。虽然它比较客观,但是运用的范围却比较狭窄,因为心理变态常常是多种因素引起的,用此标准判别综合性变态心理现象时,就显得苍白无力了。此外,既有病因史,也有症状存在的病人并不主动去医院就医,这时就不能根据这一标准进行判别。

4. 统计学标准

统计学标准是以数量统计值为依据的划分标准。即通过心理测量,以全体人群中具有某种心理或行为特征的人数的分配为依据,按照正态分布曲线,居中间的大多数人为正常人,居两端的极少数人为变态人。这一标准虽然使用简单,并具有一定的科学性,但是也有明显的局限性。一方面,并非所有的心理和行为特征都呈正态分布；另一方面，有些心理和行为特征虽然在数量上呈正态分布，但有可能一端是变态，另一端则是优秀或超常水平。

5. 心理测验与实验标准

心理测验与实验标准，是指利用心理测验工具和实验仪器来检查、判别一个人的心理和行为是否正常。测验的内容包括心理、生理、神经生理等方面。这一标准比较客观，适于推广。[①]

如何区分常态和变态的心理活动，是一个相当复杂的问题。一方面，个性心理上存在着差异性，往往掩盖了个体在生理和心理上具有共性的事实，往往把真实客观存在的个体差异当作非常态的心理变态；另一方面，有些个性虽然偏离正常，但却没有达到超出常理、违反社会规范的程度，没有严重影响心理的社会功能。因此，判断一个人的心理活动是否正常，首先要考虑社会文化背景、民族传统、道德规范以及地理环境等因素的影响；其次要同周围人的生活形式、地域性风俗习惯以及个人以往的个性心理特征相比较，必须把各种标准相结合才可能判定某一心理活动是否是变态心理。

二、变态心理的成因

一个人的变态心理往往是由各方面因素综合形成的，但具体而言则有不同的侧重面。归纳起来主要有生物学、心理和环境因素。

（一）生物学因素

人是一种社会存在，也是一种生物存在，由于人的机体素质不同，所以在生理特质和能量方面是有差异的。

1. 遗传因素

当代大量研究表明，心理变态者多受其遗传因素的影响。例如，某一男青年一贯品行良好，但在某一天中午他突然脱下裤子，并向一女青年接近，事发后被捕。调查发现，他的父亲在与其年龄相仿时也有过同样的行为，而且其家族中不少男性成员在此年龄时都有过同样的行为。这表明有某种遗传因素在起作用。遗传物质的变异出现于染色体的称为"染色体变异"；出现于基因的，称为"基因突变"。与遗传因素有关的心理障碍，一般认为躁郁症与单基因显性遗传的因素有关，而先天愚型则是染色体畸变造成的遗传病。

2. 后天因素

一方面，各种不同程度的脑损伤，如脑结构、生理发生障碍，不仅可以引起大脑皮层萎缩的功能性病变，造成某些心理过程的异常，还可以使病人的个性改变。同时不少学者通过对脑电波的研究，发现人格障碍与个体大脑发育不成熟

---

① 梅传强主编：《犯罪心理学》，法律出版社 2010 年版，第 239—240 页。

也有密切的关系。另一方面,躯体疾病也可能造成人格障碍,主要是内分泌因素的紊乱所致。因为,只有神经系统和内分泌系统活动正常,才能使机体适应周围环境并维持机体内部的相对稳定性。有关研究证明,如果各种腺体功能发生紊乱就会造成各种病变,并成为心理变态的诱发因素。

3. 神经生化因素

神经生化研究分析指出:生化过程中的代谢失常,可能是诱发心理变态的重要原因。如躁狂症患者的尿检结果显示,其中的肾上腺素和去甲肾上腺素的排除量明显多于常人,而抑郁症患者的尿检结果是二者的排除量均正常;老年痴呆和先天愚型患者肾上腺素排除量低于正常水平;血浆皮质类固醇含量上升,可反馈性地使生物胺 NE 和 5-羟色胺更新率加速,从而引发焦虑。

(二) 心理因素

心理学家普遍认为,人的心理状况与人格的形成、发展有十分密切的关系。一个心理发展健康、成熟的人,能够客观地评价自己,并能给自己确定合理的奋斗目标,妥善地安排学习、工作和生活,协调地处理人际关系,精神饱满、和谐。反之,一个人如果从小就生活在矛盾和不幸的家庭中,或者受到强烈刺激等因素的影响,使心理未获得健康的发展,则往往会发展为心理变态,在日常生活和工作中出现行为越轨现象。

研究表明,对变态心理、行为的产生起致病作用的心理因素,主要有言语、情绪、挫折、冲突以及心理防御机制的作用。

1. 言语作用

言语活动是人类独有的心理现象,是人和动物相区别的根本标志。言语既可以帮助人们交流信息、传递情感,也可以通过自身所具有的暗示作用影响人的生理、心理及其行为表现。言语可分为积极的和消极的两种,某种程度的消极言语在其他因素的参与下,很可能影响一个人正常的生理和心理活动,进而导致人的心理和行为的变态。例如,在个体处于愤怒状态时,别人的煽风点火很可能促使他作出伤害他人的暴力性行为。

2. 情绪因素

一般来说,消极情绪对人的负面影响更大一些。紧张状态,是指在某种刺激的作用下,人或有机体产生的一种适应环境的反应状态。伴随着该状态而出现的消极情绪包括愤怒、憎恨、忧虑、痛苦、焦虑等。一方面,这些情绪是有机体适应环境的一种必要反应;另一方面,它们会对人的身心健康产生影响,使人失去生理上的稳定和心理上的平衡,导致病变。

3. 动机冲突

个体在进行有目的的活动中,可能同时存在着若干个追求或逃避的目标,以致不能实现全部而产生心理冲突,引发挫折情境,体验烦恼、不安和痛苦,从而严重威胁着人的身心健康,甚至使其精神状态趋于崩溃。

4. 挫折

挫折是指人们在实现某一目标的过程中受到阻碍或干扰,以致其动机不能得到满足时所产生的痛苦、失望或焦虑的情绪反应。在挫折情境中,人们也许采取某种方法来克服挫折,也许情绪消沉、行为偏差,甚至引起疾病。

5. 心理防御机制

这是个体处于挫折与冲突的紧张情境时,其内部心理活动具有的自觉或不自觉地解脱烦恼,减轻内心不安,以恢复情绪稳定的一种适应性倾向。在日常生活中如果运用不当,就会影响个人对周围社会环境的适应。

(三) 环境因素

环境因素是影响变态心理形成和发展的决定因素。环境因素的作用具体表现在以下几方面:

1. 家庭的不良影响

家庭是社会的细胞,是儿童最早接触的社会环境。如果家庭破裂,家庭氛围不和谐、紧张,或者对子女的教育方法不科学,都可能使儿童产生强烈的挫折感或自暴自弃、悲观失望或任性等。如果在儿童以后的生活中,这些不良的品质未能及时矫正反而进一步发展,就可能形成变态心理。即使是成人,如果由家庭导致的精神创伤过于严重,不能解脱,那么也可能导致心理变态。

2. 学校教育的不当或不良影响

学校教育是影响儿童发展的主导因素。如果学校教育的内容和教学方法不遵循儿童心理的特点和规律,过分压制儿童的个性发展,那么长期压抑的结果就可能导致个性的畸形发展或变态。例如,对学生的打骂和歧视,可能导致其反社会人格的形成;对青少年性教育的忽视,可能导致青少年对性问题的过分好奇,久而久之就可能逐渐形成性变态;片面追求升学率,儿童的学习负担过重,可能导致神经衰弱、精神分裂症等。

3. 社会不良风气和不良人际交往的影响

恶劣的社会风气,动乱的政治经济形势,严重的精神污染等都可能导致个体的社会意识、价值观念、社会行为等异常。特别是当其有不良交往后,成员间的相互学习、感染,更容易促使变态心理的定型。例如,反社会人格、偷盗狂、性变态等变态心理的定型,多是受不良的社会风气和不良的人际交往的影响。研究表明,与变态心理者交往密切的人,患同种疾病的可能性比正常人高二至三倍。

综上所述,变态心理常常是在某种不健全的先天素质特点的基础上,在后天的不良心理因素以及社会环境因素的影响下逐渐形成的。

三、变态心理与犯罪的关系

(一)人格障碍与犯罪的关系

人格障碍者一般智能良好,思维正常,能料理个人生活,没有完全丧失辨认事物和自控行为的能力。通常能从事一些学习和工作,但不能像正常人一样。人格障碍者在变态心理的支配下,会反复出现偏离社会规范的行为。其中,有的已属危害社会的行为,从而有可能构成犯罪。人格障碍者的犯罪类型有伤害、凶杀、纵火、毁物、强奸、轮奸等。

(二)性心理障碍与犯罪的关系

随着社会的进步,社会竞争机制增强,人们的生活节奏加快,各类社会矛盾和某些消极因素增多,加之外来淫秽物品的侵入和泛滥,人们的心理压力越来越大,变态心理者不断增多,对变态心理者虽缺乏全国性统计数据,但在各地发生的刑事犯罪案件和治安案件中,性心理障碍违法犯罪案件不仅数量明显增多,而且案件的性质和危害程度日益严重,已经成为影响社会治安的一个严重问题。性心理障碍者犯罪类型大致有色情杀人、伤害、毁容以及施虐强奸妇女、偷窃妇女衣物和剪割发辫等。

(三)智能障碍与犯罪的关系

据有关资料统计,智能障碍者约占全部人口的3%左右。在犯罪行为人中智能障碍者所占比率虽无精确统计,但在少年违法者中所占比例是很高的,国外有关统计资料认为,在少年违法者中智能障碍者约占10%左右,多为轻度及中度精神发育不全。智能障碍者犯罪的主要类型有强奸、猥亵、流氓、盗窃、抢劫、纵火、凶杀及伤害等。

第二节 变态心理的犯罪类型

一、人格障碍型

(一)人格障碍的概念

人格障碍又称变态人格、病态人格、精神病态或人格异常,是指人格在发展和结构上明显偏离正常,以致不具有适应一般社会生活的心理特征和行为特征。这种人格障碍是由于机体的某些机能或器官的紊乱,使常态心理被扰乱所致。人格障碍分原发性和继发性两种,前者是在没有神经系统疾患下出现的,后者是在神经系统、心理疾患情况下导致的。

(二)人格障碍型犯罪的一般特征

人格障碍者的犯罪与常态人格者的犯罪有许多不同之处,主要有以下两方

面的特点:

1. 犯罪形式的特征

一般带有偶然性,作案前较少预谋或没有预谋,没有明确的目标,随机冲动性强。作案手法一般不甚隐蔽,作案情节离奇怪诞,有的胆大妄为,手段残忍。自我保护性差,害人害己,甚至对自身的损害更大,抓获后不逃避罪责,能供认不讳,犯罪活动一般是单独进行。

2. 犯罪性质的特点

多为攻击型、爆发型。在变态心理和病理性激情支配下,多发生伤害、凶杀等恶性犯罪。由于多疑、记仇,极易进行报复性的毁物、纵火等恶性犯罪。由于性格异常且顽固,行为习惯难改,常进行持续性犯罪。

(三) 人格障碍类型与犯罪

1. 偏执型人格障碍

偏执型人格障碍的临床特点为主观、固执、敏感多疑、心胸狭隘、报复性强、自我评价过高、容易攻击和冲动。一方面可表现为骄傲自大、自命不凡,总认为怀才不遇或受到压制与迫害;另一方面在遇到挫折或失败时又可表现为沮丧、埋怨、怪罪他人、推诿客观因素而易与周围人或领导发生冲突。所以他们容易产生关于被害的观念,可能产生报复性或攻击性的行为。

2. 分裂型的人格障碍

分裂型人格障碍是介于精神分裂症和正常人之间的一种过渡的类型,常表现为内倾、孤僻、言语怪异、情感淡漠、寡趣;想入非非、别出心裁,脱离现实,爱幻想或沉溺于白日梦中;做事缺乏毅力,常常有始无终,缺乏进取心。由于这类人格障碍者大都古怪孤僻、社会性退缩,缺乏表现自己和宣泄自己情绪的能力,与世无争,因而较少发生违法犯罪行为,但偶尔也可见到此类人格障碍者作案。

3. 情绪不稳定型人格障碍

情绪不稳定型人格障碍者的主要特点表现为情绪极不稳定,可持续地情绪低落、抑郁或者持续地情绪高涨,或者两者交替出现;有时狂喜狂怒,失去控制,具有攻击性,有时则相反;对人对事关怀备至或者胆小怕事;好猜忌,有自卑倾向,常因此焦虑,有的自感无所作为而引起悲观厌世之感;易激怒,微不足道的琐事就可能引起强烈的冲动,在暴怒之下可出现强烈的破坏性,毁物伤人,甚至不顾一切地进行殊死殴斗。

4. 强迫型人格障碍

强迫型人格障碍是介于正常人和强迫性神经症病人之间的一种类型。这种人格的特点是:拘谨、固执,常有不安全感和不完善感,往往求全责备,同时又过分墨守成规;勤俭节约,甚至达到吝啬程度;往往好洁成癖或者有搜集癖;过分注重工作,怕犯错误,遇事优柔寡断,难以作出决定,一旦发生差错,则念念不忘地责备自己。这种人格障碍者在更年期时易患抑郁症,极少发生违法犯罪行为。

5. 癔症型人格障碍

癔症型人格障碍是介于正常人和癔症病人之间的一种人格障碍。其特点为情感丰富多变,易激动;心胸狭隘,高度以自我为中心,对周围人和亲友要求过高,往往通过一些做作、夸张的戏剧性行为来引起他人对自己的注意;意志较薄弱,易受暗示,极易受别人的影响或环境的影响;有幻想倾向,易将个人的幻想与憧憬当作现实。这类人格障碍较少导致违法犯罪行为。

6. 爆发型人格障碍

爆发型人格障碍者的主要特点为个性极强,过分主观,易激动,表现为常因细微的精神刺激即可引起过强的情绪反应。稍有触犯便暴跳如雷,六亲不认,行为无度,不顾后果;在间歇期内恢复正常,每次爆发后能感到后悔或内疚。但这种人缺乏必要的忍耐性,不能与人正常相处,稍有刺激又会陷于狂暴不能自制,极易发生偶发性、应激性暴力犯罪,一般很难加以制止。

7. 轻佻型人格障碍

轻佻型人格障碍者的主要特点为举止轻浮、爱好嬉笑,缺乏羞耻、名誉、怜悯、同情等情感;爱好编造谎言,以使人上当为乐趣;虚荣心极强,为引人注目和讨得异性喜欢,常不顾廉耻,不惜夸张地做些下流动作。这种类型多导致性犯罪和财产犯罪,且难以矫治。

8. 反社会型人格障碍

此类型人格障碍者亦称为"悖德型"、"无情型"或"违纪型"人格障碍,极易进行极端冷酷无情的违法犯罪活动。他们往往从儿童期就有种种不良行为习惯,表现为逃学、撒谎、打架、偷窃、离家过夜或流浪以及性行为紊乱等,成年以后违法犯罪者比率较高。主要特点为形成反社会意识、思想信仰和行为,常与社会发生冲突;极端自私与以自我为中心,欲望无满足感,常干损人利己的事;无道德感,对他人冷酷无情、刻薄残忍,有时甚至六亲不认;对人不诚实,也不信任他人,无社会责任感;挫折耐受力很差,激动性高,易冲动,无畏惧感,常在偶然动机的驱使下实施危害社会的行为。

9. 怪癖型人格障碍

怪癖型人格障碍者的特点是有别于正常人的顽固癖好。其中最严重也较为常见的有"纵火癖"、"谎言癖"、"偷窃癖"、"赌癖"和"怪恋"。

纵火癖的特点是不以进行报复或有意破坏为目的,也不是"过失纵火",而是以纵火为最大乐趣的心理变态。常常是先在家中小规模地放火、烧东西,继而到外面无目的的随意纵火。

谎言癖的特点是不以诈骗为目的,仅以谎言吹牛来获取个人变态心理的满足。常虚构出个人的出身与经历,但与有明确动机的诈骗犯有本质不同,并不构成犯罪。

偷窃癖的特点是不以攫取经济利益或让自己使用为目的,而是在一种无法控制的偷窃冲动的驱使下,专门以偷窃他人和集体财物为乐趣,从中获得某种特殊快感的变态心理。其行窃方式上有许多特点,有的在行窃之后将东西又送还原主,下次再偷;有的偷了张三的东西转送给李四;有的则将偷来的东西丢掉或登记并贮藏,供个人欣赏等等。

赌癖是指赌博成瘾、嗜赌如命的一种变态心理。有此癖的人,对人冷酷无情,对工作敷衍了事,对社会无责任心,对各种正常的文娱活动均不感兴趣,觉得只有赌博才是他们生活的中心和目的。他们无视舆论的谴责和法律的制裁,往往不惜倾家荡产、家破人亡,醉心于赌博。

怪恋是一种在性爱问题上的人格障碍,多见于男性。其特点表现为专门选择某种特殊的恋爱对象(如有夫之妇、卖淫女等),以满足其特殊需要的变态心理。这种怪恋者常引起爱情纠纷,进行情杀和破坏他人婚姻的犯罪。

10. 意志薄弱型人格障碍

意志薄弱型人格障碍者的主要特点为缺乏信心和主动精神,对任何事情都缺乏主见,他们的情绪、兴趣、爱好、决定、计划易于改变;对己对人都持怀疑态度,总感到自己无能,没有自信,同时又敏感多疑,总怕别人加害自己,长期的过度紧张和抑郁也会突然出现暴怒性激情发作,一般可持续数小时至数日,才转为正常情绪,并常伴有惴惴不安和空虚感,有自杀、自伤倾向;暗示性强,易于接受外界的各种影响,偶然的刺激也可对他们的行为产生影响。他们虽不相信别人,但周围人的暗示或教唆可以引起其狂热行为,一旦犯罪就极易反复再犯。

二、性心理障碍型

(一) 性心理障碍的概念

性心理障碍又称作性变态、性倒错或性偏离,即性心理和性行为的异常,是变态心理的一种表现形式。它是一种与生殖没有直接关系,或者替代了引起生殖的性活动。

(二) 性心理障碍型犯罪的一般特征

由于变态心理的驱使,性心理障碍者的犯罪行为往往表现出不同于一般正常人的犯罪行为的特点:

1. 动机荒谬

性心理障碍者的犯罪行为往往缺乏相称的犯罪动机。如恋物癖者偷窃女性的内衣,不是为了变卖,而只是为了欣赏或者自己穿着以获得性快感。

2. 目的异常

采用离开正常人常规范围的怪癖方式和手段,并不是为了达到性交的目的,而是基于一种意向性的满足。

3. 冲动性强

性心理障碍者一般都具有性的异常冲动性,较难控制,一有机遇,极易再犯。

4. 行为模式固定

性心理障碍者的异常性行为有一定的行为模式,如奸尸、同性恋等。他们往往以一种固定的行为方式发泄性欲,而且反复使用。

5. 侵害对象一般指向陌生人

性心理障碍者的侵害对象可以指向任何异性(同性恋、乱伦除外),如露阴癖、窥阴癖等,很少指向自己的熟人朋友和亲属。

6. 性格特异

性心理障碍者往往性格内向、安静少动、沉默寡言、不善交际,其行为具有隐蔽性和不可预见性。

7. 缺乏罪恶感

性心理障碍者对自己的怪癖的性行为丝毫不感到羞耻,伤害了性伙伴也不觉得后悔。

(三)性心理障碍类型与犯罪

1. 性欲满足对象的倒错

(1)同性恋,是指以同性个体作为性爱和性欲满足对象的一种性心理变态。同性恋者以其性别可以分为男同性恋与女同性恋,以其扮演的性角色可分为主动型(即扮演丈夫的角色)和被动型(即扮演妻子的角色),从与异性恋的比较程度方面又可分为绝对型与相对型同性恋。

同性恋者实施的违法犯罪行为较常见的有:男同性恋者多在一些公共场所进行各种花样的淫乱活动(如鸡奸、相互手淫等);女性主动型同性恋者往往主动勾引其他女子下水,男性被动型同性恋者则往往主动勾引其他男性下水,滑向犯罪的深渊;同性恋者的任何一方在被恋对象与异性接触时都极为嫉妒、仇恨,总是千方百计地加以阻挠、破坏,直至其关系不复存在方肯罢休,有的甚至为此而情杀或自杀。

(2)恋童癖,亦称"恋童色情狂",多见于男性。其特征是专以性发育未成熟的同性或异性儿童作为性行为的对象以获取性的满足。这种行为,如指向亲近儿童时则为乱伦。造成恋童癖的可能因素很多,其中比较明显的主要是性心理、性生理发育不成熟以及性功能障碍等原因。嗜酒和居住条件过分拥挤等也可能会成为诱发的相关因素。老年恋童癖通常与脑萎缩或智力缺陷等因素有关。此类性倒错者严重危害儿童身心健康,对社会危害极大。

(3)恋物癖,是指将性欲的对象指向异性衣饰等无生命物体、异性躯体的某部分或排泄物,通过抚弄、嗅、咬或玩弄欣赏获得性兴奋、性满足的一种性变态。

其特点是以非生物作为刺激性欲的唯一或优先方法。其性欲对象不是一个实际存在的完整的异性人，而是躯体的某一部分或其他生命的物体，并以其所恋目的物为性兴奋的前提，还常伴有手淫。恋物癖者的恋物种类繁多，一般说来可分为三类：一为物品，包括异性的衣着装饰物和其他无生命的不着身物品，如异性画像、雕塑、人体模型；二为人体分泌物、排泄物、气味等；三为异性躯体的某一部分，如发、脚、手、乳房等等。

（4）近亲相奸癖，亦称"乱伦"，是指违反文化传统习俗所禁止的或法律所不允许的近亲之间发生的性行为，即在血缘关系上相近的亲属中发生的性关系。其心理变态表现为：以有血缘关系的近亲属为性欲发泄对象，多见于兄弟姐妹、父女之间。父女乱伦中父亲为主动方，多为内向性格，在乱伦过程中，多伴有不同程度的罪恶感和抑郁情绪。

（5）恋尸癖，也叫魑魅狂，是指以异性尸体获得性满足的一种性变态。其倒错特点表现为：对正常生活的异性不感兴趣，也不能引起性欲要求或性兴奋，对异性尸体则感到有特殊的魅力。他们对尸体无恐怖感，无厌恶感，反而会产生强烈的性兴奋，常趁夜深人静的时候潜入停尸房实施奸尸行为，或掘坟奸尸并洗劫死者衣物。有些奸尸行为，如抢劫、杀人后又奸尸，则属常态心理者的严重犯罪，而不属于此癖。

2. 性欲满足方式的倒错

（1）异装癖，是指异装打扮的变态心理与行为，如男扮女装或女扮男装，但不包括为职业或某种特殊需要而为此者。有的异装癖者可同时有同性恋、恋物癖等。其特征是通过着异性的服装，甚至完全化装为异性，在家忸怩作态，或到人少僻静处或人口密集的闹市游荡，以此获得性满足和性快感。也有的以此进行违法犯罪，如穿女装进女厕所。此类心理变态者对自身性别身份辨认正常，对异性并不厌恶，有的已经结婚生子。

（2）窥阴癖与露阴癖，这两种类型均属性行为方式变态，且多为男性。前者又称裸露癖或暴露癖，是指唤起性欲而在陌生的异性前暴露其性器官的性心理变态。患者常在僻静处或公共场所向异性暴露其性器官或赤身裸体，有的还在暴露时口出污言秽语或进行手淫。他们从受害女性惊恐或困窘的表情中获得性兴奋和性欲的满足，受害女性如保持平静的表情，反而不能引起他们的性兴奋。后者是指通过暗中窥视异性裸体和他人性行为或观看色情表演等满足性需求的癖好。这类性倒错者多有性功能缺陷。除个别的情况外，绝大多数窥阴行为是针对陌生者的，露阴行为则全指向陌生异性。

（3）摩擦癖，亦称摩擦淫，是指在拥挤的人群中以性器官顶撞异性身体以获得性满足，有时可伴有射精或手淫。这类性倒错者均为男性。其性兴奋或性满足与触摸行为相联系，与爱恋对象无关，故一般指向陌生女性。此类行为犯罪者,在人群不拥挤的情况下尚能控制自己,不敢放纵。

(4) 施虐狂和受虐狂,这是一种比较严重的性变态。施虐狂的性倒错特点为:具有残忍的性欲,对异性对象施以虐待、折磨、残害,使异性性对象肉体和精神遭受严重痛苦、羞辱,以给性伙伴造成极大痛苦而获得最大的性满足。这类罪犯多为男性。他们在变态心理发展到顶峰时,不仅对女性进行强奸、强制猥亵,往往还要杀死对方,乃至进行尸裂。受虐狂的倒错特点为:在受到异性的凌辱、暴虐而使自己遭受痛苦和羞辱时,方能激起性兴奋和获得性满足,多见于女性。有时一个人同时具有这两种变态心理。

三、智能障碍型

(一) 智能障碍的概念

智能障碍包括精神发育迟滞和痴呆。精神发育迟滞是一种由先天的或早期的疾病所引起的大脑器质性损害,致使智能低下并有适应困难为主要表现的精神疾病。国际上对精神疾病分类标准把精神发育迟滞年龄界定为 16 或 18 岁以下。因为多数智力测验表明,人们在 16 或 18 岁以后测试的成绩就不再随年龄而升高。如果在 16 或 18 岁以后发生的智能障碍,则不称为精神发育迟滞,而称为智能减退(或痴呆)。

(二) 智能障碍型犯罪的特征

(1) 智能障碍违法者中,以青少年居多。多为轻度及中度精神发育迟滞。这类主要表现为智力和适应环境的能力降低,其他精神活动方面并没有明显紊乱。

(2) 作案都有一定的原因和动机,但动机往往幼稚、单纯,对行为后果缺乏考虑,常显得动机与行为后果不相称,有时甚至是很明显的"得不偿失"。少数可能有所谓的预谋,但由于其思维能力差,对计划不能作周密考虑,显得破绽百出。追溯作案根源,常可发现与其平时的道德品质有关。

(3) 作案对象和目标常具有一定选择性,作案过程有一定的保护性,但表现得很肤浅、幼稚。行为多带有冲动性,显得公开而粗暴。

(4) 精神发育迟滞违法犯罪行为的类型,据国外报道以性犯罪、偷窃及纵火犯为最多。

(5) 大多单独作案,也有少数与正常人混在一起实施共同犯罪,但一般只是被其他犯罪分子所利用或教唆。

(6) 不能吸取教训,矫治效果不佳。由于精神发育迟滞是一种持久性的智能低下,不能适应正常的社会生活,一部分智能障碍者通常还伴有人格异常,因此在每次违法后容易再犯。

(7) 作案后对其产生的后果有不同程度的领会。多数表现为胆怯、害怕,表示愿意悔改,少数则撒谎抵赖,非常顽固。

(8) 严重痴呆者及深度精神发育迟滞病人,犯罪者很少见。

第三节 变态心理犯罪的预防与治疗

个体在变态心理驱使下实施了犯罪行为,虽然在刑罚上可能不对其进行处罚或作减轻处罚的处理,但由于某种病理状态的存在,变态心理者所实施的犯罪行为,往往手段极为残酷,给他人及社会造成极为不幸的严重后果。因此,不能因为某些精神病人或性变态者无刑事责任能力与行为能力,就放任不管;相反,对他们应当投入更多的精力进行预防和治疗。

(一) 变态心理犯罪的预防

变态心理犯罪的预防,包括发病的预防和犯罪的预防两个方面。

1. 发病的预防

除了一些由于遗传因素或生物器质性因素所引起的心理变态以外,多数变态心理的形成还是社会心理因素起着主要作用。对于后一种情况,就应该从改善个体的社会环境和注意心理卫生着手,减少变态心理患者的发病率。

(1) 改善个体的社会环境

一方面,应当逐步改善个体的生存环境,减少自然灾害和人为灾害的发生,从而相应减少个体因躯体受到伤害而诱发的心理变态的发生率;另一方面,应当逐步改善经济环境、治安环境、教育环境,逐步提高个体的文化素质和心理承受力,改变个体的挫折境遇,从而减少个体遭受精神刺激的几率。

(2) 提高社会全体成员的心理卫生意识

心理卫生是探讨人类如何来维护和保持心理健康的心理学原则和方法。世界卫生组织把"健康"定义为"不但没有身体的缺陷和疾病,还要有完整的生理、心理状态和社会适应能力"。这表明只讲求生理卫生是不够的,必须既注意生理卫生,又讲求心理卫生才能增强身心适应能力。

2. 犯罪的预防

犯罪的预防是指对已具有各种变态心理的人,应当采取哪些措施减少违法犯罪行为的发生。犯罪预防主要有以下几种措施:

(1) 积极治疗,争取早日康复。

(2) 加强监护和监管,减少变态心理者违法犯罪的机遇。对于发病期的患者,家庭和社会应当加强监护或监管。如果家庭监护不能有效地起到防止其发生意外事故的作用,就应当将其送至专门的监管机构,如精神病院,一方面可以管束其人身自由,减少人身危险性;另一方面也有利于对精神病患者的治疗。

(二)变态心理者的治疗

1. 药物治疗

现今用来治疗精神病的药物包括以下一些:抗精神病的药物,抗抑郁症的药物,抗躁狂症的药物,抗焦虑镇静药物和抗癫痫药物。

2. 电休克疗法

电休克疗法,是治疗严重精神病很有效的一种治疗方法。由电休克机输出一定的直流电流,通过病人的大脑,引起癫痫症大发作,从而破坏病人的病态思维联系,使其精神活动恢复正常。

3. 心理疗法

对于人格障碍、性变态、反应性精神障碍等疾病,心理疗法往往起主要作用,可以从根本上消除其心理矛盾冲突或症结,达到治愈与防止复发的目的。对于精神分裂症等内源性精神病,在发病期由于自制力的消失,是难以进行心理治疗的;但是若经过药物与物理疗法病情有所改善后,进行适当的心理疏导,对巩固治疗效果、增强挫折耐受力也很有作用。目前心理疗法主要有支持性心理治疗(主要运用保证、教育、安慰、指导、暗示和催眠等技术),分析性心理治疗(包括经典精神分析和广义的分析生活史的治疗)和训练性心理治疗(如现代迅速发展起来的行为疗法)。

附录

一、本章需要继续探讨的问题

(一)精神异常习惯

精神异常习惯称精神病,是指由各种原因所导致的大脑机能活动紊乱引起的认知、情感、意志和行为等活动障碍,其最明显的特点是不能适应正常的社会生活,表现为相当程度的"疯",被认为是临床疾病。常见并容易导致违法犯罪行为的精神异常主要有以下几种类型:

(1)精神分裂症,这是最常见的精神病,表现为认知、情感、语言、行为混乱不统一,没有规律,不合逻辑,生活不能自理,需要接受病理治疗。侵害行为多由妄想产生,妄想中尤以迫害妄想最常见,幻听、幻视自己正在被迫害,往往采取先发制人的攻击方式进行防御。常见的侵害行为有杀人、伤害、破坏、纵火、强奸、侵财等。

(2)躁狂抑郁性精神异常,这是一种以认知和情感障碍为主的精神病,表现为躁狂或抑郁状态,具有周期性发作的特点,间歇期心理反应正常,周围人一般不把其评价为病人,侵害行为低于其他精神病患者。躁狂症表现为情绪高涨,活动性强,易兴奋,总愿意把自己置于忙碌之中,自我评价高,常自命不凡,胆大妄为,激惹性高,易发生欺诈、伤害、强奸、破坏、侵财等犯罪行为;抑郁症患者表现为情绪低落,寡欢绝望,敌意性强,自罪自责,常坦白交代一些无中生有的"罪行",有些则由于过分绝望而自杀,有些自杀者在自杀前先杀死自己的亲属,形成所谓"扩大性自杀"。

(3) 反应性精神异常,又称心因性精神异常,是由强烈或持久的刺激所引起的精神异常,发病时和精神分裂症相似,表现为认知、情感、语言、行为混乱无序,并伴有幻听、幻视,易发生暴力性侵害行为。引起反应性精神异常的原因多是一些突发性的对立意向冲突或持久性的消极刺激,例如,失恋,亲人死亡,爆炸等。有些乘坐火车的乘客突发精神病,属于反应性精神异常,原因是持久性的消极刺激。

(4) 癫痫,又称"羊癫疯",是一种大脑异常活动所引起的大脑功能失调,大多发病突然,短时又自行平息,常反复发作。发作时意识模糊,情感混乱,思维和记忆停滞,甚至抽搐和昏迷,清醒后紧张不安,易激怒,常引起攻击性暴虐行为,如伤害、杀人、破坏、放火等。间歇期认知正常,能正确认识与评价自己的行为,但仍有一定的精神障碍,常伴有妄想、抑郁、恐惧、焦躁,激惹性高,并伴有智能障碍和个性改变,攻击性倾向明显,常发生严重残酷的危害行为,如杀人、强奸、伤害、毁物、纵火等侵犯性行为。个性改变具有两极性:一方面易激惹、凶狠残忍,自我为中心,极端自私自利,好猜疑,记仇报复而又不计后果,常为区区小事造成骇人听闻的惨案;另一方面,又表现为循规蹈矩,过分客气殷勤,温存恭顺,喜欢奉迎。发作时无刑事责任能力,间歇期应有部分刑事责任能力。

(二) 典型案例

案例 1

2004 年 8 月至 10 月间,韶关市浈江区两名少女先后失踪,不久警方找到两少女尸体,发现两少女均是被奸杀。当地警方组成专案组侦查发现,两宗命案都发生在曲仁专线铁路沿线的偏僻山道,两个少女遇害时都穿着红色衣服,专案组决定并案侦查。经过调查走访,专案民警在犁市镇石下管理区了解到,2003 年 7 月 2 日,该区一名 11 岁的在校女学生小谭(化名),回家途中曾被一歹徒强行拉到公路边草丛中施暴。案发时,小谭也是穿一件红色上衣,因怕损坏名誉,小谭家人没有报案。

专案组根据受害人谭某的描述,对嫌疑人进行模拟画像,侦查目标锁定长相与画像相似的四十多岁嫌疑男子。12 月 17 日,专案民警带着嫌疑人画像来到案发地附近的曲仁八矿韶丝矿点调查时发现,一男子晏某(湖南省安化县人)与模拟画像十分相似,遂将其控制。2005 年 1 月 4 日,晏某在警方的审讯下,终于承认所有的犯罪事实。据晏某交代,他因看多了黄色录像带,心理发生变态,对穿红色衣服的女孩具有强烈的邪念,并强奸了罗、黄两名少女。事后,由于他怕恶行败露遂将两少女扼死。①

案例 2

2004 年年初,荣城的一名 15 岁少女惨遭歹徒强奸,并被重伤致死,犯罪手段极端残忍,令人发指。经侦查,犯罪嫌疑人夏荣清被抓获。家住荣城市桥头镇现年 34 岁的夏荣清,自 2001 年和妻子离婚后,连续谈了两个对象,都因其好吃懒做而告吹。此后夏荣清精神有些反常,每次酗酒后都会萌发强奸残害妇女的恶念。2004 年 1 月 29 日下午 2 时许,他在哥哥家吃完中饭后,一人骑着摩托车在荣城龙须岛驻地四处游逛,意图捕捉攻击对象。在龙须岛市集,他看到一名少女独自进入公共厕所,就尾随而入。发现厕所只有少女一人时,便凶相毕露,窜上前去将少女掐昏,拖至便池旁,用随身携带的布条将少女双手捆绑起来。野蛮蹂躏之后,又将其下身及腹内多处脏器损伤。经审讯,夏某承认了犯罪事实,并交代,自 2002 年底至 2004 年 4 月份在桥头、温泉实施强奸犯罪多起。

案例 3

2003 年 6 月 28 日下午,龙口村妇张某正在地头干活,忽听身后有脚步声,扭头一看,只见一位头戴女式太阳帽、涂着鲜红嘴唇、穿着半透明吊带背心和黑色长绸裙、脚蹬女式凉鞋的妖艳女子朝她走来。张某以为对方是女人,可那"女子"走到近前,突然猛扑上来对其拳打脚踢,并将其拖至附近一苹果园中。张某奋力反抗,但面前的"妖艳女子"骨骼粗大、喉结突出,原来是男子假扮的。那男子从随身带着的包里掏出化妆品,在张某脸上随意涂抹。之后,又对张某做了一系列猥亵举动,在满足了自己的欲望之后,一溜烟地逃走了。2003 年 7 月 18 日,龙口市检察院以涉嫌猥亵妇女罪将其逮捕。

案例 4

2004 年 3 月 12 日,栖霞市公安局臧家庄分局接到群众报警,称辖区泉水东店村一位七旬老太一个多星期没有出门,邻居从窗户发现老太已横尸家中。办案干警发现死者的孙子王某神色慌张、言辞闪烁、前后矛盾,似有作案嫌疑,遂将其带回审讯。经审讯,现年 20 岁的王某承认,他于 3 月 3 日亲手掐死了奶奶。据王某供认,长期以来,他有明显的心理变态表现,总想"杀个人体验体验快感"。去年,王某在蓬莱打工期间,因抑制不住这种"魔鬼般"的欲望,将别人打成重伤。春节回家后,王某的"杀人"欲望一天比一天强烈,最终难以自制,趁奶奶不备,将奶奶亲手掐死。②

案例 5

2005 年 2 月 17 日中午 12 时许,家住西安市雁塔区的中年妇女王某突然失

---

① 资料来源于: http://bbs.asiaec.com/viewthread.php?tid=258433。
② 案例 2、3、4 资料来源于: http://news.sina.com.cn/cl/2004-11-04/10444138766s.shtml。

踪。雁塔警方迅速抽调警力调查。警方发现,王某失踪后,其携带的一张银行卡上存的 1 万元钱被分 6 次取走。信用卡巨额现金被取走的时间在王某失踪当晚 6 时至次日凌晨 0 时 20 分。

警方立即对王某失踪前的所有情况进行走访调查,发现失踪前她携带的一部手机正在使用中。通过科技手段,3 月 9 日,警方确定一个名叫胡跃龙的男子行迹反常,王某失踪与其有关。经查,44 岁的无业男子胡跃龙系上海市人,暂住在西安市莲湖区团结东路某居民区。

警方调查发现,胡跃龙绰号"阿龙"、"老狐狸"。群众反映说早在 1998 年,胡跃龙曾与尹晓敏流窜到西安市某居民小区盗窃电视机。被群众发现后,胡跃龙因跑得快,趁机逃脱,便留下"老狐狸"的绰号。而一同盗窃的尹晓敏被民警和群众当场抓获。1989 年,因犯盗窃罪,尹晓敏被判处有期徒刑两年。

当晚 11 时,雁塔警方将胡跃龙依法传唤。警方很快从胡跃龙家中查出王某失踪前携带的手机。经进一步审查,胡跃龙交待了他伙同另两名无业男子尹晓敏、曹英对王某抢劫、杀害的犯罪事实。西安市公安局立即抽调西安市公安局刑侦局、公安雁塔分局、公安莲湖分局组成专案组,调查证据,深挖严查此案。

3 月 11 日凌晨 4 时 30 分,在西安一家休闲中心客房部,警方将尹晓敏抓获归案,而曹英闻风而逃。3 月 13 日下午 4 时许,当潜逃的曹英跑回到莲湖区西北一路租居地准备取东西时与追捕的民警撞个正着,曹英被缉拿归案。

经查,从 2000 年起,曹英称其系私家侦探,可为他人调查婚外情。2005 年 2 月 17 日中午,曹英、胡跃龙经预谋,以给被害人王某提供其丈夫婚外情资料为由,将王某诱骗至胡跃龙租住处的房间内。当王某进入室内后,曹、胡二人将王某捆绑,采用威胁、恐吓等暴力手段逼迫其交出随身携带的钱物,说出银行卡密码。得到密码后,曹英外出核实真伪,室内留下胡跃龙看守王某。其间,王某挣脱捆绑与胡跃龙进行厮打。胡将王制服后立即给同伙尹晓敏打电话要求来帮忙。尹晓敏赶到现场逼迫王某说出银行信用卡的真实密码。经核实无误后,尹晓敏、曹英、胡跃龙三人采用扼颈等方式,合伙将王某残忍杀害,随后,为毁尸灭迹,此三人将王某的尸体肢解。

经查,他们从 1993 年开始,就开始抢劫杀人,从 2000 年至案发以类似手段抢劫多名已婚妇女。在受害者中,仅有一名女子很幸运地逃出了魔爪。据交代,他们在十多年作案过程中,曾将从娱乐场所骗出的女性强奸残杀并碎尸,作案手段极其残忍恐怖。

据办案警官介绍,2005 年 3 月 11 日抓获犯罪嫌疑人尹晓敏后,在其租居处查获许多书籍,内容包括医学、心理学,还有尹晓敏与"坐台小姐"大量淫秽不堪的合影照片。据尹晓敏交待,20 世纪 90 年代初,在刑满释放后,他也曾想着自食其力,先后摆过地摊、卖过烤肉,但是,因经营不善生意做赔本了。无业的他就产生抢劫发廊女的念头。几次得逞后,他与同伙担惊受怕,就将邪恶念头盯在娱乐场所"坐台小姐"身上。尹晓敏供述,他学习有关医学和解剖学书籍起初是给手下的"小姐"们看病,后来懂得了人体解剖学。

尹晓敏等人供述,从1995年至1996年期间,他们的作案对象全部是"坐台小姐"。他们残杀"坐台小姐"或发廊妹的手段极其残忍和恶劣。尹晓敏伙同从小玩到大的曹英做的第一个案件在1993年,是为了图谋钱财。当时,他们从西安火车站附近将一名美容美发店女子骗到尹晓敏住地,将其捆绑后强奸、抢劫,仅抢劫二十多元钱。之后,他们将受害女子碎尸。

此后,胡跃龙加入该犯罪团伙,他们从东大街某夜总会跟踪一名"坐台小姐",将其劫持到尹晓敏住处。他们将该受害女捆绑后予以强奸并抢劫,之后,残忍地将受害女子剥皮,做成马甲等物。犯罪分子除冒充私家侦探抢劫杀害妇女王某外,还以相同手段劫杀数名女性。据犯罪分子交待,从1993年开始至案发,他们先后作案9起,残忍杀害了9名女性。[①]

二、思考题

1. 试述变态心理与常态心理的概念。
2. 简述变态心理的判定原则。
3. 简述变态心理和常态心理的区分标准。
4. 简述变态心理的成因。
5. 简述变态心理与犯罪的关系。
6. 简述人格障碍型犯罪的一般特征。
7. 论述反社会型人格障碍的内涵。
8. 论述性心理障碍型犯罪的一般特征。
9. 论述性心理障碍类型与犯罪。
10. 论述智能障碍型犯罪的特征。
11. 论述变态心理犯罪的预防与治疗。

---

① 资料来源于:http://www.ce.cn/xwzx/shgj/gdxw/200604/26/t20060426_6822482_1.shtml。

第十四章 被害人及被害人心理

内容提要

被害人作为加害人的对立面,其心理因犯罪行为的性质不同而各有差异,不同的被害人心理,对加害人心理影响程度也是千差万别的。在本章的内容中,我们将对被害人的分类、被害人犯罪心理及特征、被害人心理特征的分类作详细的分析。

关键词

被害人　被害人心理　被害人心理特征　被害人心理分类　被害心理规律　被害过程　心理危机

第一节　被害人及被害人心理概述

一、被害人的含义及分类

所谓被害人,是相对于加害人而言的,在犯罪学中,单指在犯罪过程中,因受犯罪行为侵害而使其人身或财物遭受损害的人。被害人作为加害人的对立面,其心理因犯罪行为的性质不同而各有差异,不同的被害人心理,对加害人心理影响程度也是千差万别的。

被害人的分类是一个重要的理论问题,也是一个现实问题。由于划分的标准不一致,分类的内容也很不相同。所谓分类,就是根据不同的标准,对被害人所作的群属划分。最早对被害人进行分类的是被害人学的奠基人,以色列法学家本杰明·门德尔松。门德尔松率先倡导使用"被害人学"一词(Victimology),并发表了《被害人学——生物、心理、社会学的一门新学科》一文,把被害人学建立在心理学等学科的基础之上。[①]

门德尔松依照被害人对于犯罪所负责任大小将被害人分为五类:

---

① 参见任克勤:《被害人心理学》,警官教育出版社1998年版,第3—6页。

(1) 完全无辜的被害人；

(2) 罪责轻于加害人的被害人；

(3) 罪责与加害者相等的被害人；

(4) 罪责大于加害者的被害人；

(5) 负完全责任的被害人。

在此之后，世界许多国家的学者都试图从不同的角度对被害人进行分类。目的在于探求被害人与犯罪人之间的内在因果关系。伊扎特·A.法塔主张将被害人分为五种：

(1) 未加入犯罪的被害人；

(2) 潜在倾向的被害人；

(3) 诱发犯罪的被害人；

(4) 参与犯罪的被害人；

(5) 假的被害人。

美国学者伯特·凯格·威和约翰·弗德森根据被害人在刑事犯罪中的责任，将被害人划分为七种：

(1) 无责任的被害人；

(2) 惹是生非的被害人；

(3) 加速犯罪的被害人；

(4) 生理上虚弱的被害人；

(5) 自愿受害的被害人；

(6) 社会适应性差的被害人；

(7) 政治被害人。

除此之外，被害人学对被害人还有多种分类方法，如依据生理、心理的特点将被害人分为：

(1) 男性被害人；

(2) 女性被害人；

(3) 各种年龄段（少年、青年、中年、壮年、老年）被害人。

依据被害人的被害倾向性分为：

(1) 状态型被害人；

(2) 机会型被害人。

依据被害原因的性质，将被害人分为：

(1) 生物生理的被害人；

(2) 自然环境的被害人；

(3) 临界环境的被害人；

(4) 社会环境的被害人；

(5) 技术环境的被害人。

依据被害人的心理特征可分为：

(1) 抑郁型的被害人；

(2) 轻浮型的被害人；

(3) 孤独型的被害人；

(4) 贪婪型的被害人；

(5) 暴力型的被害人。

对被害人的划分,尽管标准不一,但在这些纷繁复杂的类型研究中,均注意到了被害人心理这一现象。

被害人心理学对被害人的分类是从心理现象的性质出发的。大致可以作如下划分：

(1) 心理特征正常的被害人；

(2) 有心理弱点的被害人；

(3) 有犯罪心理特征的被害人；

(4) 具有变态心理特征的被害人；

(5) 假被害人。

二、被害人心理的含义及特征

被害人心理是指受到犯罪行为侵害的人在犯罪过程中的心理。它包含的内容非常丰富。从心理学范畴来看,包括被害人的心理活动过程、心理状态、个性倾向性和个性心理特征以及社会心理。从被害发展过程看,包括被害人在被害发生前存在的被害心理危机,被害发生时的心理状态,被害发生后的心理表现等。

被害人由于受犯罪侵害的客观事实的制约,会体现出与一般人不同的心理特点。被害人的心理具有以下几个特点：

1. 特定性

被害人心理与侵害、被害有着某种特定的联系。

2. 法定性

被害人是法律上的概念,被害人心理是法制心理学的名词,都是从与法律有关的规定来理解的,这种法定性就把被害人心理与非被害人心理区别开来。

3. 不可替代性

由于被害人是直接受到犯罪行为侵害的人,因此其心理现象(如恐惧、应激、悲痛、愤怒、悔恨等)在被害中的体验,其他人是代替不了的。这些心理,只有"身临其境"的人才能体验得真切和深刻。①

三、被害人心理特征的种类

1. 愤怒心理

当被害人受到犯罪人的无故侵害,使其在财产上受到损失,精神上遭受到损害时,绝大多数被害人都会产生极大的愤怒、憎恨心理。在向司法机关陈述时,一般能积极提供线索,协助司法机关破案,其陈述一般比较真实、可靠。但有时也会带有一定的感情色彩,如希望追回损失的财物,提出财产赔偿的要求等,无意识地夸大事实,加上自己的主观想象和推测,因而对犯罪人有失实的描述;甚至心情激动,陈述时还会出现头绪不清、先后颠倒的现象。这类被害人大多见于盗窃、抢劫案件中。

2. 恐惧心理

恐惧心理是被害人在受到犯罪人的突然袭击时,对这种外界强烈的精神刺激、身体伤害产生的心理状态。恐惧心理在一定时间仍产生持续的影响,导致被害人心理极不稳定。对司法人员的陈述显得反应迟钝;或受到犯罪人的威胁、恐吓,而不敢向司法人员讲明案情,怕再次遭到侵害;或犯罪人是被害人的上级、领导,对被害人造成心灵上、身体上深度的创伤,致使被害人根本没有信心反抗。这类被害人由于被害当时的情境多是在孤立无援、光线昏暗、地形偏僻状态下发生,因此,其陈述往往会有失真的成分,对待这种心理状态的被害人,司法人员要先行开导,增强被害人的勇气和信心,消除恐惧心理,使其具有安全感,化消极心理为积极心理,使其陈述准确、客观。这类被害人大多见于伤害、强奸、杀人未遂案件。

3. 顾虑心理

顾虑心理是被害人遭到犯罪人的侵害,虽对犯罪人怀有极大的憎恨,希望犯罪人得到应有的惩罚,但顾虑重重,不愿如实陈述的一种心理状态。产生顾虑心理的原因,有的是过去曾有揭发检举而被打击报复的经历,逆向接受经验;有的是担心如实陈述后,犯罪人得不到法律的制裁,自己反而遭到打击报复,因此对司法机关的询问表现冷淡,不愿多说;也有的被害人因爱面子,担心揭发后会影响自己的声誉、前途,不承认自己是被害人,对司法机关的询问持消极对立的情绪;也有的被害人因自己有把柄、隐私被犯罪人掌握,怕揭发了犯罪人,自己的隐私也暴露,因而戒备重重,反而总想试探司法人员的态度,从而作出相应的对策。对有顾虑心理的被害人,司法人员应当耐心开导,打消其顾虑,使被害人相信法律能打击犯罪,保护无辜,维护其声誉,这样被害人一般是会主动如实陈述的。

---

① 参见任克勤:《被害人心理学》,警官教育出版社 1998 年版,第 6—7 页。

这类被害人多见于强奸案件,女性居多。

4. 怜悯心理

在一些案件中,被害人由于与犯罪人平时关系和睦,如好友、邻居或亲属关系等,犯罪人只是一时冲动而侵害了被害人,或被害人也有一定的过错,在这种情况下,被害人出于友情,愿意原谅犯罪人的犯罪行为,甚至为其说情,考虑到犯罪人受到法律制裁将给其及其家庭带来严重后果,则因恻隐之心而产生怜悯心理,因而不希望犯罪人受到法律制裁,常采取私下解决的方法,使被害人在经济上、精神上得到一些补偿和安慰。因此,当司法机关询问时,往往采取消极态度,予以搪塞。这类被害人常见于伤害案件。

5. 报复心理

在某些案件中,被害人由于遭受到犯罪人的侵害,经过较长时间的申诉而犯罪人得不到应有的惩罚;或被害人由于犯罪人的侵害,造成财产上较大的损失,身体上受到较重的伤害,精神上遭受一定的创伤,在这种状态下,除表现为憎恨心理外,大多数被害人都有报复心理。向司法机关陈述既有真实可信的一面,也有失实、夸大,甚至虚构的陈述,其动因是想利用法律对犯罪人进行严惩,以求得心理平衡,这是一种心理补偿。这类被害人常见于盗窃、抢劫、伤害等案件。

6. 害羞心理

在某些案件中,被害人对犯罪人的侵害,由于种种原因,不敢向司法部门控告,对犯罪人的犯罪行为持容忍态度,不揭露、不告发。究其动因,有的是被害人为保全自己的名誉,为自己的前途着想,对被侮辱的事实、情节,不愿为人所知;有的被害人因自身曾有不光彩的经历;有的害怕事情宣扬出去,遭到他人的误解,在这种害羞心理的支配下,宁愿忍气吞声,而不愿诉诸法律。这类被害人面对司法人员询问时,往往不愿涉及案件事实,尤其是痛苦的情节,不愿向司法人员提供线索,或者轻描淡写,甚至在犯罪人被抓获作出供述的情况下,被害人为保全名誉还矢口否认,不愿提供证明材料。这类被害人常见于强奸案件以及其他性犯罪案件。

7. 愚昧心理

愚昧心理常见于科学文化落后的农村地区,犯罪分子常利用封建迷信、宗教手段,或者被害人科学文化知识严重缺乏而进行欺骗。这类被害人或被骗取财物,或受到人身侮辱,却受害不知害,大多数被害人在犯罪行为被揭露后,才知道上当受骗。这类被害人常见于诈骗等案件。

8. 幼稚心理

幼稚心理常见于少年被害人,这类被害人由于年幼无知,是非辨别能力很差,受害后也不知被害,或受害后不知如何保护自己,往往是司法机关追查询问,才道出真相。这类被害人常见于诱奸、猥亵等案件。

四、被害人心理研究的意义

1. 研究被害人心理是预防犯罪的迫切需要

在现代社会中,犯罪活动日益猖獗,犯罪手段不断翻新,严重地危害着国家、集体和个人的生命、财产及安全。而犯罪作为一种社会现象,从微观上讲,它就是一种个体即加害人的心理现象。因为,任何行为都是在一定的思想、意识的指导下,在一定的心理活动支配下发生、发展的;换句话说,犯罪行为就是犯罪心理的升华。

然而,在犯罪心理的生成和发展过程中,不同程度地受着被害人心理的影响和制约。在有些犯罪中,被害人的心理对犯罪动机的形成,实际上起着一种助成或推动作用,因此,只有科学地揭示被害人不健康的心理的危害性,才能更加全面地预防犯罪。克服不健康心理,是防止遇害、预防犯罪的有效途径之一。

2. 研究被害人心理是有效打击犯罪的客观需要

在司法实践中,大量案件得不到及时侦破,许多罪犯得不到有力惩罚,与许多被害人心理不无关系。被害人作为直接或间接的受害者,几乎亲眼目睹了全部犯罪过程,是最直接的见证人;被害人被害后,能否及时并且真实地向侦查、检察、审判等执法人员陈述被害事实,对于迅速破案、打击犯罪具有至关重要的作用。

然而,在整个诉讼过程中被害人由于种种原因,并未好好配合司法人员破案的大有人在。如有些被害人不愿加重心灵的创伤,不愿再回忆受害时的情景,而不愿意出庭作证;有些被害人为了维护自己的名誉或声誉,而不愿意向司法机关揭露犯罪;甚至出现有的被加害人或其亲属收买不惜作伪证等情况。事实表明,许多加害人由初犯或偶犯发展成为惯犯,往往是由于被害人不愿或未及时告发而造成的。

3. 研究被害人心理是保障加害人人权的基本需要

人权是每个人都应该享有的权利。人权表达了这样一种观念,即人只因为他是人,而不因为其性别、地位、能力的不同,就应该享有某种权利,这些权利是不能转让或剥夺的。在司法实践中,往往因为罪犯是他人人权的侵犯者,而有意无意地忽视或不重视对被害人心理的调查,导致在定罪量刑时有失偏颇。这就影响了刑罚的合理性和准确性,不仅不利于加害人认罪改过,也不利于被害人心理的研究。正确地考察被害人的消极心理给加害人造成的影响,以确定被害人责任的大小,从而合理地认定加害人的刑事责任,确保刑罚的公正性、准确性。只有这样,才能在保障被害人的基本人权的同时,维护法律的尊严,维护加害人的自由、平等、生命等基本人权。①

第二节 被害过程的心理规律

被害心理学认为,刑事犯罪的发生或被害的发生,都是一个过程,在这个过程中自始至终伴随着人的心理现象。无论是预谋型的,还是突发的、具有激情性的犯罪侵害,对于被害人而言,都是有其应有的发展过程的,反映出一定的相对稳定的现象。这些具有共性的心理特点,我们称之为规律。

一、被害心理规律的含义

被害人心理学的研究内容,包括两个方面,一是被害人的心理现象,二是被害心理规律。被害心理规律有其普遍的、一般意义上的共性规律,也有个案的、类型的规律,还有被害构成要素的时空规律,社会、人文以及生理因素的规律,等等。

规律是事物间存在的内在必然的联系。这种联系不断重复出现,在一定的条件下经常起作用,并决定着事物必然向某种趋向的发展。规律是客观存在的,是不以人们的意志为客观转移的,但人们能够通过实践认识它、利用它。被害行为是在侵害人与被侵害人之间发生的,被害心理规律是二者之间心理相互影响的必然联系。这种联系在被害发生前、发生过程中和发生以后都会出现,是被害现象的客观存在。因此被害过程的心理规律可以表述为:它是被害行为发生过程中侵害人与被害人之间的心理相互影响的一种内在的必然联系。②

二、被害人在被害前的心理特征

(一) 防范意识欠缺而具被害倾向

被害的产生,与被害人的防范意识有着密切的关系。一般情况下,犯罪人是"不打无准备之仗"的,他们大多要预先对被害人进行周密的调查,甚至会等到熟知被害人的生活规律和脾气秉性后,才对他们看准的目标大胆出手,绝不会贸然行事。目前许多犯罪案例都表现出智能性的特点,犯罪人在实施犯罪行为前大多要对被害人进行调查和分析,找到自己容易入手的缺口。同时在众多案例里我们还可以找到这样一些特点:被害人说了或做了某些事情而促使犯罪人去犯罪;被害人对他人采取犯罪手段;被害人故意或过失把自己置于危险的情景中

---

① 参见雷堂、魏占杰:《关于被害人心理与加害人心理的若干问题的刍议》,载《河北师范大学学报》1997年第2期。
② 任克勤:《被害人心理学》,警官教育出版社1998年版,第27页。

等,这些行为成为被害倾向,从某种意义上理解,可以认为一些犯罪行为的发生是由于某些被害倾向造成的。

(二)被害人与犯罪人的人际关系是犯罪发生的作用原理

1. 个性特征是被害人与犯罪人的人际关系建立的基础

人际关系的建立往往取决于一定的条件,概括起来主要有两种:一是人与人之间的相互吸引,二是时间和空间上的接近。通过很多刑事案件的分析发现,被害人与犯罪人之间存在着较为密切的人际关系,正是双方在不断接触和交往中由于个性特征的差异和利益分配的不均等因素产生了矛盾,且矛盾没有得到及时、正确的处理,最终激化而引起犯罪。

2. 情感是被害人与犯罪人之间人际冲突的内心起因

被害人与犯罪人之间的人际关系总是建立在一定的情感基础上的,双方关系的持续过程中,无论之前的相互情感喜恶程度怎样,在犯罪时一般都转化为相互敌视或一方对另一方的敌视,这几乎可以说是熟人之间发生暴力犯罪的普遍规律。研究被害人与犯罪人的内心情感变化,对于把握被害人与犯罪人之间互动关系的发展轨迹无疑具有重要意义。

3. 交往是实现被害人与犯罪人互动的形式

人们在交往过程中,总会产生相互的影响作用。在犯罪产生之前,被害人和犯罪人的交往跟大多数人一样,交往双方都试图通过彼此的作用来影响对方的态度或改变对方的行为,使之符合自己的愿望。这一时期,双方交往的心理倾向可能表现为三种情况:(1)循规蹈矩;(2)因势利导;(3)迂回曲折。当犯罪发生时,被害人与犯罪人的心理交往倾向会由上述三种情况转变为激烈的冲突。因此,在个体心理发展和社会交往过程中形成的人际反映特质,是通过被害人与犯罪人在特定的人际关系和交往过程中相互作用,对犯罪的发生方式和被害人在犯罪中的作用产生影响的重要因素。

(三)被害前的心理危机

在大量犯罪案件中,我们都可以看到被害人与犯罪人之间存在着心理矛盾和冲突,即被害前的心理危机。有学者认为被害前的心理危机是极为普遍的,包括显露性心理冲突、间接性心理纠葛、潜在性心理危机三种类型。[1]

显露性心理冲突多在被害发生前,被害人与犯罪人曾有过一定的交往,发生过心理接触,存在着对抗性的心理矛盾。当对抗性的心理矛盾显露时,会促使犯罪人产生犯罪动机并恶性发展,还会影响到犯罪人犯罪手段的变化。

有时候,被害人与犯罪人之间表面上似乎没有直接交往,也没有矛盾冲突,但在心理上并不是完全没有接触,只是矛盾处在潜伏状态,这是一种不太明显

---

[1] 任克勤:《被害人心理学》,警官教育出版社1998年版,第27页。

的、间接性的心理纠葛。犯罪人与被害人之间之所以会产生间接性的心理纠葛,其原因在于社会认知与情感对犯罪人的影响,使潜伏的矛盾发生转化,如对他人的成功、富有由嫉妒转化为仇恨,进而产生侵害他人的行为。这种间接的心理矛盾如果处理不当,往往会促成犯罪心理形成,结果导致被害的发生。

另有一种心理危机更为隐蔽、内在,它同被害人的个性心理特征中的某些消极因素有密切的联系。如疏忽大意、过于自信、丧失警惕、缺乏自信、胆小怯懦、自私自利等。当犯罪侵害一旦发生,这种隐蔽性的心理危机就会表现出来,从隐性变为显性。

三、被害中的心理状态

被害中的心理状态,是指被害人在被害发生过程中心理活动的某种综合表现,它具有以下三个特征:

(1) 它是一种特殊阶段的心理状态,即存在于犯罪侵害的过程中,而不是在别的什么地方发生的;

(2) 它是由犯罪侵害这一情境引起的,没有犯罪和被害,也就不可能产生被害人的心理状态;

(3) 它主要是指被害主体的心理状态,特别是遭受直接侵害的个体的心理状态。

由于被害个体不同,心理状态表现形式持续的长短、性质的优劣等都有差异,被害的性质也对被害人心理状态有直接影响。我们对被害人心理状态的分析,主要是研究被害过程中被害人的情绪情感、注意等心理过程中的各种心理状态。[①]

(一) 被害过程中的激情状态

所谓激情,就是一种强烈而具有暂时勃发性的情感或情绪。激情最主要特点是激情性,它常常由对人有重大意义的强烈刺激或出乎意料的紧急情况所引起,对被害人来说也是这样。如单身妇女在行走时,突遭歹徒拦截,在来不及防范的情况下,被歹徒击伤,会引起恐惧、愤怒等激情。激情的另一个特点是冲动性,离开引起激情的具体情境或激情宣泄之后,冲动一过,激情就会消失或弱化为某种心境。如果引起激情的情境反复出现,激情也可以弱化。在受犯罪侵害的过程中被害人各种激情的发生和表现并非单纯地决定于犯罪行为的刺激作用,而更主要地决定于被害人个体的具体情况,其中包括生理条件和个性特征等方面的因素。如受到侵害的个体具有勇敢、坚毅的品质,在面临犯罪分子的侵害时,就会义正词严,厉声喝止,奋力还击,主要表现出愤怒的激情;而怯懦胆小的

[①] 任克勤:《被害人心理学》,警官教育出版社1998年版,第36—42页。

人,往往表现为恐惧悲哀,甚至绝望的激情。

被害人的激情也具有两极之分,即积极的、肯定的性质和消极的、否定的性质。有的激情在被害过程中能发挥积极的作用,有的激情则起消极作用。在被害过程中,被害人的愤怒就是一种积极的激情,而屈服性恐惧就是一种消极的激情。在大量的犯罪案件中,都存在着犯罪分子和被害人面对面的接触过程,如杀人、伤害、抢劫、强奸等。一个勇敢坚强的人在面临犯罪分子侵害时,由于愤怒激情的作用,会不屈不挠地同犯罪作斗争。相反,一个胆小怯懦的人碰到被害的危险时,由于消极激情的影响,就会软弱无力,一筹莫展,甚至束手就擒。从被害人心理学而言,所谓强烈的攻击性反射就是积极性激情的一种表现,所谓被动的防御性反射就是消极性激情的一种表现。

(二)被害过程中的应激状态

应激是被害人的一种重要的心理状态。应激在被害过程中的表现是显著的,它对于防御、反抗、侵害、减轻被害程度,或者加速被害有重要的影响。

应激是出乎意料的紧张情况和对人有切身利害关系的严重事件所引起的情绪状态。应激的发生比情绪更剧烈、更凶猛、更突然,而且带有生理性质。在日常生活中,亲友的生离死别、失恋、受辱等情况都可能引起应激状态。被害人在遭受生命威胁的紧急情况下或财物有被犯罪人掠夺、毁坏的危险时,更容易出现应激状态。有些被害往往突如其来,在十分危险的条件下发生,被害人必须迅速地、几乎没有选择余地地采取决定性行动,这时就极易产生应激的心理状态。

一些心理学家对应激状态的发展阶段作了研究探讨,将人的应激反应分为"惊觉"、"阻抗"、"衰竭"三个阶段。

1. 惊觉

被害人在面临侵害时一般都有惊觉的反应。有的被害人警惕性高,随时都防备不测,在心理上有所准备,一旦被害的危险出现,会在心理上产生应激的惊觉,同时在行为上也会有所表现。一旦出现侵害时,会迅速作出行为反应。

2. 阻抗

当犯罪人以武力相威胁或直接加害于被害人时,被害人出于应激的防御反射本能,会进行阻拦、抵抗,这是伴随心理状态的生理反应。阻抗的程度同应激的强度相关。阻抗有消极的防御、躲避,也有积极的进攻、反击,从而制服犯罪人。

3. 衰竭

这是应激发展的最后阶段,如大声喊叫后声音的衰竭、嘶哑,搏斗中体力、能量的消耗,使防御和攻击能力降低。

由于个人经历和性格类型不同,应激各阶段的顺序,时间长短和临场表现会有不同情况。个人的经历、知识越丰富,应激的主动性、能动性则越强。一般的,注意力集中,果断性强的人,反应敏捷、判断迅速的人,应激的积极性、有效性明显,应激出现的时间短,一般缺少惊觉阶段。总之,在面临侵害时被害人的应激水平如何,既受制于当时的客观情况,又决定于自身的生理、心理状态,其中人的性格和社会经验是具有重要作用的。

(三)被害过程中的分心状态

1. 分心状态的概念

分心状态,又称分散状态,是注意范畴的概念之一,是与注意的稳定、集中状态相反的心理状态,即注意的分散。对于被害过程中的被害人而言,分心状态是消极的、极为有害的心理现象,它使个体的注意离开或不能充分地注意自身或物品的安全,以致造成被害的发生。

2. 分心状态的特点

分心就是随意地改变注意对象,如通常所说的"漫不经心"、"走神"都是分心的表现。分心和注意的稳定相反,在分心时有意注意不能及时地指向和保持在应该注意的对象上,而被无关的刺激所吸引。此外,有意注意不能及时、顺利地转移,而滞留于原地不动,这种没有灵活性的注意状态,也是一种分心现象。分心状态的主要特点是:

(1)不确定性。即不能把注意集中在应该注意的对象上。

(2)无关性。分心使人的注意指向无关的事物,而忽视了对应该注意的对象的注意。特别是某些新颖的刺激容易使人产生分心状态。好奇心强者更容易受外界刺激而产生分心。

(3)呆滞性。现实生活中,有些人仿佛在某一时刻呈现出一种发愣、呆傻现象,这就是注意力呆滞了,不能顺利地转移,而是总在考虑某一件事情,对眼前应当加以注意的事物完全忘却了。

(4)随意性。漫不经心的态度也是分心的一种现象,同样是注意不稳定,看到这想到那,心不在焉,没有把注意指向应该指向的目标,这就是分心随意性的特点。

3. 引起被害人分心的具体原因

被害人的分心是多种因素引起的。主要有以下几种:

(1)对干扰性的事物所持的不冷静态度。有些干扰性的事物本来并不一定能够引起人的严重分心。但有的人比较容易动怒,好烦躁,一旦受到某种干扰事物的刺激,情绪就显得急躁不安。这样大脑皮质上与当时所应注意事物的有关部位由于情绪活动的负诱导作用,不能保持优越的兴奋性,因此就发生分心,这是造成分心的主要原因。

(2)对足以引起人不随意注意的各种事物缺乏抗拒能力。一些比较强烈的、富于变化的、新颖的干扰刺激了人的不随意注意,也就在他的大脑两半球内的相应部位直接形成了新的兴奋中心,因此他的有关的心理活动就不再能够充分地指向和集中于当时所应指向和集中的事物了,或者甚至完全离开当时应指向和集中的事物。特别是能够使人发生浓厚的直接兴趣或强烈的情感变化的事物,就更容易诱人分心。

(3) 身体内部的病理刺激。人体内部的病理刺激在大脑皮质上的相应部位引起了持续性的兴奋中心,因此人的有关心理活动也就难以充分地指向和集中于当时所指向和集中的事物了。

(4) 注意的目的物单调、乏味。注意的目的物的单调、乏味,难以引起人的兴奋,使注意集中不久便松懈,因而造成分心。

(5) 各种不良心理因素。如对注意集中缺乏自觉性动机,对工作没有兴趣、缺乏信心,内心在某一事情上存在矛盾或斗争,情绪的稳定性不足,精神上的疲劳状态,责任心不强,抗干扰能力差等等,这些不良心理因素都是引起分心的原因。

四、被害后的心理特征

(一) 被害后的心境

被害人在被害后的心境,与其人生观、世界观以及自身性格密切相关,案件的不同性质、不同程度,被害人的心境影响程度也有差别。面对被害后的结果,一个品德高尚、性格开朗的人,其心境状态要相对好一些;强奸犯罪的被害人往往变得郁郁寡欢,敏感并且自卑;同一种犯罪,遭受侵害的强度越大、时间越长,其心境就越消极,越难以治愈。心境同激情、热情有所区别,它的基本特点是:

1. 持续性

心境连绵不断,持续时间较久。有的被害人在被害后相当长的一段时间里会表现出恼怒、忧伤、恐惧的心理,而有的则会"余怒难消",甚至终生难忘。

2. 扩散性

心境使一切其他的体验和活动都染上当时的情绪色彩。当一个人处于某种心境中,他往往以同样的情绪和状态看待一切事物。"感时花溅泪,恨别鸟惊心",都是心境扩散的缘故。诚然,在被害后,被害人的心境都不免有些不愉快甚至是痛苦、烦恼的特点,使其对周围的事物觉得厌烦。

3. 微弱性

被害人的心境不像激情那样迅猛,而是表现得比较微弱,有时他人还难以觉察到。如被诈骗或少量财物被盗,被害人的心境可能是闷闷不乐,但又可能掩饰得若无其事,以致他人难以发现。

人的任何心境都是由一定的事物的刺激所引起,只不过人的心境并不是事物的现存性刺激作用所引起的,而是由于事物的痕迹性刺激作用所引起。被害人在受到犯罪侵害时,就会体验到一定的情绪或情感。当时体验到的愤怒、痛苦、恐惧等情绪情感往往在事过境迁之后,还会持续相当长的时间。这种具有持续性而又在一定程度上弱化了的情感和情绪状态,就形成了某种心境。

我们知道,情感是具有两极性的,心境作为情感的一种特殊形态也不例外。被害人的心境的性质以否定性、消极性的较为常见。无论是遭受人身的伤害,还是物质的损失,被害人都不免产生程度不同的消极心境,如伤感、忧愁。另外,值得注意的是,被害人的心境,往往还同案件性质、被害持续长短、被害程度、社会舆论等多种因素相关,从而表现出复杂性。①

(二)被害后的态度

态度是指一个人对某人或某事物所持的一种持久而有一致性的评价和行为倾向的系统。②被害后的态度,主要是指被害人在受到侵害后对与此有关的人及事物所持的一种具有持久而一致的评价与行为反应。被害人对犯罪案件、犯罪人、被害的对象(人身、财物、人格)、证人、司法人员、社会舆论等,都会持有一定的态度。也就是说,被害人在被害后会对上述现象作出种种评价,同时还表现出一种反应倾向性,即心理活动的准备状态。

在遭受侵害后,被害人一般表现出以下几种不同的态度:(1)积极告发,及时报案;(2)沉默忍受,任其自便;(3)否认被害,拒绝调查。被害人在被害后不同的态度和反应,直接影响到对被害人的补救,对犯罪人的制裁,以及是否遭受再次侵害的可能。如强奸犯罪发生后,被害人可能会表现出一种退缩行为——不告诉任何人,其结果是使被害人长期处于一种精神压抑之中,独自忍受内心的痛苦,即使周围最亲近的人都无法了解其内心想法;被害人也有可能会告诉亲友,希望从亲友那里获得帮助和支持;被害人还可能报告警方,并积极协助警方调查取证,鉴别犯罪嫌疑人。因此,被害人勇敢积极的态度不但会有助于其人身、财产损失的弥补,有助于其心理创伤的愈合,而且还能使法律的公平正义得到实现。

被害人在遭受犯罪侵害后,内心世界是复杂多变的,常见的有愤怒、恐惧、羞辱、绝望等心理反应。社会心理学认为,一个人的心理素质是由个体早期社会化过程决定的,社会文化、家庭、学校教育等无不对其人格形成产生影响,从而形成各自不同的、高低有别的心理特质。因此也形成了同样条件下因人而异的心理反应的存在。被害人在遭受到犯罪侵害后,若遇到不良信息源的刺激,就会在心理上形成一个痛点,产生心理上的压力。如果被害人心理素质较差,缺乏调节外

---

① 参见任克勤:《被害人心理学》,警官教育出版社1998年版,第43—44页。
② 参见李正坤:《社会态度及其改变》,载《社会心理学研究资料》,湖南省社会心理学会编印,第38页。

来刺激对心理不良影响的能力,就会造成人格上的改变,出现人格解组现象,形成心理损伤。①

有学者认为,被害人在被害后会产生心理上多方向性的变化,即"主动抵御与萎靡不振"、"亡羊补牢与认同模仿",这样对立两极的四种变化方向表明了被害人心理变化的多样性和复杂性。有的被害人从被害中吸取经验和教训,亡羊补牢,防范再次被害;有的则在被害后不能尽快地从被害的阴影里解脱出来,精神萎靡,一蹶不振;更严重的是被害人的自暴自弃心理,对犯罪由憎恨到认同模仿。②

一、本章需要继续探讨的问题

(一)被害人与犯罪人的互动关系

被害人与犯罪人是刑事法律关系范畴中的一对,它们相互对应、对称或对偶、对合,共存于刑事法律关系之中,缺少任何一方,另一方也将失去其存在的意义。汉斯·冯·亨蒂认为,犯罪是一种"反社会因素的自我宣泄过程"。"积极的"犯罪人与"消极的"被害人之间的关系是"相辅相成的伙伴"关系,正是被害人"影响并塑造了"他的犯罪人。"犯罪人与被害人之间的勾结是犯罪学的一个基本事实。当然,这并不意味着犯罪人和被害人之间达成了某种协议或故意犯罪和被害,但彼此确实存在着互动关系,互为诱因。"③

德国学者汉斯·约阿希德·施奈德提出了"无被害人即无犯罪人"的观点。当然,施奈德所指的被害人是广义的,既包括被害个人,也包括被害团体或国家、社会等;既包括具体的犯罪人,也包括抽象的被害人。

加拿大心理学家艾伦伯格则针对被害人研究的状况提出了三组基本范畴:(1)被害人向犯罪人的转化。即指同一个人可以先后成为被害人和犯罪人,如一个受虐待的人因向施虐者报复而犯罪。(2)潜在的被害人。即指那些由于其性格表现出持续的,不自觉地扮演被害人角色倾向的人。(3)犯罪人与被害人之间可能存在特殊性质的关系。如有的犯罪人在杀害其父母时表现出的神经质的关系等。

"越轨行为的社会互动理论"是国际被害人学术界影响很大的一种学说,以其通过被害人及其与犯罪人的关系来查找犯罪原因的特点而著称于世,这一方

---

① 参见刘贵萍:《论被害人的心理演变》,载《贵州警官职业学院学报》2002年第5期。
② 参见汤啸天、任克勤著:《刑事被害人学》,中国政法大学出版社1989年版,第59页。
③ 参见许永强:《刑事法治视野中的被害人》,中国检察出版社2003年版,第89—90页。

法是当今对于犯罪分析中呈现的主要发展趋势之一。

我国台湾地区学者张甘妹也认为在研究被害人时无法回避被害人与犯罪人的关系问题,即"在犯罪人的研究,可将犯罪加害者单独予以研究而不必论及被害者,然在犯罪被害者之研究,无法与加害者分开而单独研究,故加害者与被害者之间关系占着极重要地位。"①

我国有部分学者认为,被害人与犯罪人的人际关系是犯罪发生的作用原理。具体体现在三个方面②:

1. 个性特征是被害人与犯罪人的人际关系建立的基础

社会是由人组成的,社会的发展、人们的生产和生活均离不开人际交往,几乎所有的人都无法摆脱人际关系而完全独立生存。一种人际关系的建立,往往取决于一定的条件,这大致包括两种:一是人与人之间的相互吸引,如相互感知和理解,个人喜好,相互影响和行为因素;二是在时间和空间上的接近,如距离的远近,相互交往的频率。在司法实践中,很多刑事案件的被害人与犯罪人之间存在较为密切的人际关系,正是在双方不断接触和交往中由于个性特征的差异和利益分配不均衡等因素产生了矛盾,又没得到及时的正确处理,最终导致矛盾激化而引发犯罪。

2. 情感是被害人与犯罪人之间人际冲突的内心起因

人际关系的最重要的特点就在于它具有情感基础,这种关系是在人们相互间产生一定感情基础之上形成和出现的。在被害人与犯罪人双方关系的持续过程中,无论之前的相互情感的喜恶程度怎样,在犯罪时一般都转化为相互或一方对另一方的敌视和对抗,这是熟人之间发生暴力犯罪的普遍规律。从犯罪心理学角度考察,由于犯罪人的情感障碍,如情感亢奋、抑郁或病理性激情等原因,会导致意志失控,实施犯罪。

3. 交往是实现被害人与犯罪人互动的形式

交往是一个动态过程,是人们的个性与情感相互交流、碰撞、磨合的运动变化过程。同时,人们之间并不只满足于单纯的交往,也在试图通过彼此的作用来影响对方的态度或改变对方的行为,使之符合自己的愿望。从一般行为主体的心理倾向来划分,主体意识对客观对象的内隐设计过程可以大体分为四种类型:即循规蹈矩型、因势利导型、迂回曲折型和冲击型。被害人与犯罪人的交往心理倾向在犯罪产生之前一般表现为前三者,但是在犯罪发生时即表现为第四种类型。因此,在个体心理发展和社会交往中形成的人际关系反应特质,是通过犯罪人与被害人在特定的人际关系和交往过程中的相互作用,对犯罪的发生方式和

---

① 张甘妹:《犯罪学原论》,台湾瑞明彩色印刷有限公司1995年版,第333—334页。
② 郭建安:《犯罪被害人学》,北京大学出版社1997年版,第130页。

被害人在犯罪中的作用产生影响的重要因素。

（二）斯德哥尔摩综合征

斯德哥尔摩综合征，又称斯德哥尔摩症候群，或者称为人质情结或人质综合征，是指犯罪的被害者对于犯罪者产生情感，甚至反过来帮助犯罪者的一种情结。这个情感造成被害人对加害人产生好感、依赖心，甚至协助加害于他人。

1973年8月23日，两名有前科的罪犯Jan Erik Olsson与Clark Olofsson，在意图抢劫瑞典首都斯德哥尔摩市内最大的一家银行失败后，挟持了四位银行职员，在警方与歹徒僵持了130个小时之后，因歹徒放弃抵抗而结束。然而这起事件发生后几个月，这四名遭受挟持的银行职员，仍然对绑架他们的人显露出怜悯的情感，他们拒绝在法院指控这些绑匪，甚至还为他们筹措法律辩护的资金，他们都表明并不痛恨歹徒，并表达他们对歹徒非但没有伤害他们却对他们照顾的感激，甚至对警察采取敌对态度。更有甚者，人质中一名女职员Christian竟然还爱上劫匪Olofsson，并与他在服刑期间订婚。这两名抢匪劫持人质达六天之久，在这期间他们威胁受俘者的性命，但有时也表现出仁慈的一面。在出人意料的心理错综转变下，这四名人质抗拒政府最终营救他们的努力。这件事引起了社会科学家的重视，他们想要了解在掳人者与遭挟持者之间的这份感情结合，到底是发生在这起斯德哥尔摩银行抢劫案的一宗特例，还是这种情感结合代表了一种普遍的心理反应。而后来的研究显示，这起研究者称为"斯德哥尔摩症候群"的事件，令人惊讶地普遍。研究者发现这种症候群的例子见于各种不同的经验中，从集中营的囚犯、战俘到受虐妇女及乱伦的受害者，都可能发生斯德哥尔摩综合征体验。

（三）典型案例

2011年9月，河南洛阳警方破获一起发生在地下4米深处的案件——消防兵转业的34岁当地男子李浩在长达两年的时间里，瞒着妻子秘密在外购置一处地下室，耗时1年开挖地窖并将6名歌厅女子诱骗至此囚禁为性奴。9月初，该案因一女子的举报电话而告破。洛阳警方从地窖中成功解救出4名女子，同时，还找到两具尸体。

案件的经过是：2011年9月初，23岁的女子小晴向河南洛阳公安机关报案称，她趁着被强行带出卖淫的机会，刚刚从"大哥"为她构建的一个地窖中逃离。在过去的很长一段时间里，她和另外5名姐妹被诱骗绑架后，沦为"大哥"的性奴。"其间，'大哥'还杀了两个人。"小晴的话很快引起洛阳警方重视。

按照被解救女子的描述，洛阳市公安局刑事警察侦查支队很快锁定了洛阳市技术监督局执法大队工作人员李浩为重大犯罪嫌疑人。仅48小时后，洛阳警方成功将试图外逃的李浩抓获。李浩祖籍河南南阳市新野县，现年34岁，几年前从消防部队转业分配安置在洛阳市技术监督局执法大队。经警方调查，李浩已婚,且与其妻子育有一子。其妻为无业人员,较李浩年轻10岁。李浩在长达两年的时间里,以"包夜外出"为名,分别从洛阳市不同的夜总会、KTV诱骗了6名女子到洛阳市西工区凯旋路附近的小区。将这些女子绑架,并带到事先挖好的地窖中,长期囚禁,并进行性侵害。李浩用于作案的场所表面看是一间隐藏于居民楼中的地下室。该地下室为李浩4年前从别人处购得。由于面积不足20平米,且小区老旧,价格并没有难住经济条件一般的李浩。随后,李浩开始挖掘地窖。在长达一年多的时间里,李浩挖地窖、运土石方,行动均在深夜进行,周围邻居甚至毫无察觉。而李浩诱骗坐台女子的时间,也多发于深夜零时以后,这更为其长时间作案提供了"隐性保护"。

李浩用于作案的地窖位于该储藏室地下4米深处。警方内部人士介绍说,很多参战民警都被李浩的精心设计所震撼。地窖共分为4个部分,首先是一个直径大约为60厘米的洞口。在下到洞口之后,向左即是一条仅够一人爬行穿过的隧道,爬过隧道之后,里面是两间小房子,由于位于地下近4米的地方,潮湿和酸臭之气扑鼻而来。让人惊讶的是,被囚禁的女孩子身边还配备了电脑。当然,电脑是不能上网的。那只是李浩给女孩子们看影碟、打游戏的工具。女孩们被解救后,民警按照掌握的情况,在地窖的两个角落中,先后挖出两具尸体,据初步分析,死亡时间应该在1年以内。

警方侦查后得知,犯罪嫌疑人李浩在将6名女子诱骗、囚禁之后,强行与这些女子发生性关系,且平时对这些女孩"调教有方",女孩子们不仅毫无反抗之意,反而相互妒忌。常常为"晚上谁能陪大哥睡觉"而发生争执。时间一长,女孩子们都喜欢叫李浩为"大哥"或者"老公"。大约1年前的一个晚上,其中一名女子与另一被囚女孩因争风吃醋发生打斗。李浩协助后者将前者打死之后,将尸体就地掩埋。在此之前,为了"杀一儆百",李浩将一名"不听话"的女子芳芳打死后,也掩埋在女孩们居住的"房间"角落里。被囚禁期间,李浩对这些女孩的控制是极为严密的。除了连续几道铁门,为了防止女孩们"有力气外逃",李浩往往两天多时间才给被囚禁的女孩们送饭一次。李浩发现小晴逃跑后,意识到案情败露。于是,前往妹妹处,将自己这些年作案的经过和妹妹"倾心交谈",并从妹妹处获得外逃路费。在试图逃离洛阳时,被民警抓获。①

二、思考题

1. 简述被害人的含义及分类。
2. 简述被害人心理的含义及特征。
3. 简述被害人心理特征的种类。

---

① 资料来源于:http://news.sina.com.cn/s/2011-09-22/110523198812.shtml.

4. 论述被害人心理研究的意义。
5. 论述被害心理规律的含义。
6. 分析被害人在被害前的心理特征。
7. 论述被害前的心理危机。
8. 论述被害后的心理特征。

第十五章　犯罪心理的预测和预防

内容提要

在现代社会中，引进心理学科的理论和技术对犯罪人进行预测和预防，已成为司法界和心理学界的共识。本章从心理学的角度探讨如何进行犯罪心理预测和预防。

关键词

犯罪心理预测　犯罪心理预防

第一节　犯罪心理预测

一、犯罪心理预测的内涵

犯罪心理预测，就是经过深入调查，在科学、准确、全面地掌握过去和现在的有关最新资料，准确把握犯罪产生的客观因素及其变化规律的基础上，运用心理学的理论和方法，以及统计学、逻辑学和数学等相关的知识和方法，进行科学分析和技术处理，揭示犯罪原因、犯罪条件等相关因素之间的内在联系及其活动的规律性，并对犯罪心理和犯罪行为的未来发展趋势、犯罪种类、犯罪人员构成、犯罪类型分布、犯罪手段和方式，以及某些个体犯罪和重复犯罪的可能性等进行事先测定与推估的犯罪心理研究工作过程。

犯罪心理预测为犯罪预防提供信息，是犯罪心理预防的前提，只有科学地预测，才能有效地预防。犯罪是一种与多种因素有关的复杂的社会现象，是社会的各种消极因素相互作用的结果。因此，对犯罪心理的预测应当综合有关方面的相关因素作为预测因素，确定出若干指标，把各种指标进行综合，加以反复权衡，制定出未来行为的体系，并经过不断实践探索检验校正，以此作为依据进行科学预测。

犯罪心理预测的根本目的，在于预防犯罪，在于为有效地控制、减少犯罪提供充分的科学依据。因此，科学而准确的犯罪预测，对于及时而有力地打击犯罪,维护社会的长治久安,保障社会主义现代化建设的顺利进行等,具有特别重要的意义。在同犯罪现象的长期斗争中,人们积累的实践经验越丰富,科学技术越发达,对犯罪心理预测的可能性越大,其准确性越高。

科学的犯罪心理预测是制定犯罪对策的前提,也是预防和控制犯罪的根据。犯罪预测工作是犯罪心理学研究工作中的重要内容,犯罪心理预测研究的成果将成为国家制定相关法律、法规、政策的依据。实际工作部门将根据预测成果制定相应的犯罪防控对策,从而有效地预防犯罪、制止犯罪、打击犯罪、改造犯罪和开展社会帮教工作,维护社会的稳定。因此,犯罪预测研究必须实事求是,按科学规律办事,来不得半点虚假。

二、犯罪心理预测的理论基础

(一)决定论基础

从哲学上说,自然界和社会的一切事物都处于有规律的运动之中。人们一旦认识了其中的规律,就能够对它们进行科学的预见和预测。犯罪现象尽管具有相当的复杂性和不确定性,但是也和其他社会现象、自然现象一样,是具有规律性的。只要认识了这些规律性,就不难预见其发展变化,进行科学的预测。犯罪行为的发生,乃是与其他的客观的和主观的多种因素相互聚合而产生的综合动力作用的结果。这样的因素很多,从操作上讲,不可能囊括无遗,我们应通过实证性的研究,努力寻求和把握其中至关重要的因素,发现它们之间结合、运行的规律,找到犯罪行为发生的机制,便可从各至关重要因素的存在和契合中,对犯罪现象和犯罪行为发生的概率,进行科学的预测。

(二)心理科学的基础

犯罪心理学作为揭示犯罪心理规律的学科,其中不断积累起来的研究成果正是进行犯罪预测的心理学科基础。这门学科逐步发现的个体犯罪规律,特别是近十几年我国学者提出的犯罪心理结构形成与犯罪现象产生的因果规律,为犯罪心理预测提供了一定的理论、模式和系统的方法。具体说,需要把握以下几个方面:第一,依据犯罪心理结构的形成是社会矛盾在人脑中的综合反映的规律进行预测;第二,依据与犯罪心理结构形成有关的各种因素(客观的、主观的)与犯罪现象发生的相关性进行预测;第三,依据犯罪心理结构的外部表现和犯罪行为先兆进行预测;第四,依据犯罪的模仿性、受暗示性等诱发因素进行预测。

(三)概率论的基础

日本学者山根清道则认为,迄今为止,犯罪预测的尝试,既不是在因果论或决定论的意义上,也不是建立在描述犯罪矫正手段的理论基础之上来把握犯罪现象的形成,而是在概率论的基础上描绘某些人未来发生违法犯罪行为的概率。

总之,由于犯罪现象的复杂性和多变性,构成犯罪预测的或然性,它不可能像人造卫星发射之前对其运行轨道的预测那样精确无误,只能类似天气预报那样作概率性的推断,这对于提供犯罪行为发生的实际的可靠程度,仍然是有意义的。随着对犯罪心理发生规律认识的深化和犯罪心理学理论的多样化,今后也可能产生各种各样的同犯罪理论相联系的其他典型预测方式。

三、犯罪心理预测的主要方法

当前各国进行犯罪预测的方法各不相同,归纳起来,可以分为以下三类:

(一) 编制个体犯罪预测表法

编制个体犯罪预测表法是各国犯罪学界和司法部门常用的犯罪预测工具,是指根据该国或该地区情况而编制的适合使用的个体犯罪预测表。预测表的制作过程包括如下的步骤:

1. 回击资料

根据研究目的随机抽取容量为 500—3000 之间的样本,然后回击样本中包含的所有个体的犯罪经历资料并进行 3—5 年的追踪研究,从中发现哪些因素与犯罪相关程度较高,如环境因素、条件因素、主观心理因素等。

2. 选择预测因素

在所获得的资料中,选择与犯罪心理结构形成有显著关系的因素作为预测因素,应用科学的统计技术并最终确定 5—12 个预测因素。

3. 预测因素的数量化

根据选项的若干个预测因素,依其与犯罪心理结构形成的相关程度给予适当分数。

4. 编制预测表

编制预测表,分别计算各个因素的得分与总分,制成得分与犯罪可能性关联表,并把它作为犯罪心理预测的工具,以预测某个人犯罪或再犯的可能性大小。

(二) 定性分析法

定性分析法是根据已经掌握的基础资料,运用犯罪心理形成和犯罪行为发生的理论,进行全面系统的分析,对预测对象违法犯罪的可能性作出预测的方法。这是一种直观型或经验型的预测方法,优点是具有广泛的群众性,简单易行,便于掌握;缺点是分析的过程和结论因人而异,缺乏规范化的评价鉴定标准,预测的准确性可能会受到预测者主观方面的影响。例如,个体的犯罪心理在犯罪行为发生之前所表现出来的征兆是预测者首先应当关注的基础资料,但不同学者对犯罪前征兆的具体表述却有所不同。

在获取基础资料后,有两种定性预测模式可供选择:

1. 全面系统分析法

在对预测资料进行全面系统的分析时,可以先画出一张"动力因素排列分析图"。该图不仅要表明哪些因素在特定的个体身上已经发生了影响作用,还要表明诸因素在重要性上的排列差异,以及个体的自我调控因素和周围环境因素的牵制和制约作用等。图中重要性大的因素排在前面,而且与主体的关系用粗箭头表示,各因素之间的相互作用以双向箭头表示。然后便可从各因素之间的相互关系上得出某人是否犯罪的预测。

2. 推论预测法

是指运用预测资料作出第一步和第二步的中间推论,最后总结出预测结论的过程。第一步推论,从所汇集到的原始资料中挑选出相同的,足以反映出预测对象的个性心理和行为特征的资料;第二步推论,对这些片段的、零星的资料进行分析比较,然后归纳成几点综合性的看法,这样,从中可以大致看出预测对象的个性形象;最后,把个性形象中与犯罪无关的部分予以筛选剔除,而保留与犯罪有关的部分,并对其进行反复的权衡比较,根据犯罪的相关理论,以作出该人是否可能犯罪的预测。

(三)定量分析法

定量分析方法是对被预测者的基础资料进行科学的整理和归纳,从中选定相关的预测因子,依据与犯罪相关程度的大小进行数量化的排队打分,从而制成犯罪预测表,并通过统计学处理得出被预测者未来的犯罪概率的方法。

定量分析法也包括许多种,如记分法、失分加权计算法、多元线性回归分析法、联合分析法、预测属性分析法等。

四、犯罪心理预测的发展趋势

近年来,随着心理科学和其他相关学科(如统计学、计算机科学、社会学、犯罪学等)的发展,犯罪预测工作也有了新的变化,其变化发展的趋势体现在这样几个方面:

1. 技术上逐渐趋于完备

现代计算机科学和其他高科技技术的广泛应用,使得犯罪预测的技术大为改进,提高了预测的及时性和准确性。

2. 组织上建立了合适的体系

在预测犯罪的组织上,全国各地成立了专门的机构(如中国社会科学院及各省、市、自治区的犯罪研究机构),动员各有关方面的专家协作研究,并与预测对象直接接触。

3. 研究方法上更全面

对预测犯罪的研究,普遍采用横向研究和纵向研究相结合,吸收国外的先进经验,使预测结果更准确、更全面。

4. 预测工作逐渐量化

研究者们广泛应用数理统计、计算机技术以及心理测验等方法,使预测工作逐渐数量化、科学化。例如,通过因素分析、相关检验等,找出犯罪的主导因素,然后集中力量解决这些因素,可以使预防工作取得突出的效果;通过计算机联网建立"犯罪数据库"可以迅速而准确地掌握犯罪现状和动态;通过心理测验(特别是人格测验),可以为预测工作提供线索或指标。

5. 犯罪原因综合论

在预测中涉及犯罪原因时,逐渐趋于将社会环境因素、生物因素和心理因素加以综合考虑,并认为社会环境因素是犯罪的主导和根本因素,从而使预测效果更加客观、全面,逐渐克服了片面倾向。

总之,对犯罪的预测,其总趋势是向科学性、准确性方向发展。

第二节 犯罪心理预防

犯罪心理预测并非一项独立的工作,它不过是犯罪心理预防的前奏,其目的是为犯罪心理预防提供宏观的或微观的依据,使犯罪心理预防有明确的目标和对象。换言之,犯罪的心理预防是犯罪心理学的一切研究的最终目的。

一、犯罪心理预防的概念

犯罪心理预防是指采取有效措施,对已经或可能具有一定犯罪倾向的人,控制和排除其与犯罪心理形成的相关因素,防止其外化为犯罪行为;或进行心理矫治,改变其心理倾向,达到预防犯罪的目的。它是一种微观的、个体的犯罪预防手段。犯罪心理预防,包括三层含义:

(1) 对某些可能犯罪的人,在准确预测的基础上,对主体外和主体自身的那些与犯罪心理形成的相关因素予以排除,预防其犯罪心理结构的形成;

(2) 对已经形成犯罪心理结构的个体,采取有效措施,破除和矫治其犯罪心理结构,培养和建立守法心理结构;

(3) 与犯罪社会预防相结合,通过建立和健全精神文明环境,净化社会气氛,使全体社会成员增强抗御诱惑和抵制犯罪意识侵蚀的能力,从而更有效地预防和减少犯罪。

二、犯罪心理预防的类型

(一) 主体预防与客体预防

主体预防是指研究并采取措施防止某些个体成为犯罪的主体。在社会的人群中,从犯罪心理预防的角度看,可划分为:不易成为犯罪主体的"免疫型",能以自身积极因素控制消极因素的"控制型"和企图以非法手段满足自身欲望的"放纵型"。应当将放纵型列为对主体实行犯罪心理预防的重点。客体预防是指研究并采取措施防止某些个体成为犯罪行为侵害的对象。主要是增强可能被侵害者的防卫能力,减少过失和责任,以控制和防止某些犯罪行为的发生。

(二) 物质的预防和精神的预防

物质预防就是在物质生产领域中,适当满足人们需要,防止个体物质欲望恶性膨胀、萌生犯罪动机的预防措施。要教育人们正确处理物质需求的无限性与实现需求的有限性、阶段性,物质需求的多样化与满足需要的合理性及合法性之间的关系。精神预防就是在精神生活领域中防止个体形成犯罪心理的预防措施。其核心是帮助人们形成正确的人生观、价值观和法纪观,它的基本措施是加强全社会的精神文明建设和对个体的德智美育及普法教育,这是一项需要全社会倾注心血的事业。

(三) 一般预防和特殊预防

一般预防是对社会人群加强教育,提高抗腐蚀能力,加强防范意识。特殊预防包含特殊年龄阶段的预防、特殊对象的预防和特殊犯罪类型的预防。特殊年龄阶段的预防是指对青少年期、老年期,由于其年龄特征和心理变异易于引发犯罪行为,需要采取措施进行心理预防。特殊对象的预防是指对品德不良者、突发性或预谋性犯罪者,以及刑满释放、假释、保外就医人员中的可能犯罪者,进行的心理预防。特殊犯罪类型的预防是指对不同类型犯罪采取不同的措施进行的预防,比如对少年犯罪的心理预防,对盗窃、抢劫犯罪的心理预防,对暴力犯罪的心理预防等。

(四) 单项预防与综合预防

单项预防是指采取某一项措施(如户口管理调解、刑罚),防止个体犯罪,它有着直接的、近期的心理效果,但多属于治标的应急措施。综合预防是指采取综合性措施(经济的、法律的、行政的措施等),运用多学科知识(法学、政治学、心理学、教育学等)于预防犯罪的实践和心理矫治。它将产生间接的、长远的心理效应,属于治本性的预防。

(五) 免疫性预防和矫治性预防

免疫性预防是根据犯罪心理形成规律,对社会成员(特别是青少年)进行犯罪前的早期预防,是积极的犯罪心理预防。矫治性预防是对已形成犯罪心理和有过犯罪行为的人进行心理矫治,防止产生犯罪(或再犯罪)行为。矫治性预防具有很强的针对性,但毕竟是"亡羊补牢"式的防御性的预防。

尽管作以上分类,但每一项犯罪心理预防措施都不是孤立的,它们之间互相结合,并与犯罪社会预防相互配合,构成一个系统工程。在这个系统工程中,需要分层次、有重点和因时因地制宜地开展预防活动,才能获得犯罪心理预防的最佳效果。

三、犯罪心理预防的功能

犯罪心理预防的功能,是指犯罪心理预防所产生的社会作用。就其直接作用来说,就是通过健全人格的培养、提高人的心理素质,以最大程度地预防和减少犯罪,进而促进整个社会的文明进步。

(一) 人格塑造功能

心理预防的人格塑造功能,是指心理预防对个体人格的形成与发展所具有的积极影响。它是心理预防的最基本的功能,这一功能的实现首先依赖于社会的教育和人的自我修养这两个方面的活动。前者表现为社会文化(如社会的风俗、习惯、制度等)、社会的政治思想、社会风尚、价值准则等对个体的影响和熏陶,后者则表现为个体对社会文化、价值准则等教育影响的接受与内化,在依靠自身的力量前提下,根据社会教育要求进行自我调节和自我修炼。个体人格的形成是两者共同作用的结果,个体成一个怎样的人,一方面取决于社会环境、教育,同时又取决于他自己对这些影响是如何作出反应的,换言之,也取决于他的自我修养。因为个体总是以自己所具备的条件对社会化的内容进行选择。总之,在个体与社会的相互作用过程中,人形成并发展了自己的良心和道德感、自我意识和自我控制系统,最终形成了自己的世界观和价值观。

(二) 心理调节功能

心理预防过程的心理调节功能,主要表现为能够使个人建立起一套内在的自我调节和自我控制机制。它是指自己对自身行为与思想的调节和控制,自我调节和自我控制表现在两个方面:一是发动作用,即个体在活动过程中,努力克服困难,调动自己的全部能力进行活动;二是制止作用,即抑制和克制自己不合理的需求、消极的情绪,以及这种情绪的意外爆发和不正当行为。个体在获得人格发展的同时,不仅能认识自己,也能形成一套自我调节和自我控制的机制及能力。这种自我调控机制和能力主要由良心、道德感、责任感、羞耻感等成分组成。它指引着个体在具体社会情境之中的具体反应方式和大致行动方向。充分发展的自我调节和自我控制机制,可以自觉地抑制人的本能冲动,经常地调节个人与社会现实的关系,缓解由本能冲动或外在压力所引起的内心冲突与挫折,使个人的心理始终处于与其自身的年龄和身份相适应的最佳状态,在任何打击或诱惑之下,都能够保持相当的理智与冷静,不致发生违法犯罪等越轨行为。

(三) 社会控制功能

犯罪的心理预防主要表现为社会的教育与个体的自我教育、自我修养相互作用的过程,通过社会的教育活动,使个体适应社会,行为符合社会规范,通过教育影响人们的行为本身就是一种实现社会控制的较好形式。而且,心理预防的上述社会控制功能是一种外在社会控制与个体的自我控制的相互结合,是两者的综合平衡。

（四）促进社会发展功能

由于心理预防的主要目的是通过塑造社会成员的健全人格来预防犯罪,全面提高人们的心理素质本身就是促进社会发展的一种方式。同时,这一目的的实现,在客观上要求必须有一个有利于人格健全发展的社会经济、文化和政治环境,这也必将促使我们的社会朝着科学、民主、法治的方向发展。①

四、犯罪心理预防的方法

犯罪预防与犯罪心理预防是一项社会系统工程,它必须依靠社会各方面的力量,采取综合治理的措施,以期收到比较好的效果。犯罪心理学的研究表明:社会(主要是家长、老师、各部门的领导)对有劣迹行为或刑满释放人员的不同态度,会影响到犯罪心理预防的效果。如果社会对被预防者采取热情关怀、耐心劝导、诚恳而严肃批评的态度,并用生动事例教育他们,提高被预防者的认识水平、辨别是非善恶的能力,增强其追求进步的信心和希望,则会使他们改邪归正走向新生,成为社会的有用人才;如果社会对被预防者采取抛弃、怀疑、不信任的态度,则可能伤害其自尊心,导致逆反心理、报复心理的形成,使之走向违法犯罪或再犯罪的道路;如果社会对被预防者采取纵容、放任自流,甚至包庇的态度,则会使其肆无忌惮、更加猖獗,向犯罪或再犯罪的方向发展。

犯罪心理预防是一项长期性的、艰巨的工作,预防的方法应当是灵活多样、不拘一格的。

（一）加强早期防范教育

早期防范教育包括理想教育、共产主义品德教育、社会主义道德教育、社会主义法制教育、劳动教育以及良好的个性品德、个性修养教育等。通过这些基本观点的教育,使广大人民群众(特别是青少年)懂得遵纪守法的道理,自觉形成良好的道德品质和个性修养。其工作重点是:

(1) 树立正确的人生观、价值观,防止出现反社会性认识;

(2) 加强道德和法制教育,建立起守法心理结构;

(3) 培养处理人际关系的正确观念和能力,预防突发性犯罪;

(4) 加强对青少年的保护,使之健康成长。

（二）根据不同情况,灵活处理

导致人的劣迹行为的因素是极其复杂的,应当根据被预防者的具体情况,采

---

① 参见梅传强:《犯罪心理学》,法律出版社2003年版,第320—321页。

取灵活多样的预防措施。首先,要准确地预测出被预防者可能的违法犯罪类型,然后根据不同类型的特点和规律,对症下药,以取得更显著的预防效果。例如,对于人际关系恶化型的被预防者,应及时进行调节、疏导,对被预防者应给予同情和安慰,帮助他们把内心痛苦宣泄出来;对于物质贪婪型的被预防者,可通过正面教育和提供反面事例使他们认识到自己的错误和严重性,逐步树立正确的幸福观和劳动观;对于逞强好斗型的被预防者,应帮助他们加强个性修养,增强自制力,树立正确的英雄观和友谊观。其次,应根据情节轻重,采取不同的预防措施,任何事物都有一个发生、发展变化的过程。人由好变坏、由初现劣迹到犯罪的边缘,也有一个发展过程。应根据被预防者的情节轻重,及时采取相应的预防措施。例如对于品德不良(如极端自私,爱捣乱等)的人,应由家长、老师协同教育,帮助他们纠正不良品德,养成良好习惯;对于有较严重劣迹的人,应送少管所等机构进行教育。

(三) 综合治理

要从根本上预防犯罪,必须采取综合治理方针。综合治理要求家庭、学校和社会通力合作,形成良好的社会风气和强有力的正确的社会舆论,使广大青年健康成长,使有劣迹或刑满释放的人员改邪归正。

1. 要完善教育立法,预防中小学生流失

近年来,由于新的"读书无用论"的影响,大批中小学生流失,或弃学做工、弃学经商,或离家出走、流入社会。由于流失生心理不成熟,极易接受社会不良影响,走上违法犯罪的道路。近年来,流失生犯罪率的激增,已引起了社会各界的普遍关注。因此,完善教育立法,防止中小学生流失,是目前综合治理中迫切需要解决的问题之一。

2. 广泛组织帮教小组

帮教小组是由党员、街道干部、民警、老师、家长等组成的教育、挽救有劣迹行为人员的群众性组织。由于帮教小组参加的人员广泛、声势大,能使被帮教者清楚地意识到自己的行为已经引起广大群众的关注和不满,从而在社会舆论的压力下逐渐引导被帮教者悔过自新、改掉劣迹。实践证明,这种形式的预防犯罪措施效果显著。

3. 必须严厉打击刑事犯罪分子

为了形成良好的社会风气,维护社会的长治久安,必须依法从重从快地打击刑事犯罪分子,使其对有劣迹或刑满释放人员产生强烈的威慑效应,起到预防犯罪的作用。在打与防的问题上要审时度势,该打则打,该防则防,打防并举。当社会治安形势稳定的时候,预防唱主角,辅之以"严打";反之,当犯罪猖獗时,"严打"就要唱主角。对于团伙和有组织的犯罪,则必须露头就打,不留后患。

此外,还应根据不同时期犯罪的特点,灵活采取有针对性的措施,有效防止犯罪行为的发生。

 附录

一、本章需要继续探讨的问题

犯罪预测的适用

1. 对预测工具的认识与运用

犯罪预测工具基本上来源于实证研究,并以一定的理论作为基础,它给观察和预测犯罪行为的发生提供了科学的手段,给犯罪预防和司法工作提供了参考的资料。但是我们应该看到,目前的犯罪预测的工具和手段,并未达到十分完善的程度,它只有相对的准确性,提供给人们的预测结果,只是一种发生犯罪行为的概率,具有或然性。定性预测难以排除主观评价的因素,定量预测虽然大体上可以取得稳定有效的结果,但也有其缺陷,至少它是以现实状况来推断未来,是静态而非动态分析。故应该正确对待一个事物的两个方面,在肯定其有效价值的同时,防止过分依赖预测工具和僵硬地看待预测结果的思维方式,着力于不断地调查汇集新的资料和不断地进行追踪研究,时时补充现有的预测工具,才能充分发挥预测的指导作用,提高预测的效益。

每一种预测工具的编制与使用都会受到一定的时空限制,具有时效性与地域性的局限。随着各种条件的变化,原先比较有效的工具也会逐渐失效,所以每隔若干年需要对预测因素的设置及其对违法犯罪概率的影响进行重新修订,通过调查研究和重新取样以提高工具的效能。不同地区影响犯罪的因素不同,当预测表跨地区使用时,应重新取样,修正原有的常模,确定新的违法犯罪的临界值。

2. 犯罪预测的适用范围

一般来说,犯罪预测应严格限定在司法程序运行过程中进行。除用于犯罪科学研究之外,一般还可以在公安机关、人民法院和监狱系统中使用,具体如下:

(1) 犯罪科学中使用。

(2) 公安机关使用。

① 工读学校的学生;

② 帮教对象、包括有违法和轻微犯罪行为、尚未构成刑事处分的青少年;刑满释放、解除劳动教养后有可能违法犯罪的人员;提前解除劳教和在社会上"自行负责管教"的人员;

③ 经家长请求或同意进行预测的问题儿童和顽劣少年;

④ 经一定机关批准进行抽样调查的人员。

（3）人民法院中使用。

在审判时进行预测,作为量刑和投放监狱的参考。

（4）监狱系统中使用。

① 入监时预测,确定处置待遇的等级,做好防范工作;

② 服刑中期预测,确定监控重点对象,加强矫治工作;

③ 出狱前预测,验证改造质量,确定是否适合假释,并为社会监控、帮教提供依据。[①]

二、思考题

1. 简述犯罪心理预测的内涵。
2. 简述犯罪心理预测的理论基础。
3. 简述犯罪心理预测的主要方法。
4. 简述犯罪心理预防的概念。
5. 论述犯罪心理预防的类型。
6. 论述犯罪心理预防的功能。

[①] 参见张明主编:《走向歧途的心灵》,科学出版社2004年版,第224—225页。

第十六章 犯罪心理的矫正

内容提要

犯罪者数量众多,犯罪行为形形色色,造成犯罪行为的原因及各个犯罪者的人格特征、心理缺陷也不尽相同。因此,对犯罪者进行心理诊断和矫正对于更好地预防犯罪、减少犯罪具有举足轻重的意义。

关键词

犯罪心理诊断　犯罪心理矫治

第一节　犯罪心理矫正概述

一、犯罪心理矫正的内涵

矫正,我国通常称为改造,是指司法部门和有关部门为防止罪犯继续犯罪,使罪犯以正常的行为规范进行生活而对罪犯所实行的不同的处置、待遇、教育措施及活动。其方式有监禁隔离、教育感化、心理治疗和技术培训等。矫正实际上是一种对犯罪人的再社会化过程,矫正的目的就是让犯罪人重新获得进行正常社会生活所必需的心理品质、行为模式与社会能力。

犯罪心理矫正,是指改变犯罪思想、情感与行为,帮助犯罪人重新适应社会生活的一切活动。广义的犯罪心理矫正,是指对罪犯再教育改造期间,通过一系列有效措施,破坏以至消除曾经支配其发生犯罪行为而又继续保留在其头脑中的犯罪意识及其不良心理的活动。狭义的犯罪心理矫正,是指对某些仅仅通过一般法律惩治与教育改造,难以得到根本矫治的罪犯,还必须采取一些特殊的方法,由监狱中专设的心理治疗人员,通过对罪犯的心理诊断,运用心理矫治的措施和方法,对罪犯的心理障碍进行矫治。一般教育改造方法只有与心理矫治的方法相结合,才能取得理想的效果。广义的犯罪心理矫正工作过程包括以下几个基本环节:首先,深入剖析罪犯犯罪心理形成的主要原因和相关因素,充分了解罪犯犯罪心理发展变化的基本规律、特点,这是进行心理矫正的前提条件;其次,掌握罪犯在不同改造阶段的心理状态,它一方面可以了解心理矫正的实际效果,另一方面也可以即时分析存在的问题,为进一步的矫正工作找出工作的重点;再次,采取相应措施,做到因人施教,对症下药,从而达到心理转换的目的。

二、犯罪心理矫正的可能性

犯罪心理学的研究表明,犯罪并不是某些人与生俱来的天性,而是在后天的社会生活实践中受到某些不良因素的刺激或熏陶而形成的。在社会生活实践中形成的东西,也必然能够在社会生活实践中消除。对犯罪人的矫正,正是利用个人心理和行为的可变性原理,通过对行为人的行为管束和心理治疗来消除犯罪心理、改变犯罪习性的。国内外的犯罪心理矫正理论和实践也表明,对罪犯的心理和行为进行矫治,将他们改造成社会新人是完全可能的。

(一) 犯罪心理和行为的习得性

犯罪心理学中有一种观点认为,违法犯罪行为是学会的,与不良交往有关,它和任何复杂行为一样,在实施以前得有一个学习过程,犯罪行为的学习过程就是一种个体对某种刺激建立特定反应的过程,犯罪行为的学习,仅仅依赖于刺激和反应在时间和空间上的接近性,和其他行为一样,犯罪心理和行为也可以通过学习进行矫治。

(二) 人的心理和行为具有较大的可塑性

行为的可塑性与行为的习得性是紧密联系的,并且是以行为的习得性为前提的。心理学的研究表明,人的心理和行为总是随着生活条件的改变而不断发展变化的。遗传素质只提供了人类身心发展的物质前提和发展的可能性,而后天环境和教育则决定着发展的现实性,其中教育起着主导作用。当社会生活条件和教育条件改变时,人的身心发展的特点也会随着改变。人的可塑性既是教育的前提,也是教育的结果。

根据巴甫洛夫的高级神经活动学说,心理活动的神经生理基础是在大脑中建立的暂时神经联系,这种联系将随着刺激的不断增强而形成较为巩固的神经联系系统,即动力定型。这种动力定型可以因为不断强化而继续保持,也可以在别的刺激的作用下逐渐消退,形成新的暂时神经联系。暂时神经联系是可能改变的,在此基础上产生的人的心理活动也是可以改变的。犯罪心理学的相应研究也证明了上述现象的存在。因此,从心理学的角度来看,对犯罪人如果采用恰当的措施,是可以矫正、改造他们的反社会思想和行为,并能使他们形成新的社会态度和行为习惯的。

(三) 人的意识具有主观能动性

人类能够自觉地、有目的地和有计划地利用自然,改造自然和支配自然,并且能够利用自己的经验和吸取同代以及前代人们的经验来改造自己的意识。意识的能动作用主要表现在它既能能动地反映客观事物,形成主观观念;同时又能能动地指导人们进行实践活动,反作用于客观事物。人具有主动的反映世界和能动的改造世界(包括改造人自己)的能力。

(四)犯罪心理的可知性

违法犯罪心理的物质属性,决定了犯罪心理的可知性。心理是人脑的机能,是人脑对客观现实的反映。犯罪心理不是与生俱来的,也不是凭空产生的,而有其固有的物质基础。犯罪心理是个体在生活中其大脑对外界环境中不良因素的反映,是不良刺激反复作用的结果,它总会表现在一定的反应或外部行为上,违法犯罪心理具有物质属性,是可知的。我们可以通过违法犯罪行为来揭示违法犯罪心理的本质,通过犯罪人的外部行为表现来分析其内部心理原因,从而为心理矫正找到出发点。

第二节　犯罪心理诊断

一、犯罪心理诊断的概念

犯罪心理诊断是指通过对犯罪者犯罪事实的考察,运用心理测量等技术,对其人格特征及促成犯罪行为的心理障碍与缺陷、有无病理上的异常等作出检查与判断,为制定处理方案和矫正治疗提供依据的活动过程。

二、犯罪心理诊断的功能

犯罪心理诊断的功能,是指它对刑事司法工作所起的作用。具体说来,主要具有下列功能或作用:

(一)评价功能

即对犯罪人的犯罪心理状况作出评价,为有关机关处置犯罪人提供参考,也可以为社会工作者、公安机关、审判机关、监狱管理机关的治理犯罪活动提供依据。

(二)分类功能

即通过罪犯在入监时进行心理诊断,为合理地分类处置犯罪人提供依据。

(三)预测功能

即在释放前对犯罪人进行心理诊断,对是否假释及预测释放后再犯的可能性提供依据。犯罪心理诊断需要从犯罪人、犯罪人父母及有关的其他人中获取准确资料,并且使用一套适当的方法,只有这样,才能保证诊断结论的可靠性。

三、犯罪心理诊断的分类

根据犯罪心理诊断的时间及对象的不同情况,可以将犯罪心理诊断分为以下三种：

（一）早期诊断

即对于侦查阶段的犯罪嫌疑人进行的心理诊断，这种诊断可以了解其犯罪心理状况，并有针对性地开展侦查和控制工作。

（二）审判时诊断

即在审判过程中对刑事被告人进行的心理诊断，这种诊断可以增加对被告人心理态度和人格特征的了解，为法院判决提供参考。

（三）监所诊断

即在刑罚执行阶段对罪犯进行的心理诊断，这种诊断可以为有效矫正和合理处置犯罪人提供依据。监所诊断可以在不同的时间实施，分别具有不同的作用和意义。在罪犯入监之初进行的心理诊断，主要是为制定矫正方案作准备，也可以为分类管理、教育罪犯等提供参考依据；在服刑过程中进行心理诊断，一方面可以检查前一阶段矫治工作的成效，确定未来治疗工作的改进方向，另一方面还可以准确、及时地把握罪犯心理动向，使整个管理、教育工作始终能针对罪犯的心理特点；在罪犯出监时的诊断，一方面可以评估整个矫治工作，为以后的矫治工作积累经验，另一方面可以为监狱部门配合社会各部门做好预防出狱人员重新犯罪的工作提供帮助。

四、犯罪心理诊断的内容

犯罪心理诊断的内容主要包括以下两个方面：

（一）犯罪心理现状

即了解犯罪人犯罪心理的具体情况，例如，犯罪心理的具体表现、有无情绪障碍、需要畸形或人格障碍等，是否养成不良行为习惯及其深浅程度，入监后在不同的服刑阶段的心理状态，犯罪心理的变化等。

（二）犯罪原因

即从犯罪人的个人情况、家庭情况、学校学习与工作表现、社会交往等方面着手，发现其犯罪的原因。这些原因主要包括以下两个方面：

1. 内在心理因素

从内在心理因素来看，是否存在心理变态、智能缺陷等对犯罪行为的发生起着重要的作用；其次，行为人"欲求不满"的程度、自我观念等对于犯罪具有不可忽视的影响；此外，行为人的挫折感、孤独感、自卑感、压抑感或意志薄弱、冲动、自我显示、轻率、反社会的态度等分别会对一定种类犯罪的发生产生影响。

2. 外在环境

环境不但是影响犯罪行为形成的重要因素，而且对个体的人格形成亦有重要影响。犯罪与不良行为的发生往往与贫困、家庭缺陷、不良群体、反社会的亚文化、犯罪行为的高发区等环境因素密切相关。从犯罪行为的形成来看,通常是与被害人之间的冲突、或受他人的引诱、或对他人犯罪行为的模仿所导致的,这些都可以归属于环境因素的影响。

第三节　犯罪心理矫治

一、犯罪心理矫治的概念

所谓犯罪心理矫治,就是利用心理学、精神病理学等学科的理论和技术消除犯罪人的犯罪心理和不良行为习惯,帮助犯罪人重新适应社会生活的一切方法与活动。

从犯罪心理矫治的实践来看,犯罪心理矫治也是由一般的心理治疗方法发展而来的心理矫正方法,能够有效地矫正犯罪行为。古今中外的犯罪矫正实践证明,单纯采用监禁、惩罚、流放等传统方法,没有多大的矫正效果,犯罪人服完刑期后的重新犯罪率仍然很高。与传统方法相比,心理治疗方法似乎更为有效,特别是将传统方法与心理矫治相结合,能够使重新犯罪率明显下降,这也是犯罪心理矫治得以迅速发展的一个重要原因。从现代犯罪行为矫正的价值取向来看,对犯罪心理实行心理矫治也更符合人道主义精神。

二、犯罪心理矫治的基本内容

根据监管改造罪犯实际,犯罪心理矫治的基本内容主要包括以下八个方面:

（一）入监甄别

入监甄别即对新入监的罪犯进行全面的心理测试和调查,并在此基础上对其作出相应的心理诊断,制定矫治方案,建立心理档案。入监甄别是矫治评估工作的开始,也是心理咨询、治疗、预测及心理矫治评估的基础和前提,通常开展以下工作:

1. 组织心理测试

运用科学的测量手段,掌握罪犯个性特征、健康水准、预防方式等与犯罪改造密切相关的一些心理因素,旨在为准确诊断、正确矫治提供科学依据。

2. 开展心理调查

通过查档、访问、面谈、观察等手段,掌握罪犯心理现状,预测未来行为倾向,初步掌握犯罪心理问题。

3. 进行心理诊断

根据心理测试和调查的结果,对罪犯的心理进行综合评估,并对罪犯的个性特征、行为方式、心理现状等作出恰如其分的评价。

4. 制定矫治方案

在弄清罪犯的心理发展历史和现状的基础上,根据心理诊断结论,提出相应的管理教育措施和心理咨询、治疗方案。

5. 建立心理档案

心理档案和病历是记载犯罪心理发展历史和现状以及心理矫治工作情况的书面材料,它有利于矫治交接,便于资料积累和科学研究。

(二) 犯罪心理预测

犯罪心理预测是对罪犯心理现状和行为倾向的判断,从而有效防范危险行为,确保改造和教育的顺利进行。

1. 犯罪危险性预测

根据心理测量结果以及罪犯现实表现、监内外刺激因素等,预测罪犯的现实危险性的大小,从而为确立重点防范对象提供依据。

2. 犯罪心理发展预测

根据罪犯不同年龄、不同刑期、不同经历、不同犯罪类型的不同特点,预测他们共性和个性的心理发展问题,确定监管改造活动的内容。

(三) 犯罪心理危机的预防和干预

心理危机是一种很容易导致人们危害行为发生的情绪状态,由于其具有突发性和危险性,因此,预防和干预罪犯的心理危机是维持监所稳定的重要内容。根据罪犯心理危机产生的原因和发生的过程,主要分为一般预防、重点预防和特殊预防。心理危机干预则是对正处于心理危机的罪犯,采取的一种紧急排除危险、恢复其心理平衡的一种措施。

(四) 犯罪心理卫生教育

通过培训骨干,组织系统教育,开展心理卫生宣传活动,充分利用各种媒体传播手段,帮助罪犯掌握心理卫生知识,增强心理卫生意识,提高心理健康水平。

(五) 犯罪心理咨询

犯罪心理咨询即对求询罪犯以劝导、疏通进行心理帮助的过程,其主要目标是帮助求询罪犯认清自己的心理问题所在,以提高其应对挫折和各种不幸事件的能力。

(六) 心理治疗

即应用心理学的方法,治疗病人的心理问题,其目的在于通过治疗者与病人建立的联系,运用病人求愈的愿望和潜力,改善病人心理与适应方式,以解除病人的症状和痛苦,促进病人人格的完善和成熟。

(七) 罪犯心理的自我矫治

通过心理学知识的普及以及心理测量、心理咨询、心理治疗技术的传授,指导罪犯掌握认识自己的途径,并使他们学会自我调节和控制的方法,以维持自己的心理健康。

（八）矫治鉴定

矫治鉴定是对罪犯心理矫治效果的检验和对改造质量的综合评估。其目的是不断调整矫治方案、矫治措施，提高矫治效果，同时为改造质量的评估提供科学依据。

三、罪犯心理矫治的分类

（一）以治疗地点为标准

1. 矫正机构内的治疗

即对关押在监狱等矫正机构内的犯罪人进行的治疗，通常采用集体治疗的方式。

2. 门诊治疗

即根据需要把犯罪人带到医院门诊部进行的治疗，通常采用个别治疗的方式。

3. 社区治疗

即对未剥夺自由的犯罪人或有明显的犯罪倾向的人，在其生活的社区内进行的治疗，这主要是对缓刑、假释等犯罪人以及有不良行为的青少年等进行的，也包括家庭疗法。

（二）以一次治疗的人数为标准

1. 个别治疗

即治疗者对单个犯罪人进行的治疗，实践中使用得较少。

2. 集体治疗

即治疗者把有共同（或类似）心理与行为问题的数个犯罪人合在一起进行治疗。集体治疗的方式更容易采用，也更有效。

（三）以对被治疗者心理行为干预的水平为标准

1. 支持性心理疗法

运用保证、教育、安慰、疏泄、暗示、催眠等方法进行的治疗。

2. 分析性治疗

即对心理与行为问题产生的原因进行分析的治疗，主要指典型精神分析等方法。

3. 训练性治疗

即以训练犯罪人形成新的行为模式为主要方法的治疗，如各种行为疗法等。

四、犯罪心理矫治的方法

心理治疗的具体方法很多，下面介绍其中的几种主要方法：

（一）精神分析疗法

精神分析疗法来源于弗洛伊德的精神分析理论。精神分析疗法是采用罪犯与精神分析专家之间会谈的方式进行的。通过双方的交谈，让罪犯自由地、充分地表达其思想，尽可能地将心中的话说出来。精神分析专家这时的主要任务是设法促使受治疗者自由联想，把其潜意识中的欲求、幻想、冲突和动机彻底释放出来。为了达到这一目的，应该使会谈在轻松、和谐的环境氛围中进行。精神分析专家对罪犯所表达出来的潜意识的经验和解释，使罪犯逐渐了解其行为背后的潜意识力量，使这些潜意识的动机、情绪和冲突转变为意识的动机、情绪和冲突，从而受罪犯本身心理作用的控制，使其成为能对自己行为负责的人。

对罪犯实施精神分析疗法的时间和次数因人而异，视罪犯的经历、性格类型和情绪稳定情况而定。一般每次为一小时左右，每星期至少进行一次，关键的是精神分析专家应经常保持与罪犯的接触，并与他建立相互信任的关系，以便使受治疗者能够并且愿意向心理专家表明心迹。如果遇到有抵抗情绪，不愿透露其心中想法和不愿回顾其过去经历的，治疗者应有耐心，经常不断地对他们进行鼓励和引导，并增加谈话的时间和次数，有时每星期会谈的次数可以增至3—5次。

至于精神分析疗法在对罪犯心理矫治中的作用，国外一些学者通过临床试验得出结论认为：罪犯在治疗过程中将自己潜意识的能量全部释放出来，有助于使罪犯情绪稳定，避免不安。再通过精神分析专家对受治疗者潜意识和早期经历的解释，罪犯可以发现其过去所实施行为的不当，自动放弃以前的不良心理，学会与他人交往的方法，并能以适当的方式控制自己的行为，以达到矫治的目的。

（二）团队疗法

团队疗法是将受治疗者（罪犯）组成治疗团体，而后在心理专家组织和指导下，团体成员之间进行互问互答，或者由团体中某一成员发言，提出某一问题，再由全体成员进行讨论，其目的是在这种团体交谈的氛围中，激发每一个成员发言的兴趣，将各自的"内心"表达出来，并通过这种团体中的互相交流建立彼此间的信任，使治疗群体成为成员间关系密切、和谐的良性群体，以增加罪犯的群体意识和责任感。

心理学家在团体疗法的团体中承担领导者角色，应设法引导参与者踊跃发言，并逐步将讨论的话题由日常生活扩展至罪犯自身的经历以及他们所实施的犯罪行为或犯罪生活。心理学家应该在团体交谈中尽量挖掘每个成员所存在或所发生的问题，并促使全体参与者予以协助，共同解决某一成员所遭遇的困难。

团体疗法由于是以团体的形式对罪犯进行的心理治疗。因此，在实施过程中组建合适的团体就显得尤为重要。为了使团体疗法可行、有效，在成员组合上应当考虑如下因素：

（1）尽可能将年龄相似的放在一个团体中，因为年龄相似的人具有较多的相同的社会经验，易于彼此了解和交谈；

（2）应考虑团体成员的文化程度，尽可能将同一文化程度的编入一组；

（3）应考虑罪犯的智能，智能相似的，对事物的反应和了解大致相同，便于相互之间进行交流；

（4）尽可能将相似的犯罪性质的纳入同一团体，这便于团体疗法的顺利进行。至于团体成员数量以多少为宜，各国临床实践中不尽相同，一般认为以6人至12人最为适当，最多不得超过20人。团体人数过多或过少都不利于团体疗法的进行并影响治疗效果。

当前世界各国在矫治罪犯中用得比较多的团体疗法是美国学者巴特洛士和沃瑞桑所提出的"被引导的团体互动疗法"（简称GGI）和"正面的同类文化疗法"（简称PPC）。在GGI疗法中，罪犯在心理治疗专家的指导下，与团体其他成员生活娱乐在一起，使团体成员间友好相处并互相影响。GGI团体中的罪犯享有许多自治权利，尤其是成员间奖赏、惩罚及团体中各项规定都由团体成员共同决定。GGI疗法过程一般由下面几个阶段组成：第一阶段，新加入的成员在指导人员及团体中其他成员的鼓舞下，彼此坦诚相待；第二阶段是设法培养成员间的相互信任感；第三阶段是促使团体中的罪犯进一步反省其犯罪的原因，并开始讨论团体内、监狱内以及社会中所存在的问题；第四阶段是培养罪犯适应监狱生活的能力并接受改造；第五阶段是让罪犯自己制定计划，自立地管理团体内的有关事务，在经过这一系列的训练和培养以后，罪犯在这种友好、和谐而又交互作用的团体生活中，就能认真反省过去，正确对待未来，释放后能适应正常的社会生活。

PPC疗法主要在少年犯矫正机构内使用，其基本目标是将负面的同类文化转化为正面的文化，指导成员间彼此关心，在相互关心的过程中，促使罪犯了解、洞察其所出问题的症结，进而采取措施加以解决。这一疗法的倡导者认为，只要团体成员了解彼此关心的意义，并能为团体成员所接受，那么PPC就可以发挥相应的功效。

另外，有的国家还在监狱使用环境疗法，但其基本原理及方法与团体疗法大致相同，也是通过对监狱环境的控制，发展良好的群体环境，在罪犯间的相互影响中，促使罪犯行为和思想的转变。

（三）行为疗法

行为疗法的理论基础与精神分析疗法不同，它认为人的行为推动力不是源于内部心理，而是源于外部环境。要改变人的行为就必须改变外部环境。这实际上是用认识与行为的关系原理，即学习理论帮助罪犯改变不当行为并在所处的环境中学习新的行为。假定人的行为能得到他人的肯定反应，其出现的次数就会增加。但如果一种行为不能得到及时的肯定,其出现率就会下降。因此,通过对积极行为的关心、表扬和鼓励,让罪犯养成良好的行为习惯;通过对消极行为的警告、禁闭和奚落,促使罪犯戒止不良的行为,从而使罪犯的不良行为得到矫治。

目前国外监狱在实施行为疗法过程中所使用的技术非常多,主要包括代用币法、行为契约法、厌恶法、系统脱敏法等。

此外,在美国的一些监狱中还实行了陋室处遇和黑室处遇等行为疗法。陋室处遇是将罪犯拘于设施简陋且狭小的监房内。在这种仅有浴衣与尿壶的房间中生活的罪犯必然感到非常痛苦和不便,因此罪犯不得不按照监狱的要求积极行为,以便争取早日过上正常的拘禁生活和更好的待遇。这样罪犯在争取进步中就会逐渐形成良好的行为习惯。黑室处遇是将某些罪犯拘禁于暗无天日而狭窄的独居房内,这类罪犯必须在履行一定义务之后,经过相当的时间才能离开黑室。罪犯在被拘禁黑室期间,必须度过一定时间的"善日",罪犯不得有暴言暴行,必须保持室内清洁,遵守一切规章制度。如此经过一定时间后,问题人犯就可养成好的习惯,达到矫治目的。

(四)现实疗法

现实疗法是由美国精神病学者格拉沙于20世纪60年代所创建的。它强调受治疗者不应缅怀过去,而应面对现实,要认清自己并对自己的行为负责。要求罪犯用现实的、负责的和正当的行为来满足自己的需要。其目标是要培养罪犯的责任感,将其行为纳入社会规范所许可的轨道上,并能从过去的不当行为中吸取教训,使其行为符合客观现实。

与其他几种疗法相比较,现实疗法有下面几个明显的特点:

(1)现实疗法不是把受治疗者作为无责任能力的精神病人,而是作为不负责任的正常人;

(2)现实疗法只注重受治疗者的现在和将来,而不是过去;

(3)现实疗法强调行为本身而不是情绪和态度;

(4)现实疗法不重视移情作用,主张应顺其自然以建立个别的、真诚的关系,帮助罪犯在现实中满足自身的需要;

(5)现实疗法不重视潜意识,而强调显意识;

(6)现实疗法注重让受治疗者学会实施负责任的行为,并教导他们利用正当的途径满足其需要。

现实疗法实施的步骤主要包括:首先,设法使罪犯与治疗专家建立起一种坦诚和真实的关系;其次治疗人员必须让罪犯确信其本人是可以被接受的,但要排除他们的不负责任的行为;最后,治疗人员交给罪犯在现实的条件下满足他们各自需要的较好方法。

(五) 心理剧疗法

心理剧疗法是由美国学者莫雷诺所倡导的。其目的是通过让罪犯参加戏剧表演，将其压抑的意念、情感及想法公开表达出来，达到净化心理，改变行为的功效。

心理剧的组成包括舞台、导演、主角、辅导人员及观众等。舞台是心理剧表演的场所；心理剧的导演即心理治疗专家，其同时也兼演出者、治疗者和分析者的角色；主角即被治疗的罪犯；辅导人员即主角的对立角色，其任务是激发被治疗者宣泄情感，配合主角演出；观众主要是监狱中的其他罪犯。

心理剧疗法主要采用如下表演技术对罪犯进行心理治疗：

1. 自我表达

由主角（受治疗的罪犯）扮演生活中的各种角色，如他们自己、父母兄弟、受人尊敬的教授等，以充分表达各自角色的情感。

2. 自我实现

主角在辅助人员的协助下，在戏剧中充分地表演，哪怕是在现实中无法实现的愿望，使其在剧中得以充分实现。

3. 独白

由主角在剧中充分地、自由地对自己或他人表达其想法，以倾泄压抑的情感。

4. 治疗性独白

主角与其成员交谈其感受并一同讨论。

5. 双重技巧

让辅导人员表现出主角动作，让罪犯了解和调查自己或主角的困扰和内在冲突。

6. 多重技巧

将罪犯的生活历程分成几个阶段，由辅助人员分别担任各个阶段的角色，以帮助罪犯更清楚地了解自己的生命历程。

7. 反映法

由辅助人员扮演主角，表达其情感和想法，让罪犯了解其行为。

8. 互换角色

由主角扮演其对手角色，以探究认识差距和原因。

9. 未来的投射

由受治疗者将其认为未来可能出现的情况表达出来。

10. 幻想

由罪犯在舞台上呈现其幻想。

11. 梦境

让罪犯编织梦境并表达出来。

（六）交往分析法

交往分析法是以人与人之间的关系进行分析和评价为基础的一种心理治疗方法，由美国加州精神医学家爱瑞克·勃恩所提出。

交往分析法认为，人自出生后，受到父母、家庭、环境等多重影响，才逐渐形成其独特的人格和行为方式。在与他人交往中，其行为模式可能以父母、成人和儿童三种形式表现出来。

父母式代表权威的行为模式；成人式则表现为理性、成熟和现实的特征；儿童式则属于缺乏理性、富含更多的感情冲动的行为方式。由于行为人常常不认知其行为和思考方式，在与他人交往过程中不能作出适当的行为，把握好交往的尺度，交往分析法旨在通过对罪犯的治疗、训练，帮助其认清自己的行为方式并改进他们。

（七）内观法

内观法是日本吉本伊信所创建的。它以静坐观察的方式，通过指导者的诱发，促使罪犯对过去行为做自我剖析和反省，以此唤起良知，消除潜在的罪恶感，进而悔罪自新，改变其不良的行为和思想。

内观法主要包括集中内观及日常内观两种。集中内观是让罪犯在与外界隔离且特别安静的内观室中，要求罪犯自早晨5点至晚上9点静坐反思，时间大约持续一周左右。日常内观则每天安排日程表，不限时间和空间，但至少应进行一小时的反省。在实际执行中，这两种方法一般是配合使用。

内观法矫治罪犯一般按下列程序进行：第一，由心理学家向罪犯说明内观的方法，集中内观期间的生活方式、注意事项等；第二，让罪犯对过去曾遭遇过的痛苦、怨恨及不满毫无保留地宣泄、表露出来；第三，当罪犯将不愉快的情绪发泄出来后，治疗人员应冷静地、客观地加以分析，疏散其心底压抑的情绪，进而引导罪犯检讨，反省过去至现在对亲人、师长、朋友或被害者所做的一切是否恰当；第四，罪犯每反省2个小时后，治疗人员就应和他面谈，就内观的内容进行剖析，促使罪犯领悟其自我为中心的行为方式的错误；第五，当罪犯有悔改之心，逐步放弃以自我为中心的思想，并有弃恶从善的行动后，内观法即取得一定的疗效，可暂告一段落。

（八）认识处遇法

认识处遇法不是从改变其行为入手，而是强调对罪犯的犯罪思想、意识的矫正。这种处遇方法认为罪犯犯罪的原因是由于其错误的思想及不健康的人生观、价值观而引起的。因此，教导罪犯以正确的、客观的、理性的方式去思考问题，处理人际冲突，就可以避免再度误入歧途。认识处遇法在加拿大各矫正机构应用得最多,并且最具有成效。

(九) 埃哈德讨论训练法

这种方法是美国学者沃纳·埃哈德在 1971 年创立的。其目标是通过对罪犯进行两个星期 60 小时的训练,迫使受训人检讨支配自己生活的信仰体系。这种信仰体系是人们无意识和习惯行为的动力,一旦受训人充分体验到这种信仰体系,就能鼓励他们成为自己行为的主人。也就是说要求受训者控制自己的生活,并控制自己的愿望去创造生活。

附录

一、本章需要继续探讨的问题

罪犯心理矫治与一般心理治疗

这里所说的"一般心理治疗"是指由临床心理学家、精神科医生等针对普通人使用的广义的心理治疗而言,它包括狭义的心理治疗和行为矫正。

罪犯心理矫治与一般心理矫治有密切的联系。这种联系表现为犯罪心理矫治的大部分方法是一般心理治疗方法在罪犯中的特殊运用,由于使用对象(即罪犯)的特殊性,对一般心理治疗的方法进行了一些改造和变更,但是,在主要的、基本的方面,没有很大的变化。只有少数罪犯心理矫治方法是在矫治罪犯的实践中,专门针对罪犯而提出的,例如,情感成熟指导法、现实疗法等,即使这样的心理矫治方法,也遵循心理学的基本原则,使用了心理学的基本原理。

罪犯心理矫治与一般心理治疗之间有若干重要的区别:

1. 工作对象不同

从工作对象来看,罪犯心理矫治的对象是罪犯,他们对心理矫治持比较复杂的态度。一部分罪犯可能愿意或者希望接受心理治疗,另一部分罪犯则不一定愿意接受心理矫治。因此,对一些罪犯的心理矫治活动可能会带有一定的强迫性。一般心理矫治的对象是有不同程度的心理问题的正常人,他们是主动求医的,对心理矫治持合作、配合的态度。

2. 工作难度不同

从工作难度来看,在罪犯心理矫治中,由于矫治者和罪犯之间往往可能会互相不信任,一些罪犯对心理矫治采取不合作,甚至是抗拒的态度,因而给矫治活动造成了很大的困难。同时,监狱的环境、监规纪律对罪犯的约束、监狱管理活动与心理矫治活动之间存在的矛盾冲突、专业矫治人员的数量少等因素,也给罪犯的心理矫治带来了很大的不便。

在一般的心理治疗中,医患双方之间不存在对抗,患者对心理治疗大多数采取合作的态度,患者愿意听从医疗人员的建议和安排,而且也没有其他的消极制约因素,因而心理治疗活动能够顺利地进行。

3. 工作环境不同

从工作环境来看,罪犯心理矫治主要是在监狱和其他矫正机构内进行的,矫治环境与一般的社会环境差别较大。因此,在矫治活动中确立的行为模式往往不能很好地泛化,适用于更广泛的社会环境之中,罪犯出狱后进入新的社会环境时,通过心理矫治确立的行为模式无法保持下去。一般的心理治疗的环境与整个社会环境没有什么区别,通过心理矫治确立的行为模式能够比较好地在社会生活中使用,心理治疗的效果能够得到维持。①

二、思考题

1. 简述犯罪心理矫正的可能性。
2. 简述犯罪心理诊断的概念。
3. 简述犯罪心理诊断的功能。
4. 简述犯罪心理诊断的分类。
5. 论述犯罪心理诊断的内容。
6. 论述犯罪心理矫治的基本内容。
7. 论述罪犯心理矫治的分类。

---

① 参见吴宗宪编著:《国外罪犯心理矫治》,中国轻工业出版社2004年版,第6—7页。

主要参考书目

1. 肖兴政、郝志伦主编:《犯罪心理学》,四川大学出版社2004年版。
2. 罗大华、何为民:《犯罪心理学》,浙江教育出版社2002年版。
3. 罗大华:《犯罪心理学》,群众出版社1983年版。
4. 方强:《法制心理学概论》,群众出版社1986年版。
5. 朱智贤:《心理学大词典》,北京师范大学出版社1987年版。
6. 张远煌、吴宗宪:《犯罪学专题研究》,北京师范大学出版社2011年版。
7. 梅传强主编:《犯罪心理学》,法律出版社2003年版。
8. 张保平著:《犯罪心理学》,中国人民公安大学出版社2006年版。
9. 宋小明主编:《犯罪心理学教程》,警官教育出版社2004年版。
10. 刘强:《美国犯罪学研究概要》,中国人民公安大学出版社2002年版。
11. 高锋:《犯罪心理学》,中国人民公安大学出版社2004年版。
12. 人民警察学校统编试用教材:《犯罪心理学》,群众出版社1986年版。
13. 方强:《法制心理学概论》,群众出版社1986年版。
14. 陈传焕:《子母球模式论——对犯罪心理结构的思考》,载《社会公共安全研究》1990年第3期。
15. 朱伟:《犯罪心理结构的本质和作用》,载《犯罪心理学学术论文集》,中国人民公安大学出版社1987年版。
16. 许春金:《犯罪学导论》,台北警官学校犯罪防治学系1987年编印。
17. 吴宗宪主编:《法律心理学大词典》,警官教育出版社1994年版。
18. 车文博主编:《弗洛伊德主义评析》,吉林教育出版社1992年版。
19. 蔡墩铭:《犯罪心理学》,台北黎明文化事业公司1979年版。
20. 张春兴、杨国枢:《心理学》,台北三民书局1969年版。
21. 于义池:《试论形成犯罪心理的基本变量及其交互关系》,载罗大华、何为民等编:《犯罪心理学教学参考资料》(上册),群众出版社1997年版。
22. 张远煌:《犯罪学原理》,法律出版社2001年版。
23. 莫洪宪:《犯罪学概论》,中国检察出版社1999年版。
24. 许章润主编:《犯罪学》,法律出版社2004年版。
25. 邱国梁主编:《犯罪与司法心理学》,中国检察出版社1998年版。
26. 刘明祥:《财产罪比较研究》,中国政法大学出版社2001年版。
27. 刘邦惠主编:《犯罪心理学》,科学出版社2004年版。
28. 任克勤:《被害人心理学》,警官教育出版社1998年版。
29. 汤啸天、任克勤著:《刑事被害人学》,中国政法大学出版社1989年版。
30. 张明楷译:《日本刑法典》,法律出版社1998年版。

31. 张明楷:《法益初论》,中国政法大学出版社 2000 年版。
32. 张明楷:《刑法格言的展开》,法律出版社 1999 年版。
33. 张明楷:《刑法学》(第二版),法律出版社 2003 年版。
34. 储槐植、宗建文:《刑法机制》,法律出版社 2004 年版。
35. 高铭暄、马克昌主编:《刑法学》,中国法制出版社 2000 年版。
36. 韩玉胜主编:《刑法各论案例分析》,中国人民大学出版社 2000 年版。
37. 韩忠谟:《刑法原理》,中国政法大学出版社 2002 年版。
38. 陈兴良主编:《刑事法评论》,中国政法大学出版社 2002 年版。
39. 陈兴良:《刑法的启蒙》,法律出版社 2003 年版。
40. 郭建安:《犯罪被害人学》,北京大学出版社 1997 年版。
41. 黄希庭:《心理学》,上海教育出版社 2001 年版。
42. 蒋平:《计算机犯罪研究》,商务印书馆 2000 年版。
43. 陈正云:《金融犯罪透视》,中国法制出版社 1995 年版。
44. 陈土涵:《人格改造论》,学林出版社 2001 年版。
45. 董奇:《心理与教育研究方法》,广东教育出版社 1992 年版。
46. 何为民:《罪犯心理矫治》,法律出版社 2001 年版。
47. 康树华:《犯罪学通论》,北京大学出版社 1998 年版。
48. 李从培:《司法精神病学》,人民卫生出版社 1992 年版。
49. 李玫瑾:《犯罪心理学》,中国人民公安大学出版社 1999 年版。
50. 刘白驹:《精神障碍与犯罪》,社会科学文献出版社 2000 年版。
51. 王重鸣:《心理学研究方法》,人民教育出版社 1998 年版。
52. 沈政:《法律心理学》,北京大学出版社 1986 年版。
53. 邱国梁:《犯罪动机论》,法律出版社 1988 年版。
54. 梅传强:《犯罪心理生成机制研究》,中国检察出版社 2004 年版。
55. 张理义、刘新民:《青少年犯罪心理》,人民卫生出版社 2009 年版。
56. 邵瑞珍:《教育心理学》,上海教育出版社 1988 年版。
57. 黄爱玲:《女性心理学》,暨南大学出版社 2008 年版。
58. 张绍彦:《犯罪学教科书》,法律出版社 2001 年版。
59. 赵国玲:《预防青少年网络被害的教育对策研究:以实证分析为基础》,北京大学出版社 2010 年版。
60. 张智辉、徐名涓:《犯罪被害者学》,群众出版社 1989 年版。
61. 黄教珍、张停云:《社会转型期青少年犯罪的心理预防与教育对策》,法律出版社 2008 年版。
62. 陈卫东:《流动青少年权益保护与违反犯罪预防研究报告》,中国人民公安大学出版社 2009 年版。
63. 张远煌:《犯罪学原理》,法律出版社 2010 年版。
64. 常娟:《犯罪心理学》,中国时代经济出版社 2011 年版。
65. 段小英:《罪犯改造心理学》,广西师范大学出版社 2010 年版。

66. 梅传强:《犯罪心理学》,法律出版社 2010 年版。
67. 尹琳:《日本少年法研究》,中国人民公安大学出版社 2005 年版。
68. 刘邦惠:《犯罪心理学》,科学出版社 2011 年版。
69. 赵志宏:《未成年人违法犯罪处置措施研究》,群众出版社 2011 年版。
70. 张晓真:《犯罪心理学》,中国政法大学出版社 2008 年版。
71. 李世清:《毒品犯罪刑罚问题研究》,中国检察出版社 2011 年版。
72. 梁明、丁瑞、张士元、范周:《虚拟世界:计算机网络犯罪与自我保护》,北方妇女儿童出版社 2009 年版。
73. 王传杰:《毒品犯罪与自我保护》,北方妇女儿童出版社 2011 年版。
74. 刘建清:《犯罪动机与人格》,中国政法大学出版社 2009 年版。
75. 蔡昉:《中国流动人口问题》,社会科学文献出版社 2007 年版。
76. 姚建龙:《中国少年司法研究综述》,中国检察出版社 2009 年版。
77. 曹荣庆:《流动与和谐:流动人口管理的战略转型》,上海交通大学出版社 2008 年版。
78. 胡虎林:《流动人口法制:现状及其完善》,浙江大学出版社 2009 年版。
79. 刘旦、陈翔:《流动中国:中国流动人口生存现状考察》,广东人民出版社 2011 年版。
80. 许永勤:《未成年人供述行为的心理学研究》,中国人民公安大学出版社 2011 年版。
81. 姜爱东:《预防犯罪问题研究》,法律出版社 2009 年版。
82. 翟中东:《国际视域下的重新犯罪防治政策》,北京大学出版社 2010 年版。
83. 刘建清:《犯罪动机与人格》,中国政法大学出版社 2009 年版。
84. 李玫瑾:《犯罪心理研究:在犯罪防控中的作用》,中国人民公安大学出版社 2010 年版。
85. 张保平、李世虎编著:《犯罪心理学》(第五版),中国人民公安大学出版社 2011 年版。
86. 胡联合:《全球反恐论:恐怖主义何以发生与应对》,中国大百科全书出版社 2011 年版。
87. 许福生:《风险社会与犯罪治理》,台湾元照出版有限公司 2010 年版。
88. 周展等编著:《文明冲突、恐怖主义与宗教关系》,东方出版社 2009 年版。
89. 〔意〕恩里科·菲利:《犯罪社会学》,郭建安译,中国人民公安出版社 2004 年版。
90. 〔意〕切萨雷·龙勃罗梭:《犯罪人论》,黄风译,北京大学出版社 2011 年版。
91. 〔意〕切萨雷·龙勃罗梭、吴宗宪、房绪兴、李安:《犯罪原因及其矫治》,中国人民公安大学出版社 2009 年版。
92. 〔美〕路易丝·谢利:《犯罪与现代化》,何秉松译,中信出版社 2002 年版。
93. 〔美〕埃德温·萨瑟兰:《犯罪学原理》,吴宗宪译,中国人民公安大学出版社 2009 年版。
94. 〔美〕斯蒂芬·M.巴坎:《犯罪学:社会学的解读》,秦晨等译,上海人民出版社 2011 年版。
95. 〔美〕迈克尔·戈特弗里德森、特拉维斯·赫希著:《犯罪的一般理论》,吴宗宪、苏明月译,中国人民公安大学出版社 2009 年版。
96. 〔英〕詹姆斯·马吉尔:《解读心理学与犯罪——透视理论与实践》,张广宇译,中国人民公安大学出版社 2009 年版。
97. 〔英〕戈登·休斯:《犯罪预防——社会控制、风险与后现代》,刘晓梅、刘志松译,中国人民公安大学出版社 2009 年版。
98. 〔苏〕斯·塔拉鲁欣:《犯罪行为的社会心理特征》,公人、志疆译,国际文化出版公司 1987

年版。
99. 〔荷〕W. A. 邦格著:《犯罪学导论》,吴宗宪译,中国人民公安大学出版社 2009 年版。
100. 〔德〕克劳斯·罗克辛:《德国刑法学总论》,王世洲译,法律出版社 2005 年版。
101. 〔德〕克劳斯·罗克辛:《刑事政策与刑法体系》,蔡桂生译,中国人民大学出版社 2011 年版。
102. 〔日〕森武夫:《犯罪心理学入门》,邵道生等译,知识出版社 1988 年版。
103. 〔日〕平尾靖:《违法犯罪的心理》,金鞍译,群众出版社 1984 年版。
104. 〔日〕山根清道:《犯罪心理学》,张增杰等译,群众出版社 1984 年版。

后　　记

本书从犯罪心理学的教学需要出发，以注重理论、着重实际的思想为指导，吸收了犯罪心理学的相关理论成果，全面、系统地阐述了犯罪心理学的基本知识，其最终目的在于培养和提高学生应用犯罪心理学理论知识分析和解决实际问题的能力。

本书的出版，由衷地感谢中南财经政法大学的齐文远教授。在写作过程中，齐文远教授给予了鼎力支持和精心指导，在此致以最诚挚的谢意！

本书在编写过程中参考了大量国内外文献，特向各位作者致以最真诚的感谢！北京大学出版社对于本书的出版给予很大支持，在此一并表示衷心的感谢！

由于水平所限，书中可能会有各种错误和疏漏，恳请各位同行、专家批评指正，以便于及时修改补充。

作　者

2012 年 3 月